第六卷

戏剧漫谈 师友杂忆

龚书铎文集

中华书局

龚书铎（1929—2011 年）

《关汉卿》书影

在纪念侯外庐先生百年诞辰学术研讨会上发言（左为张岂之，2002 年）

为陈锡祺教授（中）贺寿，右为金冲及，后立者为林家有

与任继愈（左二）、李学勤（左三）、张岂之（左一）等合影

与戴逸（右二）、李侃（右三）、汤志钧（右四）等合影

与李文海（右一）、陈铮（右二）、王思治（左一）合影（2008年）

目　录

戏剧漫谈

谈《牡丹亭》…………………………………………………… 3

试谈《琵琶记》的主题思想……………………………………… 10

关于《琵琶记》的争论…………………………………………… 18

从剧作看关汉卿的思想………………………………………… 22

关于关汉卿研究的几个问题…………………………………… 36

看京剧《安源大罢工》………………………………………… 51

《赤壁之战》的主脑…………………………………………… 54

评《中国戏剧史讲座》………………………………………… 58

五四时期关于戏曲的论争……………………………………… 60

《蔡文姬》的历史真实性……………………………………… 70

夸张、想像和真实

　　——评越剧《则天皇帝》………………………………… 77

人性·性格·阶级性

　　——驳郭汉城同志的人性论观点………………………… 82

谈淮北梆子《捻军颂》………………………………………… 89

谈京剧《满江红》中的岳飞…………………………………… 93

关于历史剧的"古为今用" ……………………………………… 98

别具一格的高甲戏《许仙说谢》 ……………………………… 113

心肝·面目·口角

　　——读张岱《彭天锡串戏》 …………………………… 117

《恶虎村》的思想倾向 ………………………………………… 119

谈京剧《芦荡火种》 …………………………………………… 124

短小精悍　丰富多彩

　　——看京剧现代戏观摩演出的短剧 ………………… 128

草原牧民的赞歌

　　——谈京剧《草原两兄弟》 …………………………… 133

京剧现代戏表演艺术的继承和革新 ………………………… 136

不断革命　永远前进

　　——看湖南省话剧团演出的《电闪雷鸣》 ………… 148

高鹗篡改《红楼梦》与封建末世两种思想的斗争 ………… 152

关汉卿 …………………………………………………………… 169

《白兔记》漫笔 ………………………………………………… 212

程长庚 …………………………………………………………… 221

王钟声 …………………………………………………………… 225

谭鑫培 …………………………………………………………… 228

还中国近代史以本来面貌 …………………………………… 234

话剧《甲申纪事》的启示 …………………………………… 246

要尊重历史 ……………………………………………………… 251

《走向共和》严重歪曲历史 ………………………………… 254

历史题材电视剧随想 ………………………………………… 260

再现奋斗历史　续写民族辉煌

　　——大型电视政论片《复兴之路》观后感 ………… 265

附：历史普及与历史题材影视片

　　——访龚书铎教授 …………………………………… 268

师友杂忆

白寿彝先生的史学思想和治学道路……………………279

柴德赓先生的治学道路和方法……………………301

史学、文化纵横谈

　　——访龚书铎教授……………………306

给文海的信……………………314

文化与社会……………………315

龚书铎自述……………………322

世纪之交看中西文化

　　——访近代文化史专家龚书铎……………………325

我与中国文化史……………………329

怀念思庸……………………340

怀念白寿彝先生……………………343

坚持真理　追求真理

　　——纪念马克思主义史学家刘大年先生逝世一周年……………………348

确立中国近代文化史的学术地位

　　——访龚书铎教授……………………351

在纪念尚钺同志座谈会上的发言……………………361

浮躁：学术创新的大敌

　　——四教授畅谈学风问题……………………363

悠悠五十载　深深师生情

　　——百年校庆缅怀恩师白寿彝……………………370

外庐先生与北师大的情谊……………………375

著名历史学家谈中学历史课程改革

　　——龚书铎先生访谈录……………………381

学术创新和理论思考

　　——龚书铎教授访谈录 …………………………………………385

龚书铎先生和他的忧思 ……………………………………………393

周年怀胜粦 …………………………………………………………398

纪念严复诞辰150周年大会暨学术研讨会的发言 ………………401

海峡两岸　血同缘　根同宗

　　——访龚书铎教授 ……………………………………………405

方国瑜先生的人品和学品

　　——"方国瑜先生故居开馆庆典暨方国瑜先生与民族

　　　文化研讨会"发言 ………………………………………408

在第三届郭沫若中国历史学奖评审会上的发言 …………………412

"教师要有做教师的良心"

　　——访北京师范大学历史学院龚书铎教授 ………………414

感　言

　　——贺李锦全教授八十华诞 …………………………………424

我印象中的老李 ……………………………………………………427

盛会感言 ……………………………………………………………430

附录一：龚书铎先生学术年谱 ……………………………………433

附录二：龚书铎先生指导的研究生学位论文存目 ………………485

戏剧漫谈

谈《牡丹亭》

一

《牡丹亭》是明代杰出戏曲作家汤显祖的代表作，也是中国戏曲史上最优秀的作品之一。三百多年来一直受到读者和观众的喜爱，直到今天，我们还可以看到"闺塾"、"惊梦"在舞台上演出。

《牡丹亭》创作于明万历年间。其时中国封建社会内部已经孕育着资本主义因素的萌芽，手工业有着空前的发展，商业城市极为繁荣，货币地租的通行，也反映了商品经济的迅速发展。但是，另一方面，封建统治阶级随着商品经济的发展，日益骄奢腐化，加强对城市工商业和农业的控制和掠夺，成为社会经济发展的桎梏。这种矛盾在万历年间表现得更加尖锐，不仅农民起义不断发生，而且爆发了大规模的市民运动。这种情况反映到统治阶级内部，是官僚集团中的一部分人反对以皇帝、宦官为首的极权专制，反对他们对工商业的限制和搜括，企图争夺在朝的执政权，而形成所谓"党争"。这是极端封建专制，政治黑暗腐败，阻碍社会进步，是新的力量要求摆脱封建束缚而得到发展的年代。

这种政治斗争也反映在思想领域方面。明王朝的一些代表大地主阶级利益的思想家，继承并发挥宋元以来理学家的学说，从思想上巩固极权专制制度而立论。他们把作为封建社会的根本大法的"三纲五常"加以绝对化，把家长的宗法制和上下尊卑的等级制提到更高的地位。这种思想同样反映在文艺作品中，丘濬的传奇《五伦全备》就是为地主阶级服务，宣扬封建伦理道德观念的作品。但是，和这相反，也出现一些杰出思想家，他们提出一些和封建专制主义针锋相对的主张，反对封建的大土地庄园所有制，反对一切政治法律的束缚，反对特权和等级制，要求个性解放。新旧思想展开了尖锐激烈的斗争。

在这样一个环境中，《牡丹亭》的作者汤显祖表现了什么态度呢？汤显祖在当时是倾向于进步力量而反对极端专制主义的。在他的生活中表现了正直和正义感。他和为东林党所拥护的李三才结交，而且赞成其主张；他也仰慕李贽，当李贽为统治者杀害时①，他为之作诗哀挽；他曾因不愿阿谀和依附张居正而科考不中；他曾因上书抨击政治的弊端而遭贬谪。在文学创作上，他也具有革新的精神，他反对在剧本创作上拘泥于音律等形式方面，要求从其束缚中解放出来，主张要注重"意趣"。

《牡丹亭》就是在这样的历史时代里，在作者这种观点的支配下产生的。在作品中，作者塑造了一群人物形象：我们可以看到冷酷、专横而又虚伪的作为统治阶级体现者的杜宝，迂腐、顽固的作为统治阶级帮衬文人的陈最良，虽然有着母爱，但却是以她自己所受过的那些道德教义来规范女儿的甄氏；我们也可以看到美丽的、具有顽强的性格、热爱青春和生命，为追求自由幸福的生活而战胜了死的杜丽娘，有才华、热情、诚挚而又敢于对不合理的现实发出嘲笑的柳梦梅，纯真、活泼、肯于关怀别人，而又敢于大胆、辛辣地讽刺现实的春香。《牡丹亭》就是由这样一些人物和他们的活动构成的。

二

杜宝是作为封建专制制度和道德教义的体现者、维护者而出现的。在

---

① 李贽因抨击程朱理学，以异端自居，为人所劾，屡遭迫害，入狱自刎而死——编者注。

家庭中他以家长的地位来治家，而以封建的伦常为其准绳；在社会上，他凭借官高权重的地位专横恣欲。杜宝依照封建的道德教义为准绳来教养女儿杜丽娘，他要求把她教养成一个除会做得一手好针线刺绣外，还要是"知书知礼"的封建贵族典范的妇女。杜家既然是一个书香官宦的世家，如果女儿的举止言行超越道德规范，欠雅致，就将会贻笑于亲家和戚友，有损门第。因此，杜宝听说丽娘白天睡觉的事情，大不以为然，认为这是不道德的，埋怨他的妻子甄氏对女儿失管教，特地将丽娘找来训斥一顿，要她"刺绣余闲"以"图书寓目"。为了更积极有效地来管教丽娘，使她"拘束身心"，特地为她延聘一位年已六旬、迂腐拘谨的府学生员陈最良，作为家庭教师。他深思熟虑地为丽娘选定了学习的第一部书——《诗经》，因为别的一些书籍如《书经》是专讲政事的，对女孩儿无干，而《诗经》则开头第一篇《关雎》就是专讲"后妃之德"，正好是作为女儿学习的轨范。当然，杜宝（包括陈最良在内）是没有料想到所得的结果和他的意愿完全相反，这是现实，也是作者给予杜宝和封建统治者有力的讽刺。

在封建的家长制的社会中，子女是被看作父亲财产的一部分，他们没有什么独立的地位和自由的意志可言。家长只是按照自己的要求，画好了道路让他们去走，他们对子女也有所关怀和企望，不过这是为了自己利益的持续，为了替自己装门面，为了光宗耀祖和侍奉终年。他们之间没有真实的爱，不可能去体谅子女的愿望和要求。杜宝正是这样一个人物，他在家庭中严峻阴森，和丽娘之间并没有父女的真实的感情，为了"拣名门"，不顾女儿的青春，甚至当丽娘病重时，他仍然没有为她着想。当甄氏叹道："若早有了人家，敢没这病！"杜宝却认为"一个娃儿甚七情，则不过往来潮热，大小伤寒，急慢风惊"，他避去了真实的原因，而以疾病来掩饰，无论如何他在表面上不能承认这是事实，更不能迁就这个事实，因为这是和名节、尊严攸关，既不可叛道，也不能有损名分。杜宝就是这样维护封建主义而扼杀了丽娘的青春和生命。

如果说在丽娘的死之前，作者对杜宝和封建主义的罪恶作了揭露，那末在这之后，作者所揭露的更加酣畅和深广。

杜宝曾奉命往御李全（显然作者对李全的处理是不妥当的，这里仅就表现于杜宝的问题来谈），但他却无能为力地被困于城中，后来，他卑鄙地采取求和、利诱的方式，并通过李全的妻子去说动李全退兵，他以此冒称战功，居然得升为位同宰相的平章之职。

位高权重的杜宝，也更加暴露其凶恶和卑劣的面目，他以柳梦梅的"寒儒薄相"而不承认为女婿，甚至强加盗贼的罪名，私设公堂将他捆吊拷打，问成死罪，逼其画押，即使差官已经找到柳梦梅而宣布他就是新科状元时，杜宝还强要否认他不是柳梦梅，并扯裂其"御红袍"。对于复活的女儿他不但没有任何喜悦，而且坚不承认，辱骂她是"夜妖狐媚"、"鬼乜邪"。对于这个"不待父母之命，媒妁之言"而嫁的女儿，在他看来自然是超越封建规范的"胡为"，是不能承认的，或者只有和柳梦梅离异。杜宝的这种作为，表现了他的横暴、虚伪、势利、刻薄无情和损人利己的凶恶的嘴脸，这正体现了封建统治者一些最本质的品德，揭露了封建专制制度和封建道德的罪恶。

陈最良是杜宝找来管束杜丽娘的身心的，是一个迂腐拘谨十足的道学先生，据他自己说六十来岁从不晓得伤春，从不曾游过花院。他确能执行他的主子的意志。当他给丽娘讲《诗经》，讲到"窈窕淑女，君子好逑"时，春香问他"为甚好好的逑他？"陈最良深恐追问，赶紧以严厉的斥责挡回去。当丽娘要求把《诗经》的大意讲一遍时，陈最良在列举了一些"有风有化"的事例后，概括了"只无邪两字付与儿家"。他歪曲了《诗经》的意义，完全遵循着封建统治者的意思，向妇女宣扬封建的伦理道德观念。他主张要人"收其放心"，使行动能合乎"礼"，要像他那样到了六十岁不晓得伤春，不曾游过花院，所以他不赞成丽娘去游园。陈最良正是表现封建社会中依附统治阶级的帮闲文人的形象。

还有甄氏，她对丽娘是有着母亲的关怀和爱护的，但是和她自己走过的道路一样，她同样以那些封建的道德教义来教育和规范女儿。"女孩儿只合香闺坐，拈花翦朵，问绣窗针指如何，逗工夫一线多，更昼长闲不过，琴书外自有好腾那，去花园怎么？"这就是她已经走过而正要求女儿走的路，要具有现在是大家闺秀将来是贤妻良母的仪范。所以少女游园也是不道德的，值得告诫"防护"丽娘的丫头春香了。

这些势力，这些思想构成一股黑暗的统治力量，抑制着人们自由的意志，剥夺了美好的幸福，摧残着青春和生命。这是反映着那开始要崩溃而更加专制顽固的"黑暗的王国"啊！

三

封建的道德礼教是人们、特别是青年男女的枷锁，诸如"非礼勿动"之类的约束是很多的，鲁迅先生曾经深刻而形象地揭露这种情况："两眼下视黄泉，看天就是傲慢，满脸装出死相，说笑就是放肆。"[①]杜丽娘就是在这样的约束下生活的，使她失去年轻少女应有的天真活泼的性格，变得"老成尊重"。她和她的陪伴者春香形成鲜明的对照：春香活泼爽朗，丽娘则恬静含蓄，更多受封建意识的束缚。丽娘对于春香嘲笑陈最良的举动不以为然，认为"一日为师，终身为父"；对于内心的愿望没有强烈地表现出来。丽娘的开始变化是受了《诗经》的启发，被"讲动了情肠"，感觉到"关了的雎鸠尚然有洲渚之兴，何以人而不如鸟乎"。她开始不能平静下去了，"书要埋头，那景致则抬头望"。"游园"是丽娘追求自由，追求爱的幸福，追求生活的进一步发展。一向被关闭在闺阁中的杜丽娘，当她步入春天的花园时，第一次接触了大自然，像久被囚禁在笼中的飞鸟初获得自由一样，感觉无限舒坦、清新、喜悦和惊异。在她的内心中交织着爱和恨，"原来姹紫嫣红开遍，似这般都付与断井颓垣，良辰美景奈何天，赏心乐事谁家院。……"正是充分地写照了这种心情。在这里她感觉了青春和生命的可贵。这不是什么及时行乐的逍遥思想，而是被压抑的弱者，在那欣欣向荣、无拘束的、春的自然景色中获得了生机，在苏醒之后，向

---

① 《忽然想到（五至六）》，《鲁迅全集》第3卷，鲁迅全集出版社1948年，第47页。

封建礼教发出的抗议，向摧残青春与生命者发出的抗议。这是代表着无数在封建制度压迫下青年妇女的心底呼声。

丽娘是珍惜自己的青春的，因此，她对于父母只求"拣名门"而把她的"青春抛的远"，感到不满。这使她更勇于去幻想和追求生活，梦中和柳梦梅的幽会，正是表现她从思想上冲破了封建道德的束缚，因为这在封建统治者看来是"淫荡"或"不贞"的行为。丽娘在梦中实现了她的愿望，美妙和甜蜜的会见，使她在醒来后恋恋不舍地回忆它，再一次到园中去寻找梦中的痕迹。但是，这只是愿望、是梦，在她现实的生活环境中并不存在。因此，当她在园中寻不见任何痕迹，在高兴之余转而感到失望和伤心，从而更不满意那个现实环境。在她思想里所形成的"花花草草由人恋，生生死死随人愿，便酸酸楚楚无人怨"的要求中，企图摆脱羁绊，得到自由的意愿，和那"黑暗的王国"是何等的矛盾啊！她的青春和生命在那个环境中竟被窒息，被摧毁了。丽娘的死亡正是暴露了封建主义的罪恶。

丽娘的意志是坚强的，虽然她是在黑暗势力的包围中，但她即使在临终时也没有放弃她的愿望而表示屈服，她要她的母亲将她埋在梅树下，要"守得个梅根相见"。果然，在死后她仍然追求她的理想，终于找到了她理想中的爱人柳梦梅。她很爱柳梦梅，这不仅因为他"一品人才"，而且因为他"年少多情"、"一片志诚"。她将生命托付柳梦梅，她得到了复活。"前日为柳郎而死，今日为柳郎而生"的杜丽娘所说的这句话，正集中表现了她为了自由的婚姻，为了生活的幸福，她曾经遭遇到黑暗势力的摧残和挫折，但她没有改变她的意愿，顽强地追求而终于实现。并由于这种力量她突破了封建的束缚，战胜了死。

丽娘复活之后，起初还对父亲很尊敬，还想候父母之命再成亲，但当现实纠正了她的看法时，她表现得却很坚定和勇敢。她在皇帝和父亲的面前反驳了"不待父母之命，媒妁之言，则国人父母皆贱之"的说法，报之以"保亲的是母丧门"，"送亲的是女夜叉"的"胡为"的说法。当杜宝拒绝承认她，且以离异柳梦梅为条件时，在她所唱的"北四门子"曲中表现了嘲笑、抗议、悲怨和坚定的复杂心情交织成一片，由于她的坚定和勇敢，最终迫使杜宝承认这样一个"鬼乜邪"，默认了没有父母之命媒妁之言的婚姻。

丽娘这样生生死死地追寻理想，热爱柳梦梅，而柳梦梅是一个甚等样人，对于丽娘形象的完美和作品的思想性有着重要关系。如果梦梅是一个自私、软弱的男人，这个意义就要小得多。我们从作者描绘的柳梦梅的形象看来，丽娘并没有错爱。柳梦梅具有正直、诚挚、热情的品质，他敢于对世道的不公平而发出抗议，他借用赵佗王指责那些以威权暴力而"倚定摩崖半壁天，称孤道寡"的人，而像他这样的人，却是"连篇累牍无人见"，虽然是"饱学名儒腹中饥"，只落得"寄食园公"。这是柳梦梅的呼声，也是作者对当时社会黑暗现象的抨击。柳梦梅敢于同威权作斗争而不屈服，在"硬拷"和"圆驾"两出中对于杜宝的责问和嘲笑是具有何等巨大的道义力量，而使杜宝显得形秽卑劣。柳梦梅而且是真诚而不自私，他并没有因为杜丽娘是鬼而怯懦变心，他忠实地履行诺言，费尽心神把她从死中救活，小心翼翼地护持她。如果和在"圆驾"中杜宝对女儿的态度相比较，这种爱憎是分明的。

四

在《牡丹亭》中，汤显祖描绘了一对青年男女为追求婚姻自由和幸福生活所经过的坎坷曲折的道路，在坚强的斗争中而得到实现。通过它，作者揭露了封建专制制度和礼教的黑暗和罪恶，热烈地同情和支持进步的力量，理想着这种力量的胜利，正因为如此，它受到读者的欢迎，感动，也因为如此，它和它的作者受到封建卫道者们的攻击和污蔑。

（原载《文学遗产》1956年第102期）

试谈《琵琶记》的主题思想

一

在祖国的历史上，曾经出现过许多有才能的、伟大的戏曲作家，他们忠实于现实，苦心孤诣、呕尽心血地创造出不少优秀的作品，给祖国的文化添放了光彩。元末明初，高则诚所创作的《琵琶记》，就是这些优秀作品中的一部。

《琵琶记》是高则诚精心苦耕的杰作，明李开先在《宝剑记》序中说他"阖关谢客，极力苦心，歌咏则口吐涎沫，按节拍则脚点楼板皆穿。积之岁月，然后出以示人"[①]。出版之后，流传很广，影响也很大，和南戏《拜月亭》曾引起长时间的讨论。它在戏曲文学史上占着重要的地位，被尊称为"词曲之祖"[②]。

但是，这部优秀作品的思想内容及社会意义还没有得到正确的阐明。过去（包括自明至解放前）的评论且不去说它，即就解放后有关谈论《琵琶记》的文章看来，也还是混乱的。有人采取粗暴否定的态度，认为《琵琶记》是封建说教的典型，对封建说教能起正面积极作用[③]。有的人虽然也要肯定这部作品的价值，但只是从"感情的真挚"、"格局的堂皇"[④]着眼，

---

① 李开先：《宝剑记》序，《古本戏曲丛刊初集》，商务印书馆1954年。
② 焦循：《剧说》，引《道听录》语。此处转引用意在说明其地位与影响，不是当作戏曲的创始。
③ 黄芝冈：《〈琵琶记〉与旧戏封建说教的典型性》，《人民戏剧》1951年第2卷第6期。
④ 周贻白：《中国戏剧史》，中华书局1953年。

形式主义地评论作品。

因此对《琵琶记》的主题思想等方面重新分析，评价是很有必要的。本文试着把问题提出来，以便共同讨论，得出正确的结论，使这部作品的光辉不至蒙受灰尘。

二

《琵琶记》创作于元末——元帝国濒临崩溃的时候。那时，蒙汉贵族官僚对广大人民进行着残酷的剥削和无情的压迫。他们霸占着"鸦飞不过的田庄"①，进行着极其专横的统治——"没个人敢咳嗽"②，苛捐什税，巧取豪夺。还有民族的歧视和压迫，年年的灾害。这一些，迫使广大人民过着悲惨痛苦的生活，农村破产了，农民饿毙了。这是苦难的岁月，黑暗的时代。

《琵琶记》的内容正反映了这种社会面貌，体现出那时代的精神。

蔡伯喈的故事早在高则诚创作《琵琶记》之前，就已在民间广泛流传着，并以各种艺术形式来表现，高则诚的《琵琶记》就是以之为依据的。但是前后之间有了很大的不同，蔡伯喈几乎是判若两人，在宋元的《赵贞女蔡二郎》戏文中，蔡伯喈是作为"不忠不孝"来处理的，结局并被"暴雷震死"③；在《琵琶记》中，蔡伯喈被处理成"全忠全孝"（据作者语），并以团圆告终。对于这一"翻案"，曾经有人表示反对，认为作者这样做法是对封建说教能起正面积极作用④，理由是：因为"高则诚改订这戏，在一出下场诗里早申明主眼点在'全忠全孝'"⑤，"因为一开场便提明'风化'二字，并标榜着'子孝共妻贤'的胜人之处"⑥。的确，在《琵琶记》里面，

①《元曲选·看钱奴》。
②《元曲选·汉宫秋》。
③ 徐渭：《南词叙录》，1917年董氏刻《读曲丛刊》本。
④ 黄芝冈：《〈琵琶记〉与旧戏封建说教的典型性》，《人民戏剧》1951年第2卷第6期。
⑤ 黄芝冈：《〈琵琶记〉与旧戏封建说教的典型性》，《人民戏剧》1951年第2卷第6期。
⑥ 黄芝冈：《〈琵琶记〉与旧戏封建说教的典型性》，《人民戏剧》1951年第2卷第6期。

作者不只一处标明着这样一些词句，表现了作者某些封建落后的思想意识。但是，不能据此得出结论，把某些片断、局部或个别词句的缺点夸大成作品的基本精神。我们知道文学是社会生活的反映；是通过活生生的形象来反映人们的生活、感情与思想。形象性，就是作为文学的特殊属性，因此，当我们评价作家或作品时，就应从研究具体的形象着手，而不是仅仅摘取其中某些片断或词句。俄国的民主主义者杜勃罗留波夫曾说："我们在观察一个艺术家时，不是把他当作一个理论家来看待，而是把他当作现实生活现象的体现者。"①马克思和恩格斯都曾经反对思想脱离形象和成为形象的附加物，指出在艺术形象中揭示其所包含的思想倾向，恩格斯说："倾向应当是不要特别的说出，而要让它自己从场面和情节中流露出来。"②

根据马克思主义美学的原则看来，高则诚的"翻案"不仅不是维护封建秩序，"为提倡名教而作"（周贻白：《中国戏剧史》），而是走了相反的道路。不可否认宋元旧篇的《赵贞女蔡二郎》是有它的反抗性和积极意义，高则诚则继承了这种优良的传统，给予新的创造和发展，它（指《琵琶记》）适应了当时的社会情况，具有更广阔更深刻的意义。

作者塑造了蔡伯喈——封建社会知识分子一种类型的形象。

蔡伯喈博学多才，但不愿赴选——"论功名非吾意儿"，希求与八旬的父母和新婚的妻室团聚。在当时，功名是作为封建统治者笼络的手段的情况下，"学成文武艺"，而不愿"货与帝王家"是与之相抵触的。他与被"禄仕"思想所支配的蔡父矛盾着。虽然，后来在蔡父的家长制威权的强制下，被迫赴选，但是他对"禄仕"始终是表示不愿意以至愤慨，在中状元后就准备辞官归里，而在"瞷询衷情"一出中，他和牛氏的对话，最清楚地表明他的思想。

牛氏：（白）相公，你自来此，不明不暗，如醉如痴，镇长忧虑，为着什么？你还少吃的那，还少穿的？我待道你少吃的呵。（唱）〔红

①《杜勃罗留波夫选集》第1卷，新文艺出版社1954年，第268页。
②《马克思、恩格斯、列宁、斯大林论文艺》，人民文学出版社1953年，第27页。

衲袄〕你吃的是煮猩唇和那烧豹胎。我待道你少穿的呵。你穿的是紫
罗襴，系的是白玉带。你出去呵。我只见五花头踏在你马前摆，三檐
伞儿在你头上盖。相公你休怪我说：你本是草庐中穷秀才，如今做着
汉家梁栋材，你有什么不足，只管锁了眉头也，唧唧哝哝不放怀。

　　蔡伯喈：你道我有穿的呵，（唱）我穿着紫罗襴，到拘束我不自
在；我穿的皂朝靴，怎敢胡去踹。你道我有吃的呵，我口里吃几口慌
张张要办事的忙茶饭，手里拿着个战饮饮怕犯法的愁酒杯，倒不如严
子陵登钓台，怎做得杨子云阁上灾。只管待漏随朝，可不误了秋月春
花也，枉干碌碌头又白。

　　这种思想是封建专制制度的逆流，它与企图凌驾一切的专制主义者背
道而驰，因为它不能受其驾驭。他宁愿扬弃显贵、豪华的、但是傀儡式的
生活，这种生活摧残了人的青春和生命。他要求摆脱掉捆缚在手上脚上的
线索，追求无拘无束，自由自在的幸福的生活（按作者当时的理解），让
青春与生命的活力得到舒展。

　　蔡伯喈对于强迫婚姻也表示不满意。他惦念着"妻室青春，那更亲鬓
垂雪"，"一家骨肉，教我怎生抛撇"。他不贪富嫌贱，迎新弃旧，他拒绝
相府的婚姻，"纵有花容月貌，怎如我自家骨肉"。但是牛相以"朝中惟我
独贵"的威力，借皇帝的旨意，压制蔡伯喈的辞官辞婚。蔡伯喈在"摆不
去功名奈何，送将来冤家怎躲"的情况下，被迫成婚。但他在婚后仍然没
有改变原来的态度。他谅解牛氏的遭际，然而现实使他对牛氏抱冷漠的态
度。他没有伏伏贴贴的俯从，他始终怀念着家中的父母与妻室，"几回梦
里忽闻鸡唱，忙惊觉错呼旧妇同问寝堂上，待朦胧觉来依然新人和象床"。
"琴诉荷池"、"宦邸忧思"、"中秋望月"、"瞷询衷情"几场写出了对被压
迫的、痛苦的生活的愤懑。

　　作者也刻画了蔡伯喈性格的另一面，他没有勇气来抗拒他的遭遇。蔡
伯喈不满于三被强，但他又承受下来。他想念故家，但不敢让牛丞相知
道，"非是我声吞气饮，只为你爹行势逼临"，当牛氏告诉牛相要同蔡伯喈

返乡而牛相不准时，他埋怨她"招灾揽祸"，他"伤情万感，泪珠偷堕"。

作者真实地塑造了蔡伯喈的性格，他不满专制蛮横的压力，要求摆脱束缚与压迫，但他又没有正面反抗的勇气。这是封建专制高压下的知识分子的一种类型，也是符合作者所处时代的情况的。蒙元的野蛮统治与压迫，对知分子的凌辱与卑视（儒列在第九等，仅高于乞丐），使他们对这种情况表示愤慨，发出抗议，但是他们如果不是走起义的道路，他们是没有力量冲出牢笼的。

通过对蔡伯喈的描绘，作者重要的是揭示封建专制的压迫，强奸别人的意志，被拘束得不自由，"被亲强来赴选场，被君强官为议郎，被婚强效鸾凤"；追求着自由，个性的解放。

作者的不满和抗议，从牛氏和老姥姥的口中也表现得很明显。牛氏是有较强的反抗性的，她对牛相强迫婚姻表示异议，"忒过分爹行所为，但索强全不顾人议"；在要求与蔡伯喈同归而牛相不从时，她据理力争，指责牛相道："爹居相位，怎说着伤风败俗、非理的言语"，使蛮横的牛相不得不作些让步。从老姥姥的口中也发出了尖锐的批评："事须近理、怎挟威势，休道朝中太师威如火，更有路上行人口似碑。"这些地方，正是反映，人民的呼声，体现了人民的思想感情的。

三

《琵琶记》中的另一主人公——赵五娘，也是具有典型性的，她体现出封建社会中年轻媳妇受压迫，受苦难的形象。

赵五娘新婚两月，蔡伯喈即被逼离家赴选，这在他生活上是一个很大的变化。她考虑"两月夫妻，一旦孤冷，此去经年，望迢迢玉京思省"；她担心蔡伯喈恋新弃旧，"十里红楼""重娶娉婷"；她更忧虑八十岁的公婆"怕风烛不定"，担待不起。她不愿意蔡伯喈赴选，但是她没有在公婆面前说出她的想法，她欲说又止，"休休，他只道我不贤，要将你迷恋"。

媳妇在家庭中的地位是最低微的，她们没有权利，她们受有封建道德的约束，说话已经是过分，还要留住丈夫不让赴选，岂不是"不贤"了。事实上做媳妇的连跟丈夫感情好也是"不合法"的，蔡父在逼伯喈赴选时，就是加赵五娘这种"罪名"的，"恋新婚，逆亲意；贪亲爱，不肯去赴选"。

赵五娘在丈夫离家之后，承担着家务，不仅"要尽妇道"，还要"成丈夫之孝"。这对一个没有权利地位、没有经济来源、被杜于家门不出、不知世事的少妇是严重的。她极其为难地维持着公婆和她自己的生活，还要调解公婆的争端；灾荒使她衣服首饰典尽还难于维持，她吃糠，婆婆还埋怨她背着他们吃好的；里正欺侮她，将她领得的一点赈粮抢走；公婆饿毙，她剪发卖葬，罗裙包土，自筑坟墓。这就是她的生活、悲惨的生活，她倾诉道："糠那你遭砻被春杵，筛你簸扬你，吃尽控持，悄似奴家身狼狈，千辛万苦皆经历。苦人吃着苦味，两苦相逢，可知道欲吞不去。"她的遭遇就像被"砻"、"春杵"、"筛"、"簸扬"的糠一样受颠沛凌磨。这就是那处在"家庭的奴隶制"中的"家庭的奴婢"[①]的生活。在"义仓赈济"、"勉食姑嫜"、"糟糠自厌"、"祝发买葬"和"感格坟成"几出中，十分动人地描绘出这受苦难者的形象。

作者看到了她们的痛苦，并用同情的笔触抒写出来："把糠来相比，这糠尚兀自有人吃，奴家骨头知她埋在何处！"糠虽是粗贱，还有人看重，妇女则更微贱，连糠还不如。从赵五娘身上反映了封建社会中广大妇女的悲惨命运。

围绕着赵五娘，作者还提出一些重要的社会问题。他揭露了作为元朝基层统治的社甲组织的社长里正们的贪赃枉法，鱼肉乡里。他们"讨官粮大大做个官升，卖食盐轻轻弄些乔秤，点催首放富差贫，保上户欺软怕硬"，"把义仓谷搬到家里去养老婆孩儿"。他们还公然抢劫。赵五娘在领得赈谷后的归途上，里正欺她单身弱女，竟将赈谷抢走。大官欺小官，小官欺百姓，实际上官即是贼，元朝民间有诗嘲官道："解贼一金并一鼓，迎

---

① 见《马克思、恩格斯、列宁、斯大林论妇女解放》，人民出版社1953年，第23页。

官两鼓一声锣，金鼓看来都一样，官人与贼不争多。"①中央的专制强横与地方的贪赃枉法相联结，正是当时整套统治机构的面貌。

作者也暴露了民间生活的困苦。人祸与天灾使农村困穷破产，饥饿向人们进行了无情的袭击，"义仓赈济"、"勉食姑嫜"、"糟糠自厌"几出都反映出这凄惨的情景："肚又饥，眼又昏，家私没半分，子哭儿啼不可闻"，"恓惶处，见恸哭饥人满道"；他们吃着"欲吞不去"的糠，以至饿毙。但是，另一面我们却可以看见官僚们富豪、奢华、舒适的生活，且看，他们吃的是"煮猩唇和那烧豹胎"。这贫富之差是何等的悬殊啊！这就是杜甫所说的："朱门酒肉臭，路有冻死骨。"

还谈谈关于"团圆"的问题。

有人认为古典戏曲中结尾的"团圆"是要不得的。的确，在南戏传奇中有不少这样的剧本，作者不忠实于现实，不顾剧情的发展，捏造情节，歪曲事实，硬凑成"大团圆"。这是我们要批判的。但是这并不等于一概地拒斥"团圆"，应该根据剧本的思想与剧情的发展作具体分析，看它是否是真实的。那末，《琵琶记》在这问题上怎么样呢？

《琵琶记》最后让赵五娘与蔡伯喈会面了，我们说这不是完全没有可能的。从上面所谈的情况看，蔡伯喈不满牛相的强迫成婚，他日夜怀念着家中的亲人，不忘结发妻室，牛氏也不满其父的作为"忒过分"，感受婚后苦闷的生活，推己及人地同情赵五娘，指责牛相的"非理"；至于牛相，虽然以威权挟人，但蔡伯喈没有俯从，其女也反对，他无可奈何，只好作了让步。这样，使赵五娘与蔡伯喈相会的情节并不勉强。应不应该使他们相会呢？我想也是应该的，这在一定程度上凝结着人民的思想情绪，人们要求被威权拆散的他们能够复合。相会是他们愿望的实现，是牛相的屈服。作者在这里也有其缺点，那就是使牛相持诏到陈留旌奖蔡伯喈满门。这是不必要的，同时对剧本的思想性也有损害。过去也曾经传闻原作只到书馆相逢为止，以后为朱教谕续作②，虽不可靠，不过可从其中看出消息。

---

① 叶子奇：《草木子》卷4，转引自《新建设》1954年第11期吴晗著《元末红军起义》一文。
② 焦循：《剧说》，引《河上楮谈》。

四

总起来说，《琵琶记》是我国古典戏曲中的优秀作品之一，是一部具有人民性和现实主义的、有深刻社会意义的作品。《琵琶记》塑造了封建社会——异族高压统治时代的知识分子和苦难的少妇的形象，揭露了并抗议元朝统治者蛮横的压力，追求自由的生活；反映了处在人祸天灾的境况下生活的百姓们的痛苦。从作品里显示出作者的民主主义和人道主义精神的光辉。虽然作者也标榜着某些如"子孝与妻贤"的落后思想，但它并不占主要的、重要的地位，它掩盖不了全剧的精神。因此，那种以唯心论的美学原则，以粗暴的态度肯定《琵琶记》"纯是写怨，对君主却但有颂扬"，认为是"尽管为提倡名教而作，但处处蕴蓄着才情"的说法是应该反对的。

（原载《剧本》1956年第8期）

关于《琵琶记》的争论

　　《琵琶记》对今天的观众来说，并不完全陌生，虽然全本的演出较难看见。可是"描容上路"（"琵琶上路"）、"扫松下书"还经常在各地舞台上出演，人们还在为赵五娘的悲惨遭遇掉下同情的眼泪。

　　这是一个很古老的剧目，大约已经经历了六百年演出的历史了。它是公元14世纪60年代、元朝末年的时候，浙江一位名叫高明（字则诚）的作家创作的。如果提起这个故事的来源，却还要早得多。据我们现在所能知道的，至少在12世纪初年（南宋），也就是《琵琶记》产生前二百多年，就已经有多种的艺术形式在演唱这个故事了。

　　　　斜阳古柳赵家庄，负鼓盲翁正作场。

　　　　死后是非谁管得，满村争说蔡中郎。

　　这首诗是南宋诗人陆游记述农民倾听"负鼓盲翁"说唱"蔡中郎"的故事的。这时，江南的舞台上也在搬演《赵贞女蔡二郎》了，它是南戏主要的剧目之一。

　　南戏的剧本以后没有流传下来。它的故事情节怎样？有哪些人物？这些我们不知道。但是从一些零星的记载中，也可以看出一点梗概。明朝人徐渭的《南词叙录》有一段简单的记载说，蔡伯喈"弃亲背妇，为暴雷震死"。皮黄剧《小上坟》中，萧素贞也有这样一段唱词：

正走之间泪满腮，想起了古人蔡伯喈。他上京中去赶考，一去赶考不回来。一双爹娘都饿死，五娘子抱土筑坟台。坟台筑起了三尺土，从空降下一面琵琶来。身背着琵琶描容相，一心上京找夫回。找到京中不相认，哭坏了贤妻女裙钗。贤惠的五娘遭马踹，到后来五雷轰顶是那蔡伯喈。

这段唱词保存了原来故事的一些情节。赵五娘悲惨的遭遇，不仅没有得到蔡伯喈的同情和感激，相反地，蔡伯喈却残暴地骑马将她踢死。蔡伯喈这个人物和今天《秦香莲》里面的陈世美是同一类型的。对于这种穷凶极恶的坏人，人民要给他惩罚，因此想象用"五雷轰顶"将他击死。

高明的《琵琶记》就是以这个故事为基础改编的，不过前后有很大的不同，而主要是蔡伯喈变了。原来蔡伯喈是个忘恩负义的恶人，在《琵琶记》中变成善良的、带有怯懦性的动摇矛盾的人物，由主动负心为恶，变成因"三不从"，即"辞试不从，辞婚不从，辞官不从"而造成父母饿死夫妻离散的惨局。原来的马踢赵五娘，也变成以大团圆告终。由于这一变动，引出了后来的许多附会，并且造成争论。

《琵琶记》是高明的精心之作。高明中了进士之后，曾经在浙江、江西、福建做过官。元朝末年的农民大起义，方国珍占据了浙江的庆元路，要聘请高明做幕客，高明没有答应，就避居到宁波的"栎社"去了。在那里，他谢绝了一切应酬交往，在一座小楼上苦心地写作《琵琶记》。高明编剧的时候，一边写，一边唱，一边按拍，经历了三年的长时间，据说把台几都拍穿了，才完成这部优秀的作品。脱稿之后，成为轰动一时的作品，几乎是"村村搬演蔡郎中"。元代，杂剧在南方盛行，南戏曾经一度衰微，到元末虽然稍有复兴，但还比不上杂剧。《琵琶记》一出，以它的丰富的思想内容和高超的艺术水平为南戏开拓了一个新的局面，扭转了南戏的颓势，所以有人称它是"南戏中兴之祖"。

《琵琶记》对后来传奇的创作有很大的影响，人们从题材、结构、曲调、语音等不同的方面来学习它。它以不加粉饰的语言和质朴的风格，而获有所谓"本色派"之称。有不少人对这部作品作了评注，流行的版本也很多，较通行的如汲古阁六十种曲本、毛声山评本、陈继儒评本。而早在1841年就出现了法文译本，开始在国外流传。

正由于《琵琶记》在戏曲文学史上占据重要地位，就有些文人出来牵强附会，说它是影射某人某事的。比较流行的一种说法是认为高明为讽刺他的朋友王四而写的。原因是王四做了高官之后，遗弃了原配周氏，成为宰相不花氏的门婿。高明不满意他这个朋友的作为，就编了这出戏来讽刺他，所以托名蔡邕，是因为王四少年时贫贱，曾经"为人佣菜"，"菜佣"和"蔡邕"声音相近，而剧本叫《琵琶记》，是"琵琶"之上有四个"王"，意即"王四"是也。还有另外一种说法，认为是讽刺宋朝的蔡卞遗弃原配而另娶王安石的女儿。不论讽王四也罢，讥蔡卞也罢，这种说法当然是无稽的臆断，其结果只是有意无意地掩盖了左派的真实内容，贬抑了它的社会意义而已。

那么剧中人的蔡邕和汉朝的蔡邕之间的关系又怎样呢？我们说这两人是名同实异。高明的确借用了汉朝蔡邕的名字，更确切地说是沿用南戏、盲词原来的名称，但也仅此而已；诸如剧中的蔡邕和真正蔡邕的身份、经历、生活等等，都是风马牛不相及。以高明的学识，对历史人物的蔡邕不会不知道，不过他并不想写一部蔡邕的传记剧，然非是借用这个名字来发抒他的思想感情。这种情况，在过去的戏曲作品中是很常见的，如果一定要斤斤查对历史事实，那是不必要的。如果一定这样作，许多优秀的剧目就只好封存到仓库中去了。

六百年来的长期演出和流传，在观众和读者中间产生了很大的影响。不同阶级和阶层的人们，带着不同的观点来欣赏它，产生了不少争论，人民群众喜爱和同情善良的、受苦难的赵五娘，咒骂蔡伯喈的动摇，不满牛丞相的蛮横。统治阶级则用封建的伦理观念来要求和解释，夸大了剧中所宣扬的某些忠孝的封建思想，把赵五娘说成孝媳贤妻的典范，说《琵琶记》是"可当《孝经》、《曲礼》读"，这些不同的观点，在解放后重新评价《琵琶记》时，还在发生不同程度的影响。几年来对于《琵琶记》的评论，从基本上看来有两派意见。一派认为《琵琶记》主要方面是不好的，是封建说教的典型，否定《琵琶记》的同志认为宋元的民间故事批判蔡伯喈的不忠不孝，并用雷击死他，以为惩罚，是符合人民的愿望的。高明把他改成"全忠全孝"，并且给予大团圆的结尾，是为蔡伯喈开脱，歌颂封建道德，他们认为作者在开场中就已经申明他的意旨："不关风化体，纵好也徒然"，末尾的"一门旌荣"，对这些为忠为孝的人也作了表扬。此外，就是他们以明朝的皇帝朱元璋很欣赏这部作品，说它"如珍羞百味，富贵家其可缺耶"，来说明这不是好作品。另一派意见认为《琵琶记》的主要方面是好的，虽然有着某些教孝教忠的封建落后思想，但是基本上是现实主义的作品。高明改编了原来的民间作品，加以创造发展，把主动负心作恶的蔡伯喈，改成是出于皇帝、牛相的威权逼迫所致，"只为君亲之不从，致令骨肉各西东"，这样，就使作品的主题思想较原来更为广阔深刻，牵涉了更多复杂的社会关系和更广的社会面……

　　争论正在热烈的展开，在"百花齐放、百家争鸣"的方针的指导下，相信一定会使这部作品得到一个恰当的、公允的评价。

（原载《北京日报》1956年8月24日）

从剧作看关汉卿的思想

还在欧洲一些伟大的剧作家莎士比亚、莫里哀出世前三四个世纪，我国优秀的剧作家关汉卿就以其宝石般的戏曲作品，在艺坛上放射着璀璨的光芒。在很恶劣的环境下，他坚持不懈地编写了六十几个剧本，成功地塑造了一群鲜明的人物形象，反映了元代的社会历史面貌。无可争辩，关汉卿在我国（应该说也是世界的）戏剧、文学史上占着十分重要的地位。历来的评论者，尽管还有少数人对他的作品有所指责，但尊他为"杂剧之始"却是一致的。所谓"驱梨园领袖，总编修师首，捻杂剧班头"（贾仲明的《凌波仙》词）是也。对于这种推崇虽然不能了解为杂剧是由关汉卿一人所创造的，但他实是元代戏剧界的领袖人物，他以其创作和戏剧活动，为杂剧这一北方剧种的发展奠定了基础，造成杂剧在元代压倒戏文的优势，在我国戏曲史上立下了一块里程碑。

13世纪，在戏剧家生活的那些岁月里，笼罩着十分阴森、严酷、沉重和抑闷的悲剧气氛。人们生活在水深火热之中，原有的阶级压迫之外加上新的民族歧视和欺凌，蒙古贵族残酷地统治着汉人、南人，大量人口被掳掠为奴。世祖至元十八年闰八月，以江南民户，分赐诸王、贵戚、功臣……诸王自一二万户以上，有多至十万户者；勋臣自四万户以下，至数千、数百户不等[1]。而荆湖行省的阿里海牙也将三千八百户民户"没入为家

---

[1]《续文献通考》卷13《户口考二》，清《文渊阁四库全书》本。

奴,自置吏治之,岁责其租赋"①。这些被蒙古贵族象对待牲畜一般的"民户",生命安全也是没有保障的,酷虐的鞭挞习以为常,"杀其夫而夺其妻"②的事情,也时常发生。除此之外,剥削之繁重,也很惊人,元世祖手下的阿合马、卢世荣、桑哥等都是搜括的能手,不论"盐铁、榷酤、商税、田课等,凡可以罔利者,益务搜括"③。造成了家破人亡,惨不可言的罪恶。我们只要举一个例子,就可概见其遗害之大。据史书记载,桑哥手下的纳速剌丁等人,"理算江南钱谷,极其酷虐,民嫁妻卖女,殃及亲邻,淮扬钱塘,受祸最惨,无辜死者五万余人,天下之人,莫不思食其肉"④。人民遭受这样惨烈的迫害,无疑是恨入骨髓。因之反抗的事件,不断发生。元世祖时,"江南盗贼,凡四百余处"⑤。这种反抗的普遍性,正是人民反蒙古贵族统治情绪的普遍反映。为了巩固统治地位,便从政治上加强压制,实行"里甲"组织,"编二十家为甲"⑥,将民间普遍地纳入其组织管制之中。法律上颁布了各种禁令,规定汉人和南人不得私藏武器,甚至连一根铁尺都不允许有。为了防止人民聚集起来,和散布反元的言论,不许集众作佛事,不许赛龙船,甚至有时不许立集买卖。对于歌唱词曲给以严格的限制,《元史·刑法志》列为"大恶条",有敢"犯上恶言者处死"⑦。这种黑暗、罪恶的统治,元代的曲家们作了形象的概括:"如箭穿着雁口,没个人敢咳嗽。"

处在这种情境下,在知识分子中,一般说来,表现为两种状态:一部分人和蒙古贵族结合,成为人民大众的共同统治者。理学家姚枢、许衡之流,就是为适应其尊崇儒家学说,而作为思想统治的主宰。但是,更多的人是处在被排斥、歧视的低微地位。如果从"儒"这个阶层的一般地位来说,那只是处于仅高于乞丐的所谓"八娼、九儒、十丐"之列。他们是

---

① 《元史》卷163《张雄飞传》,清乾隆武英殿刻本。
② 《元史》卷146《杨惟中传》。
③ 赵翼:《廿二史札记》卷30《元世祖嗜利黩武》,清嘉庆五年湛贻堂刻本。
④ 陈邦瞻:《元史纪事本末》卷7《阿合马桑卢之奸》,明末刻本。
⑤ 《元史》卷15《世祖本纪》。
⑥ 徐大焯:《烬余录》。
⑦ 《元史》卷104《刑法志·大恶条》。

"沉抑下僚、志不得伸",或"屈在簿书,老于布素"①。"这壁拦住贤路,那壁又挡住仕途"②的现实,使他们走上另外一条道路,把生活寄托于市廛或山林,或"躬践排场,面傅粉墨"生活于"倡优"之间;"或亦西晋竹林诸贤杯酒自放之意"③。现实生活的教训和民族的感情,在他们中间产生了愁抑、愤激和隐遁的思想。在马致远作品中,如有名的散曲《秋思》、杂剧《黄粱梦》等,很明显表现了这种思想感情。关汉卿和他一些同辈的作家一样,是属于后一种知识分子,即使他做过太医院尹这个官职,那也不过是闲职散官罢了。他生平不愿意仕进,而将他"博学能文,滑稽多智"④的才情寄寓在"倡优"之间,和"书会"先生们编写剧本,参加戏剧演出,为妓女们作曲……他在《南吕一枝花·不伏老》套数中有着很清楚的自述。"我是个普天下郎君领袖,盖世界浪子班头","半生来弄柳拈花,一世里眠花卧柳"。对于这种生活,他有坚持性,他宣称"便是落了我牙,歪了我口,瘸了我腿,折了我手,天与我这几般儿歹症候,尚兀自不肯休。只除是阎王亲令唤,神鬼自来勾,三魂归地府,七魄丧冥幽,那其间才不向烟花路儿上走"。上述的"一世里眠花卧柳"的生活,显然是浪漫的,不是无可批判。但是和他另一面的思想联结在一起,那就是《碧玉箫》小令中所表达的"官品极,到底成何济。归,学取它渊明醉"的思想。在《四块玉·闲适》一曲中,他也伸述了"南亩耕、东山卧","渴时饮,醉时歌"的"闲快活"的愿望。尽管这是晚年的一些思想,却是从"不屑仕进"这一条思想线索贯串起来的。处在那黑暗残酷的社会中,他不愿因自己的官禄而和统治者同流合污,却宁愿生活在被鄙夷不齿的社会底层——"倡优"中间,这应该是我们应当看到的主要方面。而恰恰是这种"底层"的实际生活,给他带来了深刻的体验,激发了对黑暗、不良现象的憎恶和对人民群众痛苦生活的同情,也正因为如此,使他的作品充满了活力。

---

① 胡侍:《真珠船》卷4,《丛书集成》本,商务印书馆1936年,第35页。
② 马致远:《荐福碑》杂剧。
③ 臧晋叔:《元曲选》序,明万历刻本。
④ 《析津志·名宦传》。据《戏剧论丛》1957年第2期,赵万里:《关汉卿史料新得》一文转引。

关汉卿一生编写了六十多个剧本，就量上说，不论当代或以后的杂剧、传奇作家，还没有人能超越过他。但更为重要的是，他在作品中体现了十分可贵的思想，就现存的十几个剧本看来，善恶、是非、爱憎是很分明的。他对元朝统治下的封建社会的黑暗、残酷，作了无情的揭露和指责，对于被压迫者、被损害者寄予深切的同情和爱护，积极地希望他们报仇雪恨，使那些为非作恶的歹徒得到应得的惩罚。他按照自己的思想路线，尽可能地来理想合理的社会的出现和存在。公道战胜强权，光明战胜黑暗，善和美战胜恶和丑，这就是汉卿剧作中所体现的思想特色。从整个的剧作倾向说来，这是最本质之点。

尽管关汉卿是"不屑仕进"，愿意寓迹于"倡优"和过"闲适"的生活，然而，他对于当前的政治并不是漠不关心，无动于中。和消极颓丧不同，他积极地关怀着人民的命运。应该这样说，正是他对现实政治的不满，才促使他去过那样的生活，因此，对于残酷黑暗的政治，对于官吏的横行霸道、贪赃枉法的抨击，成为他剧作中一个重要问题，著名的《窦娥冤》，就很清楚地表现了这种思想感情。

窦娥是一个一生都极其可悲的女人（虽然她只活了二十年多一点），三岁上亡了母亲，七岁上离了父亲，被卖与蔡婆，做童养媳，十七岁和丈夫成亲，不到二年，丈夫就害弱症死了，当我们看见这个少妇时，她已经守寡三年了。就是这样的生活也得不到保障，流氓张驴儿无赖地图霸占她为妻。但是，造成窦娥"感天动地"的悲剧的关键，却是由于楚州太守桃杌的贪暴胡突。这位太守，虽然身为所谓"父母官"，但他思想上所贯注的是"金银"二字，因此，他卑鄙无耻地扬言"但来告状的，就是我衣食父母"。作者在这里安排了一个漫画式的场面：

（桃杌引祗候上，诗云）我做官人胜别人，告状来的要金银；若是上司当刷卷，在家推病不出门……（张驴儿拖窦娥、蔡婆上，云）告状，告状。（祗候云）拿过来。（做跪见。桃杌亦跪科，云）请起。（祗候云）相公，他是告状的，怎生跪着他？（桃杌云）你不知道，但来告状的，就是我衣食父母。

这是夸张了的辛辣的讽刺，只这简单的几笔，把一个贪佞昏庸的官吏的形象生动地呈现在人们的面前。显然，关汉卿并不满足于停留在较为表面的描绘，而是进一步更深入地挖掘作为支配桃杌丑恶形态的思想实质。按照统治阶级的思想立场，桃杌把人民和畜牲一样看待，用他的话说，叫做"人是贱虫"。这是对于人民极大的侮辱，关汉卿以他对人民爱护的感情，一语道破，本质地揭露了统治阶级对待人民的看法和态度。基于这种思想状态，桃杌对窦娥自然可以任所欲为，在"一杖下，一道血，一层皮"的"千般打拷，万种凌逼"之下，窦娥被迫屈招药死"公公"。她根据自己善良的也是幼稚的想法，以为"官吏每还复勘"，然而，把人看作"贱虫"的官吏们，是不可能有正直的责任心的，事实粉碎了她的希望，最终被"屈斩首在长街"。在元朝，官吏的贪赃枉法、胡突庸昏是带有极大普遍性。成宗大德七年，一次发觉赃官18473人，赃钞45865锭，冤狱5176件。桃杌正是这种政治现象的典型的概括。"官吏每无心正法，使百姓有口难言"，"衙门从古向南开，就中无个不冤哉"，就是窦娥以及一切善良人们被冤屈死的原因。

官吏们贪赃枉法之外的另一表现是倚权借势，横行霸道，胡作非为。翻开关汉卿的剧本，我们就会不只一次地看到那些衙内之流的人物，是如何霸道、凶残、阴狠、毒辣，同时也是十分空虚、庸俗、卑劣、无耻。鲁斋郎（《鲁斋郎》）是一个"嫌官小不做，嫌马瘦不骑"的权豪势要、花花太岁，他见了人家好的玩器或骏马雕鞍，可以随心所欲地劫夺。更甚的是他可以随便抢掠人家妻女，供自己玩乐。银匠李四、孔目张珪的妻子都先后被强夺去，弄得这两家"身亡家破，财散人离"。鲁斋郎"倚仗着恶党凶徒势"穷凶极恶，"动不动挑人眼，剔人骨，剥人皮"。在他践踏下的百姓，是有冤无处伸，即令如身为郑州六案都孔目的张珪，也"这等怕他，连老婆也保不的"，当张珪听到李四提起鲁斋郎的名字时，他吓了一跳，赶紧掩住李四的嘴，告他休再提起，要他回许州去。当他老婆要他拣个大衙门告鲁斋郎时，他说了如下一段话："他便要我张珪的头，不怕我就不送去与他，如今只要你做个夫人，也还算是好的。"这是十分辛酸也是很深刻的一段话。关汉卿是带着如此愤激的心情来描述的，他揭发了在那样昏天黑地的社会中，只有强权而没有公理，"为善的多贫穷更命短，造恶的享富贵又寿延"。另一权豪势要葛彪（《蝴蝶梦》），是打死人不偿命，"只当房檐上揭片瓦相似"，平白无故将王老汉打死在长街。对于这些人，关汉卿所采取的态度不是颂扬他们的炫赫，而是嫉恶如仇，从心底对他们的憎恨。他揭发了这些人的穷凶极恶到无以复加，但是，他并不是从夸耀出发，而是从思想上藐视、卑视他们，把他们看成十分空虚、庸俗和愚蠢，予以嘲笑和鞭挞。作者有一个叫《望江亭》的剧本，这里面写了一个和鲁斋郎一类的人物——杨衙内。他也是很阴狠、毒辣的，为图霸占谭记儿，他奏请了金牌势剑，要斩杀谭的新婚夫白士中。尽管他气势汹汹，实际上却是猥亵、愚蠢的小丑。我们看，在张千、李梢替他鬓边捉住虱子，中秋吃酒的场面，在谭记儿乔扮渔妇和他饮酒赋诗骗得金牌势剑，以及他在公堂上将淫词当作文书的场面，这个杨衙内都表现为十足的卑劣、丑恶。正是从上述的思想基础出发，作者才给人们描绘了如此深刻、生动的反面形象，而对于这些人物性格的刻划和情节的安排上往往采择讽刺喜剧的格调，来与之相适应。

　　关汉卿具有正直善良的道德心，他从政治上的反对黑暗、残暴出发，在道义上也断然主张公道，明辨是非。他厌恶封建社会中市侩主义的势利观念，把地位和金钱作为衡量人的品格。他指出事实上正是那些有势有钱的人道德败坏、良心沦丧。《拜月亭》的王尚书在招商店蛮横地将女儿和蒋世隆拆离，不管蒋世隆曾在兵荒马乱中扶助过自己的女儿，而今正身染重病，将他孤零零抛撇在旅店，是否有"残生丧，一亡命"的危险；也不管女儿的说情说理，苦苦哀求，为什么"世人也惭惶"的情境，而王尚书连一点"哀怜悯恤"的感情都没有？作者为我们解答了这个问题。关键就在于蒋世隆是一个穷秀才。势利欲盖过了道德心，从王尚书的立场出发，他并不一定以为这样做是不应该的，"势利"是他作为衡量人事的标准，因此，在招商所表现出来的"横拖倒拽"的铁打般的心肠，也就不足为奇了。关汉卿把这种情境作了一个很好的对比，叫做"舞燕啼莺翠鸾娇凤，撞着那猛虎狞狼、蝮蝎顽蛇"。针对着王尚书的势利，作者通过王瑞兰作了有力的驳斥。在她看来所谓"富贵"、"贫贱"并不是固定的，一成不变的；也不是先天的，而是后天造成的。"自古及今那个人生下来便做大官享富贵"的话语，无疑是对穷秀才轻贱的反击。在《绯衣梦》中，我们同样可以看到作者在批判王员外之流的嫌贫爱富。王员外的女儿闰香和李十万的儿子庆安，本是指腹为婚，后来，王员外见李家贫穷，便要赖婚。从剧本的结果看来，王员外由于思想行为的不义，实际成为一个孤立的事与愿违的失败者。

嫌贫爱富是剥削阶级的思想意识，在封建社会中是习见不鲜的，古典戏曲对这方面问题的反映，并不在少数。而这种思想实质，又往往和为富不仁、欺压良善、损人利己相为纽结。王员外是这样的人物，赵太公父子（《五侯宴》）则表现得更为突出。赵太公思想性格的特质，用戏曲家的话说，叫做"瞒心昧己使心毒"，他把王嫂典身三年的文书私自改为终生为奴的卖身文书不算，平白无故地诬赖她只注意自己的儿子，不好好养护他的小孩儿，凶恶地逼迫她将自己的儿子扔弃。他的儿子赵脖揪承受了他的教养，对王嫂也是朝打暮骂，百般凌虐。

对于邪恶的尽情的揭露，是关汉卿剧作中所贯串的一个重要思想，涉及了各种身分的人物和多方面的情节，给人们展示了一幅封建统治阶级统治下的社会黑暗而完整的图画。但是，作者思想的伟大、深刻之处并不仅限于此，更重要的是他对人民深厚的同情，他看到了社会上不仅存在着丑恶的东西，而且也有着美和善。美和善不但体现在一些"大人物"的身上，象包拯等官吏的英明正直，主持正义，打击邪恶；也体现在一些普通的"小人物"的身上。而后者也是作者所关注而着力赞颂的。作为一个普通家庭的青年寡妇的窦娥，她的灵魂是那么高尚、纯洁。为了救护衰老的婆婆，她抱着自我牺牲的精神，来承担药杀"公公"的罪过，即使在押赴法场的路上，她还在为婆婆着想。看看窦娥，再看看赵太公的所作所为，那不是一目了然的吗？还有赵盼儿，也是一个很可爱的人物。虽然，她并没有遭刑宪，但她自我牺牲的精神也并不亚于窦娥，她为救宋引章出火坑，情愿牺牲色相。她和窦娥不同，显得智慧、勇敢，以她的才能把个花花公子周舍弄得晕头转向，两头落空。值得我们注意的是关汉卿在这里表现出来的深刻的思想和尖锐的观察力。须知赵盼儿是一个在当时社会上被认为"低贱"的妓女，可是，关汉卿和一般看法完全相反，不是歧视，而是同情和尊重她。而其可贵处，还在于他从这些"低贱"者身上看到了优秀的、高尚的品质。他力图证明她们并不污秽，尽管她们的职业生活是被视为"下贱"，但是她们有一颗象珠子那样明亮的心，有十分美丽的灵魂，而那些外表虽然被人视为高贵的人如同周舍，他们的灵魂却是丑恶，心地是污黑的。作者没有被表面的假象所迷惑，他透过了伪装的外衣，看到了本质的东西，给人们指出这样一个道理："富贵"的人未必就是高尚；而"低贱"者却往往是美丽、善良和崇高的。

善恶、美丑的对立，在关汉卿看来是分明的，而这种斗争的结果是善和美的胜利。关汉卿以人民的感情为感情，真实地表达了人民的愿望："善有善报，恶有恶报"的朴素思想。他冥冥地感到有一股强大的不可战胜的力量存在着，因此，他的作品是和悲观消极的思想绝缘，充满了积极、健康的乐观主义的精神，充满了光明的胜利的信心。我们看见作者笔下那些善良人物，是弱者又是强者。说她（他）们是弱者，是因为都是被压迫、被侮辱和被损害的，可是，她（他）们从不、也永不甘心屈服于黑暗势力，屈服于她（他）们的敌对方面，即使是泪和血的悲剧，也丝毫不颓丧，仍然是富有坚韧的战斗力。窦娥为拯救婆婆，虽然屈招药死"公公"，但她对张驴儿罪恶陷害是那样仇恨，对官府的王法是那样愤愤不平，甚至"将天地也生埋怨"。在她看来，天地应该是最公正的，"只合把清浊分辨"，可是事实上"天地也做得个怕硬欺软"。因此，她十分强烈地发出不平之鸣，"地也，你不分好歹何为地；天也，你错勘贤愚枉做天"。无论如何，清浊、好歹、贤愚总是要有分辨的，枉冤一定要昭雪，坚信"皇天也肯从人愿"。她临刑时发下三件誓愿，要把个"屈死的冤魂这窦娥显"。这三件誓愿的实现，正是表明是非、好歹是存在的，公理是不会泯灭的。窦娥不仅在于表白冤枉，而且坚定焦急地想复仇，她"每日哭啼啼守住望乡台，急煎煎把仇人等待"。苦苦地坚持等待了三年，等到她父亲窦天章回来，终于报了冤仇，从文卷上完全改正过来。这种异常倔强的性格，如同作者自己写照的"蒸不烂、煮不熟、捶不匾、炒不爆、响珰珰一粒铜豌豆"一样。

作者这种积极的、乐观的气概，在《望江亭》《救风尘》等剧中，是十分清楚地显现出来，就拿《望江亭》来说吧，我们看，当谭记儿听白士中说杨衙内因图夺她为妾未遂，挟恨在心，奏请了金牌势剑，要来取白的首级时，她表现了那么坚定、果断，何等的英雄气概和必胜的信心！

> （谭云）原来为这般。相公，你怕他做什么？（白云）夫人，休惹他，则他是花花太岁！（谭唱）
> 〔十二月〕你道他是花花太岁，要强逼的我步步相随。我呵怕什么天翻地覆，就顺着他雨约云期。这桩事，你只睁眼儿觑者，看怎生的发付他赖骨顽皮。
> 〔尧民歌〕呀，着那厮得便宜，翻做了落便宜，着那厮满船空载月明归；你休得便乞留乞良捶跌自伤悲。你看我淡妆不用画蛾眉，今也波日我亲身到那里，着那厮有备应无备。
> （白云）他那里必然做下准备，夫人，你断然去不得。
> （谭云）相公，不妨事。（做耳喑科）则除是恁的。（白云）则怕反落他勾中。夫人，还是不去的是。
> （谭云）相公，不妨事。（唱）
> 〔煞尾〕我着那厮磕着头见一番，恰便似神羊儿忙跪膝。直着他船横缆断在江心里，我可便智赚了金牌，着他去不得。

谭记儿是说得出做得到的，她使机谋骗惑了杨衙内，果然取得了金牌势剑和文书。临回时，她带着胜利的愉快，嘲笑那低能的杨衙内。

〔络丝娘〕我且回身将杨衙内深深的拜谢，您娘向急飐飐船儿上去也。到家对儿夫尽分说，那一番周折。（带云）惭愧，惭愧。（唱）

〔收尾〕从今不受人磨灭，稳情取好夫妻百年喜悦。俺这里美孜孜在芙蓉帐笑春风，只他那冷清清杨柳岸伴残月。

关汉卿的善恶的对立斗争和善的胜利，伴随着强烈的复仇思想，象《窦娥冤》、《哭存孝》等都受这种意识支配，而在《西蜀梦》表现得更为鲜明。这个剧本含有浓厚悲愤、惨怆的气氛。作者着意塑造了关羽、张飞两个英雄形象。他们是"西蜀家两条金梁"，"气势威风大"，想为西蜀创立基业，可是都"壮志未酬"就被贼人陷害了。因此，他们怀着满腔的忧郁和悲愤，不期而合地同赴蜀中托梦刘备，要求复仇。用不着"僧人持咒，道士宣科"；也不用香、灯共酒果，要的是仇人腔子里的热血和他们的头颅，"活拿住梅方共梅竹，阆州里张达槛车内囚，枪尖上挑定四颗头，腔子内血向成都闹市里流，强如与俺一千小盏黄封头祭奠"。这种复仇思想是和作者的爱国主义精神相联结，是它的反映。我们在开头就曾提到过元朝进行着屠杀、掠掳的残酷统治，处在水深火热中的广大人民，其强烈的复仇心理和急切的要求是可以理解的。当时人民反抗运动之频繁，而其末季，则一响而天下动。"三家养一元，一夜杀完全"，是可见社会的一般趋向。在作者所生活的元代初年，人民的反元情绪，无论如何是不会低沉的。关汉卿作为一个善恶、是非分明，敢于面对现实的作家，对于当前如此尖锐的问题，在他思想上丝毫不发生影响，是不可想象的。这位伟大的作家，如果对现实生活表现漠不关心的态度，是无论如何也写不出这样深刻动人具有时代气氛的作品。显然，他是以民族的痛苦和希望，作为创作的思想基础，因此，在作品中都蕴蓄浓烈的悲怆、激愤的感情和坚不可拔的复仇信心。复仇的欲求，爱国主义的思想和民族意识，是密不可分地渗透在一起。当然作者的感情不是直接的显露，而是曲折、痛苦地表现出来。他没有直接选择有关元朝统治问题的题材，而是采用历史故事或传说，但我们不能说作者就是民族意识模糊，走逃避现实的消极道路。离开了具体的历史条件，会使我们从孤立的现象去对问题作不正确的结论。作者在那"动不动挑人眼，剔人骨，剥人皮"的"没个人敢咳嗽"的残暴的社会中，是不允许他直接披露罪恶的现实，而需要采取比较隐蔽的方法。那末，我们在考查这些作品时，重要的是根据其思想倾向而不是拘泥于题材或片言只语的直接议论。

从对现实的否定出发，关汉卿提出了他的理想社会。他希望政治是清明的，世道是公平的，在那里没有贪赃枉法，没有胡作非为。想象着包拯、窦天章一些正直的官吏，来主宰公道，"将滥官污吏都杀坏，与天子分忧，万民除害"，显示出"王法无亲"。这里是关汉卿善良、正直的理想，但同时也不能不反映出其思想的局限性。他并没有放弃对地主政权的幻想，因此，在他的作品中，没有可能找到解决问题的更进一步的办法，只能寄托于"圣明君"、清官，希望他"千万载"地存在下去。这种思想在《陈母教子》一剧有较明显的表现。陈母苦心训导三个儿子致志于功名，希望他们能够"治国安邦"、"助王纲"（也有显世扬名，增光家门的思想）。在她严格的教育下，陈家三兄弟都中了状元。但陈母对他们为官的要求是廉明而不是贪佞，当老三陈良佐"贪图财利，接受蜀锦"时，陈母将他打得"金鱼坠地"。这里陈母是被作者作为"治家有法，教子有方"的贤母的典型来表彰。从这位贤母身上所发出的如此强烈的"仕进"的气味，表明了上面所说的：汉卿并不反对封建制度，但希望政治清明。

在关汉卿的剧本中，还有一个值得我们提出的问题，是他的妇女观。

在封建社会中，往往不乏这样的人物（包括作家、思想家），即在政治上是是非分明，在道德伦理观点上，却显得保守落后。尤其在妇女问题上，他们受着封建道德的束缚而不能自解，和世俗一样，对妇女抱着轻贱的态度，并以封建教条作为要求的准绳。关汉卿却不然，他没有抱着地主阶级的偏见来看待妇女，他对妇女不是歧视，而是爱护和尊重。在他现有的十七个剧本中，以妇女为主角的有十二个。描绘人物的方面很广，包括贤母、小姐、丫环、寡妇、妓女……形成一个丰富多彩的画廊。他不但看到她们是被压迫被损害者，更重要的是他看出在她们身上有着智慧、坚强、善良……许多优秀的品质。窦娥是那么善良，而又具有坚强的复仇精神；谭记儿是勇敢、机智，充满战胜敌人的乐观主义精神；王母（后娘，《蝴蝶梦》）的舍己的贤德；赵盼儿的好义勇为……都是作者所热情赞颂的。这些人物，恰恰是表现中国古代妇女优秀的品质，高尚的精神面貌。作者对妇女中的"底层"如丫头、妓女，有着特殊的感情。他在《调风月》中所表现的思想，不仅为丫头燕燕的遭遇鸣不平，通过燕燕的言行来批判小千户卑劣的灵魂，而且对她十分重视，把她摆在主角的地位。对丫环的描绘，在元人杂剧中并不是没有的，王实甫《西厢记》中的红娘就是众所熟悉的一个。但是，按照杂剧的体例，《西厢记》的主角是莺莺而不是红娘，关汉卿的这个旦本戏，却是以燕燕为主角。这在现存的元杂剧中，恐怕是唯一的一个了。

关汉卿从对妇女的朴素的平等观念出发，接触到一个重要问题——婚姻问题。

在封建社会，妇女被局限在最狭小的天地中，失去了政治、经济等权利，受封建道德的束缚。因此，她们所最切身感受到的婚姻配偶问题，这对于封建社会的妇女来说，是一个严重的，也是带有根本性的问题。关汉卿基于他的民主性的思想，为封建礼教束缚下的妇女提出要求，要求符合自己愿望的婚姻（当然，这时的思想还远不及后来汤显祖写作《牡丹亭》时，那样大胆、奔放）。我们看《拜月亭》中的王瑞兰和蒋世隆患难相扶，结成恩爱夫妻，谁知她父亲王尚书嫌蒋世隆是一个穷秀才，强制地将他们拆散。王瑞兰对父亲的行为很不满意，虽然她"被横拖倒拽出招商舍"，可是她对于爱情的心却无法改变，她是"情脉脉，恨绵绵，昼忘饮馔、夜无眠"，"宁可独自孤孀，怕他大抑勒我寻个家长，那话儿便休想"，她在思想感情上背离和抗拒她的父亲。拜月时，王瑞兰的祝祷，点出了这本戏的主题思想："愿天下心厮爱的夫妇永无分离，教俺两口儿早得团圆。"这里，体现了关汉卿对于爱情的道德观念，超越了"父母之命，媒妁之言"的封建伦常，着重在"心厮爱"的纯洁性。作者的一个重要的、可贵的思想，是爱情可以不受封建道德的约束。谭记儿是一个寡妇，但是，为了生活和爱情，她可以不管"烈女不嫁二夫"的教条，和白士中结缡。汉卿对她不是诟詈，而是热情地赞颂，是可见他的思想倾向了。

当然，作为一个生活在封建社会的知识分子，虽然他超越了封建阶级的思想限制，但这种意识对他仍旧是起作用的。被作者誉为贤母典型的陈母，恰恰是有着封建思想，并以之来训育她的三个儿子的。关汉卿显然没有摆脱对文人、学士的特别偏爱，并以他们为中心来处理妇女的问题。《望江亭》的第一折关于白士中向谭记儿求婚的场面，有较大的缺陷，令人感觉他们的结合，是由于道姑和白士中伙同对谭记儿撒赖、放刁、胁逼，谭记儿无可奈何地允从了。从后面谭、白欢洽的爱情生活和对杨衙内的憎恨看来，这样处理是不真实的，从而损害了作品的思想性。在《玉镜台》中这种思想表现得更为明显。刘倩英对温峤学士并不喜欢，对他缺乏"心厮爱"。因此，在她被娶到温家之后，一直拒绝和他同居，不承认他做丈夫。按照性格和情节的发展，他们之间是难于和合的。可是作者在那种思想支配下，不愿意使温峤失败下去，于是，不能不安排一种带有侮辱性和强制性的环境，由王府尹设了一个水墨宴，要温峤即席赋诗，诗做得好，则给刘倩英插花；不好，则以墨涂脸。刘倩英为了不使自己遭受涂黑脸的侮辱，被迫不得已而屈认温峤为丈夫，温峤终于获得欺骗的胜利。这里的不真实的发展所造成的缺陷，很清楚地表明了作者妇女观的局限性。

从上面粗浅的剖析，我们可以清楚看到这位作家在他的剧本中体现着先进的思想，民主主义、人道主义和爱国主义的精神成为他主导的思想倾向，与之联结着的是创作方法上的现实主义。关汉卿的世界观，形成了他的作品的特质，而有别于同时代的一些剧作家。就拿"四大神物"之一的马致远来说吧，他的杂剧如《岳阳楼》、《黄粱梦》等，从总的倾向说都表现对现实的牢骚、不满。但是，精神的贯注和问题的解决，却是走着隐遁的道路，承受了道家"无为"思想的影响。因此，就不能不决定了他的作品的成就带有较大的局限性，这就在于它们所给人们的影响较多是消极的。作者的这种思想特质，恰恰成为和关汉卿的区别点。关汉卿除去对丑恶现实的不满而给以揭发、鞭笞外，更重要的是给人们以勇敢斗争的力量和战胜黑暗势力的健康的、乐观主义的精神。他看到了人民的智慧和力量，因而他理想的是对现实障碍的征服，而不是逃避、脱离现实去寻找"别有洞天"的仙境。这样，我们就不难看出关汉卿的思想和作品是高出于马致远等同时代的一些大作家，而他的许多作品之所以能够在以后不断出现在舞台上，也足以证明这一事实。

几个世纪虽然过去了，但作家的精神对我们仍然有着鼓舞的力量。他的伟绩永远不会从人们的心中消逝，人们将永远纪念他给予人类文化的贡献。

（原载《戏剧论丛》1958年第2辑）

关于关汉卿研究的几个问题

最近，为了纪念世界文化名人我国十三世纪伟大戏剧家关汉卿，报刊上出现了许多论文，呈现了研究关汉卿的可喜的繁荣气象。一年来，不仅论文的数量超过过去七百年，而且出现了不少具有较高水平的文章，任何资产阶级专家，即使被尊捧为权威的王国维都不能与之相比拟。但是，在一些同志的文章中，却还或多或少承袭着资产阶级观点，因此，做出了一些错误的论断，没有能够真正阐发这位伟大的戏剧家。这些错误的论点主要是：对于元代社会的美化，掩盖了阶级矛盾和民族矛盾的实质；关于元杂剧繁荣的唯心主义观点；对关汉卿不恰当的贬抑和剧本论述的形式主义观点等。为了使关汉卿的研究能够更加正确和深入，对于问题的讨论是十分必要的，这篇文章就是企图环绕上述问题的看法，提出一些不成熟的意见，以资讨论的开展。

一　关于元杂剧繁荣的原因所涉及的元代社会的几个问题

就让我们从元代的社会经济和阶级关系谈起吧！

这里，我们不能不提到郑振铎同志最近发表的几篇文章中所持的一些论点。郑振铎同志发表在今年《戏剧报》第6期题为《关汉卿——我国十三世纪伟大戏曲家》的文章中（这篇文章也是《关汉卿戏曲集》的序言），为了说明元代戏曲的繁华，对当时的阶级关系和经济情况作了概括的阐述：

> 元代戏曲的繁华……基本的条件是，长期的封建统治阶级，在蒙古人进入中国之后，整个地垮台了。旧的地主阶级去了，新的地主阶级还不曾完全形成。农民的生活暂时有了改善。同时，蒙古人以兵力打通了久已闭塞的东西交通的大道。中国出产的许多手工业品能大量地输出西方去。……象丝织品、瓷器、茶叶等等，都随着蒙古军队的西行而大批的运出。那些手工业的产品和农业副产品，不仅使在宋、金时代就已经繁华了的城市手工业的工人们生活得很好，而且也影响了农村里的农民生活的改善和提高。……在以前，农民是根本不会有什么机会看戏曲演出的。但在蒙古时代，他们的经济情况不同于前，虽然进入剧场的入场券的价格是二百钱，相当的高，但农民是付得出的。……
>
> ……
>
> 在这个时代，农民和手工业者们，经济上的负担，有一个时期是减轻了些……

在以后纪念大会上的报告和《戏剧论丛》（1958年第2辑）、《关汉卿戏曲选》（人民文学出版社）上的文章等，都强调地重述了这一论点。

郑振铎同志的论断无疑是错误的，是以资产阶级的民族观点代替了阶级观点，不合事实地渲染蒙古贵族和汉族地主阶级之间的矛盾，抹煞了他们之间的阶级的共同性和统一性，从而抽去了阶级压迫和阶级斗争的存在，以及民族矛盾和阶级矛盾相结合，而阶级矛盾又以民族矛盾为形式的实际内容；同时，也是对蒙古贵族对人民进行残酷压榨的美化。如果象郑振铎同志所说的，"旧的社会秩序和旧的地主阶级……推翻了"[1]，那末，元

---

[1] 郑振铎：《中国伟大的戏曲家关汉卿》，《戏剧论丛》1958年第2辑。

朝统治中国近九十年，是建立在什么基础上？所谓"新的秩序"又是什么呢？这种论点如果能成立的话，我看元这个封建王朝就将成为下不着地悬在空中的"天国"了。

在蒙古人进入中国的过程中，在灭金、灭宋的民族战争中，一部分旧的封建贵族和地主可能受到某些打击和损失，但是，蒙古贵族之所以能在中国建立起统治秩序，是不可能把"旧的社会秩序和旧的地主阶级"一古脑儿推翻掉的。事实上原来金、南宋地区的地主阶级和蒙古贵族勾结在一起，仍然成为元王朝的支柱，共同对人民进行压迫剥削。我们只要看一看那些以"资财雄乡里"的人，降元而被任用，就能透出此中真情了，象广平的王磐，"世业农，岁得麦万石，乡人号万石王家"，他仕元至翰林学士[1]；象赵天锡、何实、马亨等都是以"资财雄乡里"的地主阶级，都被元任用[2]。而最显著的如大兴的史氏（史秉直、史天倪、史天泽等）[3]，易州的张氏（张柔、张弘范等）[4]两大家族，都得到高官显爵，成为蒙古贵族统治中国人民的重要帮手。至于江南地区，也不例外，据记载："南土新附之初，山薮寇聚，官不能治，则委重有谋有力之家，而望仙之曾，乘时复兴。"[5]这里给我们说明了蒙古贵族要镇压江南人民的反抗活动，维持统治秩序，单靠派出去的官吏是不行的，必须和当地的地主豪门结合起来。元对南宋遗留下来的江南的地主不但没有推翻，而且容许其发展，常熟的曹梦炎家，就是在南宋起家，而在元时"日益盛大"，占田"凡数万亩……积粟百万，豪横甲一方，郡邑官又为之驱使"的；他因为"岁以米万石输官"，而得到浙东道宣慰副使的官职[6]。江南的地主不但"富甲一郡"，数量上也相当可观，我们从明朝初年曾数次大批迁徙江南的地主豪门充实京师及其他地区，可以看出元时江南地主阶级的力量和发展的情况。

---

① 《元史》卷160《王磐传》，清乾隆武英殿刻本。
② 《元史》卷150《何实传》、卷151《赵天锡传》、卷163《马亨传》。
③ 刘祁：故北京路行六部尚书史公神道碑铭，张金吾：《金文最》卷109，清光绪二十一年刻本。《元史》卷147《史天倪传》、卷155《史天泽传》。
④ 《元史》卷147《张柔传》、卷156《张弘范传》。
⑤ 吴澄：《吴文正公集》卷39《故曾明翁墓志铭》，明宣德十年刻本。
⑥ 长谷真逸：《农田余话》卷上，明《宝颜堂秘笈》本；《元史》卷15《世祖纪》。

一些原有的地主没落破产了，另一些新的地主出现，这种变化是有的。但这不是蒙古贵族统治的特有的现象，而是那个封建王朝都存在着的社会变化的事实，更谈不到是"旧的地主阶级去了，新的地主阶级还不曾完全形成"。郑振铎同志之所以这样说，目的无非想说明农民"经济上的负担，有一个时期是减轻了些"，"生活暂时有了改善"的论点。因为旧的地主阶级既不存在，而新的地主阶级又还没有形成，农民当然没有或很少有地租剥削，生活改善自是不成问题的了。但是，这未免美化了当时丑恶的现实，抹煞了残酷的民族的和阶级的剥削压迫。

元代，即使在初期，农民的经济负担并没有减轻，生活也没有得到改善；相反的是在双重压榨下，灾难更加深重了。蒙古灭金后，圈占了广大土地作为牧场，有的竟至千顷以至十万余顷，据赵天麟说："今王公大人之家，或占民田近于千顷，不耕不稼，谓之草场，专放孳畜。"[①]不论在北方或南方，诸王、后妃、公主、大官、将帅、僧侣等，都以侵占或赏赐的方式占有大量土地，把原来耕种的农民抑为佃户（还有命运更惨的"驱户"）。只是江南诸寺观，就管着佃户五十余万。至于"江南富豪，广占农地，驱役佃户"[②]也是严重的，有的甚至一年能收二三十万租子，占着二三千佃户。所以，不论北方或江南，大量土地集中在蒙古贵族和汉族地主阶级手中，农民失去了土地而沦为佃户或流民。佃户们不论佃种官田或民田，都受着苛重的地租剥削，象福建官田，"每亩岁输米三石"[③]；至于"艺富民之田"的，则和田主对分籽粒以维持生活[④]，如果遇到青黄不接，或水旱灾伤，便缺食用，只好向"田主之家，借债贷粮"[⑤]。其实际情况有如赵天麟所说的："乐岁终身苦，凶年不免于死亡。"[⑥]

农民们向元政府担负着繁重的赋役，诸如税粮、丝料（江南为户钞）、包银等赋税外，还要担负运输、修城、开河、筑堤等差役。甚至官吏私物

---

① 《续文献通考》卷1《田赋》，清《文渊阁四库全书》本。
② 《续文献通考》卷1《田赋》。
③ 苏天爵：《滋溪文稿》卷9《太史院史齐公神道碑》，民国《适园丛书》本。
④ 宋濂：《宋文宪公全集》，《王府君墓志铭》《处士蒋府君墓志铭》。
⑤ 《元典章》卷19《户部五》。
⑥ 《续文献通考》卷1《田赋》。

的搬运，私宅的建造，也要派农民来做。而"滥官污吏，夤缘侵渔，科敛则务求羡余，输纳则暗加折耗"①的情况，连元世祖自己也不能不承认。当时南北赋役的名目虽有不同，但残酷性则是一样的。淮河以北的农民为避赋役，曾大批大批逃往江南，元世祖至元二十年，流移的就有十五万户之多。但江南也不可能避开统治者的榨取，"江南理算积久逋赋，期限严急，民至嫁妻卖女，殃及亲邻"②，据说"淮扬钱塘，受祸最惨，无辜死者五万余人"③。

从上述的事实看来，我们看不到象郑振铎同志所说的乡村繁荣的情况，如果也可算是"繁荣"的话，那无非是大江南北的地主豪门占着"鸦飞不过的田产"而已。至于农民则经受着苛繁的地租、赋税、徭役等的压榨，陷于"乐岁终身苦，凶年不免于死亡"的悲惨的境地，根本说不上经济负担减轻，生活有所改善。农民这种情况，还仅是就经济方面而言，如果加上"滥刑虐政"和战争的破坏，其生活之苦就更不堪设想。王恽在元世祖至元初年上的奏章里，还说到"大河以南，千里萧条，人烟断绝"④的凄惨景象，说农民可以花二百钱的高价购买一张戏票看戏，未免过于美化了。杜善夫所说的这位"庄稼"是否是一般农民，还是可以考虑的，也许是个中小地主哩。

至于手工业者的遭遇，也不比农民好多少。元代，在宋、金已经繁荣了的城市经济的基础上，少数大城市和商业随着对外贸易的繁盛而畸形发展。但是这种情况并不能弥补城乡手工业者的灾难。蒙古贵族的贪暴，不仅表现在对待农业，也表现在对待手工业的掠夺。在灭金、灭宋的时候，都尽量地搜括手工业者，以供奴役。太宗时，"命五部将分镇中原……括其民匠得七十二万户"⑤，元世祖至元十六年"籍人匠四十二万，立局院七十余所，每岁定造币、缟、弓、矢、甲、胄等物"⑥，至元二十一年籍江

---

① 《元典章》卷3《均赋役》。
② 《元史》卷173《崔彧传》。
③ 陈邦瞻：《元史纪事本末》卷7《阿合马桑卢之奸》。
④ 王恽：《秋涧先生大全文集》卷86。
⑤ 《元史》卷123《阔阔不花传》。
⑥ 王恽：《秋涧先生大全文集》卷58。

南人民三十万户为匠。这些工匠是官奴隶的身份，集中在官手工业工场，在官府监督下，强制劳动。其劳役是苛重的，而所得报酬，只是一些维持最低生活的口粮。这种匠户是子孙世袭的，生产技术也被元统治者所垄断。这样，匠户在强制劳动下，生产是不可能发展的；而对于社会上私人手工业的生产也起了束缚和阻碍作用。

民间手工业的封建剥削是很繁重的，当时江南每年要输纳木棉十万匹。对新兴的木棉业尚且如此，他如丝织业等当更不待言。他们生活的实际情况，从下面两首元人写的诗歌中可以反映出来。其一是熊涧谷的《木棉歌》：

> 秋阳收尽枝头露，晒破青囊吐白絮。田妇携筐采得归，便须织作机中布。大儿来觅襦，小儿来觅裤。半拟偿私债，半拟输官赋。……以筵压板搓成索，昼夜纺车声落落。车声才止催上机，知作谁人身上衣。小女背面临风泣，忆曾随母田中拾。寸缕何尝挂得身，完过官私剩空屋。

另一首是王虎臣的《缲丝行》：

> 去年丝成尽入官，敝衣不足常苦寒。
> 今年蚕苗尚在纸，已向豪家借仓米。[1]

从这两首诗中，我们可以看到不论棉、丝纺织者，在封建官府和高利贷的双重剥削下，虽然辛劳地生产，生活却是无着，改善和提高当然谈不到。

基于农业和手工业的这种生产情况和劳动者的生活情况，少数大城市的繁华和对外贸易的兴盛，只能是一种虚假的畸形的经济状态，因为它不是建立在手工业和农业真正繁荣的基础上，缺乏深实的根基。所以在输出

---

[1] 王仲南：《明代苏松嘉湖四府的租额和江南纺织业》，《文史哲》1951年第1卷第2期。

品中，除去丝、茶、瓷之外，不能不大量输出金银铜铁和人口。其实，我们应该看到，城市和商业贸易的繁荣，其得利的不是那些卒岁辛劳的农民和手工业者，而是那些官府、贵族、大商人等。商业的利润和欺骗手段，高利贷的剥削，以至经济处的榨取，只会是使农民和手工业者更趋于困厄贫穷。郑振铎同志为要说明元代戏曲繁荣的原因，而把农民和手工业者的生活说成有了改善和提高，是模糊了残酷的民族和阶级压迫剥削的事实。元代戏曲繁荣的契机，只有从民族和阶级的斗争中去探寻，它是适应当时这种斗争的需要，被人民作为斗争的形式。从杂剧揭露社会政治的黑暗和反抗的精神看，正体现了时代精神的特点。

其次，我们想讨论关于蒙古统治者对待金、宋文化的问题。

在这个问题上，我们发现了两种值得考虑的论点。其一是郑振铎同志所说的："（蒙古人）在公元1234年灭了占据着中国北部的金国。金国的文化是相当发达的，蒙古人几乎全部继承了它的文化遗产。包括戏曲一类的文学珍宝在内。元世祖忽必烈，在公元1279年二月，又灭了南宋，统一了整个中国。南宋的灿烂文化宝藏，也全部为蒙古人所袭有。"[1] 其一是胡仲实同志所说的："（蒙古人）对于中国封建文化是无知的。由于无知，所以采取了全盘否定的政策。"[2] 和这问题有关的是所谓"儒家思想的衰微""圣贤之书都成无用之物了"[3]，以及科举的停止，知识分子受歧视排斥和打击等。

如果我们把这两种论点联结起来看，就会得出这样一个结论：蒙古统治者是中国封建文化的反对者，是优秀文化的继承者。这无论如何是不能令人信服和赞同的。不论是从哪一方面立论的同志，恐怕都对蒙古统治者过于美化了，也就难怪要把元代戏曲繁荣的功劳硬加在蒙古贵族的身上，就是由于他们爱好和提倡的缘故。显然，这是颠倒是非的有害的观点。

这种观点之所以错误，是否认作为上层建筑的文化的阶级性，是和列

① 郑振铎：《关汉卿——我国十三世纪伟大戏曲家》，《戏剧报》1958年第6期。
② 胡仲实：《谈关汉卿笔下的妓女形象》，《文学遗产》1958年第213期。
③ 刘大杰：《中国文学发展史》下卷《杂剧兴盛的原因》，中华书局1941年。

宁的关于每个民族都有两种文化的观点相违背的。13世纪的中国社会，也存在着封建落后的民主主义的两种不同的文化。在这里，蒙古贵族所接受的恰恰是前者而不是后者，不是全盘否定封建文化继承灿烂文化，而是继承封建文化，反对优秀文化。

蒙古贵族在进入中国后，很快地发现理学是维护其统治秩序有利的思想工具，特地把那些"理学名儒"请来作为帮手，象郝经、姚枢、许衡、赵复、吴澄等都被重用。当时中央设有国子学，地方亦有学校，读的东西还是四书五经。忽必烈的太子从小就跟姚枢、窦默等习《孝经》，并大加提倡读经。蒙古皇帝虽然不懂汉文，但还是让人翻译进呈。对于这位被历史封建统治者所崇奉的孔子，蒙古皇帝也不例外地一视同仁，宣布"孔子之道，垂宪万世"。尊孔、读经、提倡理学，正是维护封建文化和道德的一些最根本的表现。和这相对照的是严禁词曲，真实地反映现实的作品就要被处死。这又是对待文化的一种态度。这里立场是很鲜明的，人民所唾弃的，他们吸收并加以宣扬；人民所喜爱的，他们是严加禁止、摧残。从元代法律的规定看来，我们就很难说蒙古统治者是继承了前代的戏曲文化。他们在对人民进行压迫剥削之余，为了享受娱乐，也要看看戏，这是有的，但不能说他们是在继承这份灿烂的遗产。更重要的是，他们企图从人民手中夺取戏曲艺术，排斥其中优秀的民主性的精华，渗入并发展封建的糟粕，以作为统治人民的工具。其实际的结果是摧残和阻塞戏曲的发展。一部中国戏曲史，充分表明各个时期戏曲发展过程中的这样一个斗争规律。杂剧是如此，昆曲也是如此，后来的京剧在清政府、北洋军阀和国民党反动派的统治下都毫无例外地被歪曲和摧残。我们认为蒙古贵族是在接受前代的文化，但是应该分辨他们接受的是哪一种文化，是封建主义的文化，还是民主主义的文化？如果说他们也提倡戏曲，那也应该辨明他们提倡的是什么样的戏曲，用意何在？这种文化一般的论点，只能引人陷入唯心主义的泥坑中。

从蒙古贵族并没有全盘否定封建文化，而是接受了封建文化的论点出发，我们还需要讨论一下"元代轻儒生，鄙文士，废考试"①的问题。许多同志在论述杂剧繁荣，杂剧作家辈出的原因时，都和蒙古统治者的歧视排斥知识分子、和停止科举的问题联系起来，以证明知识分子没有往上爬的出路，只好转而写剧本了。为服从于自己的论点，并加以片面地不恰当的夸张渲染。显然，这是受王国维所说的"唐、宋以来，士之竟于科目者，已非一朝一夕之事，一旦废之，彼之才力无所用，而一于词曲发之"②的论点的影响。

元代初年是曾经停止过科举的；而且在蒙古贵族和色目大商人的眼中，这些"儒士"们的地位，似乎也并不那么高尚，多少带有点鄙夷和歧视，所以在娼之下丐之上夹了"儒"一等。有些知识分子也确被排斥而"沉抑下僚，志不得申"，或"屈在簿书，老于布素"③。可是能不能由此得出蒙古统治者完全排斥知识分子，知识分子的"才能和知识难得'货与帝王家'，……"④的结论呢？显然不能。象前面说过的那些"理学名儒"就得到蒙古贵族的重用；曲家如胡紫山、王恽等也是充当了新主子的鹰犬。元初，对于"儒士"是有优遇的，我们可以说他们的地位和农民、手工业者还是不同，即使是"八娼、九儒"，其实际地位，"儒"总还是比和奴隶命运相同的"低贱"的娼优来得高些。元世祖时曾下令说："南儒为人掠卖者，官赎为民。"⑤并且不断派人往各地访寻儒士。如中统二年，"遣王祐于西川等路采访医、儒、僧、道"⑥，至元十二年，"遣使江南访儒、医、僧、道、阴阳人等"⑦。儒生可以免杂役差役，至元十三年、二十五年，大德十一年都有过明令。如果遇签军的时候，儒士也可在不签之列。这些情况都说明只看到歧视并加以不恰当的强调是片面的。其实不论优遇笼络或歧视贬抑，无非是蒙古贵族对待汉知识分子的手段而已，目的在于使他们更

① 刘大杰：《中国文学发展史》下卷《杂剧兴盛的原因》。
② 王国维：《宋元戏曲史》，商务印书馆1944年。
③ 胡侍：《真珠船》卷4。
④ 郑振铎：《关汉卿——我国十三世纪伟大戏曲家》，《戏剧报》1958年第6期。
⑤《元史》卷15《世祖本纪》。
⑥《元史》卷15《世祖本纪》。
⑦《元史》卷15《世祖本纪》。

好地接受统治并为其所用。事实上象郝经之流，对蒙古贵族进侵中原是立下了"功劳"的。因此，知识分子有无"出路"，科举的废行不是决定性的，停止科举并不等于完全失掉进身之阶。重要的问题是在于知识分子面对着蒙古贵族和汉族地主阶级勾结的统治政权下，采取什么态度。或者是无耻地依附新的主子，并成为统治人民的凶手；或者是消极失望，寄托于神仙山林；或者是面对恶劣的现实，和人民在一起，积极地反抗以求改变厄运。同样是写剧本，也有为统治阶级歌功颂德，宣传封建的思想和道德的；也有对封建制度、统治阶级进行揭露批判的。象杨维桢《元宫词》所说的"伊尹扶汤进剧篇"的情形，不能硬扯在关汉卿的身上，但倒可以反映某些戏曲作家无耻献媚以博青睐的消息。元代停止科举使戏曲繁荣，作家辈出的说法，本来是为反驳以曲取士而使戏曲繁荣的谬论。但实质上这两种说法，都同样是以蒙古贵族的作用为依归。

元代杂剧的繁华，除去研究艺术的因素之外，重视社会原因的研究是对的，而且这是不可缺少的极其重要的工作。但是，我们不能同意把它归之于蒙古贵族和汉族地主阶级勾结统治下的社会经济的繁荣，归之于蒙古贵族对灿烂文化的继承，归之于蒙古贵族的停止科举、歧视知识分子。因为这些问题本身的传统说法是值得商讨的。而强调了这些问题，也只能是不符事实地去赞扬统治阶级，而抹煞了杂剧的真正根源在于人民，在于人民和统治阶级的斗争的表现形式。

二 对关汉卿及其剧本评价的问题

在对关汉卿及其剧作的具体研究中，也存在着不少资产阶级的错误观点。这里，我们要提到新近在《教学与研究》第7期发表的谢无量先生的《纪念关汉卿——革命戏剧家》一篇文章。这篇文章在评论关汉卿的作品时，虽然也涉及到一些内容的问题，但总的说来，是沿袭了王国维（包括作者本人在内）以来的资产阶级形式主义的观点，其着眼点是文章的语言、结构等。谢无量先生在文章中说："朱权臧晋叔所以抑汉卿而推马致远者，殆观其词藻较为优美修饰。从前我亦同此见解，近乃知汉卿极力采用大众语言，配合民间趣味，不屑于专用古代旧式词句，此汉卿所以愈不可及，北曲杂剧由是成为文学史上最不可磨灭之一段。"谢先生不赞成朱权等以词藻的优美修饰作为评价的标准，而抑关汉卿推马致远，并作自我批评，这是好的。但是谢先生不是以政治标准第一、艺术标准第二的评论原则为依据，而是以形式主义反对形式主义，其归结仍然是语言上的问题，所不同的只是"古代旧式词句"和"大众语言"。这和王国维的"其言曲尽人情，字字本色。故当为元人第一"的观点并没有本质的区别。当然，注意到关汉卿采用"大众语言"是好的；他的文章技巧确有高明之处。但是，这并不能使关汉卿成为伟大的戏剧家，"为元人第一"的根本点。

有些同志看来是要从内容方面来评论关汉卿，但是，事实上还是停留在形式方面。譬如谭正璧先生在他所写的《元代戏剧家关汉卿》一书中，就表现了这种观点。这本书共有七章，除第三章《作品的特点》（下），把关作的内容方面归纳为："一、情节人物多样化；二、富于对黑暗社会的反抗精神；三、善于塑造女性典型人物。"[1]用小量的篇幅叙述外，其他六章占全书很大部分篇幅都是关于艺术形式、版本考证、本事叙述等方面。至于仅有的分析思想内容的这一章，谭正璧先生又归结说："至于人物的多样化，尤其是关作内容特点中的特点。"[2]由此可见，谭正璧先生认为关汉卿剧作的最根本之点，不在于"富于对黑暗社会的反抗精神"，而在于他写了几十个不同身份不同性格的人物。"人物的多样化"，确是关汉卿的艺术成就之一，但却不是"关作内容特点中的特点"。

那末，关汉卿最主要的艺术特点是否仅"是真实地描写了在元代统治者黑暗统治下的社会生活的面貌"呢[3]？这一论断和前述的两种观点已经有性质上的不同，也就是说，作者不是从形式上着眼，而是阐述了关剧的

---

[1] 谭正璧：《元代戏剧家关汉卿》，上海文化出版社1957年，第24页。
[2] 谭正璧：《元代戏剧家关汉卿》，第27页。
[3] 柳文英：《谈关汉卿的杂剧》，《文学遗产》1958年第215期。

思想内容，而且是很重要的一面。但是，这个论断显然还是很不够的，它没有揭明关剧最主要的精神实质。

我们认为关汉卿之所以伟大，之所以成为"元人第一"，主要不是决定于"大众语言"，也不是"人物的多样化"，而是在于他创作了具有战斗的民主主义和人道主义精神的剧本。在他的剧本中，是非分明，爱憎分明。尖锐地揭露统治阶级黑暗残酷地压迫人民，猛烈地抨击封建制度下的司法、高利贷、娼妓制度、婚姻问题、伦理道德等的丑恶和不合理。更重要的是他看到了人民的力量，并依靠这种力量，从正面描写了人民的反抗，相信统治者必然失败，人民的斗争必然胜利。他不但反映了阶级矛盾，也反映了民族矛盾，而这种精神往往是渗透在一起的。离开了这个根本的精神，不论"大众语言"或"人物的多样化"，都会成为没有意义的；而忽视其积极的更富有战斗意义的内容，也是不应该的。

关汉卿所以能够写出具有这样巨大思想性的剧本的关键在哪里呢？相当流行的一种说法，是认为元代停止科举，对知识分子的歧视排斥，使关汉卿得不到做官的道路，"便不得不向广大人民投靠"。关于这个问题的一般论述，在前一节已经谈过，这里就不再重复了。我想要说明的是，这样的环境对关汉卿去从事戏剧活动，并写出优秀的剧本，不能说没有影响；但如果把它提到主要的地位，却是不妥当的。过分强调客观的被动的因素，只能是贬抑了关汉卿的伟大；而我们来纪念这位戏剧家，也就失去实际的战斗的意义。至于说关汉卿熟悉妓院妓女的生活，"生活接触面的广和深，使得他的作品能如实的表现出现实生活"①的论点，也还不是问题的关键。生活接触面的深广，对于艺术家的创作是不可缺少的，但是作品思想性的强弱，却不能单纯决定于此。不论是前者或后者的情况，能否如实地表现现实生活，写出思想性较强的作品，还在于作者对于现实生活的态度如何，也就是要看作者具有什么样的思想立场。问题是为什么有些人做了官，而关汉卿"不屑仕进"，却是"偶倡优而不辞"？为什么同是写

---

① 赵景深：《谈关汉卿的杂剧》，《文学遗产》1958年第212期。

剧本，关汉卿会远远胜过马致远等同辈作家？为什么不少的词人曲家和妓女来往很密，对妓院和妓女的生活不能说不熟悉，却只能写出一些美化妓女生活，或是作为玩物欣赏的作品，而关汉卿则是揭露娼妓制度的罪恶，而且进一步看到这些"下贱"人的美丽、高尚、聪明和智慧？事情很明显，重要在于关汉卿忠实于现实生活，具有旺盛的政治感情，能分清是非善恶，憎恨压迫者，同情被压迫者，而且敢于面对现实，是勇于斗争的战士。没有象"铜豌豆"般倔硬，没有正义感，是不可能写出象骂官府，骂天地鬼神，至死不屈，坚决复仇的《窦娥冤》；象金、铁、石头般刚硬的老百姓敢于报仇，动手打死统治者的《蝴蝶梦》，以及显示了人民的智慧、力量和嘲笑压迫者的丑恶、空虚无能的《救风尘》、《望江亭》等等如此优秀的剧本。

有些同志喜欢强调关汉卿缺乏反抗性，原因是他没有起义，也没有写起义的剧本。起义和写起义的剧本，确是反抗性强的最有力的表现，但是我们在研究一个作家或作品时，却不能象演算算术题一加一等于二那样简单，是起义的就有反抗性，不是起义的都没有反抗性。柳文英同志在《谈关汉卿的杂剧》[①]这篇文章中，对关汉卿的评价恰恰犯了这个错误。柳文英同志认为关汉卿"对元统治者一定有深刻的愤恨感情，但又无力反抗，只好采取消极的办法，用编写戏剧来消磨他的岁月"。他进而认为关汉卿在黑暗政治的压力下，"灵魂中存在着一种动摇性和软弱性，使他绝对不敢向民众指出'反抗'这一条正确的道路"。柳文英同志的论断不仅抹煞关汉卿全部戏剧活动的伟大意义，也否定了戏剧的战斗性和政治作用。用编戏剧来消磨岁月的人不能说没有，但关汉卿决不是一个"玩物丧志"者，他在十分黑暗的反动统治下，冒着妄撰词曲讥上要受刑的危险，编写了许多"讥上"的反抗性强烈的剧本，这些剧本蕴含着苦难和悲痛，凝结着泪和血，绝不是闲情逸致吟风弄月者所能写得出来的。写剧本对关汉卿来说就是战斗，我们没有理由说他写剧本是"采取消极的办法……来消磨他的

① 柳文英：《谈关汉卿的杂剧》，《文学遗产》1958年第215期。

岁月"，把戏剧活动看成是消极的没有意义的活动，否认从思想上去鼓舞和启发教育人们向统治者作斗争的重要作用是错误的。是的，关汉卿没有写农民起义的题材，如果说这是个缺憾，也是可以的。然而，却不能由此得出结论，肯定他是动摇、软弱的，绝对不敢向民众指出反抗的道路。把反抗只限于起义，而象窦娥、王母及其三子、谭记儿等的作为都不算是反抗，我看是不妥当的。要是好好地看着舞台上的演出（或读剧本也好），恐怕还是应该说它激发了人民反抗统治阶级的情绪。

当然，柳文英同志并不承认关汉卿写《望江亭》、《救风尘》等是有着反抗精神，他认为这是关汉卿"为了博得舞台下面的观众一时的痛快，甚至不问剧中的情节是否合乎情理"。他还引证了吴梅在《望江亭跋》中所说的"剧中谭记儿事，情理欠圆，岂有一夕江亭，并符牌盗去之理"，来肯定他的论点。事实上柳文英同志的论断是不正确的，我们认为关剧的情节是"合乎情理"的，是反映了现实的真实。这里有一个重要的分歧，就是艺术家在反映现实的真实时，是否只能限于简单地照生活的原样重复在他的作品中，还是可以经过概括之后，加以升华，赋予理想呢？我看显然是可以的。就拿被指摘的《望江亭》来说，谭记儿乔扮渔妇到望江亭去骗取杨衙内的金牌势剑，这在关汉卿生活的时代恐怕是不可能的，如果以考据家的眼光来看，确是"情理欠圆"。但是关汉卿是有现实根据的，这就是他集结了人民的要求和希望，用思想家和艺术家的理想表达出来，而不受生活所局限。陈毅同志说得好，关汉卿"不是扒行的现实主义者，而是有思想有理想的伟大的现实主义者"。所谓不"合乎情理"，恰恰是关汉卿的优点和特点，而不是什么"瑕疵"，汤显祖在他的《牡丹亭题词》中曾说："理之所必无，安知情之所必有。"这个"情"我们把它作理想来了解，它同样是符合关汉卿的情况的。这就是现实主义和浪漫主义的结合。

由此，我们也不同意有的同志认为关汉卿"结局把希望寄托于'清官'的出现"，是"妥协的或反现实的"说法[①]。这种论点是带有片面性的，

---

①《关汉卿戏曲选》编选后记，人民文学出版社1958年。

只是从"官"这个概念出发，而没有对作品作具体全面的分析。的确，象包拯、窦天章在关汉卿生活的时代不一定存在，即使有也是凤毛麟角，而且他们也是居统治地位的官吏。但是，重要的问题不是停留在表面，而是要通过这种现象来考察作者为什么这样写？其中蕴含着什么思想？关汉卿没有也不可能有一个新的社会方向，他只有尽他所能够想象得到的提出一个理想社会的图案：政治清明，没有贪赃枉法和强权的欺凌，"造恶"的应该受到制裁，"为善"的能够安居乐业，把不合理的社会现实颠倒过来。这是空想，但这却是反映了人民的希望，是作者民主主义和人道主义思想的体现。这应该是积极的合理的一面。这里不是妥协，而是对现实的冲击；不是"反现实"，而是"在包公这个为人民群众所敬爱的英雄人物身上，赋与了崇高的理想与善良的幻想，借以来表达和反映当时人民群众的意志与愿望而已"①。

文章拖得太长了，对于具体剧作评论的不同意见，不想再谈了。上面只是围绕着和两个问题有关的一些论点来讨论，并不是对所有问题作全面的论述。意见难免有错误和片面，目的只是想抛砖引玉，作为争论的引线而已。

（原载《戏剧论丛》1958年第3辑）

---

① 夏衍：《关汉卿不朽》，《戏剧论丛》1958年第2期。

看京剧《安源大罢工》

中国京剧院三团最近演出了根据江西萍乡地方剧团的原作改编的革命历史剧《安源大罢工》。

安源煤矿是我们党初期领导工人运动的地方。在这里，路矿工人的革命运动蓬勃开展，尤其是1922年9月17000多工人为了"改良待遇""增加工资""组织俱乐部"，举行大罢工，取得伟大的胜利，推动了湖南和全国的职工运动。1923年"二七"大罢工后，全国工运转入低潮，但安源的工人俱乐部在少奇同志的领导下，红旗仍然在飘扬着，曾经有"中国的小莫斯科"的称誉。这次运动，是当时"幼稚的中国劳工解放运动中最有成绩的一件"。把这样一个重大的历史事件在舞台上再现，是很必要的、很有意义的。

戏一开始就通过老矿工滕锦堂家的病、饥、寒的惨境反映出工人在残酷的阶级压迫下的悲惨生活。女儿滕玉珍为治母病抓药偷偷地要去当棉被，老路工阳板道为了让她留下这床棉被，赠她银簪一支，工头陈剥皮却将银簪抢走。这一情节的穿插很能说明问题。当银簪被抢走后，滕玉珍和阳板道眼看夺回无望，一声叹气，一跺足，一记锣声正打在观众的心上，激起了人们对他们的同情，对工头陈剥皮之类的愤恨。紧接着是滕锦堂父女争执着棉被是当还是不当，滕锦堂愤慨地说："是穷人就不该生病，生病就不该是穷人。"这是对那个黑暗社会何等有力的控诉！戏里写出了王鸿卿、陈剥皮之类的大小工头，对工人本已低微的工资，还要克扣、吞蚀、重利盘剥。工人们的痛苦，不仅在于经济生活，更甚的是遭受人格上的侮辱，矿警、工头可以随便抓人、开除人、鞭打、辱骂工人。工头的生活更是荒淫无耻，任意挥霍，这里包含着多少工人的血汗啊！这个对比在戏里写得比较鲜明，但如能够更深入到问题的本质来描绘，就会更有力些。

在介绍了上述现实生活情况以后，戏向前发展了一步，写到刘少奇、蒋先云、朱少连等同志在这里成立了俱乐部。有了党的领导，工人们像是在黑暗的行途中得到了红灯的指引，心里亮堂了，他们对党衷心爱戴，把俱乐部看成自己的生命，竭诚地团结在它的周围。滕母烧香祈祷，为蒋先云祝福，表现了群众真心爱戴党的朴素善良的愿望；工人们为保卫俱乐部而对矿警、工头、军队进行斗争，也被生动真实地表现出来了。敌人企图以金钱收买俱乐部和滕锦堂，从内部来分化我们的阴谋，暗杀朱少连的行动，以及用武装暴力强行封闭俱乐部等软硬兼施的手段，接二连三地被粉碎了，终于大规模罢工爆发了，取得了伟大胜利，这些都具有真实性。戏的前几场，调子虽然显得低沉一些，但还是体现了工人们必胜的信心和乐观主义的精神，气氛是向上昂扬而不是下降的；反映了人民的志气，灭了敌人的威风，显示了工人阶级巨大的力量。

在人物表现上也有它的优点。像滕锦堂在觉悟之前，由于他过去几十年的生活，一直是受苦、当牛马，凭他的经历和认识，他对黑暗的社会愤慨、不满，但又善良、怕事，当他对党还认识不够的时候，他不敢起来反抗，怕职业（生活）受到影响，因此，他阻拦他的儿子上夜校、参加俱乐部。他的内心活动是较深刻的，从其忧虑、畏缩的形态可以看出来。但在党和现实的教育之下，他觉悟起来之后，阴霾的云雾被阳光冲散了，他腰杆子硬了，在俱乐部是那么欢悦，在请愿时又是站在最前列，坚强地斗争。滕玉珍的性格也较为鲜明，这个姑娘是单纯、勇敢、坚定的，她从监狱释放回家和母亲会面，以及拒绝陈剥皮送钱收买等地方演得很好，滕母见到女儿回来，心疼地问她在狱中受苦了，滕玉珍并不去诉述如何受折磨的经过，只是扼要地回答说："打断的是老板的棍子，打不动咱们穷人的心。"这很明确、有力地把她的倔强、坚定的思想性格突出来了。

但是，看完这出戏之后，也想到还有不够满意的地方，较突出的是戏还没有能够很好的反映出那个时代的精神。我们知道，一九二二年是党成立后全国第一次罢工高潮达到最高峰的一年，安源大罢工是在这个高潮下爆发的，剧本对这一点表现得比较单薄，因而罢工本身的形成、发展，显得气氛不够强烈，没有造成应有的高潮，大罢工胜利结束，就显得有些突兀了。

戏里对党的领导表现得也不够恰当有力，蒋先云是当地党的主要负责人之一，他的地位似乎比朱少连重要，但在整个戏的情节发展看来，蒋先云却没有显出他所应起的作用，还没有把他放到重要的地位，给人印象不深。至于朱少连，在戏里是作为主要人物出现的，形象也较鲜明，但是从剧本到演出，对他的性格掌握却是不够恰当的。例如他迫使陈剥皮将工资还给周二花的时候的话白和神态，使人觉得像个会党的首领，江湖气比较重。

在一些人物思想转变发展的线索上也不够明确，像滕锦堂从安分守己、不让儿子上夜校参加俱乐部到成为坚定的积极分子的工人；周二花由酗酒、找老婆出气到成为坚强先进的战士，转变过程都显得突然。

（原载《戏剧报》1959年第2期）

《赤壁之战》的主脑

　　《赤壁之战》的改编确有它的意义和成就，剧本突出了孙、刘联盟抗曹的策略思想和曹操下江南的错误决策及骄傲轻敌以致失败，一些人物如鲁肃、曹操、黄盖等的刻画更合理、丰满；场面宏伟，能显示出这场大战役的气势。马少波同志在1月4日《人民日报》上所说的改编的七点企图，有许多地方是达到了的。当然，既是"攻坚战"，无疑是艰巨的，难免有不尽完善之处。

　　首先一个较突出的感觉是戏有些松散拖沓，不够紧凑集中。作为片断看，许多场子都有精彩动人的描绘和表演，像《横槊赋诗》、《壮别》等几场应该说是好戏，具有诗的抒情，较深刻地刻画了曹操、周瑜、黄盖等的思想性格，尽管它还存在某些缺点。但是，从全剧的发展看来，这些片断之间缺乏内在的必然的联系，像珠子似的，没有一根红线把它们连串起来。

　　问题在什么地方呢？结构、场子的安排不够紧密恰当，是原因之一；在众多的人物之中，平均使用力量，中心人物反而被次要人物所掩盖，也是原因之一。但，更重要的恐怕在于戏的主脑不明。矛盾没有能够贯串下去，逐步深入展开，推向高潮的完成，而是中途横生枝节，把矛盾的尖锐性冲淡了，使精神不能贯注。这次战役的主要矛盾是孙、刘和曹操间的矛盾。曹操率领83万人马蔽江而下，企图一举灭孙灭刘，一统天下。对于孙、刘两家来说，这是一场生死存亡的斗争（当时曹操虽然还不是直接指向刘备，但孙权如被曹操兼并，刘备是难于独存的）。大敌当前，促使孙、刘结盟抗曹，以图自固。这样，形成两军对垒，在大战正式揭幕之前，双方展开了一系列尖锐复杂的斗争。和这个主要冲突的展开联结着的是孙、刘联盟间的矛盾。这个矛盾对全局来说，是次要的；而在当时的具体环境，矛盾之于联盟，矛盾又是次要的。然而，孙、刘的矛盾斗争却是自始至终在进行着。这两条线紧密无缝地搓揉在一起，拧成一根线，每当周瑜表示要杀孔明，除掉"江东之患"时，总是在对曹操的斗争中提出的。因此，当我们来处理这一题材时，就需要紧紧地抓住主要矛盾，给斗争以充分发展的机会，在这里来表现孙权内部的矛盾，孙、刘之间的矛盾，以及展示人物的性格。演义的长处就在这里。原本《群英会》据小说改编，很注意这一条线的发展。戏一开始，斗争就展开，在周瑜借聚铁山劫粮以除孔明之计未遂后，即着力表现周瑜、曹操间的斗争，《群英会》、《蒋干盗书》、《中计斩将》等都是很尖锐的。曹操在一时误杀蔡瑁、张允后，立即派蔡中、蔡和诈降周瑜，周瑜却将计就计，并使用"苦肉计"，以黄盖诈降曹操。《火攻计》、《借箭》、《打盖》这些场子虽然也反映周瑜和孔明的斗争，但却是依附着主线而发展，是在对曹操的斗争中来完成的。《打盖》后，接着是阚泽献降书，蒋干二次过江探听虚实，庞统献连环计，这一连串事件将矛盾推向尖端，大战前"万事俱备"了，曹操必败的形势已经形成；矛盾双方的位置已发生变化，本来在曹军的强压之下，孙、刘是被动的，现在已转成主动，戏到了高潮。但在这里又起了新的波澜，这就是周瑜的《观风得病》，"万事俱备，只欠东风"；"东风"成为战争成败最后决定因素，这样，《借东风》就自然紧凑。到此整个矛盾的发展完成了，大战前夕的紧张、尖锐、复杂的斗争，随着烈火而"灰飞烟灭"。

改编本在处理这个问题时，有其得失。以《藐江南》一场开始是好的，显示了曹军的强大威力，披露了曹操在新败刘备之后的骄矜轻敌，作出丢开刘备而进攻孙权的错误决策。这里清楚地交代了形势，提出了矛盾的主要线，并说明曹操在一开始就已种下失败的根源了，比起原本由聚铁山劫粮——周瑜和孔明的斗争开始要合理、完整。接着是《决策过江》、

《盟成》两场，在交代孙、刘方面的情况，以及联盟的形成是需要的，但对联盟形成的经过和孙权内部的和战问题的描述，却显得重复、拖沓，所费的时间过多，分散而不集中，把重心转移了，也就是说这条主线没有扣紧，被枝权掩盖了。如果能像《藐江南》那样，用一个场子集中精练地把问题交代了，紧接着即转入《拜将》、《蒋干盗书》、《中计斩将》，戏的冲突就突出了。改编本在《打盖》后删去阚泽献降书、庞统献连环等情节，插入《横槊赋诗》、《壮别》、《龙虎风云》几个场子。这一改，骤看来，被《赋诗》、《壮别》的诗的抒情所吸引，觉得不错，但仔细想来，却感觉到不很妥贴。原本的献降书、献连环等场，虽也有不精练和人物形象不够鲜明的缺点，但是主线是贯串的，冲突是发展的。如今的三场戏虽也表现了孙、刘、曹之间的某些斗争，但主线被截断了，矛盾没有进一步展开，戏被引入到另外一个境界，游离地去表现曹操的文才、骄矜、险诈，周瑜、黄盖的慷慨壮怀的别离情绪，以及刘备和孙权等的议论荆州问题。这样，节外生枝，枝又伸展得过长，尽管戏好，却不能不显得喧宾夺主，原来的尖锐的冲突、紧张的气氛松弛下来了。锁战船这件事情过早地由曹操自己来解决，不免过于平淡和简单化，把很好的戏剧冲突削弱了。借荆州的议论冲淡了借风的问题及由之而来的孔明和周瑜间的斗争。这样一来，《借东风》一场自然就势弱，成为强弩之末。由此看来，问题在于主、次要矛盾结合的贯串线没有很好抓紧，主脑立得不明，主题思想的发展也就不清，犯了李笠翁所说的"逐节铺陈，有如散金碎玉，以作零出则可，谓之全本则为断线之珠，无梁之屋"的毛病，秦腔《赵氏孤儿》改编的成功之一，就在于现有穿插曲折，又和矛盾的主线紧密连结，一气贯串，不枝不蔓，戏就紧凑而引人入胜。这里，还包含保留原本部分和新增添部分的不谐和统一。思想变了，情节的主体是原来的（虽稍有改动），在首尾增添了若干场子，加以舒发，新旧场子的思想显得不协调，露出了斧斫的痕迹。主脑不明，从人物形象大可看出来，鲁肃是作了新的处理，强调了他的政治远见和在孙、刘联盟中的作用，孔明则基本上和原本一样，在《借箭》、《打盖》等场子所表现的过于卖弄聪明、傲慢而不顾大局的有损其性格的缺陷，没有加以改正，他的智慧和作用也缺乏有力的表现，这就被鲁肃盖过了，使之失去了光彩，主脑人物没有立起来。对于全剧思想的改变，人物也必然要跟着给予重新估量，特别是象孔明这个主人公，如果按原本不变，是很难和新的主题连结起来的，演义对孔明的描写比舞台剧要鲜明得多，舌战群儒，激权激瑜固不必说，即如向周瑜提醒孙权在双方兵力强弱的问题上还有犹豫，向鲁肃说明周瑜也不可自去聚铁山劫粮等情节，都能够很好表现孔明的智慧过人，且又顾全大局。改编本如能更好地吸收演义的精华，是可以写得更深刻，把孔明在这次战役中的作用突出出来的。

（原载《戏剧报》1959年第4期）

评《中国戏剧史讲座》

周贻白的《中国戏剧史讲座》是解放以后第一部系统地论述中国戏剧历史的专著（作者在1953年出版的《中国戏剧史》系解放前的旧著）。从《中国戏剧史讲座》和《中国戏剧史》比较地看来，周贻白先生的研究工作是有所进展的。在《讲座》里，周先生强调了"中国戏剧根本上是来自民间，与群众的社会生活是有密切联系"这一论点，并试图贯串到具体的论述中，这就改变了过去把戏剧的发生发展，归结为帝王、文人士大夫或个别艺术家的作用的错误论点。同时，周先生注意了探寻、阐发中国戏剧形成、继承的过程；在文献缺乏、零散，头绪纷乱的情况中，理出一条线索，提出从汉代角抵戏的《东海黄公》，经魏晋南北朝的"辽东妖妇"、"踏摇娘"，唐代的"参军戏"，到北宋的"民间杂剧"这一发生和形成的经过，尽管其中一些问题的论点还值得商榷，但这可以破除中国戏剧是源于宫廷或外国的种种谬论，有益于中国戏剧史研究工作的开展。

但是，如果作为科学的中国戏剧史来考察的话，《中国戏剧史讲座》一书，是远不能令人满意的。显然，周贻白先生在新书中，并没有从根本上摆脱过去所形成的资产阶级唯心主义、形式主义和繁琐考证等错误的观点、方法。

首先，我们觉得周贻白先生在论述中国戏剧发生、发展的历史时，是和中国社会发展的历史孤立开来的。周先生在"弁言"中宣称"本书是以中国戏剧发展经过为主"，这里所谓"发展"，实际只是戏剧形式本身的嬗变而已，完全脱离社会经济、政治和阶级斗争的因素；也就是说把对艺术现象的解释，纯粹求之于艺术本身。

这样，在论述剧本的时候，就必然会犯形式主义的错误。我们可以看到，在这本书中谈作家和作品的篇幅并不少，但不能使人领略到其中的精神实质，周先生偶而也提到作家的思想和作品的内容，但从基本倾向看来，显然是以"文词"作为评价的标准的。例如，周先生指出："元代杂剧曾有过一段光辉的历史；——不仅作家辈出，作品繁多，同时在文词上也有过一番高度的成就。"文词的成就，固然值得重视，但是文词本身并不是游离的，而是受思想的制约的。因此，我们评论作家和作品的时候，就必须首先探求作家的政治态度、世界观和创作道路，探求作品的基本倾向是什么，也就是说，必须是政治标准第一，艺术标准第二，政治和艺术的辩证的统一，才能够真正辨别糟粕和精华，揭发出伟大作家和作品之所以伟大的本质所在。以元杂剧为例，我们认为它的光辉，首先在于具有战斗的民主主义、人道主义和爱国主义的精神，它们也显示了现实主义和浪漫主义的结合，其成就远远高出于欧洲一些批判现实主义的作品。如果承认元剧具有光辉的历史，那末，抛弃其基本倾向，而只着眼于文词，无疑是舍本逐末的作法。周先生的观点显然是承袭王国维所谓"元剧最佳之处，不在其思想结构，而在其文章"的说法。

《讲座》的资产阶级观点、方法，还表现在以充塞着大量史料的考证排比，掌故的叙述和形式的嬗变，来代替戏剧史的研究。这种情况，基本上没有脱出自王国维以来的中外资产阶级学者（如卢前、青木正儿等）的圈子。我们并不否认对于中国戏剧史上一些重要问题的考证和史料的整理排比，是有其必要性。但是，即使把所有问题都弄清楚，理出一条线索来，最多只能说是为戏剧史的研究工作创造了条件而已。

（原载《戏剧论丛》1958年第4辑）

五四时期关于戏曲的论争

五四运动时期，人们曾经对中国戏剧问题进行过一场争论，中心点是对"旧剧"（戏曲）的估价和态度；话剧则作为对立物而被提倡。事隔已久，尽管我们现在的情况已发生根本变化，但重新回顾一下过去，温故而知新，对我们今天的戏剧工作并不是没有实际意义的。

还在20世纪的最初十年，随着资产阶级民主革命运动的发展，戏剧如何更好地反映和配合现实政治斗争，在一部分人（包括某些演员）中间已经在寻思、探索着，以至于付诸实践，具有爱国思想的京剧演员汪笑侬就是其中的优秀代表。当时，汪笑侬愤慨清政府的腐败投降卖国、帝国主义的疯狂侵略，撷取历史题材编演《哭祖庙》、《张松献地图》等剧，用以讽刺时政，激发人们的爱国主义思想。不仅如此，汪笑侬还编演了一些时装新戏如《波兰亡国惨》，借以痛骂清政府。上海丹桂茶园的夏月润兄弟和潘月樵，也上演《潘烈士投海》一类慷慨激昂反映时事的京剧。这成为当时戏剧界一股新的思潮，尽管它还不是一股巨大的洪流，但正是在这种新情势的影响下产生了话剧。上海的汪优游等青年知识分子上演了"新剧"，不过他们并没有脱离戏曲的影响，从剧情到舞台表演都保留着戏曲的显著的痕迹。只是一些留学日本的学生在东京组织了春柳社演出《茶花女》、《黑奴吁天录》等剧，以及他们回到国内与原来的"新剧"运动汇合在一起之后，才使话剧得到进展，而在辛亥革命前后形成一个高潮。民主革命浪潮的冲击、话剧运动的高涨，影响着戏曲的革新。1914年，梅兰芳排演了"暴露娼寮的黑暗和妓女受压迫"的时装新戏《孽海波澜》，1915年又连接着排演了几出时装新戏，"《宦海潮》是反映官场的阴谋险诈、人面兽心。《邓霞姑》是叙述旧社会里的女子为了婚姻问题，跟恶势力作艰苦的斗争。《一缕麻》是说明盲目式的婚姻，必定有它的悲惨后果的"[①]。

上述的情况，说明戏剧是不可能和时代背道而驰的，社会政治的重大变革，必然作用于戏剧，使它不能够原封不动地保留着。自辛亥革命前夕至五四运动时期这一巨大的历史转折时代，给戏剧提出了新的任务和要求，而真正的戏剧必须是力求满足历史环境的需要，成为推动历史进展的力量。戏曲的改革如此，话剧的产生和发展也是如此。但是在辛亥革命前后，人们主要致力于实际的工作，从理论上来探讨论述却是五四时期的事情。

五四前夜，以《新青年》为主要阵地，举起了"以反对旧道德提倡新道德、反对旧文学提倡新文学，为文化革命的两大旗帜"。那时，以陈独秀为代表的激进民主主义者肆力攻击封建的道德礼教和文化，宣传资产阶级的民主和科学思想，形成新文化运动初期的第一个高潮。他们的主张看来没有把当时人们最关心的反对袁世凯的帝制阴谋和北洋军阀反动统治的实际政治斗争作为主要任务，而把锋芒指向"孔教"、社会伦理问题，正如陈独秀所说："盖伦理问题不解决，则政治学术，皆枝叶问题。纵一时舍旧谋新，而根本思想，未尝变更，不旋踵而仍复旧观者，此自然必然之事也。"[②]这种观点说明他们思想立场的局限性，还没有找到正确的道路。但是，不能认为这种文化思想上的斗争和政治斗争无关，它是和反对当时政治逆流，即反对帝制复辟和军阀专制独裁的斗争联系在一起的。还在称帝前袁世凯便已公然发布《通令尊崇孔圣文》，提倡祭天祀孔，1914年的《天坛宪法草案》第十九条则附以尊孔之文。1916年，袁世凯被人民唾弃之后，这股逆流并没有扭转，康有为上书黎元洪、段祺瑞，主张定孔教为"国教"，列入"宪法"。1917年，张勋、康有为等拥溥仪演出复辟的丑

① 梅兰芳：《舞台生活四十年》第2集，中国戏剧出版社1980年，第58页。
② 陈独秀：《宪法与孔教》，《新青年》1916年第2卷第3期。

剧。尊孔的叫嚣正是从思想体系上为帝制作张本，和帝制复辟的阴谋有密切的关系。在这黑暗政治帷幕的笼罩下，一时遗老遗少宣扬复古主义、保存"国粹"的陈词滥调甚嚣尘上，他们提倡三纲五常和"忠、孝、节"等奴隶道德，力斥民主平等之说；固执"颂扬功德"、"思君明道"的文学，诋毁"近代通俗的国民文学"。因此，以民主和科学为口号，新道德、新文学和旧道德、旧文学展开了一场激烈的争斗。他们痛斥"忠、孝、节"等旧教条是"奴隶的道德"。文学革命的新文学的提出，正是在观念形态上反映了新的社会政治的需要，它反对为封建阶级服务的反映旧政治、旧伦理的旧文学。

1917年，陈独秀以"甘冒全国学究之敌，高张'文学革命军'大旗"，主张"三大主义：曰，推倒雕琢的阿谀的贵族文学，建设平易的抒情的国民文学；曰，推倒陈腐的铺张的古典文学，建设新鲜的立诚的写实文学；曰，推倒迂晦的艰涩的山林文学，建设明了的通俗的社会文学"。其所以要排斥此三种文学，是因为"其形体则陈陈相因，有肉无骨，有形无神，乃装饰品而非实用品；其内容则目光不越帝王权贵，神仙鬼怪，及个人之穷通利达。所谓宇宙，所谓人生，所谓社会，举非其构思所及"[①]。他反对"文以载道"，反对八股文的"代圣贤立言"，也就是反对用文学作为宣传封建思想的工具，把革新文学和革新政治联系起来。钱玄同也提出"要用质朴的文章，去铲除阶级制度里的野蛮款式"。鲁迅此时以他的"意在暴露家族制度和礼教弊害"的小说《狂人日记》，树起了批判现实的典型，表现出"文学革命"真正的成果。

当然，"文学革命"并不是风平浪静的，封建复古主义者千方百计地进行反扑，林纾就是第一个挺身而出以卫道者自任，肆力攻击新文学的。在他给蔡元培的信中，明白地表示反对"覆孔孟，铲伦常"，反对白话文，认为"引车卖浆之徒"的语言不能用来做文章。他甚至写了小说《妖梦》、《荆生》，来痛骂提倡白话文学的人，幻想能有如荆生者以武力消灭新文学

---

① 陈独秀：《文学革命论》，《新青年》1917年第2卷第6期。

运动。北京大学一些教员和学生还结成一派，与"国史馆之耆老先生"互为声援，出版了《国故》，以为新文学运动的反动。当时鲁迅对这种复古谬论给予坚决的打击，他尖锐有力地批判了国粹主义，指出"要我们保存国粹，也须国粹能保存我们"，"只要问他有无保存我们的力量，不管他是否国粹"①。陈独秀在《新青年罪案之答辩书》一文中也给复古主义以驳斥，他说：

> 他们所非难本志的，无非是破坏孔教，破坏礼法，破坏国粹，破坏贞节，破坏旧伦理（忠、孝、节），破坏旧艺术（中国戏），破坏旧宗教（鬼神），破坏旧文学，破坏旧政治（特权人治），这几条罪案。这几条罪案，本社同人当然直认不讳。但是追本溯源，本志同人本来无罪，只因为拥护那德莫克拉西和赛因斯两位先生，才犯了这几条滔天的大罪。要拥护那德先生，便不得不反对孔教，礼法，贞节，旧伦理，旧政治。要拥护那赛先生，便不得不反对旧艺术，旧宗教。要拥护德先生又要拥护赛先生，便不得不反对国粹和旧文学……②

这很明显是针对那些封建卫道者而发的，概括地表明了这个运动所拥护和反对的具体内容，旧的政治、道德、宗教、文艺是被看做封建主义的整体而加以否定的，这当中就包含着戏曲。

所谓"戏剧改良"问题，就是在上述的社会情况下，在新文化运动初期的高潮中，在戏剧发展的情况下被提出来的。显然它是作为社会变革的一个问题而被注视着，离开了这个历史内容，孤立地论述，是很难得出恰当的评价的。

应该说戏曲是来自民间，而且一直和广大群众保持着密切的联系。但是在封建社会里，封建统治阶级除去直接对戏曲进行禁毁摧残外，也企图把戏曲攫夺到自己手里，加以歪曲涂抹，以作为统治人民的思想工具；而

①《热风·随感录三十五至三十八》，《鲁迅全集》第1卷，人民文学出版社1957年，第383页。
②陈独秀：《新青年罪案之答辩书》，《新青年》1919年第6卷第1期。

一班贵族、官僚、地主、文士在饱食终日之余，却想拿戏曲来娱己，把它当做寻开心的"玩物"，他们事实上是从另一方面糟蹋了戏曲。作为封建统治阶级统治的社会思想，不可能不对戏曲发生影响而渗透于其中。像京剧在经受那拉氏、满族贵族和官绅们的"赏识"之后，毋庸讳言，在一定程度上发展了某些封建、迷信、色情、庸俗的不健康的东西，窒息阻滞而使落后因素不得克服，被扭着向歪曲畸形的道路上走。较早的且不去说它，即就当时的情况说，所谓"中国文豪"和"剧评家"如樊增祥、易顺鼎等，专做那等《咏鲜灵芝》一类腐朽肉麻的诗文，自以为高雅文采。他们不是珍贵戏曲，而是在蹂躏摧残，让它慢慢地腐烂灭亡。在反对旧道德、旧文学的新文化运动的高涨过程中，和复古的国粹主义者反对新道德、新文学相呼应，一些保守主义者也挺身而出，以保护戏曲自任。他们似乎是遗产的忠实继承者，事实上他们是站在封建的国粹主义的立场来看问题，极力排斥、反对接受任何新的东西，将白话剧一概抹杀。足以代表这派观点的是林纾的学生张厚载。他是当时北京大学的学生，对京剧较为熟悉，常写一些关于京剧的文章；曾经把林纾的小说《荆生》、《妖梦》介绍到《新申报》发表，可见他对新文化运动的基本态度了。张厚载为"旧戏"辩护，反对钱玄同等的极端主张（如废唱等），虽也有些持平之论，但这却是从另外一个极端来立论的。他发表了《我的中国旧戏观》等文章，把他所认为的那些好处一一加以绝对化。他认为"中国旧戏的第一个好处就是把一切事情和物件都用抽象的方法表现出来"，如曹操的83万人马可以在舞台上容纳，拿张蓝布就可以当城墙等，从而断定"旧戏"只能是抽象，"万万不能具体的了"，如果把具体的东西"搬到戏台上，反而索然没味"。在谈到戏曲的另一好处是"一切唱工做派，都有一定的规律"时，认为所有唱、做、念、打没有一件不是从"规矩准绳"里面出来的，像"痛必倒仰，怒必吹须"都是自然的做作，"无论如何变化，这种法律，是牢不可破的。要是破坏了这种法律，那中国旧戏也就根本上不能存在了"。按照上述说法，戏曲艺术的革新根本是不可能的，只能永远原封不动地演下去，如果有点改动，"旧戏就根本不能存在了"。我们只要看张厚载自己的结论就可以完全明了，他说："中国旧戏，是中国历史社会的产物，也是中国文学美术的结晶，可以完全保存。社会急进派必定要如何如何改良，多是不可能。"①这层意思很清楚，所谓"旧戏"是"中国历史社会的产物"，显然并不是指戏剧和政治、经济的关系，而是因为它是中国"历史上遗传之一种艺术"，是中国所独有的，换言之，即"国粹"是也。既然如此，那就应该完全保存，"正不妨其表示野蛮"。这种思想是和封建复古主义一脉相通的。这里，他只是形式主义地论述戏曲艺术的好处，完全没有涉及内容的问题，而所谓"好处"又是精华和糟粕并包，用强调"好处"来保护那些"野蛮"、落后的东西。其思想方法也是静止的、形而上学的，好就绝对好，把一些"规矩"看成一成不变，把"抽象"和"具体"对立起来，任它社会发生任何变化，"旧戏"只能是旧戏，不可能有什么发展。张厚载等人的主张，代表着一部分保守顽固的社会力量，就在几十年后的今天，我们仍然还可以听到这种论调。

五四时期，对"戏剧改良"的讨论的主要阵地是《新青年》，并于1918年10月出了一期"戏剧改良"专号；《晨报副镌》、《戏剧》等报刊上也发表了一些有关的文章。它们对当时戏曲的内容和形式感到不满，因而肆力攻击。陈独秀在《答张豂子》（张厚载）讨论"旧剧"的通信中，曾经说：

> 旧剧如《珍珠衫》、《战宛城》、《杀子报》、《战蒲关》、《九更天》等，其助长淫杀心理于稠人广众之中，诚世界所独有，文明国人观之，不知作何感想。至于"打脸"、"打把子"二法，尤为完全暴露我国人野蛮暴戾之真相，而与美感的技术立于绝对相反之地位。若谓打有定法，脸有脸谱，而重视之邪？则作八股文之路闰生等，写馆阁字之黄自元等，又何尝无细密之定法，"从极整齐极规则的工夫中练出来"，然其果有文学上美术上之价值乎？②

①《戏剧改良各面观》，《新青年》1918年第5卷第4期。
②陈独秀：《答张豂子》，《新青年》1918年第4卷第6期。

这段话具有代表性，明白地概括了他们对"旧剧"的看法。显然，这里有着以一概全、片面性的错误，我们将在后面论述。但需要看到的是，这个问题的提出，其出发点却是针对前面所说的情况。"旧剧"在内容上确实存在着某些封建迷信的东西，如陈独秀所指摘的《杀子报》、《九更天》等就是思想意识上有毒素的坏剧。稍后，郑振铎在《戏剧》上发表的《光明运动的开始》一文，也说到戏曲思想上的坏处，认为"开始于'佳人才子'，而结局于'荣封团圆'，不是'色情迷'，就是'帝王梦'，就是'封爵欲'……且多颂圣之语，'圣主贤明，臣罪当诛。'此种思想，蕴结于文中，在现在看来，怎么不令人起反感呢"。这些言论正反映了当时受过西方资产阶级教育的知识分子对于封建文化的反感，因而极力反对戏曲中那些"色情迷"、"帝王梦"、"封爵欲"。他们要求民主、科学、人道主义、个性解放等为资产阶级服务的文化思想，而戏曲"里面所包含的思想，与现代的思想，相差实在太远了"，"太与时代的精神相背驰"，因此"没有再现于剧场上的价值"[1]。不能直接表达、反映当代的生活、思想，正是戏曲的缺陷。从舞台演出的艺术形象看，他们不满意"打脸之离奇，舞台设备之幼稚"[2]。认为凡"一人独唱，二人对唱，二人对打，多人乱打"，与一切"报名"、"唱引"、"绕场上下"、"摆队相迎"、"兵卒绕场"等，都是"恶腔死套，均当一扫而空"[3]；而主张"戏中扮演，本期确肖实人实事……苟其不肖，即与演剧之义不合"[4]。这种观点在于反对"死套"、"规矩"的束缚，要求从严格的格律中解放出来，实际上是和当时整个革命的思想解放相适应的；而艺术形象上的"确肖实人实事"，则是要求形式适应于表现现代生活的内容。这样，他们之所以主张废弃"旧剧"而提倡"新剧"的缘故就很清楚了。虽然是矫枉过正，但其反封建的精神，要求戏剧发展而适应现代生活的愿望，是不可忽视的。这虽是全面否定的极端论，但在封建逆流在整个文化思想领域泛滥的情况下，为了反戈战斗，也

---

[1] 郑振铎：《光明运动的开始》，《新文学大系：文学论争集》，上海良友图书印刷公司1946年。
[2] 钱玄同：《寄陈独秀》，《新青年》1917年第3卷第1期。
[3] 刘半农：《我之文学改良观》，《新青年》1917年第3卷第1期。
[4] 钱玄同：《寄陈独秀》，《新青年》1917年第3卷第1期。

是可以理解的。应该说他们的主张在当时是起到革命作用的。这种无所畏惧冲锋陷阵的勇气，为后来戏曲的革新打开了缺口，人们不仅要去思考、探索革新的问题，而且也可以从中吸取教训。1932年前后，程砚秋同志对戏剧的观点和实际的探求，以及《剧学月刊》上的某些言论，可以说是前进了一步。

　　然而，也应该看到陈独秀、钱玄同等人的主张，即在当时也存在着显著的谬误。和他们的全部否定不同，欧阳予倩、宋春舫等人对戏曲有较全面的认识。欧阳予倩在《予之戏剧改良观》一文中提出了他对戏曲的看法。他认为戏剧是"社会之雏形，而思想之影像也"，"剧本之作用，必能代表一种社会，或发挥一种理想，以解决人生之难问题，转移误谬之思潮。演剧者，根据剧本，配饰以相当之美术品（如布景衣装等），疏荡以适宜之音乐，务使剧本与演者之精神一致表现于舞台之上"。这里，他不仅看到了戏剧和现实的关系，而且指出戏剧的教育作用，因而从根本上区别于那些为戏剧而戏剧者，具有进步性。正由于他能够看到问题的要点，所以他不像保守主义者那样"抱残守缺"，"夜郎自大"，"以为一技之长，可以应世变，传子孙，吃着不尽"，而主张将剧界的"恶习惯"，"汰洗净尽"；但他也不认为"中国旧剧，非不可存"，采取一脚踢开的办法，而是要用革新的办法，就是"一面借文字（按，即剧本、剧评、剧论）以救其弊，一面须组织一'俳优养成所'……以养成新人才"①。宋春舫在《戏剧改良平论》一文中，既不赞成保守派的故步自封、不求进展，也不赞成激烈派的"因噎废食，创言破坏"。他认为不应该把话剧和戏曲对立起来，两者可以并存。认为中国戏剧的特色就是"数百年来从未与韵脱离关系，音乐为中国戏剧之主脑"，因此，中国的话剧"必将歌剧（戏曲）以为后盾"。他所说的话剧不能独立的话，是错误的；但他把话剧和戏曲联系起来，却值得注意。他对戏曲的改革，是主张从净化舞台和革除剧场陋规等着手。但忽视思想内容的改革，这给他对问题的认识带来了局限性，只停

①《戏剧改良各面观》，《新青年》1918年第5卷第4期。

留在形式上和西方的戏剧作简单的比拟，没有能深入对民族戏曲的本质认识。

这种缺陷在当时具有一般性，正如毛主席指出的："那时的许多领导人物，还没有马克思主义的批判精神，他们使用的方法，一般地还是资产阶级的方法，即形式主义的方法。他们反对旧八股、旧教条，主张科学和民主，是很对的。但是他们对于现状，对于历史，对于外国事物，没有历史唯物主义的批判精神，所谓坏就是绝对的坏，一切皆坏；所谓好就是绝对的好，一切皆好"①。陈独秀、钱玄同等恰恰就是犯了这个毛病。他们对民族戏曲一知半解，缺乏深入研究，更重要的是他们的资产阶级形式主义的方法在作祟，因而抓住戏曲中存在的缺点，就片面夸大、以一概全，加以全盘否定。他们看不见除《杀子报》之类的坏戏外，还有像《白蛇传》、《打渔杀家》等优秀的剧目，而且还占多数；看不见除色情、丑恶的舞台表演外，还有精湛优美的、现实主义的表演艺术，而且还是主要的。只因为是历史剧，出现帝王将相，而不能对其思想倾向进行分析，就一概认为是坏的；只因为表演艺术上有规律、程式，就笼统地把它叫做"死套"。总之，他们不是科学地分析，剔去糟粕，吸取精华，而是简单粗暴地对待文化遗产。这是由于当时这些人都是"受欧洲物质文明之感触"的知识分子。他们为了反对封建文化，就借取欧洲资产阶级的文化，以之为准绳，对外国的事物不加分析地笼统接受，并且拿这种观点来看待戏曲，因而认为戏曲不像欧洲的戏剧是"文学美术科学之结晶"，没有"丝毫价值"（陈独秀语）。这就必然导致对民族戏曲的虚无主义态度。胡适就把西方资产阶级社会学的庸俗进化论的观点搬到文艺中来，用它来否定戏曲，把乐曲、脸谱、嗓子、武把子等都说成古代存留下来的"遗形物"，是"幼稚时代"的东西，都应该扫除净尽。他诋毁徽、汉、粤、川、京、秦等地方戏曲都"是中下级社会的流行品，故含有此种社会的种种恶劣性……保存的戏台恶习惯最多"，是"一种既不通俗又无意义的戏剧"。另一方面他

---

① 《反对党八股》，《毛泽东选集》第3卷，人民出版社1953年，第831—832页。

极力宣扬西洋的戏剧是进步的，西洋的文学自希腊时"即有极深密的悲剧观念"，要人家"采用西洋最近百年来继续发达的新观念、新方法、新方式，如此方才可使中国戏剧有改良进步的希望"①。胡适是在打着所谓反对落后、追求前进的旗帜，把民族文化不分精华糟粕一股脑儿否定掉，而对西方资产阶级文化却不加分析地一概给予肯定。当时这些片面的、偏激的主张和言论，曾经在知识分子中产生过不良的影响，起着消极的作用，这就是从"全盘西化"的错误观点所承受的轻视、鄙视民族戏曲，认为西洋的才是科学的。新中国成立后，在某些人中间，类似思想的阴影也还在时隐时现，他们还在笼统指摘戏曲的结尾是庸俗的大团圆，戏曲表演"僵尸化"了，戏曲音乐"类型化"了；因此，表现在戏改工作中，就简单地搬用"洋"的来硬套，采取了粗暴的态度，违背了社会主义的内容、民族的形式这一原则。

新中国成立后，戏曲经过了两次革新，正在蓬蓬勃勃地发展。保守的和粗暴的错误思想是戏曲事业前进道路上的绊脚石，只有排除这种障碍，才能使戏曲顺利地迅速地发展。那么，四十年前的这场论争，就有我们工作中可以吸取的经验教训。

（原载《戏剧研究》1959年第2期）

---

① 胡适：《文学进化观念与戏剧改良》，《新青年》1918年第5卷第4期。

《蔡文姬》的历史真实性

　　丝绒的帷幕随着幽怨的音乐声慢慢地向两边拉开，舞台上出现一个穿着匈奴服装的少妇，从她的眼睛和脸部的神情中，看得出她内心怀着强烈的愁思和痛苦。她——蔡文姬已经考虑了整整三天了，故土的怀思和对儿女的眷恋的矛盾，使她一时难以处置，因此时而喃喃自语："回去，还是不回去呢？"就这样，观众被带到了艺术的境界里，沉没在诗情画意之中，深为蔡文姬的"泣血仰头兮诉苍苍，胡为生我兮独罹此殃"的悲剧的遭遇所激动。郭老根据自己生活的感受，以诗人浪漫主义的想像描绘了这位古代的女诗人，是有相当感人的力量的。在艺术处理上，运用帮腔来展示、烘托蔡文姬的心理状态，也很新颖。戏的演出具有民族的风格，整个舞台艺术的风格和剧情的要求谐和一致，称得上一幅新的《胡笳十八拍》画卷。看得出导演和演员在学习、运用戏曲传统上是经过一番惨淡经营的。不论是道白或身段都运用得较妥贴自然，不是生硬的外形动作的附加而是和人物性格的刻划结合在一起，有着鲜明的表现力和节奏感。关于成就方面已经有好几位同志论述过，不再多说了，这里只想谈一点观后的点滴意见。

　　历史剧的创作，有别于历史论文的撰述，它允许作者的主观想像，允许给所描写的人物注入时代的血液，赋予新的生命，使历史人物和事件具有概括性，较之实际更为鲜明、集中；否则，即令事无巨细均符合史实，却难免流于自然主义。但是，既然是历史剧，又有它的规定性，不可能是

"一空依傍"，而是必有所本，它要求剧作者所塑造的人物，描绘的事件，要合乎历史的真实，具有历史的时代性。看来二者不可偏废，如同郭老所说的："创作历史剧应当在现实主义的基础上运用浪漫主义的手法。我们总要以历史唯物主义为基础，追求历史真实，实事求是，然后进行加工、想像和夸大。"[①]

如果这个看法不差的话，那么以之来衡量《蔡文姬》，似有不足之处。具体的说，就是它的历史时代性不够清楚。

我们说历史时代性或真实性，所指的不是在于生活习惯等细节符合当时实际情况，而是看它是否如实地体现了那个特定的环境，以及在这个环境中人物的思想性格。在《蔡文姬》这出戏里，郭老为了表彰曹操的文治武功，安排了一个"太平景象"，"人寿年丰"，"百姓逐渐地在过着安居乐业的生活"的社会环境。这情况有着一定的真实性。剧本所规定的年代是汉献帝建安十三年至二十一年（208—216）。建安十三年正是赤壁之战这一年。先此，曹操已经奠定了统一中国北方的基础，他兴屯田，抑豪强，在某些地区也出现"家家丰实"的景象。赤壁之战后，又出现了三分天下的相对稳定的局面，三国内部的社会经济都有所袭展。但是，这只是事情的一面；我们还需要看到的，是那时还是个分裂的局面，并不是如后来一统的唐朝的"贞观之治"。为了争夺全国的统治权，战争仍然频繁地进行着。即在这段时间内，曹操就接连对关陇、汉中用兵。211年，曹操进攻马超、韩遂，至215年战争才结束。紧接着又进攻汉中的张鲁。由此看来，文姬归汉前的那种"天不仁兮降离乱"的情景，并没有完全改变。就历史发展的情况看，司马氏虽然一统天下，但也很短暂，很快就出现"八王之乱"，形成十六国南北朝对峙的形势。整个魏晋南北朝，有过短暂的统一，社会也有发展，但却没有摆脱一个"丧乱"的时代。因此，这个"太平景象"的环境，就不完全合乎历史的真实性了。事实上，曹操的长期用兵，仍然在继续发生破坏作用，像淮南地区农业生产虽曾一度有所发展，但在

---

① 朱青：《郭沫若同志谈〈蔡文姬〉的创作》，《戏剧报》1959年第6期。

公元213年以后，则是人民逃尽，遍地荒凉。长期的用兵和繁重的赋税、徭役，人民的痛苦并不可能完全摆脱。即如屯田政策，农民的反抗也还是激烈的。《魏志·袁涣传》就说到"是时（按建安三年）新募民开屯田，民不乐，多逃亡"的情况；《赵俨传》也载有曹操攻马超、韩遂时，屯田客吕并起义的情况。可见曹操统治地区的秩序并不是那么安定，人民也不完全就能够"安居乐业"。

从这个社会环境看来，剧中对曹操的描写似乎还可以斟酌。郭老要替曹操翻案，在舞台上出现一个新的形象，原是无可厚非。但是，通过董祀、文姬的口，过多过分地赞颂，就未必合适。一则对于董祀、文姬的艺术形象的完整性不无损害，人们很自然感到他们在舞台上是被动的，是作为作者的表述者而出现。像董祀的性格就不够鲜明，有些概念化。再则，和曹操的具体形象联系起来，这个曹操就是有些现代化，董祀要文姬效法曹丞相"以天下之忧为忧，以天下之乐为乐"，而曹操的初次出场也就表现得时刻关怀人民，他和卞氏有一段对话：

卞氏：这条被面真是经用啊，算来用了十年了，补补缝缝，已经打了好几个大补钉。

曹操：补钉愈多愈好，冬天厚实，暖和些，夏天去了绵絮，当单被盖，刚合式。

卞氏：（笑出）你真会打算。

曹操：天下人好多都还没有被盖，有被盖已经是天大的幸福了。

根据史籍记载，固然说到曹操是尚俭约，不喜奢华的；就个人作风上说，俭朴也未尝不好；但是，曹操一条被用十年，却不一定是为着"天下人好多都还没有被盖"。历史上也有过一些忧时忧世之士，其间不能说他们只是为统治阶级的利益着想，完全看不见人民，那样，未免有些简单化了。但是，这也是有限度的，他们总是带着本阶级的偏见。斯大林在《和德国作家艾米尔·路德维希的谈话》中，曾经评论到彼得大帝，他说："彼得大帝为了提高地主阶级和发展新兴商人阶级是做了许多事情的。彼得为了建立并巩固地主和商人的民族国家是做了很多事情的。同时也应该说，提高地主、帮助新兴商人阶级和巩固这两个阶级的民族国家都是靠残酷地剥削农奴来进行的。"[①]这里既充分地肯定了彼得大帝的功绩，也明确指出他的剥削阶级的本质。这一论断，对我们处理曹操这个人物形象是有意义的。尽管曹操的私人生活确如史书所说的崇尚俭约，但撷取这一素材来塑造曹操的形象，是不够典型的，它掩盖了曹操剥削农民的实质。

剧中还把曹操用的兵，描写为"王者之师"；把他对南匈奴的关系写成平等的关系；这些都不能说符合历史的真实性，似乎是作者的过誉。从整出戏对曹操的描绘看来，他是一个十分完善的人物，即使是农民起义的领袖，也不一定能比得上。郭老在《蔡文姬》序中也曾经说过，他是写了曹操偏听偏信的缺点的。这是事实。但我觉得仅仅是偏听偏信的缺点是不够的，它不能表现曹操性格的主要特征（倒是戏曲在这方面写得真实而有声有色）。因为偏听偏信，主观主义，即在今天我们的某些同志中也还没有完全克服，更不用说一千多年前封建统治阶级的古人了。何况戏里的曹操很快就觉察到错误，作了"兼听则明，偏听则暗"的自责，那就"过而能改，善莫大焉"，实则抑中一扬。由上所述，是否可以这样说，《蔡文姬》中曹操形象的时代特征和阶级特征是不够鲜明的，缺乏体现出作为靠剥削农民来进行他的事业的统治者的面貌。

当然写戏和写人物评传不一样，本身没有必要要求在一出戏里一定要全面地表现某一人物，它可以比较全面地描绘，也可以只着重表现某些方面的特征，像《捉放曹》根据主题思想的需要，只刻画曹操的多疑、残忍的性格那样。但是，既然《蔡文姬》的主题是在为曹操翻案，是从文治武功到文学观点、个人生活作风等各方面来肯定曹操，我们就不能不希望作者能把曹操放在一定的阶级立场上，写得更全面妥贴一些。这应该不能算是过于苛求。事实上就《蔡文姬》这出戏而论，没有必要要它来担负全面

① 见《斯大林全集》第12卷，人民出版社1956年。

描绘曹操的任务（恐怕也很难胜任）。因此，以替曹操翻案作为这出戏的主题就未必合适。这样做的结果，势必成为拿蔡文姬来为表扬曹操服务，而不是以蔡文姬为中心，结合着有关的事件来写曹操，这就转移了文姬归汉一人一事的主脑，从而使剧本的中心分散，问题繁芜，结构显得有些散漫。以文姬归汉为主脑，同样可以收到正面描写曹操之功，并且可以免除剧本所不能负担的全面表现曹操的任务，使主题更鲜明些、集中些，蔡文姬也可以写得更丰满、有力。

正是由于要表扬曹操的文治武功，以及对待南匈奴的关系等等，就不能不影响到蔡文姬的形象。作者一开始就安排了蔡文姬因曹操遣使来迎她归汉而产生的舍不下儿女的痛苦和矛盾，她踌躇了三天三夜还没有决定是回汉朝还是留在匈奴。在她的内心中经受着一场激烈斗争的痛苦，她虽然怀想故乡，但是她和左贤王的感情很好，而且不愿丢下她的一双儿女，在第一幕的前半场，她向赵四娘、左贤王都还表示不想回去。只是在董祀向她宣说了一番曹操的文治武功和要她回去继续她父亲蔡伯喈的遗业时，她才最后决定归汉。这说明文姬归汉的根据是不足的。从文姬自己来看，她的归汉是被动的，在使者来迎之前，她并没有什么矛盾，只不过思念故土而已，这在剧中所处理汉朝、匈奴间"遐迩一家"的情况下，她完全不必一去不复返，成为永别，而可以是归宁。至于继承父亲的遗业，她在归汉后所记录下来的《续汉书》四百篇，完全是凭脑子的回忆，这就不是非回汉朝不可，在匈奴同样也可以完成。曹操的文治武功，更不能成为她决定归汉的理由。正是因为她回汉朝的被动，内心的根据不足，所以第三幕在她父亲的墓前，她责问自己回汉朝到底能做些什么，"为什么一定要回来"，这句话自问的好，实在她自己也弄不清为什么非回来不可。就是到了长安，她那思念儿女的情绪，仍然几乎是占据了她的心灵的全部，使她陷入困惑的境地，沉浸在极度的自我悲哀之中，难怪董祀也对她"感觉着有点失望了"。这自然又需要让董祀来宣说一番曹丞相的文治武功，并用"以天下人之忧为忧，以天下人之乐为乐"的话来劝导她，才把她从个人悲哀的深渊中拯救出来。这难免对蔡文姬的形象有所损伤，使人感觉她太自私了，董祀对她的批评倒是对这个形象很好的概括："到底个人事大，还是天下事大？天下的人，几年前有多少人流离失所，妻离子散，你不曾替他们悲哀，而你现在却只怀念着你一对平安无事的子女。你的心胸为什么那样狭窄呢？"和董祀相比，这个写出了被郭老赞为"百读不厌"的《胡笳十八拍》的优秀女诗人，竟是那么心胸狭窄，气度平庸，风格不高，在灵魂上缺乏宏伟和崇高的美，和她那《胡笳》诗的精神似乎有些不相称。作为一个母亲，她把一双心爱的儿女抛撒在"异域"，很难免不勾起离情别绪，在心灵中平添一番愁思，以至于痛苦，这也是人情之常。《胡笳》诗中确有这种情感的反映，而且写的很真挚动人，在戏里给予适当的表现，还是有助于刻划文姬的性格和渲染悲剧的抒情气氛的。但是，过分地强调这一方面，甚至是她的全部思想所贯注，那就不符合文姬实际的思想感情。蔡文姬能写出"那像滚滚不尽的海涛，那像喷发着熔岩的活火山，那是用整个灵魂吐诉出来的绝叫"（郭老语）的《胡笳十八拍》，那是需要有较博大的胸怀的。自十二拍以后共七拍，每拍都写到嗟别、思念儿女的心情，然而，这并不是唯一的，她的感情是较为复杂的，譬如她为自己能够"再还汉国"而感到"欢心足"；当她重入长安时，万感交集而"叹息欲绝兮泪阑干"。为了使这个形象更丰满，更有力量，是可以削弱一些悲哀的情调，把"再还汉国兮欢心足"的心情升扬起来，这是不是较符合蔡文姬的实际情况，也能够增强爱国主义的精神，使戏的意义更为深刻些。当然这会涉及当时汉朝与南匈奴的关系，涉及蔡文姬生活在匈奴的思想感情，剧中注意到历史上民族间的融合，这是好的。也是新的尝试。但是强调得过分，就近于理想化，和当时的实际情况相去较远，虽然南匈奴和汉朝是"两国交欢兮罢兵戈"，但并不意味着民族间没有差异和隔阂，曹操也曾经打过南匈奴，他对匈奴不可能执行民族团结的政策，像我们今天这样；匈奴人也不见得就"箪食壶浆，以迎王师"。当时人们的思想感情，不无"胡与汉兮异域殊风"之感。蔡文姬对于没入匈奴为左贤王妃的生活，是"悲深泪成血"的，《胡笳》诗中有十一拍是吐诉"天灾国乱"，"亡家失身"，"处穹庐兮偶殊俗"，以及"思我乡土"的忧思、哀愁、愤怨的心情，尤其是对"配我殊匹"和"异域殊风"的生活，使她问天、骂天，八拍的"为天有眼兮何不见我独漂流？为神有灵兮何事处我天南海北头？我不负天兮天何配我殊匹？我不负神兮神何殛我越荒州？"这不是很清楚地表现了蔡文姬那种强烈的民族感情吗？她可能也想到"捐身"，她自己说是"非贪生而恶死"。但她没有死，她活下来。支持她活下来的力量是"冀得归桑梓"，是"无日无夜兮不思我乡土"的可贵的爱国主义的感情。今天我们各族人民在党领导下已经成为民族大家庭，但一千多年前历史上的民族关系只能有融合有矛盾，在冲突中逐渐趋于融合，这应该是有别于我们今天的民族政策，事实上这一发展的过程，正可以体现出我们党的伟大。如果没有矛盾，而是像剧中所写的蔡文姬和左贤王的夫妻感情很好，临别时她的"心都碎了"，那就如同有的同志指出的，曹操把好事办成坏事，成为美满姻缘的破坏者，岂不可恶之至。

我是比较喜欢第四幕的蔡文姬，她仗义、沉着、果敢，性格比较鲜明，第五幕文姬的形象，似乎比较单薄，没有进一步发展，整个看来，这个形象前后不够统一，贯串线不明。

以上所谈，只是个人观后的点滴感想，不一定正确。就实话说，提出来向郭老和同志们请教商讨。

（原载《戏剧报》1959年第13期）

夸张、想像和真实

——评越剧《则天皇帝》

上海越剧院演出了《则天皇帝》，这是继为曹操恢复名誉后，在舞台上出现的另一个翻案的历史人物。

武则天是中国历史上唯一的女皇帝，算是一个有奇行的头面人物。她曾经被人称赞过，可是骂她的人可能更多些。女人居然做起皇帝，封建道学先生们不免要怒发上指，而要加以口诛笔伐，骂一些"淫乱"、"狠毒"一类的话了。然而，这位女皇帝在她参预政事以及执政的几十年里，也做了一些有利于社会进步的事情，如打击贵族保守派，拔擢、任用一些较贤明的人材，广开言路等政治上的革新，以及在民族融合上的促进作用等等。显然，封建时代对她的谩骂、丑化，是不公允的，应该重新给予合理的评价。越剧《则天皇帝》的作者正是"企图为她剥开历史的真实，恢复她在历史上的光辉面目"（编者前言）。这样一种意图是好的。他们为了实现这一意图，不畏困难，费了功夫，写成剧本，在某些方面获得了成绩，如从政治斗争的过程中刻画武则天，突出了她的善谋、果敢的才能和政治上某些开明的措施，摆脱过去封建时代的偏见，是值得提出的。

翻是无可厚非，问题是如何翻，翻到什么程度。这里的确有其困难之处：一是先要对武则天作出历史的估价，二是把她作为艺术形象再现在舞台上。这就发生对历史人物掌握、再现得恰当与否的问题，写得低了些或高了些，原是不足为怪的。重要的是有了《则天皇帝》这个基础，进一步加工提高就好办了。

基于这种愿望，想就戏里对武则天的处理，谈点不成熟的意见，作为商讨。

总的来说，我不完全赞同目前戏里对武则天的描绘，包括有些同志的评论在里面（如认为把武则天的描写"提到了哲学的高度"），似乎有些溢美，不够实事求是。

在"前言"中有一段创作意图的说明，可以概括地代表作者的观点。这段话说：武则天"是一个富有政治才干和理想的人，想冲破不合理的封建制度，在四十年的政治生涯中（尤其是后二十年，摄政称帝的二十年中），作了许多与民有益的措施与革新……"作者根据了这一估价来塑造武则天的舞台形象：她"非命"，认为"命"摸不着、看不见，要紧的是人的力量，人力可以胜天命。她无情地攻击封建社会的"礼法"，要大谈"阴阳有分，男女有别"的徐有功"今后少说些礼法，多看些人法"。她反对男权专制，为男女不平等鸣不平，通过开女科来使女子参政，企图改变妇女的社会地位。她对臣民很平易随便，在金銮殿议论政事时，忽而下座和狄仁杰聊起马寡妇店中的韵事来；当徐有功对她发出讪笑之语，她立即敛容当场检讨——"对，寡人失礼了"；对因仇恨而要刺杀她的上官婉儿，不但毫不怪罪，而且还表示要和她交成朋友。她处处为的是黎民百姓，她提出的劝农桑、薄赋徭、省功费力役等，是为百姓的利益着想的；她的广开言路是要让黎民百姓说话；为便于远道百姓上告，规定不论农夫樵子，沿途可用官家驿马，饮食住宿按五品供应。正是由于为国家人民的利益着想，最后她企图把"帝位传于有德人"，把封建制度传子的"家天下"，改变为传贤的"公天下"。她"在推一座山"——一座封建的大山，虽然结果是"力量用尽了，它动都没有动"。

从上面这些对武则天描绘的情况，可以看出这位唐代的女皇帝的思想和行动，具有很浓厚的民主平等的精神；她一切为着国家百姓，而不惜自我牺牲，用尽毕生的力量要"想冲破不合理的封建制度"，很像一个资产阶级民主革命时期的女英雄。她超越了时代和阶级的限制，这就是使我们感觉溢美的所在。

　　这里的问题不在于所描绘的武则天的所作所为有无事实根据,而在于对她这些作为放在什么角度上来表现。的确,武则天(或所代表的集团)比起贵族元老派,她的某些政治措施是有进步性的,对人民和社会发展有利。但是,这只是客观上如此,而不是武则天在主观上意识到她要代表人民的利益来说话、办事。她毕竟是个皇帝,代表着地主阶级的利益。尽管她提出比较利民的十二条陈等等,其目的还是在于巩固自己的统治地位,她不能违背本阶级的利益,而站到人民这一边来。从武则天的一生来看,她是有很大的阶级和时代的局限的。她并不否定天命,相反,她相信天命、祥瑞、灾异,时而祭天地百神,享神宫,她提出过薄赋徭、省功费力役的措施,但她也曾修建"奢华浮巧"的明堂、天堂,"命僧薛怀义作夹纻大像,其小指犹容数十人,于明堂北构天堂以贮之。……日役万人采木江岭。数年之间所费以亿万计,府藏为之耗竭"(《资治通鉴》卷205)。又如铸高九十尺,径一丈二尺的天柜,"征天下铜五十万余斤,铁三百三十余万,钱二万七千贯","买铜铁不能足,赋民间农器以足之。铸九鼎用铜五十六万七百余斤"(《资治通鉴》卷206)。至如为"享神宫,自制大乐,舞工用九百人"(《新唐书》卷76《则天后传》),也不能不说是奢靡。她确曾任用、拔擢了一些贤才,但为着与政敌斗争得到必须的支持力量,其间却也滥用爵禄,以笼络人心,置御史、里行、拾遗等职,"至有车载斗量之咏",而且也任用张易之、张昌宗、李义府、杨再思一类的谀佞之徒,像李义府"贪冒无厌,与母妻及诸子女婿,卖官鬻狱,其门如市"(《旧唐书》卷82《李义府传》)。她曾经"盛开告密之门",任用大批酷吏,如周兴、来俊臣等特设各种酷虐的刑法,"希功于上,惟恐杀人之少"。固然为巩固政权,必须打击政敌,但问题也还有其复杂性,连那位积极支持武则天的狄仁杰,也曾经被来俊臣胁迫承引,几死于枷棒。《大唐新语》记载了一段武则天和姚崇的谈话,可以说明其间的问题:

　　　　长安末,诸酷吏并诛死,则天悔于枉滥,谓侍臣曰:"近者朝臣多被周兴、来俊臣推勘,递相牵引,咸自承伏。国家有法,朕岂能违。

中间疑有滥者，更使近臣就狱推问，得报皆自承引，朕不以为疑，即可其奏。自周兴、俊臣死，更不闻有反逆者，然已前就戮者，岂不有冤滥耶？"夏官侍郎姚崇对曰："自垂拱已后，被告身死家破者，皆枉自酷诬而死。告事者特以为功，天下号为罗织，甚于汉之党锢。陛下令近臣就狱问者，近臣亦不自保，何敢辄有动摇？赖上天降灵，圣情发寤，诛灭凶竖，朝廷宴安。今日已后，微躯及一门百口，保见在内外官吏无反逆者。"则天大悦曰："已前宰相，皆顺成其事，陷朕为淫刑之主，闻卿所说，甚合朕心。"乃赐银一千两。（卷3《公直第五》）

这里说明则天固能听纳公正之话，但确曾依赖酷吏枉滥用刑，屈杀无辜而后悔自咎。她的广开言路有其贤明的一面，然而"畏天下有谋反逆者"，鼓励"言变"的，不能理解为让人民大众干预政治生活的民主之政，实际上只是反映不当权的地主参与政治生活的要求而已。武氏的称帝，正是当时统治阶级内部矛盾的体现，她所代表的集团或阶层比起敌对方面进步，对人民有利些，而不是代表人民的利益。她的政治措施正是这场政治斗争的反映。

从当时社会发展的趋势看来，唐朝正处在封建社会发展成长的时期，而不是崩溃解体的阶段，显然，武则天所能担负的历史任务，是在于巩固封建制度，而不是"冲破不合理的封建制度"。她不是在"推一座山"，而是为山尽一篑之力，在传位问题上，她所能做的仍然离不开封建宗法的"家天下"制度，只不过是在李氏庙和武氏庙之间摇摆而已。武则天不是封建制度的反对者，不是新的社会制度的建立者，她的一系列的政治措施，并不和封建制度发生根本性的冲突，只是在封建制度的范围内尽了政治革新的任务。

戏剧创作和写历史论文不同。戏剧创作有较大的自由，不必完全去考证有无史实根据再来描绘（虽然首先也要研究大量的历史素材），作者因为人物形象塑造的需要，完全有权虚构情节，运用夸张、想像，展示其发展的可能，使之比历史实际更集中、丰富、精彩，富有理想。或者说，在现实的基础上运用浪漫主义的手法。不能仅是史实的罗列、堆砌，而必须有足以打动人心的鲜明形象。但是，夸张、想像到什么程度，其间应该是有一定的限度，不能如脱缰之骥漫无拘束。粗浅地想来，这个限度是：在基本精神上不应违背历史人物思想性格的阶级属性和时代特征。这就是现实的基础，夸张、想像需要以之作为依据，受它的制约。这就要求我们运用历史唯物主义观点来分析历史人物。而我们只能运用历史唯物主义的观点来评价历史人物，运用这一观点来观察、分析、描写，而不是让历史人物具有这种思想、观点。让穿着古代服装的人物，说现代人的话，做现代人的事，那不是提高历史人物的地位，而是曲解了，它本身就不符合历史唯物主义的精神。越剧《则天皇帝》是存在着这一方面的缺陷的。如果能将武则天写得更有分寸些，就其当时所做或可能做的事情加以丰富，在艺术上再作些加工琢磨，这出戏将会更加完美。

（原载《戏剧报》1959年第22期）

人性·性格·阶级性

——驳郭汉城同志的人性论观点

具有资产阶级"人性论"观点的同志，总是念念不忘于什么"普遍的人性"，喜欢片面强调人的思想性格的复杂性，用一些抽象的美丽的词句来掩盖人的阶级本质，抹煞人的阶级性和政治倾向性，代之以"人性"、"人类爱"这类抽象的概念。郭汉城同志在一篇分析蒲剧《薛刚反朝》[①]的论文中，就申述过这样一种议论，他说："人们往往有这样一种心理，一个人死了，就努力去记起他活着时的好处，不再批评他那些微小的过失，这也许是一种脆弱的心理，但也是一种可贵的品德。对于前人的尊敬，也是对于自己的尊重。"郭汉城同志是想用这一论点来说明，薛猛刚刚在因父母屈死而悲痛欲绝之后，就再三批评父母生前的过失，是感情太浅薄、冷酷了。对于薛猛应不应当批评他的父母生前的过失，是可以作具体的分析的。但这里的问题不在于此，而在于在这段一般性的议论中表现出所谓"人类爱"的资产阶级观点，用抽象的人性、心理的观点来代替阶级观点。我们知道，品评某一个人的好处或过失不是一般心理现象的问题，在阶级社会里，站在不同阶级立场的人，是有不同的看法的。一个站在剥削阶级立场的人，他所努力记忆的他的前辈的"好处"，是他的前辈能够压榨劳动人民，发家致富，建基立业。可是同是这一件事情，被压迫剥削的劳动人民却把它看成是罪恶，他们所努力记忆的结果是憎恶和仇恨，而不是去

①郭汉城：《蒲剧〈薛刚反朝〉的人物、风格与技巧》，《戏剧研究》1959年第5期。

颂扬那些所谓"好处"。无论如何是得不出前者的品德就可贵，而后者就不可贵的结论的。即便是对那些曾经对人民和社会有过贡献的优秀人物，在肯定他们的好处的同时，也应该实事求是地指出他们的缺点和错误。这样做正是对前人和自己的最大的尊重，是历史的前进所最需要的，否则将会盲目地赞颂过去，引导人们向后看。不难看出，这种论点的害处正在于模糊了阶级立场，弄得是非不分。在这种观点的支配下，对于具体剧目的分析，对于剧中人物的分析，不可避免地将陷入"人性论"的泥坑。

这里，我们不妨看看郭汉城同志是怎样阐释《白蛇传》中白素贞的形象的。

郭汉城同志认为："白蛇是一个妖，但不是普通的妖，是具有一切人性的美的妖。"①所谓"一切人性的美"具体是指什么呢？在另外一篇文章中，他曾经说过："……到清乾隆三年看山阁刻本《雷峰塔》里，白娘子身上的妖气减少了，温柔、善良的人性增加了。"②可知所谓"人性的美"就是指的温柔、善良等性格特征。很明显，郭汉城同志是把人性、性格看成抽象的东西，和阶级性完全割裂开来了。

是的，白蛇并"不是普通的妖"，而是经过人们的幻想塑造出来的人化了的蛇妖，她是美丽的，从灵魂到形体都很美。她确实有着温柔、善良的性格。但能否说这就是"人性的美"呢？显然不能。在阶级社会里，不可能有抽象的人性存在着，正如毛主席所指出的："只有具体的人性，没有抽象的人性。在阶级社会里就是只有带着阶级性的人性，而没有什么超阶级的人性。"（《在延安文艺座谈会上的讲话》）在人的性格中的那些勇敢、刚强、温柔、善良并不是抽象的"人性的美"，不可能离开阶级性而孤立存在。这些个性特征表现是受着个人的世界观、人生观所制约的，因而它不是无条件的在任何情况下都是美的。譬如勇敢，有在反对阶级压迫、民族压迫中所表现的勇敢，也有残酷地屠杀人民而被统治阶级颂扬为勇敢的，我们只能说前者是美的，后者则是丑的。温柔、善良也是如此，白素

① 郭汉城：《蒲剧〈薛刚反朝〉的人物、风格与技巧》，《戏剧研究》1959年第5期。
② 郭汉城：《对一些争论的意见》，《文艺报》1959年第2期。

贞的温柔、善良不是抽象的"人性的美",而是有很鲜明的阶级性的,她热情地追求幸福美好的生活,为了许仙,她忍受痛苦,历尽艰险,是那么情意真挚,以至人们没有感觉她有什么可怕的"妖气"。但是,当她的理想和幸福被法海破坏时,她却一点也不"温柔"、"善良",而是那样强硬不驯。她恨法海,骂法海,终于和法海展开了武装斗争。这就是说白素贞是既温柔、善良,又不温柔、善良,要看对谁而言。白素贞的美主要就在于她具有反抗封建礼法制度的叛逆性格。如果白素贞对于法海也同样是善良的,那么这种"善良"就不能说是美的。她的温柔、善良不是"一视同仁"的抽象的"人性的美",因而在法海看来都是丑恶的,必须加以毁灭的。美不是抽象的人性或个性的,而是具体的、有阶级性的,站在不同阶级立场的人对于美有各自不同的看法和要求。如同车尔尼雪夫斯基所说的,在无所事事的贵族资产阶级的心目中,纤弱、病态、不劳动是"美"的,在劳动人民看来,这却是丑陋的,只有茁壮、健康、劳动才是美的。妄谈所谓"人性的美",把人性和阶级性割裂开来,实际上是抽掉了作为马列主义文艺理论的基石的阶级论,而成为"共同人性"的修正主义谬论的变种。

既然,郭汉城同志离开人的社会本质、阶级本质孤立地谈论人性,不可避免地要把人性作为一种先天的本能的素质来看待。郭汉城同志在分析《薛刚反朝》中《阳河摘印》一折里的薛猛的性格时认为:"川剧和蒲剧的薛猛,是两种不同的处理,是两个不同的形象,一个是人性被封建道德思想几乎腐蚀殆尽;一个是人性的反抗被自己身上的对立因素可悲地压了下去。"在郭汉城同志看来,薛猛的身上先天存在着一种反抗的本能,有一种美好的人性,只是因为封建道德思想才把他本来的美好的人性腐蚀殆尽,或者把反抗的本能压了下去。这种说法无疑是谬误的,它抹煞了人性是后天的,是在一定历史条件下社会生产关系、阶级关系的产物,是在社会生活基础上形成起来的。如果说薛猛的"人性被封建道德思想几乎腐蚀殆尽",我们不禁要问:在薛猛还没有被封建道德腐蚀时的那个"人性"的具体内容是什么?如果要为这个问题找到答案的话,只好从孟子的"性善"论的唯心主义观点中去找寻根据。

在我们看来，人性不是什么先天的离世而独存的东西，一个人从生下来后就是社会的人，他的思想、性格、个性是由家庭、社会的生活环境和生活地位，以及教养等所决定的，是后天形成的。薛猛的人性恰恰是在这种情况下形成的，明显地带着他所属的那个阶级的特性。

薛猛是"世代忠良"的两辽王的大儿子，他所生活的那个家庭和张台之流的谄媚、邪恶不同，他们具有正义感，在反对民族压迫的战争中（还有一些战争是压迫别的民族的），也表现出英勇爱国的精神，正因为如此，民间才流传着薛家将的传说故事。但是，正义感、爱国精神等等都不是抽象的，而是植基于对唐室的耿耿忠心。薛家所标榜和尽心奉行的，正是维系封建秩序的"忠孝"。而且他自己是以世袭金锁侯的身份统领十余万军队镇守阳河，是薛家所盼以继承事业和家声的长子。薛猛就是在这样特定的生活环境和教养中形成了他的思想性格：正义和愚忠、奴从的两重性。当他听说父母被害时，在极度的悲愤中，立即传令发兵，要"杀奔京地灭张台"，替父母报仇。但等到他稍为冷静了的时候，头脑中的封建忠君思想升上来了，他抬头望一望"忠孝牌"，立即夺回令箭，表示"纵然进京我的命不在，要保全薛门的忠孝牌"。"保全薛门的忠孝牌"，是薛猛在这一整场戏中主导的思想贯串线。正因为他为皇帝尽忠的思想，他认为维护薛家"世代忠良无叛逆"的门风比替父母报仇更"孝"，才决定他的犹疑软弱，使他在一系列的活动中表现出矛盾。薛猛虽然也对张台、马文渊等表示愤恨和不满，但这只是压抑在内心，而更有决定意义、支配着他的行为的是他的维护忠孝纲常的封建道德思想。不仅他自己这样做，也要别人跟着他这样做。他的卫道的行为正是他的阶级性的体现，而不是先天的人性的善或"人性的反抗"和后天的被封建道德的腐蚀或压服的对立和分离。任何对人性和阶级性的割裂都是错误的，它将引导人们走上歧途。

和人性论的观点有密切联系的，是一种极力强调性格的复杂性，因而实际上主张把阶级分析从性格分析中抽掉的论点。

有些同志曾经反对那种只看剧中人物的阶级成份，就断定是好人或坏人，断定该剧有无人民性的机械的唯成份论。这是对的。但是，有的人却走到了另一端，认为人物性格是复杂的，如果用阶级分析的办法来衡量传统剧目，分析剧中人物，就是庸俗社会学，这种说法却很难使人同意。这些同志把阶级分析和唯成份论混为一谈，不加区别地笼统反对。事实上唯成份论者是用简单化的划阶级成份的办法来对待戏剧中的人物，而阶级分析则是要求分析者具有无产阶级的世界观，用历史唯物主义的观点去研究评价剧目，是说戏剧作品和人物是有阶级性、政治倾向性的，是某一特定历史时代的产物。这两者并不是等同的。阶级论是马克思主义文艺学的基础，离开它将会迷失方向，不可能对文艺中的现象作出正确的解释。

一个阶级不只是一个典型，不能抹煞人物的性格，当然是对的。谁都知道，艺术要有具体的形象，它是通过塑造典型（同时又是个性化的）性格来反映现实生活的，这是艺术的特征。但是，正因为艺术是塑造人物形象的，人物必然是扎根在社会生活中，不可能不具有他那个时代、社会、阶级的特征。否则，这个人物就不真实，仅仅成了艺术家主观想像的虚构。我们既要看到人物的个性，也要看到人物的共性，这就是说，要看到人物的阶级性，不能把个性和共性割裂开来。阶级性要通过个性体现出来，而个性也必然是阶级性的体现。只有这两者的统一才是正确的。在传统的优秀剧目中，清楚地表现了这种情况，即使是寄托着人民理想的包拯，他的思想、性格也难免不带着宋天子属下的开封府尹的特征。唯成份论是片面、机械的，然而并不能由此得出人物是没有阶级性的，以及在性格分析中不要阶级分析的结论。

当然社会生活是复杂的，反映在艺术作品中的人物形象也同样具有复杂性。我们往往可以看到这样的情况，就是有些人物的思想、行为和他本来的那个阶级的利益是不一致的，有些人物甚至背叛他本来的阶级，转到另一立场上去。即使是同胞兄弟，也可能在思想、性格上有很大的差别，譬如薛猛和薛刚（《薛刚反朝》）就是其中的例子。薛猛虽然对邪恶有些不满，但他是坚守封建道德教条的，因此，他表现得软弱无力。薛刚则不然，他没有那么浓厚的封建道德观念，更多地接受了薛家正义的一面，他嫉恶如仇，好打抱不平，因此，当父母、兄嫂被杀害后，他逃到山里集聚力量，终于发兵除张台替父母报仇。他的鲁莽、浑气，正是表现了他嫉恶如仇的反抗性格。我们不应该津津有味地抽象地谈论他的鲁莽性格是如何可爱，而应该是着重揭露这种性格、行为所包含着的本质，离开了这一点，"鲁莽"就没有什么意义，甚至是批判的对象。要说明，薛家将是民间流传的故事，人民朴素的善恶观念赋予这个故事较强的人民性，薛刚这个人物的淳朴、豪放、具有反抗性和他兵临城下逼着皇帝认错的行为，正是人民的愿望、理想通过这个人物体现出来的。在他的身上事实上带着民间朴实的思想品格，有着鲜明的倾向性。即使如此，薛刚的行为也还是合乎自己的逻辑的，他的除恶并没有完全脱离开对唐室忠心，而是为了要重整朝纲，属于统治阶级的内部斗争，而不是反对封建统治的斗争。如上述，在统治阶级中，有的人也可能背叛原来的阶级，转化到人民的立场上来，但薛刚不属于这一种人。

片面强调个性，必然要孤立地夸大个性的作用，把人物的个性看成是决定一切的，在分析人物时可以不去考虑社会的、阶级的原因。郭汉城同志在分析《阳河摘印》时，就把马文渊的胜利和薛猛的失败的悲剧原因归结为个性的差别，他认为马文渊的"狡黠果断，必然战胜薛猛的犹疑无力，这是深寓在人物性格中的悲剧的原因"。薛猛之所以必然被他的对手击败而造成悲剧，与"狡黠果断"和"犹疑无力"的差别当然有关系。但是，个性不是根本的决定因素，而它的表现也受社会环境的具体条件所制约，如果把性格和社会生活隔离开来，不看到社会因素，是不可能把问题解释清楚的。《赤壁之战》中曹操的骄傲轻敌，是在自己的强大兵力和东吴兵弱的情况下增长的，无疑这对于造成这次战争的失败有着影响。但曹军的失败，问题并不这么简单，像周瑜所估计的犯兵家"四忌"，以及孙、刘联盟等因素是不可忽视的。同样，在《阳河摘印》中，薛猛确是"犹疑无力"，马文渊是"狡黠果断"的，但我们很难设想，作为一个带有十几万军队的金锁侯，仅仅是因为马文渊的"狡黠果断"的性格，就必然要被战败。马文渊和薛猛之间的斗争不只是他们个人间的斗争，而是两个政治势力的斗争，事实很明显，马文渊之所以战胜薛猛，主要是依赖于张台这一集团的政治势力，是凭借着皇帝的圣旨，马文渊恰恰是以"圣命"战胜了受忠孝思想所支配的薛猛。薛猛受封建道德的约束，自然对圣命不敢作任何公然的反抗，所以马文渊拿出圣旨，他终于交出了兵权。把个性的作用无限制的扩大，势必引导到唯心主义的道路上。

离开了阶级分析，抽象地进行性格分析，认为性格写得越复杂越好，把它看成决定因素，其结果，必然要削弱或歪曲戏剧艺术的目的性，而要求"剧本创作者和演员都要致力于塑造真实的多方面的人物性格"[①]，似乎这就是艺术家的最高任务。注意刻划人物的多方面性格并不错，问题在于为什么要塑造人物多方面的性格，在于作者站在什么立场，根据什么来塑造人物性格，在于怎样才能塑造的好。这就是说，艺术家首先要有正确的立场观点来评价生活，根据生活来塑造人物性格。人物性格的塑造并不是目的，而是为了给群众以思想教育。思想意义的大小首先决定于艺术家的立场、观点、对生活熟悉的程度；当然，也还需要艺术家的表现力。在有些同志的心目中，把塑造性格看成决定一切和解决问题的中心，而不去强调艺术家应该致力于世界观的改造，提高马克思列宁主义水平。事实上有些同志所以分不清剧本的好坏，把人物性格简单化，是由于思想认识的局限，观点的不正确，不从这里着手，是不可能解决问题的，我们的艺术家应该是把致力于学习马克思列宁主义、学习毛泽东思想，彻底改造世界观看成为首要的问题。

（原载《戏剧报》1960年第5期）

---

① 郭汉城：《有关传统剧目教育意义的几个问题》，《文艺报》1956年第23期。

谈淮北梆子《捻军颂》

安徽省淮北梆子剧团这次来京公演，给首都观众带来了新编的剧目《捻军颂》。这出戏反映了1853年到1868年战斗在黄河流域，并曾经和太平天国共同反抗清朝的封建统治的一支声势浩大的农民起义军——捻军的战斗生活。不论编剧、导演和演员都以很大的热情来歌颂百年前的革命英雄们，整个戏的演出，相当激动人心。

戏贯串着一条主线，就是长人民的志气，灭敌人的威风。在《打官》、《议和》、《斥袁》、《杀僧王》等几场戏里都表现得很明显，演来有声有色。熊英、袁甲三、僧格林沁等反动封建统治者为了镇压人民的反抗，虽然采取了威逼、屠杀、利诱、收买等硬的和软的、残酷的和卑鄙的手段，但是，在人们的心目中，这些反动家伙并不是强大的，在人民面前，他们显得渺小、猥琐。《议和》一场，那位钦差大臣袁甲三本来想显示一下自己的威风，迫使张乐行投降，否则就要逮捕他。但是，这些都是枉费心机，张乐行他们只有三个人进亳州城，却完全掌握了主动权，不是袁甲三顺说张乐行投降，而是张乐行要袁甲三投降。当袁甲三听见张乐行提出的"议和"三个条件时，觉得有失尊严，便发了火："大胆，这哪里是议和，分明是要俺堂堂钦差，投顺与你，难道俺怕你不成！"但立即遭到张乐行的回击："呀呸！既不怕俺，为何闭门不战，出面求和？"本来还要耀武扬威的袁甲三，被张乐行一句话问得哑口无言，倒抽了一口冷气，颓然跌坐在椅子上。最后，不是他扣押了张乐行，而是成了张乐行出城的护送者。当然，我们也看到在这次起义斗争中，人民也经受着牺牲和挫折，甚至像雉河集战役付出那样大的代价，张乐行和大部分战士都牺牲了；但是，这里没有畏缩、沮丧和悲观失望的气氛，有的是坚定、刚强、英勇和战胜敌人的乐观主义精神。张老耕、端木在僧格林沁的营中表现了大义凛然、视死如归的精神，顽强地和敌人斗争到底。张乐行、苏天福等处在包围中，仍然坚持战斗，直到最后壮烈牺牲。尤其是最后《杀僧王》一场的安排是很好的，活脱地表现了这个被清政府视为栋梁的僧格林沁，在"英雄儿女遍地起"的情势下，疲于奔命、穷途末路的情景："虽有雄兵千千万，怎奈遍地起狼烟。杀了乐行有宗禹，平了山东安徽反，白莲教来长枪会，此起彼伏剿不完。"情形就是如此，张宗禹率领着捻军继承着张乐行未竟的事业，继续和敌人进行斗争，终于在山东曹州把装备有洋枪洋炮的僧格林沁的军队全部歼灭，取得了辉煌的胜利。戏在张宗禹下令起义军直捣北京的声势中结束。这煞得很有力量。中国人民就是这样前仆后继、不屈不挠、再接再厉地进行反帝和反封建斗争，表现了不甘屈服于帝国主义的走狗——清政府的顽强的反抗精神，这是中国人民光荣的革命传统。

其次，《捻军颂》的创作，基本上体现了历史唯物主义的观点。戏所着力描绘的是农民起义军的英勇战斗精神，但也适当地反映出他们的局限性。这里是通过蓝旗旗主韩奇峰这个人物表现出来的。当张乐行和大部分捻军旗主赞成接受太平天国的封号，并引军南下淮南联合太平军共同攻打清军时，韩奇峰等部分旗主却表示不愿与太平天国合作，不愿离开乡土，而主张据守皖北单独作战。后来虽然勉强随行，但至半途即不听从张乐行的统一领导和指挥，擅自把本旗的队伍撤回皖北家乡。这种分散性的行动，涣散了军心，削弱了起义军的力量，便于僧格林沁各个击破，结果自己和部下的战士也惨遭清军的杀害。这一些描写是恰如其分地反映了当时这支农民起义军的弱点：捻军的士兵都是没有脱离生产，处在半农半兵的状况，他们不愿意远离家乡，分散性比较严重等。这正说明了由于当时还没有无产阶级领导，农民还不可能克服自身的这种弱点。但是，应该看到作为当时捻军主导的、本质的东西，是他们进行这次战争的正义性，是他们英勇的战斗精神，《捻军颂》在处理这个问题时，是有分寸的。

《捻军颂》在人物形象的塑造上也是不错的。戏里的人物无论是捻军方面还是清统治者方面在处理上并不流于类型化，几个主要人物都有比较鲜明的个性。同是统治阶级的人物，袁甲三是阴险、奸滑，而带点怯懦；僧格林沁则显得骄横、暴虐、色厉内荏。捻军的几个首领也各具特色：张乐行机智、勇敢、果断，龚德多谋，苏天福则耿直、勇猛。作为这出戏的主人翁张乐行，一出场就能给人一个较深刻的印象。正当熊英、牛鸣等一班官吏、地主压迫百姓，百姓进行反抗的时候，张乐行突然出现，立即有两种反应：老百姓振奋地喊出"老乐来了！"熊英之流却感到惊怕。这就表现出张乐行和群众关系的密切，在群众中享有威望，就连官府也是怕他的，是一个具有正义感的、要救民于倒悬的人物。同时戏一开始，张乐行就被推向矛盾的尖端，在矛盾斗争中刻划性格。《议和》这场戏，通过张乐行和袁甲三的斗争，表现了张乐行拒绝诱降，同清政府彻底决裂的决心。同时，也表现了他的机智、勇敢。在他料定袁甲三在屡遭打击、不敢言战而企图骗和的侥幸和空虚的弱点后，他断然带同张宗禹、铁旦进入所谓布了天罗地网的亳州城，镇定自如地和袁甲三行进行斗争，显出了英雄气概。根据史书记载，清政府的官吏曾不止一次地想用诱降的办法来除掉张乐行的起义军，但张乐行都拒绝了。艺术家们根据这一简单的事实给以加工，经过想像，丰富、发展为《议和》一场戏，不论对戏的思想性，或对张乐行的形象塑造来说，都是有意义的。《回师》也是较丰富、深刻地刻划张乐行性格的一场戏。从他对叛徒李家英的怀疑、布置夜袭僧军的策划、深夜等候军情时盼望着得到胜利的消息，以遂"救国救民的素愿"，以及在接连听到战斗失利的报告后准备决战等一连串的思想和行动，都表现了这位经历长期斗争生活的农民领袖的成熟老练和坚定镇静的性格。关于张乐行的牺牲，据史实是张乐行在失败后，逃至李家英家中，因李家英的出卖，为僧格林沁所俘而被杀害，戏里没有按照原来事实来处理，而改为张乐行在战斗中受伤牺牲。这样处理可以更好地突出张乐行的性格，使英雄形象更加完美，同时，也可以使戏更连贯、紧凑。

　　《捻军颂》的优点，当然不只这些，这不过是看完戏后的一些感想。另外，也感到有些问题还可以考虑，譬如过多地强调了汉满的民族矛盾，张乐行等捻军的领袖一再伸述是"黄帝后裔"、要恢复汉人的天下，就不一定很恰当。虽然张乐行建号"大汉"，号称"大汉明命王"，但作为艺术上的处理来看，过于强调这一面，容易冲淡阶级矛盾，冲淡这次起义的反封建本质。同时，捻军起义时，中国已是半殖民地半封建的社会，有必要在剧中反映一下中华民族和外国资本主义侵略者的民族矛盾。事实上外国资本主义侵略者不仅帮助政府镇压捻军，而且他们在中国的侵略军也公开与捻军为敌，打过捻军。如果给予必要的揭露，是不是更能反映出那时中外反动势力已经勾结起来共同镇压人民革命的时代特征？总之，我觉得还可以放开一些，不必过于拘泥历史的细节，应该加强艺术的概括，让它气派更大一些。

（原载《戏剧报》1960年第11期）

谈京剧《满江红》中的岳飞

中国京剧院四团演出的历史剧《满江红》，歌颂了南宋岳飞和岳家军抗金卫国的爱国主义精神，受到了观众的欢迎。

毛主席说："中华民族的各族人民都反对外来民族的压迫，都要用反抗的手段解除这种压迫。他们赞成平等的联合，而不赞成互相压迫。在中华民族的几千年的历史中，产生了很多的民族英雄和革命领袖。所以，中华民族又是一个有光荣的革命传统和优秀的历史遗产的民族。"（《中国革命和中国共产党》）许多描写岳家军爱国精神的传统剧目，也多少地反映了这个革命传统，千百年来，鼓舞、教育了人民。我们应该继承、发扬这个优秀的传统。但是，这些传统剧目产生在封建时代，不可避免地要受到历史条件的限制，存在着不同程度的缺陷。在传奇《精忠记》、京剧《风波亭》等剧中，对岳飞悲剧的社会本质就缺乏深刻地揭露，而只归结为秦桧个人所造成，剧中还混杂着宣传忠君思想和宿命论思想。这样就大大地损害了岳飞的英雄性格。今天，要求我们用历史唯物主义观点重新处理这个题材，写成新的剧本，深刻地揭示历史人物和事件的真实性，为今天的革命现实服务。从这点看，京剧《满江红》是做得比较好的。

《满江红》从《精忠记》、《风波亭》和《牛皋扯旨》等传统剧目中取得了借鉴，但又是站在我们今天的高度，对主题思想、题材和人物等，都作了新的处理和创造，内容不是仅仅局限于岳飞的"忠"和秦桧的"奸"的个人对立，而是把宋金的民族矛盾和南宋内部和战的矛盾结合起来，成为贯串全剧的一条主线。围绕着这条主线，表现了岳飞和岳家军的爱国主义精神，批判了宋高宗、秦桧等的投降误国，揭露了金兀术的侵略阴谋。

我们编演历史剧，要求运用革命现实主义和革命浪漫主义相结合的艺术方法，用历史唯物主义观点来进行创作，要达到古为今用，帮助群众推动历史的前进的目的。历史剧，固然要以史实为基础，要尊重历史而不违反其真实性，但更要做到对今天的观众具有深刻的教育意义，那就要求剧本的人物描写更强烈、更有集中性、更典型、更理想。京剧《满江红》在一定程度上是达到了这样的要求的。

作为历史人物的岳飞，他本来就具有强烈的爱国思想，当金兵压境，国家民族处在旦夕危亡的时候，他热切地想望着实现还我河山的雄心壮志。"何日请缨提劲旅？一鞭直渡清、河、洛！"（《黄鹤楼词》）正是岳飞对自己的伟大抱负和理想的抒发。《满江红》注意把握岳飞的这种精神，以壮怀激烈、气壮山河的气氛为基调，突出岳飞和岳家军抗金卫国的英雄主义精神，通过一系列尖锐的戏剧冲突，刻划了岳飞的性格。

《誓师》一场中，岳飞正在誓师北渡黄河乘胜前进，朝廷的班师诏压在他的头上，剧本从他不得已还朝的描写中，着重地写了岳飞抗战的决心。岳飞回朝正是处在和战两派争辩激烈、胡铨所代表的主战派势孤力薄的时刻，这个安排，把人物推上了两派斗争的焦点。岳飞在金殿上激昂慷慨地向高宗辩明金邦反复无常、和议不可恃的道理，虽然由于这时和局已定，主和派显占优势，他不能挽回局面，但他的抗战愿望和政治见解却由此得到突出的描画。最后他竟被夺去兵权，留京任枢密副使。

金邦对于南宋朝廷的诱和、迫和越紧，高宗、秦桧等越急于达成和议，这就规定了岳飞的悲剧的不可避免。在高宗、秦桧的指使下，陷岳飞于冤狱，环境越来越险恶，但岳飞的抗金意志丝毫没有动摇。在《大理寺》一场，他问心无愧，胸怀坦荡，侃侃而谈，使万俟卨之流更加猥缩卑小恐慌畏惧，使具有正义感的周三畏由同情而尊敬，站到岳飞这一边来。

《风波含冤》这场戏，更进一步集中地表现了岳飞这个民族英雄的思想感情、性格和理想。岳飞在狱中，仍然是忧国忧民，痛恨和议误国，关怀着"半壁江南也被鲸吞"。在这里，吟哦着《满江红》词出场的岳飞，不是颓丧消沉的，而是交织着激烈、悲愤的复杂心情。当隗顺向岳飞诉说丧权辱国的和议已成的时候，舞台上激昂的气氛出现了，岳飞的英雄气概也突出来了。岳飞表示了"休欺我沉沉冤狱无时尽，还有我岳家军扫穴犁庭"。他揣度自己必将遭秦桧杀害之后，没有感伤、慨叹，也没有悲观失望，而是显得更加坦然、坚毅，充满着必胜的信念。"义师劲旅终必胜，英雄何必泪满襟，权当作塞雪立马黄龙痛饮！"他举起酒杯遥祝牛皋和众三军："渡黄河，扫金酋，前仆后继，愤起哀兵！"接着狱卒进来报告岳飞即将被害，这时，剧情急速发展，全场陷入悲痛的气氛，但是岳飞的心情却是平静、安定的！他对岳夫人予以劝慰，并嘱托她能够秉承他的遗志，然后，转过身昂然地向风波亭走去。这时正是除夕的寒夜，在临终的前刻他却预示着"天地悠悠总是春"的前景。这样的结尾境界较高，很好地完成了这一民族英雄的性格的刻划。正是人物的这种理想和坚定信心，给人一种生气勃勃的感觉。岳飞在狱中的这些思想行为，是作者虚构的，但却是可能和可信的。作者在赋予人物更高的理想时，是以历史的现实为依据，顺着人物思想性格内在的逻辑，展示其可能发展的远景。作者把岳飞那种"还我河山"、"一鞭直渡清、河、洛"的爱国主义精神、雄心壮志和理想加以概括提高，同时也把同时代的那些坚持抗战的人物的优秀品质和愿望（如宗泽临终时就连呼三声"渡河"）集中在他身上，因而看起来相当真实动人。作者所赋予人物的这种理想，并没有超越人物所处的特定时代。接着，戏的后半部又继续描写了岳家军年青一代大破金兵，长驱北进，继承并实现了岳飞的遗志，这又形象地渲染了全剧的浪漫主义精神。我们不能对现实主义和浪漫主义相结合的艺术方法作简单化的理解，认为只要在煞尾处加上一个胜利的结局就是具有浪漫主义的精神。我们要把这精神贯注在剧中的人物形象中。《满江红》是胜利的结局，或者煞在现在的《风波含冤》，都可能是具有积极浪漫主义精神的。如果是悲剧的结尾，但却不是悲观颓丧的失败主义，而是表现了英雄主义、乐观主义和预示着必胜的前景，同样可以引起人们积极的联想，鼓舞人们前进。

古代的英雄人物，不能不受着历史条件的限制。因此，我们对历史人物的处理，就不能脱离时代和人物具体的、特定的条件，而去追求抽象的"理想化"，甚至于是现代化。《满江红》中对岳飞的处理，从这方面看来，多少还有可斟酌之处。戏里着力于发扬岳飞的爱国主义精神和英雄主义气概，当然是正确的，但是岳飞的抗金卫国、还我河山的理想，是和他的"忠君"思想分不开的。正是由于忠君思想的束缚，使他发生了不可克服的矛盾。宋高宗的十二道金牌之所以能起作用，其实正是岳飞的忠君思想的具体表现。尽管父老百姓拦马阻留，但他终因不敢擅自违抗朝廷之命而班师还朝。这正是这位封建时代的统治阶级中的英雄人物的特点。恰当地表达岳飞的这种思想性格的弱点并不会削弱他"精忠报国"的壮志，相反，可使人物刻划得更深刻、丰满，更具体化、个性化，对观众有更充分的说服力。可是《满江红》中的岳飞，有些地方却忽视了历史的具体性，当岳飞在黄河渡口誓师时，忽然接到班师诏，他思想上曾发生过一些矛盾："今朝若受班师诏，复国壮志一旦抛；我若不受班师诏，君命皇皇比天高。"但是，他的这种思想矛盾只是像一小点火星闪烁一下就熄灭了，没有进一步发展，而紧接着却是毅然要抗命发兵，渡河北进。我读过一个秦腔《满江红》的剧本（张敏之编剧）。它写出了岳飞接到金牌时，就对奸小弄权感到愤慨，不甘心"十年战功废一旦"；但又执于"朝廷纲纪"，"王命难违犯"，终于压服了劝阻的牛皋等人，毅然班师还朝了。这样写比起写成抗命渡河就较为妥贴些了。京剧《满江红》中，岳飞从抗命渡河到单骑回朝力阻和议，完全是自觉主动的，从这一思想行为发展下来的，是岳飞在金殿谏阻和议不成时，怒形于色，三番两次不对高宗答话；在大理寺发现岳云、张宪被捕时，他立即转身夺门欲出奔襄阳。这些"叛逆"的行为，对岳飞来说就不够适当，就其思想性格发展的逻辑看来也是不可能的。"抗命渡河"、"夺门奔襄阳"的行径，如果写在两河义师领袖梁兴身上，当然是适当的了；（这里附带一句：《满江红》剧中对这一人物的描写是很不足的。）就是安排在牛皋这一类性格的人物身上，也还是可以的。而岳飞却只能采取一些"合法"的、不违背忠于高宗的南宋朝廷的做法。

历史上岳飞在上疏力持"和议"不可恃，主张两河燕云失地一定要收复的时候，虽不乏响亮雄壮的言词，但却是委婉的，甚而还要先对高宗的议和措施赞美几句，说什么自己也是欢欣鼓舞的。我们写这个人物将他的爱国思想和英雄气概，加以理想化是可以的；但写成了他有"抗命"等"轨外"的思想和行动就失去现实根据了。

对历史人物的理想化必须以阶级观点和历史观点为基础。岳飞是民族英雄，但他又是忠于朝廷的统治阶级中的高级将领，将这样的人物理想化，就不能不受到制约。把岳飞写成具有背弃朝廷的自觉意识，那是美化了封建阶级的人物，是不真实的。如果能适当地描写岳飞的忠君思想，深刻地表现他的爱国思想和忠君思想的矛盾和斗争，写他经过现实的教训之后，逐步发展，对自己的忠君思想也有所批判，以至更突出了他的爱国思想，那末岳飞性格的刻划就可能更细致和丰富，更具有时代的、阶级的特征，成为一个典型环境中的典型人物。我们之所以认为有必要适当地描写岳飞的"忠君"思想，并不单是因为史实如此，为真实而真实，而是因为这样写可以通过人物悲剧性格的刻划，达到对封建制度和道德更深刻的揭露和批判，使观众正确认识历史，从而也更清楚地认识现实，而不把虽然是可以赞扬的统治阶级中的人物和劳动人民混同起来，不把古今混同起来，从而培养我们正确的阶级观点和历史观点。总之，目的还是为了更好地启发和教育今天的人民。

（原载《戏剧报》1960年第19、20期）

关于历史剧的"古为今用"

一

自从"大跃进"以来，不仅大量出现了"歌颂大跃进，回忆革命史"的优秀的现代题材剧目，继续挖掘整理了许多受到观众欢迎的传统戏曲剧目，而且也出现一个以历史唯物主义观点创作历史剧的新的繁荣局面，在戏曲、话剧、舞剧、歌剧等方面产生了一批思想性和艺术性都具有较高水平的剧目，如《关汉卿》、《蔡文姬》、《文成公主》、《甲午海战》、《满江红》、《捻军颂》、《小刀会》、《义和团》等。这些剧目尽管题材相去甚远，所要表达的内容也各不相同，但是它们却体现了一个共同的特点，这个特点就是：具有强烈的现实意义，符合我们时代的群众精神生活的需要。人们不仅可以从这些戏中得到有益的思想启发和教育，而且还可以丰富历史知识汲取历史经验，增长智慧，提高审美能力。正是这些剧本中的历史人物的英雄主义、乐观主义和爱国主义的精神，勇敢、勤劳、智慧、舍己为人、富有理想的优秀品质和斗争精神，给观众以强烈的感染，鼓舞着人民积极向上的力量和战斗意志。因此，这些戏受到了观众的热烈欢迎，具有生命力。

历史教育是共产主义教育的一个重要部分，我们编演历史剧，不是为了"发思古之幽情"，"为历史而历史"，引导人们脱离现实，向后看；而是为了以历史的经验教训，历史人物的精神品质，来教育和启发人民，达到"古为今用"的目的。因此，在进行历史剧创作的时候，就需要目的明确，选材精当。我们的民族，是一个刻苦耐劳、酷爱自由、有光荣革命传统和优秀的历史遗产的民族，对于历史剧的创作，有着非常广阔的天地。可以写革命领袖和民族英雄，以发扬革命传统；而表现古代人民向自然作斗争、"人定胜天"的顽强意志和毅力，也是有意义的。可以表彰勤俭朴素、发愤图强的精神，也可以写勇于革新、大胆创造的风格。可以赞颂公而忘私、舍己为人的优秀品德，也可以表现嫉恶如仇、刚正不阿的性格。……题材、风格可以多种多样，丰富多彩。就这一点看来，目前历史剧创作的题材范围还可以更广阔些。

要编好演好历史剧，做到"古为今用"，关键问题在于艺术家具有什么样的世界观。艺术家如果不是站在无产阶级的立场上，运用历史唯物主义的观点来分析、研究历史，进行艺术加工，就不仅不能够选择出具有现实意义的题材，即使是本来具有积极意义的题材，也会被削弱，甚至是散布消极的思想影响。譬如表现历史上人民反压迫反侵略的正义战争，这是很有积极意义的题材，我们来描写这些正义战争，主要要表现出古代人民顽强斗争、坚忍不拔的毅力，前仆后继、不屈不挠的精神，蔑视敌人的英雄气概。但是，我们也可以看到有些人不是很好地把握住这种本质和主流，相反地，却把古代人民一方面写得灰暗凄惨、感伤低沉，失去了对战胜敌人的信心和力量。这就是以资产阶级的观点严重地歪曲了历史，以致给观众以消极、悲观的影响。有些同志在谈述自己的创作经验体会时，给我们提供了没有正确的立场观点就写不好历史剧的具体而深刻的例证。舞剧《小刀会》在开始创作时，对于爱情的描写和悲剧气氛曾经作了错误的处理，把革命的女英雄周秀英写成了沉浸于个人爱情的人，把轰轰烈烈的反帝反封建斗争写得"低沉、伤感，把观众引入到悲观失望的情绪中去"。扬剧《义民册》的初稿也曾经把一个为保全十万义民而慷慨自我牺牲的秦积安，写成"是出于善良的'人性'，在凭'良心'办事"，散发"人性论"的邪味和低沉灰暗的情调。越剧《南冠草》的改编者由于曾经"追求悲剧效果"，而使一个大义凛然的爱国主义的故事局限在描写"母子、夫妻生离死别之情"，"蒙上一层伤感低沉的色调"①。只有在克服、清除了资产阶级创作思想的影响之后，才使这些戏焕发了光彩，成为今天被观众称誉的优秀剧目，发挥了积极的现实意义。从这里可以明显地看出，即使是创作历史剧，作者的世界观的问题仍然是个首要的问题，来不得半点含糊，世界观不改造好，搞历史剧同样要犯错误，无法回避。

这里关涉到人们常说的所谓"历史的真实"的问题。讲到历史真实，首要的问题应当区别究竟是什么样的真实。由于立场、观点不同，对于历史人物和事件也就必然会有不同的看法。修正主义者和资产阶级专家们惯于歪曲历史，把消极的、反动的东西说成是"历史真实"来加以宣扬，为他们反动的政治目的服务。同修正主义者相反，我们说历史真实不可能是别的，就是革命的真实，就是作为历史上时代主流的革命精神。历史真实性和政治倾向性在这里是统一的。有了正确的政治观点，才有可能看到历史的真实。但是，有的同志却丢弃这一最基本的涵义认为历史记载的事实怎样，历史剧就应该按那个样子写，才算符合"历史真实"。据说像《苏武牧羊》中的李陵在历史记载上是迫不得已才投降匈奴的，在他的身上有好的东西，有坏的东西，因此，这个形象不仅应该"批判"，还要"使人同情"。这种观点显然是错误的、有害的。历史事实的记载并不就等于历史真实，由于有不少记载是出之于统治阶级及其文人之手，不可避免地带着明显的阶级偏见，这就需要我们运用历史唯物主义的观点，进行分析、批判，作一番去伪存真的工作，透过纷繁杂驳的表面现象，抓住历史事物的本质，而不为其迷惑。对于历史人物，评价的基本标准就是看他对历史发展起什么作用，对当时的人民是否有利。对历史发展起积极作用，符合当时人民的利益，虽是统治阶级的人物，也是可以肯定的，但是，像李陵这一人物，叛国投敌，是一个民族罪人，你说他是迫不得已才投敌的，有这样或那样的"好处"，也是无法掩盖这个政治原则性的问题的。无原则地谅解，要"使人同情"，那就陷入资产阶级的"人情味"和"人性论"

①参阅白水：《舞剧〈小刀会〉的创作经验》，《人民日报》1960年8月24日。杜章林：《没有正确观点就写不好历史剧》和毕华琪：《从越剧〈南冠草〉的再修改谈历史题材的古为今用》，均见《江苏戏曲》1960年第6期。

的泥坑。在观众中起到消极的作用。

要正确地看待历史的真实，正确反映历史面貌和评价历史人物，就离不开阶级观点，运用阶级分析的方法。离开了阶级分析这一马克思主义的基本观点，就会犯模糊阶级界限的错误。

在粤剧《寸金桥》的争论中，某些同志认为遂溪知县李钟钰既是抗法的民族英雄，就应该在戏里歌颂他，就不能把他作为封建统治阶级的官吏来处理了。他们认为在封建统治阶级官吏中的某些人，只要他们"在民族敌人的面前，自觉或不自觉地与人民群众站在一起和敌人进行斗争……就不应该把他看成是与人民群众对立的什么统治阶级的人物了。应该承认，像这样的人，不管他的阶级成分如何，他完全可以在文学形象上处理成为人民力量的一种化身"。因而岳飞、文天祥、林则徐等人就应该是"突破这种（阶级）局限性而成为真正的英雄的"，"如果把当官的当成封建统治阶级，这是不辩证不现实的"①。这些说法，实际上是由于没有正确地把握阶级分析方法，因而陷入了模糊、取消阶级界限的错误。

像岳飞、文天祥也罢，林则徐、李钟钰也罢，由于他们在民族敌人面前表现了民族气节和爱国主义精神，他们的反抗民族压迫和民族侵略的行为，符合了人民的利益，人民尊重他们，怀念他们，无疑称得上民族英雄，值得作为戏剧的中心人物来歌颂。如果因为他们是封建统治阶级中的官吏，而不承认他们的作为有利于民族有利于人民，一笔抹煞，当然是"不辩证"的。这只是简单化、庸俗化的做法，是离开了社会、时代的具体条件，人物的政治实践的客观效果，从抽象的、形而上学的观念出发。在封建社会中，封建统治阶级和人民（主要是农民）的对抗是经常的、绝对的，但也不能不看到二者之间在一定条件下存在着互相联系、互相依存、互相渗透的统一的一面。而且在矛盾发展的过程中，呈现着阶段性和特殊性。因此，不能把统治阶级和被统治阶级的矛盾关系看成是固定不变的，在一定的条件下，二者之间的矛盾，可能出现暂时的相对的缓和，出

---

① 参阅郑达：《在塑造历史英雄人物上的蹰躇——关于粤剧〈寸金桥〉的争论》，《戏剧报》1959年第15期。林里：《〈寸金桥〉要避开双头双线》，《羊城晚报》1959年5月28日。

现某种暂时的一致的情况。（当然，说"暂时的一致"，并不意味着取消二者之间的基本矛盾和差别。）譬如，在民族矛盾尖锐的时候，往往出现人民和统治阶级（或者是统治阶级中的某一集团或个别人物）联合进行反抗斗争。毛主席在1937年8月写的《矛盾论》一文中，曾经对半殖民地中国复杂的矛盾关系作了精辟的分析，他说："当着帝国主义向这种国家举行侵略战争的时候，这种国家的内部各阶级，除开一些叛国分子以外，能够暂时地团结起来举行民族战争去反对帝国主义。这时，帝国主义和这种国家之间的矛盾成为主要的矛盾，而这种国家内部各阶级的一切矛盾（包括封建制度和人民大众之间这个主要矛盾在内），便都暂时地降到次要和服从的地位。中国1840年的鸦片战争，1894年的中日战争，1900年的义和团战争和目前的中日战争，都有这种情形。"以这个精神来看一看古代的历史，也是完全合于实际的。在历史上，当着民族侵略和压迫尖锐化的时候，不仅严重地损害了国家和人民的利益，而且也危及统治阶级的安全和利益，因此封建统治阶级有可能暂时和人民一起去反对民族侵略和压迫。近代义和团运动揭起了"扶清灭洋"的旗帜，一方面固然反映了当时的农民阶级还没有能够认清清政府的本质，存在着局限性；另一方面，或者说更为重要的积极的方面，却是由于处在帝国主义企图瓜分中国、民族危机空前严重的情况下，为了能够和清政府暂时团结起来去举行反对帝国主义的民族战争。歌剧《义和团》（剧本载《剧本》月刊1960年第7期）正是抓住这个时期的主要矛盾、矛盾的特殊性，比较恰当地处理了复杂的阶级关系。剧中突出地表现了张德成为首的义和团的反帝爱国热情和英雄气概，他们表现了对帝国主义血海深仇不共戴天的仇恨和蔑视，甚至只要听见带"洋"字的话，就怒起心头，把"洋枪"改叫"快枪"才高兴。在这个戏里作者也比较恰当地写出了义和团和清政府的关系。一方面是直隶总督裕禄被迫把张德成迎到天津，表示联合抗战，但又始终存在着惧外和恨义和团的态度；一方面是张德成为了共抒国难，应裕禄的迎请，支持官军一道作战，但也始终保留着与清政府不同的阶级立场。这样写，既体现了阶级观点，又有着时代和人物的具体性，是很好的。剧中有描写二师兄张大海因为怀恨聂士成屠杀义和团，没有执行张德成派他往八里台救援聂军与帝国主义侵略军作战的命令，张德成要处斩他的场面。能否认为这样写张德成是模糊阶级观点，损害英雄形象呢？不能够。这一情节不但不会贬低张德成的英雄性格，而且使这一形象显得更高、更丰满。这里表现了张德成在处理复杂关系时，比起张大海来深谋远虑、老练而有气魄，显示作为一个领导者的见识和风度，这从他训诫张大海的一段话里可以清楚地体现出来："你全不念，国难当头，国家为重；聂士成，他也打的是鬼子兵！"他并没有忘记跟聂士成间的阶级对立，但是国难当头，才决定去支援聂士成。同时，张德成之所以要处斩张大海，也是因为张大海阵前不听命令，不把"团规军法放心中"，这也表现了义和团军纪的严肃，张德成的执法如山，不徇私情，虽然张大海是自己一手抚养成人的爱侄。如果指责这样来写张德成不对，恐怕是对阶级分析理解的简单化，忽视了具体地分析矛盾的特殊性。

但是，这绝不意味着在民族矛盾上升为主要矛盾时，阶级矛盾就消失了；封建官吏只要一经和人民联合抗敌，就不存在着和人民对立的一面，就不能算是统治阶级的人物——"当官的"了。如果这样认为，那就模糊了阶级观点。岳飞、文天祥、林则徐、李钟钰等人的反抗民族压迫或帝国主义侵略，除去反映人民的要求之外，也还有为着保护本阶级的利益的一面。如岳飞的"精忠报国"就是从作为一个封建统治阶级的"忠臣"出发的。因而他们在思想、行动和抗敌的坚决性、彻底性上都不能不带着本阶级的烙印，表现了阶级的局限性。这是和人民有区别的。也正因为他的阶级立场没有改变，在抗金战争的紧要关头他竟接受了宋天子的十二道金牌，放弃了收复的土地，班师回朝，并对遮马恸哭的人民"取诏示之曰：'吾不得擅留！'"否认这一事实，也是"不辩证"的，也不是正确地进行阶级分析，具体地分析问题。过与不及，走向任何一个极端，都是片面的。用这两种观点来编写或批评历史剧，就都不可能得到正确的结果。

二

历史剧必须"古为今用"，符合今天的时代精神，这是不能忽视和动摇的。但是，如何"古为今用"，却有许多问题值得探讨研究，有些同志在这个问题的理解上是可以商榷的。譬如有这样一种主张：

> 今天时代变了，全国人民在打倒三大敌人，基本上完成社会主义革命之后，正同心同德地团结在党的周围，掀起一个社会主义建设的大跃进浪潮，一切文艺作品包括历史剧在内，都应该从冲击旧时代的黑暗转变为歌颂新时代的光明，扶植新事物的成长。①

当然，对于表现现代题材的戏，是应该这样要求的。我们今天所处的时代，是社会主义、共产主义胜利的时代。毫无疑问，我们完全应该用最大的热情来歌颂新时代、新思想、新事物，着力创造最能体现无产阶级革命精神和革命理想的英雄人物。歌颂，这就是反映我们英雄时代和英雄人物的文艺作品的基调。这也就是我们和现代修正主义者所鼓吹的所谓揭露"阴暗面"，攻击党、攻击革命和劳动人民的根本分歧。但是，我们说歌颂新时代的光明，并不意味着不能也不必去"冲击旧时代存在的黑暗"，鞭笞旧思想、旧事物。新思想、新事物总是在同旧思想、旧事物的斗争中成长发展的，我们的英雄人物的崇高品格就要在这种斗争中形成和表现出来。"我们的文学艺术决不要回避缺点和困难，忽视消极现象和反面人物，冲淡生活中的矛盾和斗争；这种廉价的乐观主义，只会把生活简单化，把真正的先进人物描写成没有生命的稻草人。"（周扬：《我国社会主义文学艺术的道路》）

至于说到历史剧，如果也要要求担负"歌颂新时代的光明"的任务，显然是不可能的。旧社会和新时代性质根本不同，很难设想可以拿古代的

---

① 《喜读郭老新作〈武则天〉》，《福建戏剧》1960年第7期。

历史人物或事件——即使是农民革命的领袖来歌颂我们这史无前例的英雄时代和英雄人物。一定要这样做，会导致不恰当的类比、影射，其结果将陷入反历史主义。这样，不仅不能达到"古为今用"的效果，相反会模糊新旧社会的本质区别，引向美化古人，歪曲现实，产生消极的影响。如果说这指的是把"从冲击旧时代的黑暗"转变为歌颂历史上的进步人物、光明面，才能符合我们今天大跃进的时代精神这层意思，那也不够确切。不容否认，我们的历史是有着光明面的（当然，历史上的那些光明面是远远不能和今天光明的社会主义社会匹比的），而且总是由之推动历史的前进，"产生形成历史的运动"。对于历史上起过进步作用的人物，尤其是农民革命的英雄人物，我们是应该热情地歌颂，从正面很好地来描绘。但这并不等于说历史的黑暗面不必注视，揭露批判旧社会的黑暗、统治阶级的丑恶的剧目就不需要、不能要了，没有意义了。

深刻地揭露社会的矛盾，批判封建制度和帝国主义侵略的残酷、反动的本质，可以使我们更好地认识旧社会、旧制度的罪恶，激发人民憎恨、厌恶一切剥削阶级和剥削制度，培养阶级观点；同时，也可以使我们从新旧社会中得到对比，教育人民更加珍惜、爱护新时代的幸福生活。比如在传统戏曲剧目中，像莆仙戏《父子恨》、山东梆子《墙头记》等，对封建社会的不合理的制度作了深刻的揭露和批判，就能够帮助观众深刻地了解过去社会的生活，从而得到思想启发和教育，也就具有积极的现实意义。毛主席指出："一切危害人民群众的黑暗势力必须暴露之，一切人民群众的革命斗争必须歌颂之，这就是革命文艺家的基本任务。"这是我们编写历史剧必须遵循的。如果认为编演历史剧也只能歌颂"光明"，不能"冲击旧时代的黑暗"，把问题片面化和绝对化，将会导致对历史的虚伪的粉饰，掩盖阶级对立和斗争的实质，失去了真实性。戏剧总是离不开写矛盾冲突，写历史不树立对立面也是不可能的。没有反面人物、黑暗面作陪衬，正面人物、光明面也表现不出来，也就会表现得不鲜明，不强烈。"疾风知劲草"，惟其有"疾风"，"草"才能显出其刚劲来。

与上述问题相关联，就是历史悲剧或者悲壮的情节可不可以写？譬如，有的同志认为写农民起义的戏，既不要写"逼反"的诉苦、反抗的场面，也不要写英雄人物的牺牲，应该是处理成喜剧或正剧，否则就不符合今天人民的愉快心情。毫无疑问，我们很需要那些歌颂英雄人物斗争胜利、具有豪迈雄壮的调子的历史剧，它能够激发人民的英雄主义和乐观主义的精神，值得我们提倡。但是，就是胜利的喜剧，也需要避免过于简单化，把胜利的取得写得轻而易举，不存在任何艰苦、困难和曲折。要表现英雄人物在敌人面前表现的不屈的斗争的精神，也应表现出斗争的尖锐性和胜利取得的艰巨性，在这里来刻划人物的英雄性格，才能深刻有力。更不能因为提倡历史喜剧而排斥历史悲剧的编演，否认其对人民也有教育意义。在过去的社会，由于反动统治阶级对人民的压迫剥削，对进步力量的压抑，对人民反抗的残酷镇压；也还由于阶级的和历史的局限，人民的反抗斗争，或者是失败，或者虽然推翻了某一王朝的政权，而果实又被封建地主阶级所窃夺，人民仍然过着被压迫剥削的生活。归根结蒂，那个社会制度是产生悲剧的根源，它压抑、阻塞和破坏人民的理想、要求和愿望的实现。因此，历史现实是存在着悲剧的。重要的问题不在于可不可以写，而在于站在什么立场上、用什么观点、带着什么目的来看待问题和处理问题。对于悲剧的概念，我们不能囿于资产阶级的一些陈腐论调，诸如强调所谓命运的不可抗拒的失败主义。热衷于追求所谓悲剧气氛，大肆渲染，既歪曲历史，损伤英雄人物的性格，给观众的思想影响也是不健康的。在我们民族戏曲的优良传统中，从来都表现了劳动人民对于悲剧积极健康的美学观点，悲中见壮，或悲中带"喜"。《窦娥冤》是人所熟知的著名的悲剧，但它所表现出来的斗争精神却是强烈的，虽负屈含冤，却不是"吞声忍气空嗟怨"，而是"争到头，竞到底"。《两狼山》的杨继业虽处在兵败的困境，但没有那种失败主义的情绪，而是力图解脱这种局面。在悲剧中，积极现实主义和积极浪漫主义相结合的精神是明显的，正因为如此，这些戏才摆脱了低劣、琐碎的为反映现实而反映现实的消极因素。由此看来，在今天，只要是用历史唯物主义的观点、革命现实主义和革命浪漫主义相结合的艺术方法来编演对人民有益的历史剧，喜剧或悲剧，英雄人物的牺牲与否，是可以根据具体的情况处理的。

艺术家如果是强调英雄人物为了革命事业不惜自我牺牲的精神，描写他临难不畏，威武不屈，大节凛然，视敌人如草芥，而对革命事业则表现了希望和胜利的信心，使整个场面充满着慷慨壮烈的情调，乐观主义和英雄主义的精神，是能够激发观众的朝气和昂扬的斗志的。我们可以从一些描写党的革命斗争的优秀剧目得到启示。像《红色风暴》、《刘胡兰》的主人公林祥谦、刘胡兰，最后都因敌人的血腥屠杀而壮烈牺牲。但就是这些"就义"的场子，一方面因为敌人血腥屠杀革命同志而产生令人切齿的悲剧气氛；另一方面，也是更主要的方面，却是由于这些英雄人物的坚贞不拔、气冲河汉的精神，使人受到昂扬情绪的激发。在这里，人们不仅是悲愤，而且是鼓舞，从中受到了深刻的形象化的阶级教育。

在新编的历史剧中，事实上也不乏出现英雄人物牺牲的悲剧情节和场面。话剧《甲午海战》中的大东沟战役，致远舰管带邓世昌在弹药已尽、敌众我寡的情况下，坚持战斗，召集了全舰的官兵列队表示宁死不屈的决心，鼓轮前进，向日本侵略者的吉野舰冲击。他们在敌人面前毫不卑屈、怯懦、退撄，而是表现了大义凛然的骨气，为了捍卫祖国和民族的利益，虽死犹荣。扬剧《义民册》的秦积安，为了拯救十万义民的生命，保存革命力量以支援太平天国，终于舍身成仁，举火自焚。那种为了公义而自我牺牲的精神，又是何等高尚，令人钦敬。京剧《满江红》的岳飞，在狱中将被陷害时，仍然忧国忧民，把自己生死置之度外，而向往着"前仆后继，还我河山"，表现了胜利的希望和信心。就是这些光辉的形象，以他们的爱国主义精神、自我牺牲的精神启发、教育了观众。这种悲壮的场面或结局，有其特定的艺术效果，和喜剧各有不同的作用，不能互相代替或互相排斥。

基于上述的看法，我们觉得对于历史上人民或进步人物的失败（不是失败主义）、悲剧（不是悲观失望）的结局，在写戏时不一定非加上一个胜利的结尾不可，主要要看顺随着剧情内在的必然发展，为主题思想所需要与否而定。如果是外加上去的，就会显得生硬，而每出戏都这样处理，也就嫌一般化了。京剧《满江江》是因为戏的任务不仅在于表现岳飞，而且也同时在歌颂岳家军青年一代的抗击金兵，体现前仆后继、不屈不挠的斗争精神，因此，在岳飞被害后，岳家军继承遗志，继续战斗，终于击败金兵的戏，是根据需要发展的。黔剧《张秀眉》围绕着黄飘战役的大捷来表现张秀眉所领导的人民起义，可以不写张秀眉的牺牲。但这两出戏都可以有另一种处理，前者如煞在《风波含冤》，突出岳飞的"前仆后继，还我河山"的理想，后者如煞在张秀眉失败被捕，表现他在公堂上坚贞不屈和对胜利的信心，应该说都是有积极意义的。像《义民册》就是煞在秦积安的举火自焚，以乐观、豪迈和理想为基调："烈火腾腾照天明，仰天长啸笑盈盈。喜与万民一条心，生生死死为义民。烈火冲天朵朵云，我愿此身成灰烬。他日讯歌高唱时，随风飘荡在南京。"这样，并不因为没有加上义民配合太平军攻下南京的胜利结局而减弱其意义。这就是说，问题的关键在于人物形象身上所赋予的革命性、战斗性和理想，以及由之体现和贯串在全剧的健康雄壮的调子和鲜明的色彩。

三

编演历史剧，要具有历史唯物主义的观点，运用阶级分析，同时还需要采取革命现实主义和革命浪漫主义相结合的艺术方法。

我们编演历史剧必须具有明确的目的性，无目的地、客观主义地敷陈史实，不可能编好历史剧。让历史事件和人物再现在我们的眼前，并不是单纯为了表现历史的真实，而是出于一种更高的意图。历史的真实不是目的，而是达到目的的手段，因为历史剧创造历史形象，并通过他来反映历史生活，其目的不是消极的为反映历史而反映历史，而是为了达到"古为今用"。对于历史人物的塑造，即使是知名的真实历史人物，也允许根据他同时代的生活，加以概括，使之成为比原来更高、更集中、更鲜明的典型，而不应该仅仅拘泥于一些历史记载的事实。话剧《甲午海战》之所以使人激励、鼓舞，主要原因之一，就在于作者在历史现实的基础上进行了巨大的概括和升华，塑造了封建统治阶级中的爱国主义者的典型形象。作者根据邓世昌勇敢抗击日本侵略者，不惜自我牺牲，鼓轮冲撞敌舰的史实，把握了历史的主流，集中到一点上，昂扬起他的民族气节、爱国主义精神，作为贯串全剧的一根红线。这样这个形象就显得光辉、高大，不是局限于再现这一具体的人物和事件，而是深远的，是对整个旧民主主义革命时期一些优秀人物摸索救国救民真理的理想的某些方面的概括；从这一意义上说，也是反映了中国近代史上人民反抗帝国主义的坚决意志和英勇的斗争精神。正是由于通过特定的人物形象所显示出来的战斗性、革命性和崇高的理想，而产生其艺术力量和作用，收到"古为今用"的效果。

我们提倡的革命浪漫主义，并不意味着可以根据作者的主观愿望"一空依傍"地随意设想，而是有本有源，是要与革命现实主义相结合的。对于编演历史剧，无疑地要受到历史客观现实的制约，尤其是编演那些重要的历史人物和重大的历史事件更是如此。这些历史人物和事件具有客观标准，艺术家需要以之作为基础来进行艺术创作，深刻地揭示历史的本质，不可能也不应该单凭自己的主观愿望来任意评价历史、改变历史。那种认为"对人物的评价和写法要看戏的宣传目的而定"的说法，显然是片面的，这无异于说历史可以由作者的主观意志随意摆布生造，不存在客观规律性。

理想化，不能违反历史的真实，超出历史的局限，尤其是描绘统治阶级的人物，更不能模糊阶级界限，作不恰当的渲染、溢美，甚至把历史人物现代化。恩格斯在批评拉萨尔的剧本《弗朗茨·封·西金根》时，曾经指出："不应该为了理想而忘掉现实。"这是值得我们注意的。当然不能认为恩格斯不赞成戏剧需要有理想，他反对的是拉萨尔所宣扬的歪曲历史的所谓"理想化"。拉萨尔在剧本中把骑士阶级的领袖人物西金根当做革命英雄来加以歌颂，把这个农民解放的坚决反对者美化为农民的解放者，完全丢弃阶级观点和历史现实，而抽象地去把人物理想化。这就是说，理想是有时代性、阶级性的，超时代、超阶级的理想是不存在的。在我们建设社会主义并向共产主义迈进的时代，由于朝着为实现共产主义而奋斗的共同的伟大目标，艺术家的最高理想和他笔下英雄人物的最高理想是完全一致的。但对于编写历史剧，艺术家的理想和他笔下英雄人物的理想却是又一致又不完全一致。说是一致，是因为历史上这些英雄人物先进人物的理想是符合客观现实的发展行程，符合当时最大多数人民的利益，他们的革命精神、反侵略的民族气节、舍己为人的美德，等等，对我们还有着积极意义。但是，不容否认，他们的理想是受到阶级和历史条件的限制，并烙上这种印记，象文天祥、岳飞反侵略的爱国主义理想，并没有超出"忠君"的范围；即使是农民起义的伟大领袖，也还不可能是自觉的阶级战士，不可能有建立在科学的基础上的理想。这又是不完全一致之处，它使艺术家不能像塑造当代英雄那样赋予理想。要使理想和真实的统一，主要在于反映历史人物所处的时代精神和他的阶级（也是个性）特征，也就是塑造出典型环境中的典型人物。

只有准确地反映历史，才能真的达到"古为今用"，才能为今天的政治斗争起到应有的、间接的作用。在我们戏剧创作的实践中，不乏成功的例子。话剧《甲午海战》中描写邓世昌强调突出了他昂扬的爱国主义精神、民族气节，但又显现了生活在旧民主主义革命时期、作为清政府一个海军中级军官的具体特性，这就是他只能承认清王朝的统治（虽然这个王朝已经十分腐朽）和服从李鸿章的统率为前提，在这种思想支配下来坚持他的民族气节。观众从这个人物身上，既受到一次爱国主义的教育，但又不至于混淆他和我们今天的英雄人物的爱国主义精神在性质上的区别。从这里还给我们思想启发：只有摧毁了反动派的腐朽的统治秩序，在党领导下的新社会中，才有可能最大限度地发扬爱国主义精神。

我们还可以提到田汉同志的话剧《文成公主》。剧中的文成公主写得很得体，有分寸。本来一个金枝玉叶的大唐公主，能够为着民族的团结，为着发展吐蕃的经济、文化，不惜远离乡亲，经历艰险，贡献出自己的力量，应该说这个人物具有很高的理想。作者很好地发展了这种具有现实积极意义的因素，突出地表现她那胸怀大志的气概："长安纵有花如绣，要撤返长安不能够，誓把锹锄辟大荒，千磨万难心甘受。"但是，作者并没有因为要提高人物的思想境界而对她作不恰当的"理想化"，让她去改变吐蕃的社会制度，或者把我们当代革命女青年的思想品质附加到她身上去，而是自始至终紧紧地把握着人物特定的环境和身份。如在"牧歌"这一场戏里，我们可以看出，文成公主虽是同情牧民，但她的思想感情和牧民并不一样，她那支"……金鞭骏马人如璧，声声牧笛斜阳里，毡帐暮烟飞，郎君归未归?"的"草原小曲"，很明显是贵族少女牧歌式的情调，她没有也不能够理解这些牧民们的生活和思想感情，"没有把牧民的苦楚给唱出来"。显然，作者不是抽象地写文成公主的理想，而是把她放在那个时代和社会制度下来表现。文成公主只是也只能搭救个别的人如顿珠，使之能够实现和达娃的爱情，但她没有也不可能去改变像旺清加错这些大头人所代表的制度。这样，从文成公主身上，我们既能够比较清楚地看出人物所处的时代和具体的性格特征，也可以从她胸怀大志的理想中得到启示和教育。

从上述的例子，我们可以得到这样的认识：把历史人物加以理想化和反映历史真实能够也必须取得统一，以历史剧来间接地为今天的政治斗争服务和正确反映历史不是对立而是一致的。不为"今用"的历史剧是没有生命力的；反之，不能正确反映历史也不会产生为现实服务的良好效果。凡是能够深刻反映那个时代的时代精神，塑造出具有典型意义的形象，必然地要达到理想因素和真实因素的结合，从而发挥其艺术作用。

但是，在有些同志的主张和创作实践中，往往只片面地强调提高历史人物的积极面，使之符合今天的时代精神，因而对某些历史上统治阶级的正面形象过于"理想化"，甚至是将我们现代人的思想行为附会在古人身上。譬如，某些写皇帝、民族英雄、清官的戏，为了强调人物的积极方面，常借助于"为国为民"、"忧国忧民"等一类抽象的概念，缺乏历史的具体性，不能更好地体现出人物的思想逻辑和性格特征，因而容易流于虚泛，再一经夸张，就使人有如同今人之感。譬如，在一篇评论蒲剧《白沟河》的文章中，就主张："如果杨继业能把宋王训斥一顿，观众定会拍手称快。"这位同志的用意是好的，但可能是因为图一时之痛快，而缺乏冷静的分析，提出了不切实际的要求。杨继业当然是民族英雄，受到历代人民的尊敬，这里无须赘述。但一定要杨继业不忠于宋王，没有"忠君"思想，甚至"把宋王训斥一顿"，那就不合于这个人物的思想逻辑和性格特征了。金沙滩那一场恶战，是为民族的，也是为宋王的。爱国与忠君这两种思想，在杨继业身上是统一的，不能作人为的割裂。写一个描写杨继业抗战的剧本，突出他的爱国思想是必要的，但不能不注意到这个人物的阶级局限性与历史局限性。如果对他做过分的要求，不恰当地要求他突破他的局限性，就不对了。果真让杨继业把宋王训斥一顿，那就不成为"无佞府"的杨继业了，观众看到这里，未必拍手称快，可能并不相信这是真实的。如果作者依照这种非分的要求来进行创作，将使人物成为作者主观愿望的传达者，而不是让人物自己去行动，因此，这种要求实在无助于创作，只能造成混乱。如果说，这也是一种浪漫主义，那这种浪漫主义的精神并没有能够和现实主义精神很好地结合起来。

上面只就历史剧古为今用的问题谈一些个人的看法，难免有错，请同志们批评指正。

（原载《戏剧报》1960年第23、24期）

别具一格的高甲戏《许仙说谢》

《白蛇传》是一个流传久远的优秀的传统剧目，许多戏曲剧种都经常演出，虽然故事情节的发展大体相同，但不同剧种之间还可见出其差异，具有自己的一些特色，像川剧的《扯符吊打》、扬剧的《上金山》，就是其中的例子。前不久看到福建泉州高甲戏剧团整理演出的传统剧目《许仙说谢》，使人又感到新颖独特，别具一格。

据了解，《许仙说谢》不是从本戏中抽出来的，高甲戏没有全本《白蛇传》，只保留这一折戏。从剧本的故事发展过程看来，这折戏的情节是在《盗库》之后，《酒变》之前。许仙因盗库银事犯，发配镇江，从配军营中被保释出后，同友人徐乾往保他的恩人处"说谢"（道谢），不想见面一看，恩人就是白素贞。许仙曾听说白素贞是妖，这次相见，仍极为惊惧，经白素贞、小青辩解和徐乾劝说后，才消释嫌疑，重归于好。据我的推断，这一折戏可能是由黄图珌《雷峰塔》的《劝合》（方成培本作《远访》）衍脱出来的，不过传奇作白素贞偕小青寻觅至镇江许仙寄寓之处，由白氏的辩析及店主的劝解而释疑，情节与《许仙说谢》有异。

这折短戏，情节很简单，没有什么曲折变幻，但演来却相当精彩，能吸引住观众。戏写出了人物之间关系的发展，从冲突中来刻划人物的思想性格，比较深刻、具体地体现了人物的思想感情。戏里先简单地交代了许仙偕徐乾同往恩人处说谢，接着就把主线提起，着力表现白素贞"喜满情怀"的思想感情。白素贞企盼着这一下可与许仙"释却前嫌，再整旧时恩爱"，焦急地期待许仙到来，在她的脑海中浮现出许仙的形象，"许郎一路行得斯斯文文，潇潇洒洒"；猜想着"许郎一见面，必定又悲又喜，他说：赠药救命的恩人，原来就是你！有情有义，真是我的好贤——妻！"恰如小青所说的，是"想得真美，真甜！"吩咐小青开门迎接许仙时，她又忽地想起了忘记插戴许仙赠给她的那股白玉钗，急忙跑进房里去取。这一段戏极力描写出白素贞情真意笃，一心争取与许仙重偕旧好。这是符合白素贞此时此地具体的思想状态的，揭露了她内心中最隐秘之处。然而，事实上白素贞的满怀希望却落空了，许仙一见白素贞，马上像触了电似的大叫："妖……妖……！"一下子就把矛盾揭开了。

下面，戏的发展层次分明，逐步深入，如剥冬笋。开初是小青、白素贞剖析了"库银"事件，许仙因此对自己的想法产生了怀疑："啊……听她说得句句近情理，莫非许仙听信谗言，真的冤屈了好人？……"但他还不能肯定："难信呀难信！"再由小青辩明"钱银保人，灵药救命"都是白素贞所为，从情义上来感动许仙。戏没有在这个关节的地方轻易放松，而是紧紧迫人：

> 许仙：哎呀！这……
> 徐乾：钱银保人，灵药救命。咳，咳！那更是全恩全德！许仙呀，你真不该！
> 小青：许仙呀，你好无良！
> 白素贞：噫！白素贞我好命苦！

许仙这时表现出无言的内疚。徐乾从正义感出发，以对白素贞的赞叹来责备许仙；小青则是带着愤恨的心情指责许仙的无良心，他们站到了一边，就使许仙陷入了道义上的孤立。白素贞并没有参加进来责备许仙，如果这里写她也来责备，既不合她的思想逻辑，也显得有点简单、俗气。她只在怨叹自己命苦。这一自嗟，包含着多么丰富复杂的内心感情，是多么意味深长，多么有力，就像鞭子似的答在许仙的心坎上，而又多么激动观众。最后通过白素贞大段的唱，倾诉了她历尽千辛万苦都是为着许仙，加重了许仙的愧悔："听伊怨诉我心如焚，辜负她千辛万苦人。"终于承认了自己的错误，和白素贞重归于好。

戏情多少有点类似《断桥》，但并不雷同，看来《说谢》更富有喜剧性。徐乾这个人物的出现，使戏的喜剧气氛更浓厚了。在原本中，徐乾的思想性格并不完整统一，一方面他表现为热心排难解纷，另方面却对白素贞怀有卑鄙的企图，显得十分低劣。整理者删去了那些芜杂庸俗的情节，把这个人物从正面立起来，从他一出场就点明他是一个善良、重道义、"有时爱管闲事，也是为人不为己"的人物；同时，还赋予他以幽默、风趣和乐观的性格。这样，不仅人物形象使人觉得可爱，也有助于提高戏的思想意义。

《许仙说谢》已经具有良好的基础，但为使之更加完美，似还有可加工之处。现在主题思想还不很明朗，观众看过戏后，从中得到什么认识还不是很明确的。目前所着重强调的是白素贞对许仙的"恩德"，许仙应该感恩戴德以图报。自然白素贞对许仙的情深义重是应该突出的，但如果局限于此就不够了，这会减弱其中所含蓄着的更深刻的思想意义。争取许仙释却前嫌，其意义并不仅止于让许仙感激白素贞的恩德，而是一场尖锐的斗争。《断桥》的深刻处正是在于表现了许仙的悔悟，摆除封建压力，重新回到白素贞的身边。也许整理者感觉到这一点，因而把原本所未曾涉及的法海的关系增添进来，让许仙在认错时说出错在不该听信法海，"说娘子是妖孽作祟人间，许仙受祸，都是你构意陷害"。这样改动，使人觉得情节发展有些不顺，显得前后不够谐和统一。因为前面许仙只提了一句"莫非许仙听信谗言"，而明确地把法海提出是在问题解决之后，成了又拉扯出来的新头绪，既与整个剧情的进展无关联，而提出之后又轻描而过，没有激起更激烈的冲突。在许仙提出法海之前很长的过程中，在他思想上所以认为白素贞是妖，是由于盗库银事，"杭州钱塘人人都说是妖精"，并没有提到法海对他说了什么话。这就缺乏充实的根据，缺乏明显的思想贯串线，令人有"断续痕"之感。李渔所说的"务使承上接下，血脉相连"，

"有连环细笋伏于其心"，这些话还是可取的。所谓"血脉"、"心"，不仅是技巧安排的问题，而且是"精神"所在，是人物行动的内心依据。这里把矛盾与法海联系起来，反使许仙的精神状态得不到更明朗的描写，这样的改动看来也就是不必要的了。况且让许仙说"杭州钱塘人人都说是妖精"，似也不好，这无异肯定白素贞在杭州人民心目中就是个可怕的妖魔，是邪恶，从而损害了白素贞的形象。此外，徐乾在许仙目白素贞为妖时，以相法（让白素贞和小青走三遍）来肯定是否是妖，这一情节穿插生动有趣，演员的表演也优美多姿，可惜在提出这一问题之前没有清楚地写出徐乾的意图，看来不够自然，这要略做交代，使之能更为妥贴才好。

（原载《戏剧报》1961年第13期）

心肝·面目·口角

——读张岱《彭天锡串戏》

　　《彭天锡串戏》，是明末爱国史学家和著名文学家张岱所写的《陶庵梦忆》中的一则。《陶庵梦忆》八卷一百二十余则，是张岱对五十岁以前"繁华靡丽"生活如梦的思忆，多记述山川名胜、风土人情等。其中有关戏曲的记载多则，如《朱云崃女戏》、《刘晖吉女戏》、《朱楚生》等，所议论每有精辟之处，而于《彭天锡串戏》一则，尤具卓见。

　　这一则文字很短，不到三百字，但内容很丰富，说出了演员表演上的一些重要问题。

　　看来张岱是十分欣赏彭天锡的表演，一开头就称赞他"串戏妙天下"，在另一则文章里，且尊之为"曲中南董"。张岱对戏曲很熟悉，看过不少戏，也接触过许多演员，他自己是精通音律，善制曲，并能指导演员的表演。他为什么独推崇彭大，给予那样高的评价呢？此中不无道理。

　　原来彭天锡是以丑净当行，善于塑造反面形象，"千古之奸雄佞幸，经天锡之心肝而愈狠，借天锡之面目而愈刁，出天锡之口角而愈险"。使人看了感觉"腹中有剑，笑里有刀，鬼气杀机，阴森可畏"。张岱这段话确是至论，他所说的"心肝"就是内心体验、依据，他所说的"面目"应该是指的全部形体动作，而"口角"则是包括唱、念的功夫。一个演员要把戏演好，塑造出深刻动人的形象，能够让观众看"迷"了，此三者确实缺一不可。我们历来有成就的优秀戏曲演员就是如此。而彭天锡在当时串戏之所以"妙天下"，不同凡响，也在这里。他是对人物作了体验，有内心生活根据，又通过形体动作、唱、念来揭示人物的思想感情、内心生活，把形象具体地塑造出来。"经之心肝"，而又"借之面目"、"出之口角"，正是内外统一地完成角色的创造过程。彭天锡对角色的创造是经过了艺术概括的，使所扮演的奸雄佞幸比原来"愈狠"、"愈刁"、"愈险"，也就是说，更强烈、更典型。这样，才能够去震荡、激动观众的心弦。

彭天锡演戏为什么能臻于妙境呢？我们从张岱在这则文章里所说到的，可以看出是由于彭天锡的认真刻苦，对每出戏都下功夫，仔细钻研，一字不"杜撰"，"设身处地"地去体会角色。是由于他的知识博，见闻广，有着"一肚皮书史"，"一肚皮山川"。是由于他具有是非之感，以他那亲身遭遇的"磈砢不平"的生活经验，通过舞台而予以"发泄"，将那些奸雄佞幸的罪恶揭露在观众的面前。自然对一个优秀演员来说，这些并不完全。但无论如何，思想、气质、态度和知识修养等，应该是作为一个优秀演员所不能缺少的重要因素。这篇文章虽短，意思却颇深，对我们不无启发和引为借鉴之处。

　　附:《彭天锡串戏》
　　明·张岱
　　彭天锡串戏妙天下，然出出皆有传头，未尝一字杜撰。曾以一出戏，延其人至家，费数十金者。家业十万，缘手而尽。三春多在西湖，曾五至绍兴，到余家串戏五六十场，而穷其技不尽。天锡多扮丑净，千古之奸雄佞幸，经天锡之心肝而愈狠，借天锡之面目而愈刁，出天锡之口角而愈险。设身处地，恐纣之恶，不如是之甚也。皱眉眨眼，实实腹中有剑，笑里有刀，鬼气杀机，阴森可畏。盖天锡一肚皮书史，一肚皮山川，一肚皮机械，一肚皮磈砢不平之气，无地发泄，特于是发泄之耳。余尝见一出好戏，恨不得法锦包裹，传之不朽。尝比之天上一夜好月，与得火候一杯好茶，只可供一刻受用，其实珍惜之不尽也。桓子野见山水佳处，辄呼奈何奈何！真有无可奈何者，口说不出！

（原载《戏剧报》1962年第2期）

《恶虎村》的思想倾向

在有关《施公案》的剧目中，比较起来，《恶虎村》可算是"得天独厚"。它不仅受到肯定这类剧目者的赞扬，也得到过否定这类剧目者独有的赏识，异口同声地赞为"好戏"。人们赞美《恶虎村》是"精心结构"，"简直是一个手法很高的艺术作品"，是"批判出卖朋友、不讲信义的剧目，对于今天的观众也是有教育作用的"。在"施公戏"里，能够赢得如此称誉的，这还是个例外。

但是，事实是否真的象这些同志所说的这样呢？《恶虎村》是不是"批判出卖朋友、不讲信义的剧目"？它的思想倾向究竟是好是坏？对观众起了什么教育作用？等等问题，却还值得研究。

称颂《恶虎村》的同志，认为这出戏是在批判黄天霸的"不讲信义"。有的同志还说：作者的创作动机，是"因为他曾经被一个盟兄弟给出卖了，他愤恨这种不讲信义的行为，就选择这个故事来寄托自己的情绪。……强调渲染黄天霸热衷作官不顾信义的恶劣品质……"这个传说是否真实可靠，且不管它，就算真的如此，也还只能作为参考，而不能据此简单地对作品作出结论。评价一部作品的思想倾向，不只在于作者的主观意图是如何设想的，重要的还在于作品本身实际上表现了什么。而作者的思想态度，也只有通过作品体现出来，并以之作为判断的根据。

从《恶虎村》对黄天霸这个人物的描写看来，我们还得不出作者主要是在批判他"不讲信义"这样的结论。在这出戏里，从黄天霸的出场，首先是写他和王栋、王梁离开江都县，要回转绿林，但恐施世纶路经恶虎村，遭遇不测，于是三人经过一番商量，决定先暗中保护施世纶，等他过了恶虎村，再归转绿林。接着下去，是写他劝解濮天雕、武天虬同李堃之间的争斗，写他借拜寿和见嫂为名进庄探听施世纶的消息，写他出庄时见驼轿而引起怀疑，回到旅店同王栋、王梁、李堃商量救施世纶。在这一系列的描绘中，作者不但没有批判黄天霸的"不讲信义"，相反，倒是夸张了他的英雄气概（这点后面还要谈到）。而在"旅店计议"和"夜走荒郊"两场，作者却是表现了黄天霸等人的讲"义气"的。旅店计议时，王梁提出了要黄天霸进得庄去，先"用好言相劝，苦苦的哀求，放出县尊，两全其美"；如果濮、武不放而动起武来，"拿住濮、武二位，千万不可伤他二人的性命"，"一来看在去世的先人，二来俱是冲北烧香磕头的把兄弟，你若伤了他二人的性命，绿林中可就道咱们哥儿们不义气啦"。可以看出，这个计划的上策是"两全其美"，即使不得已而走下策，也还是要照顾"义气"，不伤濮、武的性命。黄天霸赞同了这个计划，说他"言之有理"。黄天霸的这种态度，看来并不是虚假伪装的。这从后面他夜走荒郊时的那段独白，可以表明他的精神状态："此番去至恶虎村，必须好言相劝，苦苦哀求，放出县尊，免伤弟兄们和气。"这就是处在此时此境的黄天霸的思想贯串线。而尤其糟糕的是，作者还让他念了含有后悔自责之意的四句诗："仁义礼智信为高，身入公门为那条？不该贪图凌烟表，只为县尊两绝交。"显然，作者对黄天霸是有情的、是从爱护出发的。

能够被认为是表现黄天霸"不讲信义"、狠毒之处，是在最后一场的杀兄弑嫂，火焚庄院。但是，如果仔细地看一下作者是如何写出黄天霸这些行为的，就可以看出这里究竟有着多少批判的成份了。按照剧本规定的情景，黄天霸进庄后，暗中听见濮、武说："先杀了赃官，然后再杀那忘恩负义的黄天霸。"黄天霸出而与濮、武理论，为何要杀施世纶。濮、武被问住，于是提枪就杀。黄天霸本是存心以"好言相劝，苦苦哀求"的，不料濮、武却准备要杀他，而且他们也实际先动起武来，这时的黄天霸，只好被迫不得已而还手。如果联系到大嫂一再提起的，"杀了那施不全，可怎么对那兄弟黄天霸"的话，那么被作为无情义描写的正是濮、武，而不是黄天霸。这样的安排，作者是明显地在为黄天霸之杀兄弑嫂做开脱。濮、武虽然说了"天霸那厮无情，休怪我等不义"，实际恰是倒过来："濮、武无情，休怪天霸不义。"即使经过一些前辈名演员的加工创造，着重表现黄天霸杀兄弑嫂的狠毒不义和如猫哭耗子之虚伪地干号，但毕竟是局部难以改变全貌，又怎能以偏概全地断言是"批判出卖朋友、不讲信义的剧目"呢？

值得进一步说明的是，作者不但不是将黄天霸作为批判对象来描写，而且是作为正面的英雄人物来加以渲染的。

剧中所描绘的黄天霸的重要性格特征是：既救了施世纶，也"免伤弟兄们和气"，"两全其美"；但当不能"两全其美"时，则宁可牺牲弟兄（注意：那是"绿林盗寇"）之"义"，而完成救施世纶的"义士"作为。黄天霸和濮、武之间的冲突，弟兄间讲不讲信义的问题，看来是全剧所着重表现的。但这里却有一个具有关键性的人物——施世纶，夹在这场冲突的中间。尽管施世纶并不是戏里的主角，戏也不多，但他却是这场冲突的焦点。施世纶是作为"清官"的正面形象出现的，而濮、武等人则被视为"盗寇"。他所要处治的也就是这些所谓"欺压良民，苦害百姓"的"盗寇"，成为维护封建统治秩序的权威、"正义"的人物。因此，黄天霸为救施世纶而和濮、武之间发生的冲突，其实际归结是官府和"盗寇"的冲突，"邪"和"正"、"是"和"非"的冲突。这种矛盾的性质，显然不能简单地仅仅归结为报"私仇"，"个人和个人之间利益上的矛盾"，而是具有阶级内容的。不过作者歪曲地反映了这种矛盾罢了。由上所述，我们可以看出，剧中并不是抽象地来表达"信义"，而是包含着阶级内容的。作者所表彰的正是黄天霸"明是非"、"辨正邪"，捐弃了结拜兄弟之间的"小义"，或者说断绝了与"盗寇"为弟兄的"不义"，而行忠实于封建统治阶级的"大义"，表现了他的"英雄"本色。黄天霸等人所念的对子"浑浊不分鲢共鲤，水清方见两般鱼"，看来是能起点题作用的。

正是以此为着眼点，作者尽量渲染黄天霸的英雄气概，处处居于主动，有胆量，有气魄，伶牙俐齿，咄咄逼人。"三义庙"前、进庄酒筵和二次探庄等处，黄天霸和濮、武等的对话，是"层层诘难，理直气壮"。二次探庄时，冲着濮、武说的："有俺黄天霸在此，何人敢杀，那个敢杀。"是那么威风张扬，不可一世。相反，濮、武则是处于被动状态，勉强对付，理亏心虚，惊恐畏惧。这一比照，正可表现出剧本和作者的倾向所在。不能不令人联想到《连环套》"拜山"一场，黄天霸和窦尔墩那段对白，其手法堪称"异曲同工"了。

从上面粗浅的分析，我认为《恶虎村》不是批判黄天霸"出卖朋友、不讲信义的剧目"，不是"好戏"，而是颂扬这个绿林叛徒为施世纶、为封建统治者效力，镇压绿林英雄的剧目，是反动的。它歪曲了阶级矛盾的真实性质，给人们灌输崇拜效忠于封建统治阶级的"英雄义士"的反动思想。这样一个具有反动思想倾向的剧目，正是封建统治者所欢迎称颂的。还在1905年（清光绪三十一年），有人就曾经以十分赞赏的口吻说："观《长板坡》、《恶虎村》，即生英雄之气概。"这位作者把《恶虎村》的黄天霸和《长板坡》的赵云相提并论，赞为"英雄"，并且要以这种"英雄气概"来"移人之性情"[1]，对观众进行教育。从封建文人的赏识《恶虎村》，赞扬黄天霸，也可以表明这出戏的思想倾向性。

为什么对《恶虎村》有这样一种看法，而又眷恋多情呢？这里有两种情况值得注意。

其一，是由于艺术上的偏爱，而忽视了思想内容。有些人津津乐道《恶虎村》是何等的"精心结构"，手法是如何高明，"飞天十响"和"走边"的动作又是多么边式、利落，而于思想内容却略而不顾，避而不提，甚至为之辩解，或从夸扬其技艺进而笼统地赞之为"好戏"。不可否认，《恶虎村》在编剧手法和表演上，确有其独到之处。但是，担负着教育观众的任务的戏剧艺术，难道可以因为一个传统剧目在艺术形式上有着一些好处，而容忍它散布思想毒素吗？实际上在一出戏里，艺术形式和思想内

① 三爱：《论戏曲》，阿英编：《晚清文学丛钞·小说戏曲研究卷》，中华书局1960年，第52页。

容是不可分割地结合在一起，观众到剧场看戏，不可能只孤立地欣赏艺术而拒绝接受思想内容的影响。

其二，我们有些具有分析批判能力的同志，在看戏之前，对于黄天霸这个人物已经作了否定，有了正确的理解。他们带着这种观点去看戏，因而就有可能从反面的角度去理解，把黄天霸看成是"出卖朋友、不讲信义"。但是，我们认为这充其量也只能是作为"反面教材"看待，而不能说《恶虎村》就是"好戏"。

既然《恶虎村》的思想内容是坏的，那就不应该原封不动地拿出来"展览"，让它毒害观众。"原物展览论"是一种很有害的观点，这不仅在于忽视了戏曲的思想内容，还在于取消了戏曲遗产的革新的必要和可能。按照"小改不必，大改不能"的主张，实际上等于说只能消极、保守地将戏曲遗产原封不动地保留下来，那还谈得到什么"推陈出新"呢？《恶虎村》需要改，但也不能只限于从艺术上着眼，或者是小修小补。"艺术性应当同时提高"，但象《恶虎村》这样的戏，首先还是思想内容的问题，却不能说我们"偏重在思想内容"。我觉得修改时，应当运用阶级观点、阶级分析方法，把被歪曲了的矛盾冲突颠倒过来，正确地反映出阶级对立的实质，从而黄天霸等应是真正的被批判对象，濮、武等人成为立得起来的正面人物。内容变了，艺术形式也得跟着相应地发展，有些原来精彩的表演可能保留不住，那可以改移到别的改编或新编的剧目中，却不能因为怕倒掉孩子连脏水也舍不得泼。

（原载《文汇报》1963年11月21日）

谈京剧《芦荡火种》

　　京剧《芦荡火种》，是根据同名沪剧改编的。原作本来有着较好的基础，但改编者把它翻成京剧本时，又经过一番苦心经营，从思想内容到艺术形式，都力求精益求精。这个演出本，围绕我地下联络员为掩护新四军十八位伤病员而进行斗争这条主线，着重表现了联络员阿庆嫂身在虎穴不畏艰险，勇敢、机智地同敌人进行斗争的优秀的革命品质；表现了新四军战士艰苦奋斗、坚持胜利的革命精神；表现了群众对党和战士的热爱，对敌人的仇恨；也揭露了被蒋介石反动派改编的"忠义救国军"，勾结民族敌人，反共反人民的罪恶活动。为了加强思想性，更好地描写人物，改编者对一些细节也作了丰富补充。譬如，在具体情节中，安排了革命群众老齐头，以他在村里管事的身份，便于了解敌情、进行工作，通过这个人物，有助于加强阿庆嫂同群众的关系，更好地塑造这个党的地下联络员的形象。改编者注意做到京剧化，却又不受传统规矩的拘束，大胆地加以突破。像"授计"一场阿庆嫂的一段唱词中连用了三个"怎么办"，写出"党啊，你给我智慧，给我勇敢，你帮我战胜顽敌度难关……"这样的句子，生动有力，真挚地表达了阿庆嫂的思想感情。总的看来，这个本子不仅思想内容好，艺术上也比较完整，具有形象鲜明、语言清新等优点。但是，京剧演现代戏，更多的问题还在于舞台表演。要从习惯于表现古代帝王将相、才子佳人、草莽英雄，变而为和谐地体现现代人的精神面貌，具有浓厚的生活气息和京剧的特色，这中间存在着一定的距离和矛盾，需要有较长时间的实践探索，才能得到完善的解决。从发展的观点来看，京剧《芦荡火种》的舞台表演是值得赞赏的。它比较准确、生动地塑造了一些现代人物，内容和形式较协调，现实感较强而又具有京剧的特点。在赵燕侠扮演的阿庆嫂，万一英扮演的革命群众沙奶奶，以及马长礼扮演的顽军参谋长刁德一等人物，都明显地体现出来。

阿庆嫂是党的地下联络员，公开的身份是茶馆老板娘。前者是本质，后者是现象，是为了进行工作作掩护的。但二者又往往需要结合在一起，尤其是同敌人打交道时，既要让观众真切地感到这是个革命者，又要瞒过敌人的耳目，使敌人相信她是茶馆老板娘。人物的这种特殊性和复杂性，一方面给演员提供了发挥创造性的有利的条件，同时也给演员带来了较大的难度，要求具有准确性和分寸感。赵燕侠同志没有忽略这一特定的公开身份，注意到应有的含蓄，而且透过了表面现象，紧紧地把握住革命者的品质，突出了阿庆嫂的勇敢、机智、果断，不卑不亢、临危不惧、临险不乱的精神面貌。革命的原则性、警觉性和主动性，是燕侠同志塑造这个形象的基调。这在"智斗"、"授计"和"逼沙"三场戏里，尤其可以清楚地看得出来。这些地方，斗争虽然是"隐蔽"的，但却是尖锐的。燕侠同志在表现方法上抓住了外松内紧，外弛内张的线索，恰如其分地体现了在特定情景中人物的内外关系。譬如"智斗"一场，阿庆嫂和刁德一有一段由互相观察、揣测进而面对面的交锋的既紧张又精彩的戏。阿庆嫂和刁德一的互相观察、揣测，是内心的活动，演员运用了京剧传统的"背躬"，通过对唱表达出来。当阿庆嫂手里拿着茶壶从茶馆走出来时，刁德一正在门边观察，两人恰好打了个照面，阿庆嫂稍为停顿，以带有锋芒的眼神迅捷一扫，随即自然地走到茶桌前摆放茶壶，刁德一同时走到台口，起唱："这一个女人不寻常！"阿庆嫂接唱："刁德一有什么鬼心肠？"十二句对唱，一递一句，严丝密缝，配上面部表情、眼神和小动作，生动地刻划了两人不同的心思和性格。这段唱腔，吸取了反西皮的板类，加以变化创造，刁德一唱的较徐缓低沉而多花腔，阿庆嫂唱的则爽朗干脆，不仅新颖而不离格，更重要的是符合于表现出刁德一的不阴不阳、笑里藏奸和阿庆嫂的凝重沉着。接下去是两人的正面交锋。刁德一用旁敲侧击的办法，企图从问话中套出阿庆嫂同新四军的关系。阿庆嫂却不慌不忙、点滴不漏地作了回击："垒起七星灶，铜壶煮三江。摆开八仙桌，招待十六方。来的都是客，全凭嘴一张。相逢开口笑，过后不思量。人一走，茶就凉，有什么周详不周详！"这段流水板唱得很有特色，轻快利落，富有感情，不是把它单纯地作为一个普通茶馆老板娘的自我辩白，而是紧张的斗争，是反戈一击。

"逼沙"也是外似松弛内实紧张的一场戏。这又是一场很尖锐的斗争。演员着重强调她的革命的责任感，清醒镇定，而又机警主动，英雄人物的优秀品质是鲜明的。她先是坦然而坐，貌似若无其事，其实内心却在紧张地活动着，眼神时而轻瞧和面部的神情，表明她一直是在观察着、盘算着。假如演员的思想停顿松懈下来，那就会真的演成无事人了。刁德一的突然让阿庆嫂去劝沙奶奶说出真情，加浓了紧张的气氛。"劝沙"的场面表现得细致入微，有助于丰富人物的思想感情，也加强对观众的感染力。

马长礼同志扮演的刁德一，也是较成功的。演反面人物往往容易失之于着重从外形动作下功夫，过分地夸张。马长礼同志没有采取这种虽属便捷却是浅薄的做法，而是注意深入人物的内心世界，把握人物思想性格的特质，在温文潇洒之中显出狡黠狠毒、阴险多疑、傲慢自信，因此，他塑造的刁德一的形象，就避免了简单化、脸谱化的缺陷，显得比较丰满深厚。万一英同志很年轻，但她扮演的沙奶奶神情很好，对新四军伤病员的爱护备至，对敌人的仇恨和临死不屈的态度，是动人的，能够体现革命群众的气质。

京剧《芦荡火种》所以取得良好的成绩，是由于演员注意了从生活出发，从剧中人物出发，大胆创造，并批判地继承传统。演员首先所致力追求的是如何准确地塑造人物形象，如何更好地让观众受到感染，得到教育，而不是孜孜于追求让人物一举手一投足、一腔一调都符合京剧传统的规矩，把"新酒"硬装入"旧瓶"中。京剧演现代戏，对于传统的表演艺术（包括唱、做、念、舞），是应当也能够加以利用的；问题在于活用而不是生搬硬套。从燕侠等同志的表演，可以看出既比较充分地吸收和运用传统，而又不是死用乱用，是经过认真的选择和改造。伤病员被困在芦荡里，表示坚决战胜任何困难的决心的一段合唱，就是用唢呐二黄而又吸收解放军的军歌来加以改造，才能贴切地表达出战士们的思想感情，听来气势雄壮而又动人。

但是，这里一个更为关键的问题，还在于演员的思想感情和生活。值得提出的是，京剧《芦荡火种》的演员们为了把戏演好，决心下连队当好普通一兵。在这个过程中，他们学习了解放军战士的优秀品质，提高了思想，也体验了部队的生活，这使他们的表演，尤其是表演革命英雄人物，发生了重大的变化，从开始排演时的不像或不大像（尤其是气质、神情）到现在演得像或比较像。他们还把解放军的三八作风带到排练中来，演员和导演、演员和演员以及音乐工作者之间通力合作，严肃认真地进行排练，树立了良好的排练风格。

自然，这出戏也并不是已经完美无缺，像开头和芦荡的几场戏还有点松懈；有些情节交代得还不够清楚，比较突然；在传统的运用上，还有不够和谐的地方。虽然存在一些缺点，毕竟瑕不掩瑜，经过不断加工提高，无疑会愈来愈臻于完善的。

（原载《人民日报》1964年5月3日）

短小精悍　丰富多彩

——看京剧现代戏观摩演出的短剧

这次京剧现代戏观摩演出，令人兴奋的是，既涌现出许多优秀的大型剧目，也拥有一批精彩的小型剧目。从占有二个专场以上（九个剧目）的演出情况表明，小戏是受到人们的重视和欢迎的。

这九个剧目，总的看来，思想性强，内容丰富，题材多种多样，涉及的生活面比较广阔，气象万千，生气勃勃。这里，有表现第二次国内革命战争时期红军战士英勇顽强地战胜敌军和天险的《强渡大渡河》（南昌市京剧团），有描写抗日战争时期军民之间的血肉关系的《掩护》（河南省京剧团），有反映当前农村中阶级斗争的《审椅子》（上海演出团），有反映人民内部矛盾，表现农村中先进思想和错误思想的斗争的《送肥记》（上海演出团）、《红管家》《好媳妇》（河南省京剧团）和《再接鞭》（江苏省京剧团），有描写商业工作中勤勤恳恳为人民服务和把商业工作看成没出息的两种思想斗争的《柜台》（上海演出团），也有歌颂渔业工人为抢救国家财产和遇难渔民，不顾危险同惊涛骇浪作斗争的勇敢、忘我精神的《战海浪》（上海演出团）。在这些剧目中，塑造了一批生动的工农兵的正面形象，他们之中有民主革命时期的英雄人物，也有新时代先进的劳动人民。如《审椅子》中的女生产队长何金花，在揭穿反动地主王老五偷窃藏有变天账的祖传椅子，阴谋伺机倒算的进程中，表现了鲜明的阶级观点和谨慎、沉着、机智的性格。而《红管家》中的生产队青年会计聂小江，本着勤俭办社的精神，处处从集体的利益出发，坚持原则，大公无私，每一笔开支都精打细算,"决不浪费半毫厘",坚决同铺张浪费作斗争,千方百计把住财务关,表现了一个成长中的新型农民的光辉形象。除塑造了几个有光彩的正面形象外,一些有错误思想的人物,如《送肥记》中的钱二嫂、《好媳妇》中的金贵嫂等,也是生动的、有性格的,有一定的典型意义。写这类人物,一般说来,有两点值得注意:一是要准确,有分寸;一是转变要合理自然。在有关的剧目中,前一点一般处理得较好,而后一点在少数剧目中就还存在着一定的缺陷,或多或少还有些简单生硬之感。

由此看来,小戏虽然篇幅较小,所反映的只是历史或现实生活事件中的某一横断面,情节比较单纯,但和大型戏一样,需要也可能创造出令人难忘的典型人物,尤其是先进的正面形象,能够展示出丰富的思想内容,提出令人深思的有重大意义的问题。这里有一个小和大的关系:以小及大,小中见大。这些小戏给我们提供了有益的启示,《送肥记》中一桶粪抬往大田或自留地的争执,《好媳妇》中那本工分册是记四分或二分的争执,《柜台》中一把耙的挑选,《审椅子》中围绕那张被偷窃的椅子的纠葛,《再接鞭》中一根牛鞭子的丢弃,等等,看来都是日常生活中容易被忽视的所谓"小事",然而其中无不包含着大道理,揭示出来的,或则是集体主义和个人主义思想的斗争,或则是敌我之间的阶级斗争,或则是对不愿务农的忘本思想的批判。自然,不是说这是唯一的路子,在这些戏中,也还可以看到另一种情况,那就是直接地反映某一重大历史事件的片断,如《强渡大渡河》。

作为小戏,所要着力的仍然在于创造出丰满鲜明的人物形象,深化主题思想,而这又和艺术上的集中、精炼,戏剧矛盾一触即发分不开的。优秀的传统折子戏和独幕话剧都具有这种特点,值得我们借鉴。在这些剧目中,有不少是注意及此,并作了努力的。如《战海浪》,过去的演出还描写了一个女大学生的娇气、畏难和同渔业工人的矛盾,后来在大家帮助下有了转变的情节,这次演出把它删掉了,减去头绪,删去枝蔓,避免分散,达到集中、精炼,有助于着力突出不顾危险、舍己为人的渔业工人的英雄群像。但是,集中、精炼并不等于简单、干巴,它不仅需要生活内容丰富，也需要情节丰富，只要有助于深化戏剧冲突和刻划人物性格。象《红管家》中描绘聂小江拒绝丁三婶提出的不正当的借钱要求的情节，能够丰富这个青年会计坚持原则、公私分明的性格，就不能说是多余的了。不过，在某些剧目中，也还存在着戏剧冲突迟迟不展开，拖沓而不够精炼的缺点。

这九个剧目，不仅内容丰富，在艺术表现风格上也是多姿的，唱、念、做、打（舞）各尽其妙。如《战海浪》、《强渡大渡河》运用了传统的虚拟的表现手法，以舞蹈动作作为主要的表现手段来塑造英雄群像，《柜台》、《再接鞭》则是偏重以京剧的歌唱艺术来抒发人物的思想感情，《送肥记》主要是运用做、念来刻划人物的性格，《审椅子》、《好媳妇》等等，则是唱、做兼重的。在京剧的传统中，有唱功戏，有做功戏，有舞戏、武戏……这种多样性，对于我们编演现代戏，尤其是小戏，也是需要的。由于小戏所具有的特点和限制，一般地说，对唱、做、念、打的运用，需要有所侧重。这些剧目大都没有平均使用力量，而是侧重在某一方面或某两方面，这给我们提供了有益的经验。至于以何者为主，那需要根据剧本和塑造人物性格的需要来考虑，才能收到良好完善的功效。

注意到从生活出发，从内容出发，从人物出发，有所继承又有所创造，把继承和创造较好地结合起来，能够比较生动、准确地再现现实生活中人物的精神面貌（虽然程度有所不同），而又具有京剧的特点，是这些小戏在演出上一个共同的优点。演员在表演上既敢于运用传统，而又勇于突破、创新。象童芷苓同志为了塑造农村妇女钱二嫂（《送肥记》）既勤劳能干、爽直泼辣但又自私自利的性格，把花旦行中玩笑旦和泼辣旦的表演加以融化，同时还吸收了话剧的表演揉合在一起，设计出一套形体动作，夸张、洒脱，节奏感很强，恰到好处地把这个人物刻划得淋漓尽致。李玉茹同志在《审椅子》中扮演的何金花，也是突破青衣行的限制，溶化了刀马旦、武生的一些动作，刻划出这个生产队长精明强干的性格，于稳重之中见威严，颇有风度。如当何金花见到从椅子的夹层里找出地主王老五的变天账，这时，演员双手按着桌子，腿向前倾，眼睛凝视账本，念完变天账后，从桌后大步走出，拿过变天账，用左手举起，右手直指王老五，一个亮相之后，接着"蹉步"冲向前去。这些刚劲的、大幅度的动作，是适当地吸取传统程式而加以新的创造的，突出地表现了何金花对敌人无比愤怒的心情。在传统武功身段的运用上，《强渡大渡河》、《战海浪》都取得较显著的效果。这两个戏用了不少翻打扑跌的武功，但不是为了在舞台上堆砌、展览，目的性较明确，溶化得较好。如《战海浪》中用集体的"倒扎虎"、"窜毛"等来表现船员们在水中四处寻找渔民和遭到风浪冲击的情景，能够体现出他们不畏艰险、奋不顾身的神态。如《强渡大渡河》中三个红军战士奉命到敌营摸哨，当敌人哨兵走来，用了"旋子"变"扑虎卧倒"的动作，把传统和军事动作揉合在一起，表现了迅捷地避免被敌人发现的情景。在音乐唱腔上，在传统的基础上加以突破、革新的情况也很显著，几乎所有的戏都有不同程度的表现：或则突破行当的限制，如张少楼同志在《柜台》中扮演的李玉秀，就是把老旦、老生的唱腔结合起来，并适当吸收青衣的某些唱腔；或则压缩长腔、加快节奏和缩短、省略"过门"，如《柜台》中杨正林（言少朋饰）训女时所唱的"二簧快三眼"等，《好媳妇》中金贵嫂唱的"二妞那个疯闺女"一段，就是一起板就唱；或则突破不同调式和板式的规格，转换、交错应用，如《掩护》中春兰父唱的一段"反二簧慢三眼"转"二簧原板"，《再接鞭》中刘老爹唱的一段"二簧转西皮"，《审椅子》中何金花唱的一段"二簧慢板"转"西皮慢原板、快三眼"等；或则吸收民歌，如《红管家》中的民间小调等。这些变化，一般都熨贴自然，增强了表现力和感人的力量。运用传统和革新、创造之间，需要溶化、统一，而这种溶化、统一的中心关键在于从生活出发，从内容出发，塑造出现代的人物形象，既不能溶新于旧，也不是为新而新。

看过这些戏之后，感到小戏大有可为。要使京剧现代戏这朵革命鲜花开得更加茂盛，需要有大型剧目，也需要有小型剧目。小型剧目有它自己独具的许多长处：首先，短小精悍，轻便灵活，便于迅速反映当前的现实斗争生活，也便于上山下乡为工农兵演出，发挥轻骑兵、尖兵的作用；其次，在一个晚会演出中，主题思想的丰富多种和艺术形式、风格的多样化，对教育观众和艺术欣赏都有好处；第三，便于普及推广，便于业余剧团的演出；第四，可以使剧团有更多排演现代戏的机会，积累更丰富的经验，也有利于逐渐建立起一批现代戏保留剧目。革命的京剧现代题材小戏，值得大大提倡。

（原载《戏剧报》1964年第7期）

草原牧民的赞歌

——谈京剧《草原两兄弟》

青海省京剧团编演的《草原两兄弟》，是一出具有民族色彩的京剧现代戏。剧本通过金花生产大队劈山引水以解决连年丰产但牧草不足的问题，写出了当前青海地区藏族牧民在党的领导下，粉碎阶级敌人的破坏阴谋，征服自然险阻，敢于斗争、敢于藐视困难的革命气魄。

这出戏的一个特点是：描写的生活面比较广阔，它反映了这个特定地区在社会主义建设中矛盾斗争的复杂情况。牧草不足，是金花生产大队在生产上面临的具体困难。为了解决这个困难，在支部书记南卡的倡议下，经党和群众的支持，准备劈开积雪山引水灌溉草原。悬崖绝壁、高耸入云的积雪山，要想征服它，必须经过一番艰巨的斗争。在这里，戏没有停留在只是单纯地描绘同自然作斗争的过程，而是作为起点，把问题引深一步，着重表现人们对待这个问题的看法和态度，以及由此引起的矛盾冲突。大队长尕尔藏认为这是办不到的，是冒险，前辈们为了生活上山采药，都是十去九不回，并坚持以要回前几年支援曲羊生产大队的塔麦牧场来解决困难的错误主张。他不但不接受南卡的帮助，反而怀疑南卡是"假借劈山自我表现"，使两个干部之间的关系紧张起来。这种情况，给阶级敌人以可乘之机。企图搞封建复辟的反动头人官本加利用了这种矛盾，利用了尕尔藏阶级观点的模糊，采用种种恶劣手段，进行破坏。这些成为构成各种矛盾的一个方面，但这只是次要的方面。从舞台上显现出来的，在矛盾中居于优势的、主导地位的，是正面的力量。南卡、扎西、娘吉和端木等青年牧民，不仅敢于藐视险恶的积雪山，让积雪山"屈膝投降"，"勒令泉水调流向"；而且在同阶级敌人作斗争时，也是立场坚定、是非分明，象苍松一样。因此，才粉碎了敌人的阴谋，使劈山引水的工程动了工，也终于教育争取了尕尔藏。这是三种不同性质的矛盾：征服自然的矛盾，人民内部两种思想的矛盾和敌我矛盾。看得出来，作者是着意把这三种矛盾有机地交织在一起。这种尝试是有意义的，也具有一定的深度和广度。

在这些戏里，扎西和娘吉都是在反动派的屠刀下死里逃生，飘泊了二十七年，才又在家乡重逢；而南卡和尕尔藏本是娘吉的一对孪生子，在逃避敌人追杀时，娘吉把尕尔藏丢失了，于今母子见面不相识，只是后来才重认团圆。这些本来是富有传奇色彩的，但作者并不在"奇"上着力渲染，以追求表面的戏剧效果，而是注意刻划人物的思想性格。董季春同志扮演的南卡，较好地表现了这个烈士后代、青年共产党员的革命气魄。他一心为革命事业、为牧民的利益着想，不计较个人得失，不畏惧任何困难。他立场坚定、爱憎分明，而又沉着、干练。当他从公社回来发现僧官龙仓要抢他儿子去当活佛的阴谋时，在从容不迫中显出威严，既揭穿了敌人的阴谋，也教育了群众。在官本加的反动罪行完全被揭露之后，端木要立刻去抓官本加，南卡却不急于这样做，而是先请扎西给大家讲金花部落的斗争故事，让大家懂得砍树就必须挖根的道理。徐鸣策同志扮演的扎西老阿爷，老而不衰，从唱、念、做上都表现出这是个有强烈阶级感情和刚强、爽直、热情的性格的老人。在这个戏里他唱的较多，唱得有感情，唱得动听，尤其是在华庆殉难处献花圈和给牧民们讲金花部落斗争故事的两段唱，表达了他悲愤、喜悦的心情。刘成高同志扮演的娘吉，着重表现了她坚定、倔强的一面。虽然她也为尕尔藏的忘本而感到痛心，但情绪上并不是低沉的感伤，而是昂扬的激愤。其他人物如反面的官本加、龙仓、拉夫丹等，演来也是称职的。从剧本说，尕尔藏这个人物似还可推敲，现在看来人物的思想贯串线还不很清楚，对他的错误似乎写得过重，转变也比较突然简单。同时，对喇嘛等反面人物的描绘也过于嚣张。

从整个舞台演出看来，生活气息和民族色彩都是比较浓厚的。相信《草原两兄弟》经过剧团和全体演出人员的进一步修改加工，一定会成为一个完整的剧作。

（原载《人民日报》1964年7月17日）

京剧现代戏表演艺术的继承和革新

　　1964年京剧现代戏观摩演出大会胜利结束了。这次演出的成功，生动有力地表明党的文艺为社会主义服务、为工农兵服务的方向和"百花齐放、推陈出新"的方针的正确、伟大。通过这次演出，不但回答了京剧应该表现现代生活、也完全能够很好地表现现代生活的问题，而且获得了丰富的经验。这里只就有关继承和革新的问题，谈点观摩学习的体会。

一

　　毛主席在《矛盾论》中曾经指出："新陈代谢是宇宙间普遍的永远不可抵抗的规律。""世界上总是这样以新的代替旧的，总是这样新陈代谢、除旧布新或推陈出新的。"这个规律，对于戏曲艺术来说，也毫不例外。我们不必从戏曲最早的来源说起，仅从宋以后的情况来看，就是十分明显的。

　　在近千年的历史中，戏曲一直是处在不断发展变化的过程中，处在新的代替旧的递嬗消长的过程中。从宋代的杂剧、南戏，到元代的杂剧，到明代的昆剧，再到清代的京剧，这些剧种，都曾经在不同的时期内兴盛一时，甚至成为剧坛盟主，但它们又都先后遭到了衰落甚至是灭亡的命运，前者依次被后者所代替。

　　戏曲剧种的兴衰灭亡，有着多方面的原因，但归根结底，在于作为社会上层建筑之一的戏曲是否能与社会经济基础相适应，在于戏曲本身从内容到形式是不断革新以适应时代和群众的需要，还是脱离时代和群众，固步自封，停滞不前。例如元杂剧，在初期时曾经是以一个新兴的剧种活跃在舞台上的。从内容看，出现过一批优秀的反映当时人民愿望的剧目；艺术形式上，吸收并综合了前代诗歌、舞蹈、音乐、美术和讲唱文学的成果，显示出新的活力。但是，在它的发展过程中，杂剧被封建统治阶级所篡夺，成为御用的工具，大量宣扬封建道德、神仙道化等反动思想，在艺术上也僵化了，滋长了形式主义，这就注定了必然走向没落衰亡。明代的昆剧，曾经是作为南戏和杂剧的否定而发展起来的。昆剧本来是苏州地区的民间剧种，经过了内容上的变化，出现了《浣纱记》、《牡丹亭》、《清忠谱》等有一定积极意义的剧目；在艺术上，经过魏良辅等艺术家的革新，在昆山腔的基础上，吸收了余姚腔、海盐腔，以及北曲的唱法、曲牌，融合了南北乐器，形成笛、管、笙、箫繁音合奏，耳目一新，蔚为大观。但历史的发展，表明它同样没有避开杂剧那样的衰亡的命运，走到了对它自身的否定。昆剧从它一开始兴盛，就落入封建统治者及其文人之手，由于统治阶级的垄断和侵蚀，昆剧的思想内容日趋贫乏、消极、反动，表现才子佳人、封建迷信等等的剧目大量充斥，艺术上堕入雅化、唯美主义，走上了脱离现实、脱离群众的绝路。乾隆初年《梦中缘》传奇序云："长安（指当时的北京）之梨园，所好惟秦声、啰、弋，厌听吴骚，歌闻昆曲，辄哄然散去。"道光年间，钱梅溪的《履园丛话》也说："近时……视《荆钗》、《琵琶》为老戏，以乱弹、滩王、小调为新腔……观者益多。老戏如一上场，人人星散，岂风气使然欤？！"被封建统治者所鄙视的"花部"、"乱弹"，以其比较丰富的、有现实意义的内容，和生动活泼、灵活自由的艺术形式，在舞台上活跃繁盛起来。随后，在全国许多大剧种汇集的北京，产生、形成了京剧这个新的剧种。京剧在其开始阶段，曾经出现过一些思想内容较好、和群众关系较密切的剧目，如《打渔杀家》、《四进士》等，艺术上也还带着泥土气息和朴质刚健的风格。在它形成的过程中，不仅移植了不少地方戏的剧目来丰富自己，而且以二簧、西皮为主，吸收了昆剧、梆子等剧种以及民间小调的音乐、声腔和表演艺术，熔众长于一炉而形成了自己独特的艺术风格。但是，随着京剧的形成和发展，很快地被封建统治阶级窃取为自己点缀升平和麻痹人民的工具，内容上，封建反动的东西大大发展，《四郎探母》和黄天霸之类的剧目被提倡、流行起来，艺术上脱离内容而追求形式主义的"美"，逐渐凝固、僵化，到了辛亥革命前后就趋于衰微了。

上述戏曲递嬗消长的简略过程，说明了戏曲从来就是阶级斗争的工具，也说明了戏曲发展的历史就是推陈出新的历史。戏曲的每一次新的繁荣，从它自身来说，都是由于在继承传统的基础上大力革新、创造、显示出新的生命力，因而在戏曲史上出现了元杂剧、明昆剧和清京剧三次高峰，而且一次比一次趋于完整、成熟。戏曲从内容到形式，如果不是不断革新，而是脱离群众，停滞不前，就会被人民所抛弃，而走向死亡。研究、总结戏曲推陈出新的历史，可以给我们今天的工作提供有益的启示。

二

需要指出，过去戏曲的推陈出新，是在旧时代进行的，它们不管怎样出新，都没有超出封建社会生活的范围，而在艺术形式上，也只是缓进的变化。这和我们今天所说的推陈出新，存在着根本性质的区别。我们的推陈出新，是在推翻了剥削阶级的社会主义制度下进行的，是在马克思列宁主义、毛泽东思想指导下进行的，是在党的领导下进行的。我们的任务在于把旧戏曲改造成为社会主义的新戏曲，把过去基本上为封建主义、资本主义服务的旧京剧改造成为工农兵服务、为社会主义服务的新京剧。我们的推陈出新是推封建主义、资本主义之陈，出社会主义之新。这是一场伟大的文化革命，是京剧的质的飞跃。因此，京剧的推陈出新，首先是内容的革新，是以演革命的现代戏，演工农兵，演有利于社会主义、有利于对敌斗争的现代戏，塑造出新的英雄人物的艺术典型，作为自己的主要任务。而随着京剧内容的根本变革，相应地产生了一个京剧艺术形式的革新问题。

长期以来，对于京剧演现代戏的艺术形式，存在着两种值得注意的主张和做法：一种是认为京剧演现代戏，就是以传统形式来套现代人物，把传统程式、唱腔原封不动地搬上舞台就行；一种是认为京剧演现代戏可以抛弃原来的传统，另起炉灶，提倡"话剧加唱"，说"用话剧的表演方法来表演社会主义的新生活，是打破旧框框，脱离旧轨道，转上新轨道，使整个舞台打了个颠倒"。

这两种意见和做法，都是不正确的，都是把传统的艺术形式看成是静止的、凝固的、不能变革的。前者实际上是认为传统艺术形式万能，不管任何时代，也不管所表现的是什么内容，它都是适用的，不能也不需要做任何变动。他们要让新内容去适应旧形式，硬把新内容往旧形式里塞，削足适履，本末颠倒。实质上是抹煞了新内容和旧形式存在着矛盾的形而上学的观点。持后一种主张的人，表面上似乎有革新精神，但实际上是在困难面前却步，避开了矛盾，而选择一条比较简便的道路。这样做，即使是搞出了一种"新歌剧"，那也只能是某种"新歌剧"而不是京剧，京剧演现代戏的问题并没有得到解决，观众还是看不到用京剧形式演出的现代戏，结果是让京剧仍然停留在只演传统戏和历史戏的阶段上。

上述这两种偏向，不论是对传统原封不动地继承，或者是完全抛弃传统，另起炉灶，都不符合推陈出新的方针，都是把继承和革新的辩证关系割裂开来了，因而都是不利于京剧的社会主义革命的。

我们知道，新文化是从旧文化发展来的，要创造社会主义的新京剧，不可能设想可以完全抛弃京剧的传统，凭空去创造，还需在旧京剧的基础上加以改造、发展。京剧艺术在长时期的发展过程中，经过许多艺人的创造，有着丰富的传统。这不仅是积累了许多动作程式、音乐资料，可供我们演现代戏借鉴运用，更重要的还在于在表现方法上有着优秀的现实主义传统，值得继承、借鉴。譬如，表演上不仅注意形似，而且注意神似，形神结合，塑造出鲜明生动的人物形象；从生活动作提炼、概括为舞台动作，洗练、夸饰，节奏鲜明；动作程式化，但又活用程式，即有规律的自由动作，等等。对于京剧传统艺术中的精华，我们决不可拒绝继承和借鉴，"有这个借鉴和没有这个借鉴是不同的，这里有文野之分，粗细之分，高低之分，快慢之分"（《在延安文艺座谈会上的讲话》）。

同时，京剧现代戏需要继承传统的艺术形式，还因为有一个民族形式的问题。毛主席指出："中国文化应有自己的形式，这就是民族形式。"社会主义的内容、民族的形式，这不仅是我们党的要求，也是群众的要求。京剧在它形成发展的过程中，形成了自己的风格和特点，并且在群众中产生了深远的影响，为群众所喜闻乐见。因此，对于这一民族艺术形式，我们不应当抛弃，而是必须加以利用、发展，使革命的思想内容能够通过这种艺术形式更好地对群众进行教育，有效地发挥"团结人民，教育人民，打击敌人，消灭敌人"的作用。如果抛弃了群众所熟悉的京剧形式，那就会失去一种可以用来对群众进行教育的有力的武器，失去一个与广大群众有密切联系的阵地，这对我们的事业是不利的。

但是，我们不是为继承而继承。继承，不是我们的目的，而是要把京剧改造为新型的社会主义的京剧，使它能够为社会主义革命和社会主义建设服务，为工农兵服务。毛主席告诉我们："对于过去时代的文艺形式，我们也并不拒绝利用，但这些旧形式到了我们手里，给了改造，加进了新内容，也就变成革命的为人民服务的东西了。"（《在延安文艺座谈会上的讲话》）要使京剧能够变成"革命的为人民服务的东西"，不仅需要以崭新的革命的内容代替陈旧的腐朽的内容，而且对旧形式也需要加以改造。如果说，产生和成熟于旧时代，习惯于表现帝王将相、才子佳人的旧京剧形式，可以不经过任何改造、革新，就能够胜任地表现新时代、新思想、新人物，这显然是不可能的。新的内容不可能用完全旧的形式表现出来，它要求突破旧形式的限制，并且总是这样那样地决定着形式的变化，导致形式中新的特征的出现。而旧形式又总是顽固地企图限制新内容。内容和形式就是在这样的对立统一中发展的，最后总是新内容迫使旧形式不断地变化以适应自己，逐步地达到新内容与尽可能完善的新的艺术形式的和谐统一。这种新的和谐统一，是在原来的基础上发展起来的，但它不是简单的重复，而是一个飞跃，是对它自身的否定。恩格斯在《反杜林论》中说："在辩证法中，否定不是简单地说'不是'，或者宣布事物不复存在，或者用任何一种方法把它消灭掉。……对于每一种事物以及对于每一种观念和概念，都存在着自己特种的否定，即借之以获得发展的那种否定。"这里，清楚地说明了继承和革新之间对立统一的辩证关系。在旧形式的基础上革新，创造出新的形式，使之适合新的内容，这是在新的基础上更高的综合统一。

旧形式既然需要突破、革新，需要创造出适合新内容的新形式，那就不可能仅限于对传统的继承，而更需要创新。毛主席告诉我们："继承和借鉴决不可以变成替代自己的创造。"传统再丰富，都只能是流而不是源。艺术的唯一的源泉是生活。只有深入工农兵的生活，从现实生活中吸取养料，才有可能使作品具有新的思想内容并创造出新的艺术形式。毛主席教导我们说："中国的革命的文学家艺术家，有出息的文学家艺术家，必须到群众中去，必须长期地无条件地全心全意地到工农兵群众中去，到火热的斗争中去，到唯一的最广大最丰富的源泉中去，观察、体验、研究、分析一切人，一切阶级，一切群众，一切生动的生活形式和斗争形式，一切文学和艺术的原始材料，然后才有可能进入创作过程。"（《在延安文艺座谈会上的讲话》）社会主义京剧艺术形式的革新、创造，也不能离开这条唯一正确的道路。

三

在京剧演现代戏的艺术形式问题上，这次京剧现代戏观摩演出，从艺术实践上矫正了有关继承和革新的上述两种偏向，做出了良好的示范，提供了有益的经验。观摩演出的剧目表现出来的共同的特点是：善于继承，敢于大胆地突破、创新，力求把批判地运用传统程式和创造新的表演程式和谐地统一起来以完善地表现新内容。

在演出的剧目中，我们可以看到，一般都是既运用传统行当的表演程式和唱腔，而又加以突破，并吸收其他行当的东西，来加强表现力。如《黛诺》，当黛诺被山官、勒乱索绑抽打上场时，为了突出她反抗抢亲的刚烈性格，演员采用了"涮腰"、"鹞子翻身"等武旦常用的动作；而黛诺被勒乱用绳子拖着往前走时的前腿跪步，则是从老生的表演程式中吸收来的。又如《审椅子》中的何金花，演员也是突破了青衣行当的限制，溶化了刀马旦、武生的一些动作。当找不到椅子却发现地上有一个账本时，地主王老五急忙要抢拾，何金花迈阔步前趋，用脚踏住账本，拉成弓步，亮住相，两眼逼视王老五。在见到从椅子的夹层里找出的王老五的变天账时，她双手按着桌子，腿向前倾，眼睛凝视账本，念完变天账后，从桌后大步走出，拿过变天账，用左手举起，右手直指王老五，接着"蹉步"冲向前去。这些刚劲的大幅度的动作，有力地表现了这个女生产队长的机智、威严和对敌人无比愤怒的心情。唱腔上，在原行当的基础上，突破行当唱腔的限制，吸收了其他行当的声腔的情况，也很突出。如《六号门》中的胡二，以架子花的唱腔为基础，吸收了老生的二簧和反二簧。《柜台》中的李玉秀，揉合了老旦、老生和青衣的唱腔。《革命自有后来人》中的铁梅，揉合了花旦和青衣的唱腔，并吸收了小生的唢呐腔。《红色娘子军》中的琼花，也是以青衣的唱腔为基础，吸收了小生的唢呐腔……这里，还表现出另一种情况，就是对于原来唱腔格律的限制加以突破，把不同的调式和板式互相转换或揉合应用。如《芦荡火种》中，为了表现阿庆嫂和刁德一斗智时复杂的内心活动，以"西皮摇板"为基础，揉进了"反西皮"的唱腔，把正反结合起来。《再接鞭》中刘老爹唱的"二簧转西皮"，《审椅子》中何金花唱的"二簧慢板"转"西皮慢原板、快三眼"等。这些动作程式和唱腔，虽然都是京剧传统的东西，但经过突破、改造，恰当地突出了现代人物的精神面貌，就具有新的生命力，应该说是一种革新。这种突破、革新，表现出来的一个共同的特点，是为了更好地塑造人物的需要，而不是随便突破。饰黛诺的演员有很好的武功，但她只采用了那几个足以表现在规定情景下人物反抗性格的武旦程式，而不是大量地搬上台去。突破本身并不是衡量革新成败的标准，离开了表现人物的需要，突破就失去了意义。

要塑造好现代人物，如果只限于京剧本身的传统的突破，显然是不够的。从演出的剧目中可以看出，艺术家们为了摆脱传统的局限，十分注意从兄弟剧种、姊妹艺术中去吸收有益的养料，来丰富充实京剧的表现力。在表演上，如《红灯记》的老奶奶、《送肥记》的钱二嫂，都采用了话剧的某些表现手法。《草原英雄小姊妹》中，蒙族牧民骑马寻找小姊妹那场戏中集体"趟马"的舞蹈动作，就是吸收了蒙古舞《驯马手》中一些舞蹈动作，揉合在京剧的"趟马"程式里而成的。《掩护》中表现八路军小李执行紧急通讯任务的"趟马"舞蹈动作，也是揉进了现代舞蹈"马刀舞"骑兵纵马奔驰的舞蹈动作的。在音乐、唱腔方面，这种情况也是数见不鲜的。或以革命歌曲入乐，如《奇袭白虎团》中严伟才的唱腔用了《中国人民志愿军战歌》中"打倒美帝野心狼"一句的曲子，雄壮有力。《红嫂》中解放军伤员彭排长思念战友时，音乐吸收了《三大纪律八项注意》头两句的曲子，具有强烈的感染力，从而更好地塑造了新英雄人物，表现了新英雄人物的革命气质。有的吸收了民歌和民间小调，如《黛诺》中黛诺回景颇山所唱的那段"南梆子"，就揉进了景颇山歌的音调；《柯山红日》中藏族老艺人麦力生唱的一段"高拨子"，也是吸收了藏族民歌的音调加以揉合的。或者是吸收了兄弟剧种的唱腔，如《延安军民》中解放军连长张志勇和《箭杆河边》中二赖子的唱腔，都吸收了汉调；《五把钥匙》中八里香的唱腔吸收了评剧的音调。其他如揉进了昆曲、梆子的声腔，也是常见的。这种从兄弟剧种和姊妹艺术中有选择地吸收、移植一些表演形式，把它同京剧固有的特点和风格融合在一起，就为京剧艺术注入了新的血液，有助于促进京剧形式的蜕变。这种做法无疑地是京剧传统形式在革新道路上所不可缺少的。值得注意的是，他们对于从兄弟剧种和姊妹艺术吸收养料的目的是明确的，那就是吸收的东西是紧密地服从于刻划人物的性格和思想感情的需要，而不是为了标新立异，无目的地卖弄。同时，他们对于吸收来的身段动作或唱腔，也不是简单地原样搬过来，把它和传统的东西拼凑在一起，而是经过慎重选择，经过改造、加工，使之同京剧固有的风格和特点溶合在一起，化而不露痕迹。《草原英雄小姊妹》中吸收的蒙古族的舞蹈动作，不是孤立地插进这样一段表演，而是和京剧"趟马"程式动作巧妙地揉合起来；《奇袭白虎团》中那句志愿军战歌，也不完全是歌曲原来的旋律，不是唱了一段"西皮"后，于结尾处突然唱一句革命歌曲，而是按照京剧唱腔的规律加以溶化的，因此，才能熨贴自然。

但是，对京剧传统艺术形式有继承地革新，以及从兄弟剧种和姊妹艺术中有选择地吸收、移植一些表演程式，都只能是"流"而不是"源"。京剧要表现新生活、新人物，更为重要的还在于作家和演员要深入生活、到火热的斗争中去，向劳动人民学习，向生活学习，从生活这个蕴藏着最丰富的文学艺术原料的矿藏中去发掘、提炼，如果只限于上述的两种做法，显然是不可能很好地完成表现新生活、新人物的任务，也不可能完善地创造出代替旧艺术形式的新艺术形式。令人兴奋的是，从演出的剧目中，可以看到许多同志已经在这方面作了努力，做了许多有意义的新探索、新创造。如《奇袭白虎团》第四场志愿军侦察兵出场时，连续作了紧鞋带、挽袖口、系斗篷、勒绷带等动作，然后齐打"飞脚"亮相。这些动作虽有传统的因素，但它却是从战士生活中提炼创造出来的新程式。《智取威虎山》中"滑雪行军"一场，少剑波率小分队滑雪急行的动作，是从生活中滑雪俯身前进和伸腿转弯两个主要动作特点吸收来的，而加以适度夸张，因而能够表现生活真实的规定性，又具有艺术美。《革命自有后来人》中李玉和同鸠山斗智一场，当鸠山要对李玉和使用酷刑时，李玉和那磕烟灰、装烟斗、脱衣搭衣的一系列动作，是从生活动作中提炼加工出来的，有力地表现了这个英雄人物藐视敌人、临危不乱、坚强不屈的英雄气概。《黛诺》中黛诺表现内心感情激动时常用的两手抱拳当胸的动作，是演员经过了对景颇族姑娘性格特点的观察、分析而加以吸收的，这就有利于表现人物性格的特征和民族的特征。这些新的身段动作的创造，都是来自生活，但又借鉴了传统的表现方法，进行了艺术加工，节奏感强烈，洗练、夸饰，富有京剧的风格和特点。在继承传统的问题上，对于传统的技巧，需要加以选择利用，但更为重要的还在于借鉴传统的表现方法，进行新的创造。他们在探索中所取得的经验，是值得加以总结的。当然，这种新的创造，在开始的阶段，可能还不够完善、成熟，但是对于这种探索和成效，应该给予热情的关怀和大力的支持。

艺术形式的创新和传统程式的批判地运用，需要协调统一起来，但这种统一不是溶新于旧，而是统一于表现新的人物。舞台艺术的中心任务，是塑造形象，特别是塑造出鲜明的英雄形象。因此，在艺术形式上，不论是运用传统或创新，都应该是服从于塑造形象的需要，有助于表现人物的思想性格。协调统一的程度如何，要看它在表现人物形象时所达到的完整性的程度。这也就要求必须是从生活出发，从人物出发，离开这一点，继承和创新就都要落空了。而要想表现好新社会的新人物，最根本的还在于深入生活。如果脱离了生活，不熟悉工农兵，新人物是创造不出来的，新的动作身段也设计不出来，而且对传统的运用也不可能做好。

四

正是由于不少京剧工作者开始深入生活，注意从生活出发，从人物出发，有所继承又有所创造，因而能够生动、准确地再现现代人物的精神面貌，而又具有京剧的特点。特别值得提出的是，在京剧舞台上破天荒第一次比较成功地塑造了一批新时代的英雄人物形象。如《奇袭白虎团》塑造了一个具有高度阶级觉悟和国际主义精神的、忠诚、勇敢、机智、沉着的志愿军排长严伟才的形象。《芦荡火种》的阿庆嫂，生动地表现了我党地下联络员身在虎穴不畏艰险的高度的革命责任感，勇敢、机智地同敌人进行斗争的优秀品质。《革命自有后来人》和《红灯记》，都鲜明地表现出老奶奶、李玉和、铁梅三代人为着革命事业、为着共产主义的胜利，不惧敌人、不怕牺牲、前仆后继、百折不挠的革命精神和英雄气概。《智取威虎山》的解放军指挥员少剑波，表现了对党忠心耿耿、对同志负责的革命感情和军事上指挥若定的气魄；这个戏还塑造了一心为革命、深入虎穴、历险不惧、勇敢机智的解放军侦察排长杨子荣的光辉形象。《六号门》的工人胡二，《节振国》的工人节振国，表现了我国工人在党的教育下，从自发斗争走上自觉斗争道路的成长过程，生动地刻划出他们倔强、刚毅的性格。《黛诺》塑造了一个在党的教育下，在复杂的阶级斗争中锻炼成长起来的景颇族姑娘黛诺的形象。《红嫂》表现了农村普通妇女红嫂为救护解放军伤员彭排长，不顾敌人的疯狂搜捕和监视，冒着生命危险舍己为人的高贵品质。《红管家》表现了农村青年会计员聂小江坚持勤俭办社，千方百计把紧财务关，坚决同铺张浪费的现象作斗争的优秀品质……这些形象都深深地感动、教育了观众，给人留下了难忘的印象。

从题材说，这次观摩演出的剧目也是丰富多彩，气象万千，涉及的生活和斗争面非常广泛。从第二次国内革命战争时期到当前社会主义革命和社会主义建设时期的各个历史阶段无不得到反映。而且接触到多种多样的生活和斗争，有敌我矛盾的阶级斗争，人民内部先进思想和落后思想的斗争，以及人同自然的斗争。少数民族的生活和斗争也得到充分的表现。还有歌颂中国人民志愿军与朝鲜人民军的英雄事迹和中朝两国人民鲜血凝成的友谊的剧目。

上述的情况表明：我们时代的英雄人物，已经开始成批地、成功地活跃在京剧的舞台上。工农兵开始占领了京剧的舞台，成为京剧舞台的主人公。工农兵的英雄形象代替了帝王将相、才子佳人，表现新内容的新形式已在逐渐形成。可以肯定地说，京剧不但能够表现现代生活，而且也完全能够很好地表现现代生活。一个过去基本上为封建主义、资本主义服务的旧京剧，已经改造成为社会主义、为工农兵服务的新京剧。这是一个翻天覆地的大变革，是京剧历史上前所未有的大革命。京剧演革命的现代戏，不仅把京剧从濒于衰亡的绝境中挽救了出来，而且为它的发展找到了最广阔的前途。京剧演革命的现代戏，不仅使它的思想内容发生了根本的变革，而且也大大丰富了唱、念、做、打的表演艺术，提高了表现力，具有了新的生命；同时，也使京剧工作者得到一个大可"用武"之地，可以充分发挥京剧的特长，像《奇袭白虎团》、《草原英雄小姊妹》、《战海浪》、《强渡大渡河》等等剧目，对于有些兄弟剧种来说，就很难像京剧那样，能够出色地在舞台上表现出来。我们从演出中还可以看到，一些过去不太为人所知的剧团和演员，在会演中显露了他们的艺术光辉，不少青年演员也显示出引人注意的艺术才能。也正因为演革命的现代戏，为京剧争取了广大的观众，许多过去从来不看京剧的同志看了京剧现代戏，称赞它很好，很有味道，一看再看。由此，也可以使我们认识到，广大的群众是热烈欢迎京剧表现现代生活的这个革命创举的，革命的现代京剧确实是为工农兵服务、为社会主义服务的一个有力的阶级斗争的武器。愿京剧现代戏这朵革命之花开得越来越鲜艳！

（原载《新建设》1964年第8、9期）

不断革命　永远前进

——看湖南省话剧团演出的《电闪雷鸣》

　　湖南省话剧团演出的《电闪雷鸣》，是一出成功的戏。它在舞台上塑造了一个光辉夺目的老工人形象，提出了一些发人深思的、富有教育意义的问题。在新任务、新形势的面前，对人们是一场严重的考验。新的任务，总是给人们带来新的困难，新的矛盾，是勇往直前，攻克它，战胜它，还是望而生畏，知难而退？这不是简单的问题，是关系到敢不敢革命、要不要革命的重要原则问题。

　　湖南一家发电厂，把用了几十年的旧锅炉"巴巴葛""送进历史博物馆"，安装了国产现代化的新锅炉。操纵新设备需要掌握新的技术，旧的技术过时了。锅炉班两个老工人——雷凯忠和秦满常，一时还掌握不了新的技术，他们都感到"落后"了。可是，问题不在于"落后"本身，而在于对待"落后"的态度。

　　老工人秦满常是一种态度。他认为自己已经五十一岁了，新设备新玩意儿多，光阀门就有上千个，记都记不住，还要画图，讲原理等等，真难啊！按照他的逻辑，年老，跟不上趟，是"必然规律"。他在困难面前知难而退，捉摸着提前两年退休，或者调换个工作。

　　老班长雷凯忠是另一种态度。他知道这次设备更新，一下子就飞跃了五十年，要赶上去是不那么容易。可是他愿迎头赶上，奋起直追。不会就学，象小学生一样当学徒跟班从头学。困难吓不住他，年岁、腰疼病也限制不了他，文化水平低动摇不了他，他顽强学习，非战胜前进道路上的

"拦路虎"不可。

雷凯忠所以有这股"倔劲",不是由于什么私利的盘算,也不仅仅是不服老,而是由于他心里想着革命,要革命。他不是光看到自己,看到眼前,而是看到全世界,看到更加美好的未来。请听他那段十分激动人心的话:"入党那天,我在红旗下举手宣誓,要为共产主义奋斗到底。可我没说只奋斗到五十二岁。我也没说在'巴巴葛'上操作就革命,换了国产新设备就不革命了!"正是因为他的头脑是用毛主席不断革命的思想武装了起来,在他的身上就有一股巨大的动力。

一个心里想着革命、要不断革命的人,必然是把自己看成社会的主人,科学技术的主人,表现出高度的主人翁的责任感,表现出远大的理想和雄心壮志,不论在什么情况下,顺利也罢,困难也罢,总是坚定不移,勇往直前。在对待新技术问题上,这里展开了一场革命意志的考验。这实际上涉及到一个人的世界观、人生观的问题。

如果说秦满常是在困难面前退却,那末,丁强则是在顺利面前停步不前。这个青年工人二十五岁,当了锅炉班的副班长,有一个满意的小家庭,技术考试成绩又不错。看来他很满足于这个现状,经常挂在嘴上的一句话是:"我只要跟上趟儿就行了。"他的标准就这么高。可不是吗?你看"他那心都飞到小窝里去了":带带孩子,涮涮奶瓶,摇摇摇窝,擦擦车子,忙着接送爱人,用心钻研《妈妈手册》……

青年人到了相当的年龄总是要结婚,生孩子,也会有点家务事。搞点小家务,本来是日常生活中的"小事",可是如何对待、如何处理却是件大事。说到底,是如何对待革命事业的问题。是以革命利益为重,还是把自己的小家庭生活摆在不恰当的位置上,来违背革命的利益?如果以革命利益为重,不把搞"小家庭"作为个人追求的目标,不把它放在革命工作之上,在工作、学习之余搞点"小家务",不是不可以。可是,象丁强那样"迷"上了小家庭,把心思、精力用在这上头,对工作、学习,对革命事业则只要求"跟上趟儿"就行,那就不是什么"小事",而是反映了一个人的世界观、人生观的大事。他的师傅雷凯忠说的好:"这样下去,他心里还能有多少工作、多少学习？他还能想到革命吗？"

丁强的"跟上趟儿"的哲学，实质上是凑凑活活、马马虎虎地"混"的哲学。他的迷恋"小家庭"的思想，从根本上说，是贪图安逸享受的资产阶级思想。这是很错误、很危险的思想。有了这种思想，发展下去，暂时的"跟上趟儿"就会变为"跟不上趟儿"，会对国家和人民的事业带来莫大的危害。难道不是吗？在一个电闪雷鸣的雨夜，由于外厂发生故障，引起锅炉水位不明，在这严峻考验的时刻，丁强惊惶失措，匆忙作了拉闸紧急停炉的决定。要不是雷师傅临危不乱，坚定的意志和敢于自我牺牲的精神，在千钧一发之际，奔上炉顶，重新校明真实的水位，那就要给国家的财产带来很大的损失，犯下严重的错误。

青年，是"早晨八、九点钟的太阳"，是进行社会主义革命和建设不可缺少的、生动的力量。丁强这个人物，给我们提出：青年人必须加强学习、锻炼，努力实现革命化。

当丁强在党的教育下，在雷师傅以身作则的影响和帮助下，认识了自己的错误，转变过来之后，说了一段很生动而富有哲理性的话："母鸡因为贪恋一个温暖的小窝，有翅也不能高飞；青年人如果迷恋小家庭的温暖，就会失掉革命的热情和理想。他有脚不能攀登高峰，有眼也不能辨明方向……"这是值得我们深思的。

一出好戏，总是"革命的政治内容和尽可能完美的艺术形式的统一"。《电闪雷鸣》，较好地体现了"政治内容"和"艺术形式"的"统一"。由于作者站得高看得深，又在艺术上经过一番苦心经营，精雕细琢，因此，能够感人较深。

为了更好地塑造英雄的形象，作者很注意细节的选择。例如，为人们所称道的雷凯忠在开始和最后两幕的结尾和锅炉班的工人一道列队报数的情节，就很生动感人。当他要求补考并自动地让丁强代理班长的职务时，他完全以一个学徒的身份进入行列：

雷凯忠：报告班长，雷凯忠跟班劳动，前来报到！

马小荣：（惊得一跳）啊！雷凯忠，劳动模范？

雷凯忠：（阻止并轻声纠正）是学徒。

马小荣：（不解）学徒？！

雷凯忠：（响亮地）老学徒！

当上级任命他为工程师时，他仍然以一个普通工人的身份进入接班的行列：

丁强：师傅，您是工程师了，怎么……

雷凯忠：工程师也要跟班劳动嘛！

这两个细节的选择，很有典型性，深刻地表现出这位老工人所具有的工人阶级优良的品质，保持着一个普通劳动者的本色和不断革命的精神，显示出这个英雄形象的高大和深邃。

又例如，丁强的转变也具有较坚实的基础，他思想上那个"包袱"，并不是一下子就卸下来的，而是经历了一个过程。通过用报纸擦手，搬家，以至最后在电闪雷鸣之夜差点出大事故等，在方成炬和雷凯忠耐心地教育和帮助下，一步一步地在思想上有所触动，有所认识，而最后才转变的。处理得顺畅自然，合理可信。我们也看到有些写人民内部矛盾的戏，对于这一类人物的转变，就处理得有些简单潦草，从而削弱了正面形象和思想性。

这出戏的语言也很生动活泼，是性格化的，从整个风格来看，质朴而又充满着革命的激情。

自然，从精益求精来说，这出戏也还不是尽善尽美。譬如，党委书记方成炬的形象还不够丰满；青年工人齐学雷和值长何雁也比较单薄，缺乏性格。对于缺少文化而有经验的老工人的技术测验，似乎不应只凭据试卷的分数，这一点还值得推敲。

（原载《人民日报》1965年12月7日）

高鹗篡改《红楼梦》与封建末世两种思想的斗争

　　在《红楼梦》流传过程中，地主阶级顽固派为了适应政治的需要，不仅肆意歪曲这部小说的思想内容，而且还对它进行直接的篡改。其中，改动最严重影响最大的要算1792年（乾隆五十七年）程伟元、高鹗再次刊印的百二十回本，一般称为"程乙本"。我们拿以程乙本为底本的人民文学出版社普及本同较好的保持曹雪芹原著思想面貌的"脂评"本互相校读，可以看出：高鹗不仅在他续《红楼梦》后四十回中，严重违背了曹雪芹的原意，对前八十回也改动得非常惊人。不算移动的文字，仅就添、删、改处计算，每回都被大量改动，多的改了1600多字，少的也有500字左右。值得注意的是，他的改动，绝不只是一般文字修饰或"补遗订讹"，而是思想内容上的严重篡改，表现了两种思想路线的尖锐对立。毛主席说："在阶级存在的条件之下，有多少阶级就有多少主义，甚至一个阶级的各集团中还各有各的主义。"曹雪芹与高鹗的不同观点，正反映了封建地主阶级内部批孔反儒与尊孔崇儒两种思想的斗争。对封建社会的黑暗腐朽是揭露批判，还是掩盖遮饰，在曹雪芹与高鹗创作和整理《红楼梦》过程中，形成了鲜明的对比。今天，用阶级斗争和路线斗争的观点，探索这一问题，对研究中国小说史上的儒法斗争，继续批孔，用马克思主义占领上层建筑领域，都将是有益的。

　　高鹗对《红楼梦》的篡改，涉及方面很多，从根本上说，它严重削弱了曹雪芹原著反封建、批孔反儒的战斗的思想性。

一 掩饰了封建末世尖锐复杂的阶级矛盾和阶级斗争

曹雪芹的《红楼梦》是一部封建社会阶级斗争的形象历史，它反映封建末世存在的尖锐的阶级矛盾和阶级斗争。例如脂京本第一回里有这样一段描写：

> 偏值近年水旱不收，鼠盗蜂起，无非抢田夺地（脂戚本同，脂稿本"抢夺田地"，脂铨本"抢粮夺食"），鼠窃狗偷，民不安生，因此官兵剿捕，难以安身。

"封建社会的主要矛盾，是农民阶级和地主阶级的矛盾"，而封建土地所有制则是地主阶级对农民进行残酷压迫剥削的经济基础。在地主阶级的残酷剥削和压迫下，农民生活极端穷苦，迫使他们为反压迫剥削而发动起义，不论是"抢田夺地"或是"抢粮夺食"，都反映了农民和地主阶级尖锐矛盾，触犯了地主阶级的利益，而官府为维护地主阶级的利益，对农民的反抗疯狂进行"剿捕"。两个阶级矛盾的趋向尖锐化，表明所谓"乾隆盛世"只不过是"外面的架子虽未甚倒，内囊却也尽上来了"，已经是式微的衰世了。

但是，高鹗对这段文字却大加删削，改为：

> 偏值近年水旱不收，贼盗蜂起，官兵剿捕，田庄上又难以安身。

这里把"抢田夺地"（或"抢粮夺食"）这一句最重要的话删去了。虽然原著的某些内容保留了下来，但是却把农民同地主阶级矛盾斗争的根本问题——土地问题，删掉了，篡改成为笼统的"贼盗蜂起"，其尖锐程度远远不如原文。如果联系后四十回高鹗拼命对封建衰世粉饰，鼓吹所谓"海宴河清，万民乐业"，就不难看出，他对农民起来"抢田夺地"一段的篡改，显然是为掩饰当时农民与地主之间尖锐的阶级斗争的。

对于封建统治阶级与广大奴隶之间的尖锐矛盾，特别是对奴隶的反压迫斗争，高鹗也有意地进行了删削和篡改。今本第七十七回写贾宝玉到晴雯家探病，经高鹗改动后，明显强调的是"情"和"悲"，而脂评本则是主要描写晴雯的反抗性与斗争精神。脂京本在这里有两句很要紧的话，一句是在紧接"如何一口死咬定了我是个'狐狸精'"之后，晴雯还说："我大不服！"另一句是，晴雯的这一大段话末了，是以"有冤无处诉"作结的。这两句话，表现了晴雯对封建统治阶级的迫害、诬陷的强烈抗议与控诉，表现了她至死不屈的反抗精神，这种精神是封建最高统治者绝对不能容忍的，因而被高鹗删去。

二　降低了批孔反儒的战斗性，
掩护了"孔圣府"与四大家族的勾结

在程乙本中，虽然还可看到前八十回关于批孔反儒的内容，但比起脂评本，却是大大减弱了。首先脂评本保留下来的文字中，表现出作者敢于直接冲撞孔老二的战斗精神。第二十回，贾宝玉从遇见贾环赌输钱耍赖皮的情景中，触发了对男女、兄弟关系的"呆念"，在描叙他的内心独白中，有一段文字是这样写的：

> 因有这个呆念在心，把一切男子都看成混囤浊物，可有可无。只是父亲、叔伯、兄弟中，因孔子是亘古第一人说下的，不可忤慢，只得要听他这句话。所以弟兄之间，不过尽其大概的情理就罢了……（脂京本）

高鹗对这段文字作了修改，值得注意的是，把"只是父亲……听他这句话"这一整句改为："只是父亲、伯叔、兄弟之伦，因是圣人遗训，不敢违忤。"脂评本中这句话的意思，显然包含着对孔"圣人"的轻侮、亵渎。本来孔老二的话是所谓"圣训"，是非听不可的，而脂本却说"只得要听他这句话","所以弟兄之间,不过尽其大概的情理就罢了",表现得十分勉强,敷衍了事,对"圣人"的嘲弄态度可想而知。高鹗的篡改,意思完全相反,他把嘲讽孔老二改成吹捧、美化孔老二,强调所谓"圣人遗训,不敢违忤",妄想把贾宝玉这一叛逆形象歪曲为儒家三纲五常的服服贴贴的信奉者和遵从者。

第五十三回关于对贾府宗祠联匾书写者的篡改,也说明这个问题。脂京本是:

> 上面悬一匾,写着是"贾氏宗祠"四个字,旁书"衍圣公孔继宗书"。两边有一副长联……亦衍圣公所书。

高鹗改为:

> 上面悬一匾,写着是"贾氏宗祠"四个字,旁书"特晋爵太傅前翰林院掌院事王希献书"。两边有一副长联……也是王太傅所书。

曹雪芹把"衍圣公孔继宗"拉出来为贾府宗祠写联匾,寓有深意。它尖锐地揭露了封建统治阶级——贾府是尊孔的反动派,利用孔老二作为"敲门砖",以维护其反动统治,鱼肉人民;而"孔圣府"、"衍圣公"则是得到封建贵族阶级的支持,并为其效劳。"孔圣府"和"四大家族"狼狈为奸,完全是一丘之貉。这对维护儒家正统的高鹗来说,自然是犯忌讳的"碍语",不能不加以砍削,由"衍圣公"变而为老官僚王希献,把"孔圣府",与四大家族的勾结完全回避了,根本违反曹雪芹的原意。

对于儒家"经典",曹雪芹在《红楼梦》里也作了尖锐批判。脂京本第三回:

> 宝玉笑道:"除《四书》外,杜撰的太多,偏只我是杜撰不成。"（程乙本删去末一句）

对于这段话，有的同志认为对《四书》还是肯定的。我们觉得这种说法并不正确，《红楼梦》全书总的倾向是反对读儒经的。这里本是一句反话，只要同其他许多回中对于贾宝玉极恶读《四书》等儒家正统书籍联系起来看，这句话的真实意思是不难理解的。在脂评本第三十六回，有一段文字写得更明显，也非常尖锐。这也是贾宝玉的议论：

> 不想我生不幸，亦且琼闺绣阁中亦染此风，真真有负天地钟灵毓秀之德。因此祸延古人，除《四书》外，竟将别的书焚了！（脂京本，脂戚本同）

尤其是末三句，是非常大胆、深刻的揭露批判，战斗性很强。它表现了曹雪芹对封建统治阶级"崇正学黜异端"的强烈不满和抗议，对孔学包括《四书》的垄断地位进行了激烈的斥责。这样好的文字，高鹗竟然把它删去，他的思想政治立场于此可见。清末曾参加过维新运动的狄葆贤（印行过脂戚本）对此很不满意，他在脂戚本上写下了一条颇有见解的眉批："今人但抱守一部《四书》，谓世界道理止于此矣，遂将他书焚却。呜呼！此《红楼梦》之所以作也。今本将此三句删去，此种人不许读此种书。"这对我们今天研究《红楼梦》，还是有参考价值的。

脂京本第三十六回，写贾宝玉把"文死谏，武死战"的"君子杀身以成仁"的最高封建道德，说成是毫无意义的"胡闹"，还有一句尖锐的结语："所以这皆非正死。"高鹗为回避此类政治"碍语"，竟把它删去了。

高鹗所以删去前八十回尖锐的反儒批孔的内容，是因为他想把《红楼梦》歪曲为"尚不谬于名教"。在后续四十回中，他极力渲染贾宝玉"高魁贵子"，报君恩，尽孝道，"不枉天恩祖德"，维护孔孟之道的纲常名教，出自同一指导思想。

清代地主阶级的反动文人曾经歪曲《红楼梦》是儒、释、道"三教合一"，这完全是污蔑。曹雪芹在《红楼梦》中不仅反儒批孔，而且也毁僧谤道，抨击神权。脂京本第二回曾通过冷子兴的咀述说贾宝玉的一段议论：

> 这"女儿"两个字，极尊贵、极清净的，比那阿弥陀佛、元始天尊的这两个宝号还更尊荣无对的呢！（脂铨本、脂戚本同）

释迦牟尼、元始天尊是释道两教的头子，是两个"尊荣"的"宝号"。"女儿"在封建社会，在儒家思想的统治下，是卑贱的，同"小人"并列的。曹雪芹不仅拿它同那两个"宝号"相提并论，甚至认为"还更尊荣"，鲜明地表现了他对阿弥陀佛、元始天尊——释道两教的蔑视。高鹗把这句改为"比那瑞兽珍禽、奇花异草更觉希罕尊贵呢"，意义就变了，它只能单纯地表现女儿的"希罕尊贵"，却失去了反神权的战斗的思想内容。尽管曹雪芹在《红楼梦》中也反映了受佛家思想、宿命论的影响，但他对于封建神鬼迷信却往往予以嘲笑和鞭笞。脂京本第十六回，秦钟临死前有一段都判和小鬼的对话：

> 都判道："放屁！俗语说的好，天下官管天下事。自古人鬼之道都是一般，阴阳并无二理。别管他阴也罢，阳也罢，还是把他放回，没有错了的。"

这说明阴司是阳世官府的幻影，阴阳都是一样，不但嘲弄了鬼神迷信，更重要的是揭露了现实官场的弊病。高鹗对于这些具有批判性的内容，全部删去，并在后四十回中极力宣扬"福善祸淫"的因果报应论，宣扬宗教迷信，鼓吹神鬼的威力，即使贾宝玉最后虽然出家，还是让他受皇帝尊封为"文妙真人"，"超凡入圣"了。

三 削弱了对封建科举制度和时文八股的批判

曹雪芹的《红楼梦》，对科举、八股作了很强烈的批判。在他的笔下，贾宝玉是个"极恶读书"（脂京本第三回），不走"正路"的叛逆者。他喜欢读那些"杂书",而极端厌恶读孔孟的"经书",以及"时文八股",并且把它看成是"禄蠹"们的"饵名钓禄之阶"。高鹗同曹雪芹的态度完全相反,他是站在维护封建制度包括科举制度的立场上,把时文八股视为宝贝。在这种思想和政治态度的支配下,高鹗对曹雪芹塑造的封建叛逆贾宝玉,自然不合口味,非加以改造不可。在高鹗的歪曲下,贾宝玉由骂"国贼禄蠹"变成了热衷于仕途正路的"国贼禄蠹"。高鹗所续后四十回,劈头一连三回(第八十一回"奉严词两番入家塾",第八十二回"老学究讲义警顽心",第八十四回"试文字宝玉始提亲")都着重强调让贾宝玉读《四书》,"习学八股文章",以猎取功名。不仅贾政、贾代儒之流要大讲其"圣贤"之书、时文八股,甚至还硬把"素来不讲这些混账话"的林黛玉也变成"禄蠹"一流的人物,硬让她规劝贾宝玉好生念书,求取功名,把八股文大肆吹捧一通,说什么"内中也有近情理的,也有清微淡远的","不可一概抹倒",等等。贾宝玉也就在这些"训导"和"规劝"下,"逐渐改变顽心",结果是"'学问'已是大进了"。高鹗就是按照这样一条路子,最后让贾宝玉中举的。

高鹗在续书中既然歪曲了曹雪芹的原意,那末对前八十回就必然要加以篡改,否则前后就要互相矛盾。这里,从一两字的修改,到大段文字的删削,高鹗都熬费了苦心。前面提到的贾宝玉"极恶读书"的文字,高鹗把"极恶"改为"不喜",意义就不同了。前者所要强调的是贾宝玉极其讨厌、憎恨那些儒家的经书,而后者则把贾宝玉说成仅仅是不好学而已。更为突出的是,七十八回原有一段反举业、八股并关系到曹雪芹原著后三十回很重要的文字,共四百二十多字,被高鹗全部删去。这段文字的原文如下:

> 说话之间,贾环叔侄亦到。贾政命他们看了题目。他两个虽则能诗,较腹中之虚实,虽也去宝玉不远,但第一件他两个终是别途,若论举业一道似高过宝玉,若论杂学则远不能及;第二件,他二人才思滞钝,不及宝玉空灵娟逸,每作诗亦如八股之法,未免拘板庸涩。那

宝玉虽不算是个读书人，然亏他天性聪敏，且素昔好些杂书。他自谓古人中也有杜撰的，也有失误处，拘较不得许多。若只管怕前怕后起来，纵堆砌成一篇，也觉得无甚趣味。因心里怀着这个念头，每见一题，不拘难易，他便毫无费力之处，就如世上油嘴滑舌之人，无风作有，信着伶口俐舌，长篇大论，胡扳乱扯，敷演出一篇话来。虽无稽考，却都说得四座春风。虽有正言厉语之人，亦不得压倒这一种风流去的。远日贾政年迈，名利大灰。然起初天性也是个诗酒放诞之人，因在子侄辈中少不得规以正路。因见宝玉虽不读书，竟颇能解此，细评起来，也还不算十分玷辱了祖宗。就思及祖宗们各各亦皆如此，虽有深精举业的，也不曾发迹过一个，看来此亦贾门之数。况母亲溺爱，遂也不强以举业逼他了。①

这一段文字，有两点值得注意：一、通过对贾宝玉同贾环、贾兰的比较、评价，明显地表现了曹雪芹对举业、八股厌恶、蔑视的态度，称赞那些不登封建"大雅之堂"即非儒家正统的"杂书"、"杂学"；二、贾政对"不肖子"贾宝玉已是心劳力拙，无可奈何，不得已改变了原来的态度，"遂也不强以举业逼他"。这至少可以反映出，贾宝玉绝不会像高鹗续书中所写的，《四书》、八股的"学问"大有进益，直至中举。高鹗把这段完全删去，而续以违背曹雪芹原意的写法，无疑是对《红楼梦》的极大歪曲。

四 回护了黑暗腐朽的封建官僚制度

在脂评本中，对黑暗的封建官场的腐败，有许多尖锐而又深刻的描写。最明显的是有关贾雨村的文字。关于贾雨村任知府不上一年而被参革，脂京本第二回原文是：

---

① 这段文字，脂京本、脂戚本颇多歧异。脂稿本被涂删，文字大体同脂京本。这里采用《红楼梦八十回校本》所整理的，并作了校订。

（贾雨村）虽才干优长，未免有些贪酷之弊，且又恃才侮上，那些官员皆侧目而视。不上一年，便被上司寻了个空隙，作成一本，参他"生性狡猾，擅篡礼仪，且沽清正之名，而暗结虎狼之属，致使地方多事，民命不堪"等语。

高鹗改为：

（贾雨村）虽才干优长，未免贪酷，且恃才侮上，那同寅皆侧目而视，不上一年，便被上司参了一本，说他貌似有才，性实狡猾；又题了一两件狗庇蠹役、交结乡绅之事。

这里，最重要的是把"且沽清正之名，而暗结虎狼之属，致使地方多事，民命不堪"，篡改为"又题了一两件狗庇蠹役、交结乡绅之事"。脂评本的这段文字，对封建官府的黑暗，官绅吏役互相勾结，如虎狼般贪酷，百姓遭受压榨、残害，苦不堪言等，作了深刻的揭露和评击。然而经高鹗的篡改，这些重要的内容都不见了，仅仅成了官私包庇坏衙役和抽象的交结乡绅而已，显然被大大削弱。

贾雨村的复职，脂评本中也有不少批判性很强的描叙。脂京本第三回回目贾雨村夤缘复旧职"，值得重视。这个回目，对贾雨村和封建官场作了揭露批判，态度很鲜明。高鹗却把它改为"托内兄如海荐西宾"，这样一来，不仅贾雨村那种靠攀附巴结、拉拢关系得以复职升官的丑恶行径被掩盖，相反变成正面肯定林如海举荐他这位家庭教师了。

在这回正文中，程乙本较之脂评本，也作了不少篡改。例如脂评本原文是：

（贾政）便竭力内中协助。题奏之日，轻轻谋了一个复职候缺，不上两个月，金陵应天府缺出，便谋补了此缺（脂京本）。

高鹗改为：

> （贾政）便极力帮助。题奏之日，谋了一个复职，不上两月，便选了金陵应天府。

比较这两段文字，可以看出："内中协助"被改为"帮助"，"轻轻"两字被删去，"便谋补了此缺"也被删去。这样改动，不仅思想内容被削弱，而且事情的脉络也不清楚了。原文强调的是贾府"内中协助"，而不是笼统的、含糊其词的"帮助"。"内中"一词，用得极好，说明贾府与朝廷的关系，贵族、官僚互相勾结串通。"轻轻"二字，既是绝妙的讽刺，也很形象地描绘出这个"四大家族"之一的贾府在当时权势还很大，诸如"复职"，此等事，轻而易举，无须费多大力气。此外，通过前后两个"谋"字，有力地揭露了贾雨村任金陵应天府，始终是靠钻营、巴结来的。从这件事的经过来说，原文的交代也是清楚的：先是复职候缺，而后缺出补缺。高鹗删去这些文字，表明了他意在为之遮饰。

与揭露贾雨村夤缘复职和贾府的赫赫权势相关，曹雪芹特别强调了贾、史、王、薛四大家族互相勾结、依靠的关系。脂京本第四回，门子同贾雨村对话时说："这四家皆连络有亲，一损皆损，一荣皆荣，扶持遮饰，俱有照应的。"（脂铨本、脂戚本同）高鹗将"扶持遮饰，俱有照应的"九个字全部删去。其实，这九个字并非可有可无的赘语，作者所以这样写，寓有深意，从一张"护官符"揭示出"四大家族"，是全书的总纲。而"扶持遮饰，俱有照应"，正是进一步具体揭露四大家族不仅上通朝廷，而且彼此之间在共同利益基础上紧密勾结，鱼肉人民，为非作恶。这是对上面三句的深化，是点睛之笔。高鹗删去这九个字，并不是文字上的原因，而是蓄意为四大家族开脱。

对于不利于封建统治阶级的"政治碍语"，高鹗也是讳莫如深的。在脂京本第十三回写到贾珍要为秦可卿寻一副好棺木时，薛蟠说他的店里有一副：

现在还封在店内，也没有人出价敢买，你若要，就抬来使罢。

高鹗改为：

现在还封在店里，也没有人买得起，你若要，就抬来看看。

这实在改得很拙劣。原文"没有人出价敢买"，是因为这副棺木原系忠义亲王要的，后来他坏了事了。这里有政治上的原因，所以说"没有人出价敢买"，并非"没有人买得起"。京城之中，豪门贵族不少，何至"没有人买得起"一副值钱的棺木。把"就抬来使罢"改为"抬来看看"，既不符合薛蟠这个挥金如土的阔大少的口气，也不切合贾珍恣意奢侈、急于要寻副好棺木的情景。很明显是由于高鹗唯恐触怒封建统治者而进行改动的。

五　削弱了对封建统治者骄奢淫逸的揭露，极力替贵族地主阶级遮丑

对于以贾府为代表的封建贵族统治阶级骄奢淫逸、腐朽糜烂的生活，曹雪芹作了无情的揭露和鞭笞。第十三回是比较集中的表现。本来曹雪芹的原稿，这回写了"秦可卿淫丧天香楼"（脂铨本批语），曾有"遗簪"、"更衣"等情节，写及贾珍与秦氏的丑事（脂靖本批语）。那个畸笏叟读后，觉得太暴露了，命作者删去。但全回不少地方，却仍然保留了这一痕迹，并未全都删掉。秦可卿死时，原来的文字是："彼时合家皆知，无不纳罕，都有些疑心。"（脂京本、脂铨本）常（棠）村（有的研究者判定为曹雪芹的弟弟）在此处曾批道，"九个字写尽天香楼事，是不写之写"（脂靖本批语）。可以看出，作者并非漏删，而是有意保留。这从焦大曾经直言不讳大骂"如今生下这些畜生来，每日偷狗戏鸡，爬灰的爬灰，养小叔子

的养小叔子"，也可证明。但在程高刊本中，这段文字却改变了。

将"都有些疑心"改为"都有些伤心"，虽一字之差，意义却截然不同。秦可卿既是病死，贾府合家何用"纳罕"、"疑心"，显然是和天香楼丑事有关，所以是"不写之写"。改为"伤心"，掩盖了天香楼丑事。况且"纳罕"和"伤心"也有矛盾，既然心中存在疑团，则与伤心不相一致。这里顺便提一下脂戚本，此处改作"纳叹"、"伤心"，显然也改得不好。

在贾政劝贾珍不必用那么贵重的棺木收殓秦可卿时，脂评本有这样一句："此时贾珍恨不能代秦氏之死，这话如何肯听。"（脂京本、脂铨本、脂戚本同）公公而恨不能代儿媳妇之死，这很深刻地揭露了封建豪门世家腐朽糜烂的生活，也是对儒家纲常名教的虚伪性的辛辣讽刺。高鹗把"恨不能代秦氏之死"删去，改为"贾珍如何肯听"，表面看来似乎是改掉这种不大合乎逻辑的描叙，事实上是替封建统治者遮丑。

脂京本第五十三回关于"慧绣"一段三百九十多字，全被高鹗删去。这段关于"慧绣"的描叙，虽然发挥较多，有些离题，但有一点值得注意，它衬托出贾府的权势和豪华奢侈："凡所有之家，总有一两件，皆珍藏不用。……若有一件真慧纹之物，价则无限，贾府之荣也只有两三件。上年将那两件已进上了，目下只剩这一付璎珞，一共十六扇，贾母爱如珍宝，不入在请客各色陈设之内，只留在自己这边，高兴摆酒时赏玩。"这一段文字，既说明贾府的无比豪华，又可从中看出：皇帝就是四大家族剥削盗窃集团的总头子、总"窝主"，并非可有可无之文，高鹗全部删去它，显然是有意回护。

此外，高鹗对《红楼梦》前八十回的篡改，不仅严重削弱了它的战斗的思想锋芒，而且大大降低了它的艺术水平和艺术效果。曹雪芹的《红楼梦》，是思想性和艺术性结合得最好的古典小说。它的艺术语言运用得很好，十分形象、生动、尖锐、泼辣。有些很好的艺术语言，被高鹗大量删改。其中最突出的，是将能够形象、准确有力地揭示人物思想品质特征的语言，篡改成平淡的、一般化的语言。

语言是文学的材料。文学作品需要依靠语言来塑造人物形象，揭示人物的思想行为，实现其思想艺术效果。因此，对语言的运用，不仅是艺术问题，也是与思想内容紧密相关。曹雪芹的《红楼梦》，语言之所以运用得好，就在于它具有深刻的思想性和精湛的艺术性紧密结合的特点。而程乙本正是在这一点上把它削弱了。例如：脂京本第十四回王熙凤帮宁府料理秦可卿丧事时，一个仆人因迟到了一会儿，她竟不放过：

> （凤姐）登时放下脸来，喝命："带出去打二十板子！"一面又掷下宁国府对牌："出去说与来（赖）升，革他一月银米。"

这段文字，写得有声有色。"喝命"之后，紧接着"一面又掷下对牌"，既显出紧张的气氛，又很有份量，形象地刻划出贾府犹如阎王殿，王熙凤这个贾府的总管家是如何作威作福、狠毒暴虐。高鹗把"喝命"改为"叫"，又把"掷下宁府对牌"移在后面，气势明显减弱，王熙凤对待下人的那股凶恶气焰远不如原来突出。

再如：脂京本第五回写贾宝玉和林黛玉的关系："真是言和意顺，略无参商。"这是描绘他们两人之间没有芥蒂隔阂，思想一致。高鹗将"略无参商"改为"似漆如胶"，硬把形容情人、夫妇的话安到尚处于孩提时期的他们身上，非常庸俗拙劣，严重损害了这两个叛逆者的形象。

看来高鹗的语言比较贫乏、平淡，他描写高兴时，不是"欢天喜地"，就是"眉开眼笑"，舍此之外，似乎无词可用了。程乙本第二回，贾雨村托封肃给说娇杏作妾时，"封肃喜得眉开眼笑"。还是离不开用此四字来形容封肃的喜悦。脂京本此句则是："封肃喜得屁滚尿流"。这把一个乡间土地主受到本府太爷的青睐，有机会向上奉迎巴结的特殊心情和丑态，用艺术夸张的手法，形象生动的刻划出来。

脂评本的某些文字，乍看起来似乎是不合情理，甚至是累赘多余。但如果认真地推敲一下，就会发觉它往往是鞭辟入里，耐人寻味，富有思想艺术效果。而经高鹗篡改过的程乙本的文字，则显得浅薄，不合情理。例如，脂京本第十一回写王熙凤瞧秦可卿病，秦氏说："闲了时候还求婶子常过来瞧瞧我，咱们娘儿们坐坐，多说几遭话儿。"高鹗把"多说几遭话儿"改为"多说几句闲话儿"，虽仅改动几字，意思就变了。狄葆贤对此曾作了评断："'多说遭话儿'者，病人们自知不起，能多谈一二回话之意，所以'凤姐听了，不觉眼圈儿一红'。今本改为'多说几句闲话'。大错。"这个意见，应该说是中肯的。

为什么高鹗对《红楼梦》原书要进行如此大量的篡改，它的历史背景是什么？这需要同当时政治、思想领域的儒法斗争联系起来进行考察。

《红楼梦》产生于已延续两千多年的我国封建社会的末期——清朝乾隆年间，封建大厦的表面架子虽还未倒，但已经摇摇欲坠，处于总崩溃的前夕。阶级矛盾日趋尖锐，农民起义此伏彼起，严重威胁封建地主阶级的统治。同时，商品经济的发展，资本主义萌芽的产生，以及反映在意识形态领域初步民主主义思想的出现，也都在时刻冲击着古老的封建制度。清代统治者为了维持行将垮台的封建专制政权，极力尊孔崇儒，加强思想统治，拼命鼓吹反动的唯心主义程朱理学。封建统治愈来愈反动、愈腐朽，但尊孔与反孔的斗争却从未停息过。以黄宗羲、顾炎武、王夫之、戴震和曹雪芹为代表，具有初步民主主义思想的思想家、政治家与文学家，纷纷起来揭露与批判腐朽的封建制度、纲常名教和程朱派孔学。对于作为官方哲学的程朱理学，是揭露批判，还是维护宣扬，是当时儒法斗争的主要问题。曹雪芹正是在这一历史背景下写《红楼梦》的，他以巨大的思想艺术力量投入了这场斗争，具有鲜明的尊法反儒倾向。而高鹗却顽固站在反动的儒家立场上，极力维护封建统治及其精神支柱——程朱派孔学。高与曹两种创作思想的斗争是当时整个儒法斗争的组成部分，是儒法斗争在文学领域的直接反映。高鹗妄想在小说这一阵地上，以儒家思想取代法家思想，他精心炮制的程乙本，就是以儒压法或扬儒抑法的产物，从篡改原文到续作，都贯串着一条尊孔崇儒的思想体系。其目的就是要把《红楼梦》这部反封建小说，纳入"不谬于名教"、"不干犯朝廷"，即不触动封建秩序的框框中，使之成为统治阶级可以接受的东西。显然，这是完全违背曹雪芹的创作意图的。

所以，高鹗与曹雪芹的分歧，绝不是像某些人用地主资产阶级人性论观点解释的那样：是由于"个性"不同，或什么"嗜好"上的差异，而是由于有着两条对立的思想政治路线。他们表现在小说创作上的分歧与对立，实际上是由他们政治上的分歧与对立决定的。高鹗与曹雪芹同属地主阶级，但他们对待封建社会的态度是截然不同的，这和他们各自不同的身世、经历有密切的关系。

作为地主阶级的进步思想家、文学家，曹雪芹经历了一个封建贵族家庭由盛到衰的全过程，他亲眼看到贵族地主阶级的统治，已腐败透顶，无可救药。他在社会矛盾激化时期，萌发了初步的民主主义思想，虽然他的这一思想还没有脱离封建主义的旧体系，还是想"补天"，但他已经感到千疮百孔的封建末世之"天"，是根本补不起来了。他毅然站在封建叛逆的立场上，利用小说表达他的反儒思想，宣判了封建社会末日的即将来临："忽喇喇似大厦倾，昏惨惨似灯将尽。"他预示代表封建社会的四大家族，绝对不可能有好的命运，其结局只能是："好一似食尽鸟投林，落了片白茫茫大地真干净。"曹雪芹的这一思想高度，是任何封建守旧派文人也无法接受的。

高鹗这个地主阶级的顽固派和守旧派的代表，从自己的立场、感情出发，十分不愿意也不忍心看到封建社会的一败涂地。按照曹雪芹的原意，以贾府为代表的四大家族，结果只能是"树倒猢狲散"，一垮到底，无可挽回。而高鹗却"明知其不可为而为之"，在篡改原著时极力为封建末世的重重矛盾与危机打掩护，续书中又给贾府安排了个"复世职"、"延世泽"、"兰桂齐芳"、"家道复初"的幻想"结局"，煞费苦心地想给这部小说塞进尊孔崇儒的私货，使之为反动腐朽的封建统治阶级服务。高鹗的这种倒行逆施，绝非偶然。鲁迅曾经深刻指出：

> 高鹗补《红楼梦》当在乾隆辛亥时，未成进士，"闲且惫矣"，故于雪芹萧条之感偶或相通。然心志未灰，则与所谓"暮年之人，贫病交攻，渐渐的露出那下世光景来"又绝异。是以续书虽亦悲凉，而贾

氏终于"兰桂齐芳",家业复起,殊不类茫茫白地,真成干净者矣。

高鹗正是这样一个"心志未灰"的"功名迷",他死抱着孔孟之道那块敲门砖,梦寐以求的是考进士,当大官,高踞人民头上。他不可能有曹雪芹的思想境界和感情。他对吃人的封建制度不但恨不起来,相反地却寄希望于这个社会的长命百岁,给他带来某种好处。这就是高鹗在改书和续书中经常与伟大作家曹雪芹唱反调的原因所在。

毛主席说,"不是东风压倒西风,就是西风压倒东风,在路线问题上没有调和的余地"。高鹗与曹雪芹两种思想的对立与斗争,是地主阶级内部进步与守旧的两条路线斗争,是不可调和的。一个主张进步,一个坚持保守,这两种对立的思想,绝不可能统一在一部作品之中。高鹗不删掉曹雪芹原书中"伤时骂世"、"有乖名教"的"碍语",不在续书中让面临覆灭命运的封建末世"衰而复振",他是不会甘心的。这同北宋时期司马光与王安石的斗争很相似,犹如"冰炭之不可共器,寒暑之不可共时",是誓不两立的。对高鹗这种尊儒反法的顽固态度应该予以批判。但是,有人却认为删除前八十回的政治性"碍语"和续书强调"复世职,沐天恩"是"积极"的,它使《红楼梦》能够成为公开传世的小说。这种说法是很荒唐的,完全是颠倒是非,混淆黑白。程高刊本所以能够流传下来,并不是像这位评论者所说的那些所谓"积极"的东西,而是由于保留下来原书的好的思想内容和续书中一些较有积极意义的处理,如宝黛的爱情悲剧结局。至于高鹗对前八十回的篡改和续书强调"复世职,沐天恩",非但不是积极的,而且是有害的。

当然,高鹗对《红楼梦》的整理、续补和付梓,对扩大这部书的发行和影响,起过一定的作用。脂评本抄传中文字错、漏或不通之处,高鹗一般都作了加工整理,同时将部分文言虚字改成白话,比较口语化。高的续作也并非一无可取,它的文字也还是可以的。问题在于:高鹗的改和续没有完全按照作者的原意进行,篡改了曹雪芹的反封建反儒思想,严重损害了《红楼梦》这部政治历史小说的战斗锋芒,不能不影响它揭露与批判旧世界的思想力量。因此，尽管以程乙本为底本的普及本已经广为流传，但是人们仍然希望整理出更接近于曹雪芹原著的新本子，尽可能还《红楼梦》以本来面貌。

（原载《北京师范大学学报〔社会科学版〕》1976年第3期）

关汉卿

一 混乱的时代

远在七百年前的元朝，我国古代戏剧艺术之一的杂剧发展到一个极盛时期，名家辈出，创作了很多优秀的作品。关汉卿就是当时一位杰出的戏剧家。

关汉卿，号已斋①，大都（今北京）人②，曾任太医院尹③。由于封建统治阶级对戏曲和它的作者、艺人的歧视，这位著名戏剧家不但生平事迹遗留下来的很少，就连生卒年也已无可查考，我们只能说他大约生于金末（公元13世纪初叶），卒于元成宗（铁木耳）大德年间（1297—1307）。

关汉卿生活的时代，是一个长期战乱的时代。蒙古统治者为了大量掠夺和实现对全国的统治，连续对金和南宋进行了为时近七十年的战争。金废帝（完颜永济）大安三年（南宋宁宗嘉定四年，1211），蒙古成吉思汗（铁木真）亲率大军南下，开始大规模进攻金朝。蒙古军队围攻金的中都

---

① 汉卿是字，号已斋，名不详。元熊自得《析津志》记载，"关一斋字汉卿"；元末明初人贾仲明为元钟嗣成《录鬼簿》中益（孟）汉卿补撰的挽词说，"已斋老叟播声名，表字相同亦汉卿"，可见两个汉卿都是字。关汉卿的号，有的本子作"已斋"，但天一阁藏明蓝格钞本《录鬼簿》，明钞《说集》本《录鬼簿》和《青楼集·珠帘秀传》均作"已斋"，《析津志》作"一斋"，"已""一"音同，"己"字似误，作"已"为是。

② 关汉卿的籍贯前人记载不一：《录鬼簿》作大都人；《析津志》（析津是北京的古名）作燕（北京）人；清乾隆二十年修《祁州志》卷8作祁州（今河北安国）人；《元史类编》又作解州（今山西解县）人。这里从最早出的《录鬼簿》的记载。

③ 天一阁藏明蓝格钞本《录鬼簿》、明钞《说集》本《录鬼簿》及明末孟称舜刊《古今名剧合选》附录《录鬼簿》均作"太医院户"，学术界意见不一，这里从比较通行的说法。

（今北京），并深入河北、山东各地。贞祐二年（1214），金宣宗（完颜珣）被迫迁都于河南的汴京（金称南京，今开封）。次年，蒙古军队攻占了中都。到金哀宗（完颜守绪）天兴三年（南宋理宗端平元年，1234），成吉思汗的儿子窝阔台终于攻灭金朝。就在这一年，蒙古统治者揭开了和南宋四十余年长期战争的序幕。蒙古中统元年（南宋理宗景定元年，1260），成吉思汗的孙子忽必烈（元世祖）即大汗位于开平（后称上都，今内蒙古多伦附近）。为了便于控制中原地区的人民，他在至元元年（景定五年，1264）把统治中心南迁燕京（后称大都）。至元八年（南宋度宗咸淳七年，1271），定国号为元，建立了元朝。至元十六年（南宋帝昺祥兴二年，1279），攻灭南宋，完成了全国的统一。

经过七十年长期战争后出现的元朝，在我国建立起空前规模的统一政权；但人民却付出了很大的代价。在蒙古贵族的连年征战中，我国的社会经济，尤其是华北地区，遭到严重破坏，造成了"赤地千里"、"满目蓬蒿"的景象。金章宗（完颜璟）泰和七年（1207），金朝户口统计有768万余户，4581万余口，到蒙古灭金时，只剩下87万余户，475万余口，几乎减少了十分之九。这个记载不免夸大，但可以从此看出人口的大量死亡和流离失所，社会经济遭受严重的破坏。那真是关汉卿在《拜月亭》一剧里所说的"龙斗来鱼伤"[①]！

元朝统一后，社会比较安定，农业生产逐渐恢复，手工业也在前代的基础上有一定的发展。由于农业和手工业的恢复和发展、海运和漕运的沟通等原因，促进了商业的繁荣，如大都、杭州等都是闻名于世的大商业都市。

但是，在元朝的统治下，各族人民受着民族和阶级的双重压迫。蒙古贵族和汉族官僚地主，大量霸占人民的土地田产，"田亩连阡陌，家资累巨万"。蒙古贵族还大量掳掠人口为奴。至元十八年（1281），元世祖将江南民户分赐给诸王、贵戚、功臣等，诸王被赐都在一二万户以上，有多至十万户的。这些"民户"的生命安全没有保障，受鞭挞也习以为常，蒙

[①] 龙，譬喻蒙古和金统治者；鱼，喻百姓。

古贵族甚至"杀其夫而夺其妻"。至于各级官吏的贪污搜括，那更是普遍的现象。元世祖时的大官僚阿合马、卢世荣、桑哥等都是搜括能手，如桑哥手下的纳速剌丁等人"理算江南钱谷，极其酷虐，民嫁妻卖女，殃及亲邻，淮扬钱塘，受祸最惨，无辜死者五万余人"（陈邦瞻：《元史纪事本末》卷7《阿合马桑卢之奸》）。元成宗大德七年（1303），一次处理贪污的官吏即达18473人，赃钞45865锭，冤狱5176件。

元朝政府还采取种种措施，来加强对各族人民的统治。元世祖至元时，把全国的人分为四等：第一等蒙古人，第二等色目人①，第三等汉人②，第四等南人③。在法律上的地位、政治上的待遇和经济上的负担，都作了不同的规定，以达到分化各族人民团结、制造民族矛盾的目的。为了监视人民的行动，建立了里甲制度，以二十家为一甲，城乡遍设甲主，由蒙古人、色目人担任，将居民普遍地纳入其组织管制之中。此外，在法律上也作了种种规定：如蒙古人殴打汉人，不准还手；汉人和南人不得私藏武器，甚至连一根铁尺都不允许；禁止民间集会结社；严格限制编唱词曲，有敢"犯上恶言者处死"。

在民族和阶级的双重压迫下，人民生活陷入悲惨的境地，于是不断起来反抗。自元世祖灭宋以后，各族人民并没有停止反抗，起义的旗帜插遍了江南四百余处。北尽长江，南及岭海，西连云贵，东到浙闽，大大小小的斗争，彼伏此起，前仆后继，到处如火如荼地爆发着。

关汉卿的一生，正是在充满着剧烈的民族斗争和阶级斗争中度过的。

二 从事戏剧活动的一生

在尖锐的阶级斗争和残暴的民族压迫的形势下，文人中间也发生分

---

① 色目人，包括我国西北地区各民族如畏兀儿等，以及留居中国的一部分中亚和欧洲人。
② 汉人，包括原来金统治下的汉族和女真、契丹等族。
③ 南人，指南宋灭亡后南方的汉族和其他各族。

化。元朝初年，蒙古统治者对待文人，一方面是笼络利用，一方面又是压抑歧视。那时，科举制度已经被停止，文人们失去了"入仕之阶"，造成了"这壁拦住贤路，那壁又挡住仕途"的情况；而在蒙古贵族大量掠人为奴当中，除去劳动人民外，也包括了许多"儒士"。从"九儒十丐"的说法，可以反映出当时文人的地位一般是低下的。面对着这种现实，文人大致采取三种不同的态度：一部分人投靠蒙古贵族，为他们出谋划策，成为他们的统治工具；一部分人看不惯黑暗现实，忧郁消极，"杯酒自放"，做了隐士；还有一部分人既不做蒙古贵族的帮凶，也不逃避现实，而是对黑暗的社会现实进行抨击。关汉卿就是属于这后一类的人。

关汉卿为人热情洋溢，不受世俗礼法的拘束。元末熊自得编纂的《析津志·名宦传》中说他"生而倜傥，博学能文，滑稽多智，蕴藉风流，为一时之冠"。《祈州志》也说他"高才博学"。看来关汉卿是很有学识的。在他写的散曲《南吕一枝花·不伏老》中介绍自己是精通音律，会吟诗，会吹箫弹琴，会歌唱舞蹈，也会下棋射猎，具有多种多样的才能。从关汉卿曾经在太医院任过职，或者是出身于"医户"，他可能还是个医生，至少也懂得点医学。

关汉卿的一生主要是从事戏剧活动，生活于地位很低微的"倡优"（演员）中间，为他们写剧本，甚至有时候还"躬践排场，面傅粉墨"，登台演唱，自己也做起"倡优"来。他认为象他这样才算是"行家生活"。关汉卿所以走这条道路，据元人邾经的《青楼集序》说："我皇元初并海宇，而金之遗民若杜散人（善甫，散曲作家）、白兰谷（朴）、关已斋辈，皆不屑仕进，乃嘲风弄月，留连光景。"从这段话里可以看出，关汉卿是"不屑"于做官，而宁愿和"倡优"们生活在一起的。不过，明朝人胡侍在《真珠船》里的说法和上述有所不同。他说："盖当时台省元臣、郡邑正官及雄要之职，尽其国人（指蒙古贵族）为之；中州人每每沉抑下僚，志不获展。如关汉卿入太医院尹……其他屈在簿书，老于布素者，尚多有之。于是以有用之才，而一寓之乎声歌之末，以舒其怫郁感慨之怀，盖所谓不得其平而鸣焉者也！"这里所说的，则是关汉卿由于"沉抑下僚，志不获展"，才去从事戏剧创作，以发其不平之鸣。这两种说法虽然不尽一致，但可以说明一个情况，即关汉卿对当时的社会现实是不满的，他不愿意做官，或者被排斥，而进入了社会底层，通过杂剧艺术来揭露黑暗的社会政治，寄托自己的理想。这是主要的一点。

由于对生活和艺术的热爱，关汉卿不肯"虚度了春秋"，愿意终身不渝地去从事杂剧这项被人贱视的事业。他在散曲《南吕一枝花·不伏老》中自我表白地说："你便是落了我牙，歪了我嘴，瘸了我腿，折了我手，天赐与我这般儿歹症候，尚兀自不肯休！"应当指出，这套散曲是关汉卿对他以往"浪子风流"生活的自白，其中表现了不健康的、庸俗的生活情趣。但也不能据此认为他把时间都消磨在风流、浪荡上面，他的主要精力还是从事于戏剧创作和戏剧活动。所谓"烟花路儿"，应当是包括在"勾栏"（戏园子）和"倡优"中生活。因此，上述曲文也表现了他执着地从事戏剧艺术的顽强意志。他把自己比做"蒸不烂、煮不熟、捶不匾、炒不爆、响珰珰一粒铜豌豆"，无疑是很恰切的。就是这种思想性格，使他在"乱制词曲、恶言犯上"要处死刑的法律明文规定下，敢于拿起杂剧这种艺术武器，向黑暗的社会现实进行尖锐的抨击。

杂剧是元代最流行的一种戏曲形式。元杂剧也叫元曲，它产生在北方，唱的是北曲，是在继承宋金的戏曲杂剧、院本和民间说唱艺术诸宫调的基础上发展起来的。而城市手工业和商业经济的发展，以及适应这种发展和城市居民的文化生活的需要，为杂剧的发展繁荣提供了物质条件。当时的政治中心大都，也是杂剧初期的中心地。这里聚集了一批优秀的剧作家。据记载，在元朝初期的杂剧作家中，大都人就占了十九位。作家们有自愿结合的创作组织叫"书会"，专门编写剧本和唱本，供演员演出和艺人们说唱。大约在元成宗元贞年间（1295—1296），杂剧艺术发展到了一个高潮，出现了象关汉卿、王实甫、马致远、白朴（字仁甫）这样一批"姓名香满贯梨园（这里指剧坛）"的大剧作家，也产生了象"燕赵名驰"的规模较大的玉京书会。玉京书会拥有不少有才能的作家，关汉卿是其中最杰出的一位。明朝皇族作家朱权（明太祖朱元璋之子）在《太和正音谱》中说，关汉卿"初为杂剧之始"。关汉卿虽不是杂剧的创始人，但他对杂剧的发展和提高确是作出了重大贡献。元人周德清的《中原音韵》说，杂剧"其备则自关、郑（光祖）、白（朴）、马（致远），一新制作"。使杂剧臻于完备，革新杂剧创作，关汉卿是有功绩的。

关汉卿在从事戏剧活动中，结识了许多人，杂剧作家杨显之、费君祥、梁进之（一作梁退之）等都是他的好朋友。杨显之，大都人，外号杨补丁。他是当时戏曲界的"前辈老先生"，负有声望，著名的杂剧女演员顺时秀以伯父称呼他。关汉卿和他是莫逆之交，凡有作品都互相讨论、校订，因此，在创作思想和风格上也互有影响。明末的戏曲作家和评论家孟称舜认为杨显之的剧作，"其词真率尽情，（与关汉卿）大约相似"，这是恰当的。杨显之创作了八部杂剧，保存下来的只有《临江驿潇湘夜雨》和《郑孔目风雪酷寒亭》两部，其中《潇湘夜雨》影响较大。费君祥和梁进之也都是大都人，他们的杂剧作品都没有流传下来。梁进之做过警巡院判、知州等官，但他还是个名医，跟关汉卿是世交。除杨显之等三人确知是关汉卿的友好外，传说他和王实甫共同创作了名剧《西厢记》，其第五本是他写的。这个说法不可靠，但他们两人可能是好友。此外，关汉卿的朋友中还有散曲作家王和卿。

大都的杂剧班社拥有许多优秀的演员，他们经常在勾栏演出，来满足城市平民对戏剧艺术的需要。关汉卿因为生活在"倡优"之间，跟他们很熟识。在他所认识的演员中，女演员珠帘秀、顺时秀都是演唱杂剧的能手。珠帘秀是艺名，原名不详，只知道她姓朱，排行第四，称朱四姐。她"以一女子，众艺兼并"，戏路很宽，旦角、末角（类似生角）演来"悉造其妙"。她的精湛的表演艺术，被称为当时"独步"，对戏剧艺术的发展有着重大的贡献和深远的影响，直到元朝末年，后辈演员们提起她来还很尊敬，称她朱娘娘。关汉卿跟她有着深挚的感情，还写了一首以咏"珠帘"作喻的《南吕一枝花》曲子赠她。

长期出入于勾栏和生活在"倡优"之间，使关汉卿能够对下层社会有较多的了解，积累比较丰富的舞台经验；但也使他沾染了浪荡的生活作风。这两方面，都对他的剧本创作发生影响。

除了从事戏剧活动之外，关汉卿还游历了一些地方。大概在南宋亡后不久，关汉卿南下漫游，到过原南宋的都城临安（杭州）。这时他已经年老，在戏剧界享有盛名了，《录鬼簿》说："已斋老叟播声名。"在杭州，他游览了这个繁华的城市，欣赏了美丽的湖光山色，并写了散曲《南吕一枝花·杭州景》：

> 普天下锦绣乡，寰海内风流地，大元朝新附国，亡宋家旧华夷。水秀山奇，一到处堪游戏。这答（处）儿忒（甚）富贵，满城中绣幕风帘，一哄地人烟凑集。
>
> 〔梁州〕百十里街衢整齐，万余家楼阁参差，并无半答儿闲田地。松轩竹径，药圃花蹊，茶园稻陌，花坞梅溪。一陀儿一句诗题，行一步扇面屏帏。西盐场便似一带琼瑶，吴山色千叠翡翠，兀良（衬字）、望钱塘江万顷玻璃。更有清溪绿水，画船儿来往闲游戏。浙江亭紧相对，相对着险岭高峰长怪石，堪羡堪题。
>
> 〔尾〕家家掩映渠流水，楼阁峥嵘出翠微，遥望西湖暮山势。看了这壁，觑了那壁，纵有丹青下不得笔。

这是一首写景抒情的诗篇。可以看出，"水秀山奇"的江南风光，对这位从北方来的年老的戏剧家发生了很大的魅力。而他也热情饱满地为之歌唱赞颂，抒发了对祖国锦绣山河热爱的感情。

元成宗大德初年（大德元年，1297），他写了散曲《大德歌》十首。可能就在这以后不久，关汉卿就去世了。

三　几部重要的杂剧作品

关汉卿戏剧创作最活跃的时期是在入元以后，他把毕生精力都花费在这上头，至少写了六十多个剧本。可惜有的已经全部亡佚，有的仅存片断，遗留下来的原本只有十八种，其中有几种是不是关汉卿所作还有争论①。这十八种是：《关大王独赴单刀会》、《关张双赴西蜀梦》、《温太真玉镜台》、《尉迟恭单鞭夺槊》、《山神庙裴度还带》、《邓夫人苦痛哭存孝》、《刘夫人庆赏五侯宴》、《状元堂陈母教子》、《包待制智斩鲁斋郎》、《包待制三勘蝴蝶梦》、《钱大尹智宠谢天香》、《王闰香夜月四春园》、《赵盼儿风月救风尘》、《诈妮子调风月》、《闺怨佳人拜月亭》、《望江亭中秋切鲙旦》、《杜蕊娘智赏金线池》、《感天动地窦娥冤》。单就这十八种杂剧，也可以看出关汉卿成就之大。

这里，就现存的剧作中选择几种，作一些简略的介绍。

《窦娥冤》②

《窦娥冤》是关汉卿的代表作，中国优秀的古典戏剧。

《窦娥冤》全剧四折，开头有楔子③。元代杂剧的结构，一般是由四折合成一本，演一个首尾完整的故事。有时在四折之外有些情节必须事先交代或在中间补充的，要另加一个短场子，叫作"楔子"。每折唱一套曲子，四折四套曲子照例由一个男主角或女主角歌唱，其他出场的人物除偶然插唱一二支小曲外，一般都只有说白和动作。男主角叫作"正末"，女主角叫作"正旦"。象《窦娥冤》杂剧，正旦扮窦娥，全剧四折的曲子就由她一人主唱到底。

在《窦娥冤》这部杂剧中，关汉卿成功地塑造了窦娥这个被封建恶势力迫害然而至死不屈的形象，并通过她的遭遇和斗争，揭露了元代社会政治的混乱、黑暗和残酷，反映了当时被压迫人民的反抗情绪。

窦娥是一个青年寡妇，一生的遭遇都很不幸。她三岁上就失去了母

---

① 这几种杂剧是：《山神庙裴度还带》、《尉迟恭单鞭夺槊》、《刘夫人庆赏五侯宴》、《包待制智斩鲁斋郎》、《状元堂陈母教子》等。前面两种，很可能不是关汉卿的作品。

② 《窦娥冤》，全名叫《感天动地窦娥冤》。以下所介绍的各剧，用的都是比较通行的简名。

③ 楔子，本是木匠用来紧塞木器接榫处的小木橛，后来戏剧、小说借用了这个名称，作为引端或插曲。

亲，七岁时，父亲窦天章因为欠了蔡婆婆几十两银子，还不起债，同时又要上朝应举缺少盘费，只得把她卖给蔡家做童养媳。到了十七岁那年，她和丈夫成了亲。不幸婚后不久，丈夫就死了，只好和婆婆相依为命地过日子。二十岁的窦娥，已经做了三年寡妇了。

对于这种不幸的生活遭遇，窦娥也不免感到痛苦，哀叹这"旧愁新恨几时休"，忧虑着"地久天长难过遭"。但她没有能够找到合理的解答，只是归之于自己命苦，并且承受了这种命运，遵守着封建道德，情愿侍养婆婆，服孝守节，与世无争地蜷曲于社会的一角，度过她寡居的一生。

但是，在黑暗残酷的封建制度下，要想过这种与世无争的生活，是不可能的。料想不到的祸事，接踵而来。一天，蔡婆婆向赛卢医讨债，赛卢医企图赖债，把她骗到荒郊要勒死她。碰巧张驴儿父子走到那里，把赛卢医吓跑了，才救了她的性命。张驴儿父子原是流氓恶棍，当听到蔡婆婆说家里只有婆媳二人时，立即乘机强迫她连同媳妇窦娥招他父子做丈夫。蔡婆婆软弱怕死，被迫答应，将他父子引至家中。张驴儿父子的闯入蔡家，给窦娥幻想的宁静生活掀起了一个大波澜，也使她被迫开始走上反抗的道路。

窦娥的反抗精神，是从对婆婆和张驴儿的斗争开始表现出来的。这是她性格的发展。当她听婆婆说招张老做丈夫时，她对婆婆的软弱、糊涂很有反感，用火辣辣的言语来嘲讽和规劝婆婆。蔡婆婆要她也招了张驴儿做丈夫，她决绝地回答说："婆婆，你要招你自招，我并然不要女婿（丈夫）。"对张驴儿的无赖，窦娥更是十分憎恨，坚决同他作斗争。张驴儿下流无耻拉拉扯扯地要和她拜堂，窦娥立即声色俱厉地斥责了他，并用力推得他跌在地上。在贪婪横暴的恶势力的逼迫下，窦娥的安分守己的性格在开始转变，显露了锋芒。

窦娥断然拒绝和张驴儿成亲，这个恶棍当然不会就此甘休，冲突更加尖锐地发展下去。张驴儿心生毒计，趁蔡婆婆生病要羊肚汤吃，在汤里暗下毒药，想先把她毒死，然后再霸占窦娥。出乎意料之外，蔡婆婆忽然作呕不能吃，让给张老吃，张老就给毒死了。张驴儿这个坏蛋，药死自己的老子不但没有反悔，却借此要挟窦娥和他成亲，如果不答应，就要拉她到官里去，诬告她毒死公公。他威胁窦娥说："你要官休呵，拖你到官司，把你三推六问，你这等瘦弱身子，当不过拷打，怕你不招认药死我老子的罪犯！你要私休呵，你早些与我做了老婆，倒也便宜了你。"这时摆在窦娥面前的，或者是答应嫁给张驴儿，向他屈服；或者是不怕他的威吓，继续对他作斗争。窦娥不象她婆婆那样被吓坏了，而是以坚定的意志，毫不含糊地向张驴儿进行反击："我有什么药在那里，都是他要盐醋时，自家倾在汤儿里的。""自药死亲爷待要唬吓谁？""我又不曾药死你老子，情愿和你见官去来。"她就这样和张驴儿走进了衙门。

也许由于这是窦娥第一次跟官府打交道的缘故，最初她对官府的认识是幼稚、模糊的。她天真地幻想官府是"明如镜，清如水"，会分清是非曲直，替她伸冤作主。殊不知官府正是造成她这一"感天动地"的悲剧的关键所在。窦娥由同流氓恶棍张驴儿的矛盾，发展到同支持张驴儿的官府之间的矛盾。

楚州太守（知府）桃杌，是一个贪暴枉法的昏官，脑子里所贯注的是"金银"二字。他甚至卑鄙无耻地扬言："但来告状的，就是我衣食父母。"按照他的逻辑，他根本不理睬窦娥合理的伸诉，秉公判断，而是听信张驴儿一面之词，对窦娥严刑拷打。窦娥在无情棍棒下被打得昏过去三次，"才苏醒，又昏迷。挨千般打拷，万种凌逼，一杖下，一道血，一层皮"，"打的我肉都飞，血淋漓"。但她没有屈服招供，仍然表现得很倔强，高声喊冤，坚持着"委的不是小妇人下毒药来"。她甚至反过来责问："则我这小妇人毒药来从何处也？"这一有力的反问，使桃杌很尴尬。但这个贪暴枉法的太守又想出了狠毒的办法："既然不是你，与我打那婆子。"窦娥听到要打她的婆婆时，顿时着急起来，她知道婆婆年岁大了，经不住严刑拷打。为了救护同样是受无辜诬陷的老婆婆，她连忙喊道："住、住、住，休打我婆婆，情愿我招了罢。是我药死公公来。"窦娥虽然认了"罪名"，但并没有屈服，她在公堂上表示要和那些坏蛋们"争到头，竞到底"。"我做了个衔冤负屈没头鬼，怎肯便放了你好色荒淫漏面贼！"

窦娥被问成了死罪。起初，她对官府还存在一点侥幸的心理，以为桃杌虽然昏庸，上司可能是"清明"的，还会"复勘"这个案件，有平反的希望。只是在她被押赴法场，在残酷现实的教训下，对官府的幻想才完全破灭。尖锐的斗争，促使窦娥的性格发展得更加完美。她从蒙眬中觉醒过来，认识了官府的黑暗和官吏的贪暴，喊出："这都是官吏每（们）无心正法，使百姓有口难言。"揭露了封建官僚制度的罪恶。

在押赴刑场的路上，窦娥因负屈含冤而怨气冲天，一腔怒火猛烈地迸发出来：

〔滚绣球〕有日月朝暮悬，有鬼神掌着生死权，天地也，只合把清浊分辨，可怎生糊突了盗跖、颜渊①？为善的受贫穷更命短，造恶的享富贵又寿延。天地也，做得个怕硬欺软，却元（原）来也这般顺水推船。地也，你不分好歹何为地？天也，你错勘贤愚枉做天！哎，只落得两泪涟涟。

这是很强烈的抗议！窦娥看到死已经没有任何挽回的希望时，她把官府、天地、鬼神一起加以咒骂。天地本应该是分清是非黑白的，却原来也这般怕硬欺软，不分好歹，根本不配称为天地。这实际是她对当时黑暗社会的否定，是她反抗性格的集中表现，也是关汉卿对元代社会大胆、猛烈的抨击。

窦娥在生命的最后时刻，也仍然坚持着要"争到头，竞到底"，相信正义会得到伸张，冤狱会得到昭雪。在法场上，她接连发出了三桩誓愿：一要刀过头落，一腔热血都溅在白练上，半点儿也不要沾在地下；二要六月下大雪，遮盖了她的尸体；三要从今以后，使这楚州大旱三年。窦娥就是要用这三桩誓愿来证明自己的不白之冤，表示自己对被冤枉惨死的满腔悲愤和作为对她的杀害者的惩罚。这在现实生活中都是不可能的，但关汉

①盗跖、颜渊，都是春秋时人。封建时代，诬称跖为"大盗"，称颜渊为"贤者"，常用以代表坏人和好人。

卿却凭借积极的想象，让这些不可能的事桩桩都实现了。它有力地表现了窦娥的反抗精神，也表达了当时广大被压迫者对封建统治者制造冤狱的愤慨和反抗的愿望。

在第四折，窦娥的鬼魂向做了官的父亲托兆，要求替她伸冤报仇。关汉卿写窦娥这个负屈含冤的鬼魂，仍然是坚决要报仇，"急煎煎把仇人等待"。起初窦天章弹着三从四德的滥调，严斥窦娥。窦娥并没有被他的威风吓住，而是伸诉冤情，辩明是非，责问他："则我这冤枉要忍耐如何耐？"表现了她的不肯妥协。她的怨恨直到最后都没有平息，在全剧末尾，她喊出了"这的是衙门从古向南开，就中无个不冤哉！"关汉卿借着窦娥鬼魂的口，揭露了封建官僚制度的罪恶，说出了被压迫人民心里想说的话。经过窦天章的审理，窦娥的冤枉得以昭雪，张驴儿被凌迟处死，桃杌等被杖打革职。这里表现了作者的愿望：让贪官污吏、流氓无赖等都受到应有的惩罚，受迫害者得以复仇。但总的说来，这一折的描写有严重的缺陷，它削弱了剧本的思想性和社会意义。其中需要提出的主要有两点：一、宣扬了封建迷信思想。用鬼魂来托兆伸冤，毕竟是虚幻的，在现实生活中是不存在的，也是行不通的，它只能引导人们把希望寄托于虚无缥缈的鬼神身上。而窦天章给窦娥安排的结局是"改日做个水陆道场，超度你生天便了"，所宣扬的无非也是封建迷信。二、窦天章的洗刷窦娥的罪名，惩办桃杌等人，其归结是在于宣扬"王家法不使民冤"，这就冲淡了矛盾冲突的尖锐性和对元代社会政治的黑暗所作的抨击。

尽管《窦娥冤》第四折存在着明显的缺点，但同全剧比较起来，毕竟瑕不掩瑜，成就是主要的。在这部作品中，关汉卿最重要的成就就在于出色地创造了窦娥这个坚强的形象。作者以是非分明的立场，描绘了窦娥的遭遇。他写窦娥的悲剧，使人同情窦娥，憎恶黑暗社会。但他不是消极地在描写一个妇女生离死别的不幸，而是积极地赋予她以反抗性，来鼓舞人民对黑暗的元代社会作斗争的意志。窦娥是元代社会中现实的人物，但同时又是高出于现实的理想人物，也就是说，是现实和理想相结合的人物。关汉卿运用了现实主义和积极浪漫主义相结合的创作方法，把对现实的深刻揭露和对理想的大胆想象交织在一起，因此使《窦娥冤》充满着斗争的精神。

《鲁斋郎》①

《鲁斋郎》的时代背景是北宋。剧中描写权豪势要鲁斋郎到处横行霸道，抢人劫物，先后在许州和郑州抢走了银匠李四、孔目②张珪的妻子，弄得这两家妻离子散，后来经龙图阁待制③开封府尹④包拯用智谋把鲁斋郎的名字改成"鱼齐即"，骗得了皇帝的批准，才把他处斩，为民除害。这是一部以反恶霸为主题的公案戏。

如果说，在《窦娥冤》中，关汉卿是通过桃杌太守来抨击贪官污吏的罪恶，那末，在《鲁斋郎》里，则是以塑造鲁斋郎这样一个特权阶级的形象，来揭露权豪势要的横行霸道。

鲁斋郎是一个"嫌官小不做，嫌马瘦不骑"的"花花太岁"。他整天带着一群不务正业的帮闲到处为非作歹，"但见人家好的玩器，怎么他倒有我倒无，我则借三日玩看了，第四日便还他，也不坏了他的；人家有那骏马雕鞍，我使人牵来，则骑三日，第四日便还他，也不坏了他的"。他是如此之蛮横无理，但却自命"是个本分的人"。这是很巧妙有力的讽刺，也符合人物的性格。以鲁斋郎所处的特权地位，将人家的器物"借"来玩用几天，那又算得了什么，岂不是够"本分"的了？

可是当你越往下看，你就越发现这个自命为"本分的人"的所作所为是如此之不"本分"。他"为臣不守法，将官府敢欺压，将妻女敢夺拿，将百姓敢踏踏"，"动不动挑人眼，剔人骨，剥人皮"。他倚仗着"官

①《鲁斋郎》的作者究竟是不是关汉卿，还有不同意见。认为不是关汉卿所作的人虽也提出一些证据，但还不是很充分的。在没有获得更充分可靠的证据之前，就把它从关汉卿的名下除去，不一定是审慎的态度。而且从剧本的思想内容和艺术风格看来，和关汉卿的其他作品是接近的。因此，这里还是采取较通行的说法，把它算作关汉卿的作品。
②孔目，小官名，掌管钩稽文牍等事。
③龙图阁，北宋所设掌管图书经籍的官署；待制，官名，为皇帝的侍从顾问。
④府尹，职同知府。

职大"的权势，蛮横强暴，做尽坏事。有一天，他从开封路过许州（今河南许昌），看见银匠李四的妻子长得漂亮，就想霸占她。他和仆从张龙设计，到铺中叫李四修理银壶瓶，给了李四十两银子，又赏酒三杯。接着便假意问李四家中还有什么人，让他唤出妻子来相见，也赏酒三杯。等她喝完后，鲁斋郎立即翻脸道："兀那①李四，这三钟酒是肯酒，我的十两银子与你做盘缠，你的浑家（妻子）我要带往郑州去也，你不问拣那个大衙门里告我去。"李四的妻子就这样被抢走了，弄得他家破人亡。

鲁斋郎把李四的妻子糟蹋之后，就将她抛弃了。越着清明时节，家家上坟祭扫，鲁斋郎又带着仆从到郑州郊外想抢掠"生得好的女人"。恰遇孔目张珪带着妻子和儿女上坟，鲁斋郎一弹子未打中黄莺儿，却打破了张珪儿子的头。张珪原先不知是鲁斋郎，就骂了起来，鲁斋郎便凶横地说道："张珪，你怎敢骂我！你不认的我？觑（看）我一觑该死，你骂我该甚么罪过？"接着又十分狂妄地对张珪说："你请我坟院里坐一坐，教你祖宗都得生天。"当他看见张珪的妻子长得很美，就说："好一个好女子也！他倒有这个浑家，我倒无。"便命令张珪："把你媳妇明日送到我宅子里来，若来迟了，二罪俱罚。"张珪心里自然不愿意，但迫于他的恶势力，不得不亲自把妻子给鲁斋郎送上门去。

这是继李四之后，又是被弄得"身亡家破，财散人离"的一家；而这一家，却不是普通小民银匠，还是个有点地位和势力的封建统治阶级的下层官吏。张珪凭着他的权势，也"不存公道"，压迫百姓。他在郑州很有厉害的名气，谁都得让他一分。当李四告诉他"有人欺负我来，你与我做主"时，他就说："谁欺负你来？我便着人拿去。谁不知我张珪的名儿！"他的儿子被弹子打破了头，他就喊道："这个村弟子孩儿无礼，我家坟院里打过弹子来。你敢是不知我的名儿？"可是平日盛气凌人的张珪，只要一碰上鲁斋郎，甚至是光听到他的名字，就象见了老虎一般，吓得魂不附体。李四说抢了他妻子的是鲁斋郎，张珪赶忙掩住他的嘴，捏着一把冷汗

———————————

① 兀那，那。兀，语助词。

说道："哎哟，唬杀我也！早是在我这里，若在别处，性命也送了你的。我与你些盘缠，你回许州去罢，这言语你再也休题。"当张珪一见用弹子打破他儿子的头的就是鲁斋郎时，便吓得跪倒在地请罪，"少不的把屎做糕糜咽"。鲁斋郎要他把妻子送给他，他只好忍气吞声亲自送去。他对妻子说："他便要我张珪的头，不怕我不就送去与他；如今只要你做个夫人，也还算是好的。"张珪就是这样一个怕上压下的两面性格的人物。《鲁斋郎》是末本戏，按杂剧的体例，正末张珪是主角。关汉卿塑造了这个形象，有着一定的意义。它表明了广大人民不仅遭受鲁斋郎之类的权豪势要的压迫，还遭受张珪之类的小吏的压迫，在封建社会中，大小官吏都是横行霸道、为非作恶的。同时，也有助于衬托出鲁斋郎的特权地位和蛮横强暴，在州里"很有名气"的六案孔目，尚且连自己的妻子也保不住，被逼得往华山出家，那末，在孔目治下的那些老百姓，其遭遇就更可想而知了。

可以看出，《鲁斋郎》虽然以北宋为背景，实际上描写的是元朝的社会现实。象鲁斋郎这样的特权阶级，在元朝蒙古贵族统治下的现实生活中，是屡见不鲜的。据《马可·波罗游记》记载，元世祖的宠臣阿合马"凡有美妇而为彼所欲者，无一人得免。妇未婚，则娶以为妻；已婚，则强之从己"。关汉卿正是目睹了多少元朝的鲁斋郎的横行不法行为，多少人民被压迫被损害的事实，以爱憎分明的感情，揭露了这个社会特定的尖锐的矛盾。

《鲁斋郎》在揭露封建社会的黑暗和统治者的凶恶上是深刻的，但也存在着明显的缺点。这主要表现在没有塑造出正面的、有力的人物形象。关汉卿虽然在第四折写包拯用智谋斩了鲁斋郎，为民除害，伸张了正义，在一定程度上反映了人民的愿望，"再不言宋天子英明甚，只说他包龙图智慧多"。但是，把希望寄托在某些清官身上，又只能是作者看不到真正的反抗力量的表现。在这一折，还写了包拯收养张、李两家的儿女，十五年后，都"应过举，得了官"，两家夫妻重会，儿女各配为婚。这种大团圆的结局是不真实的，反而削弱了这个悲剧的思想性。关汉卿对李四的被迫害是同情的，可是把他写得过于软弱；而对张珪怕强欺弱的思想行为，则又缺乏有力的批判。这就使这部作品感伤的气氛比较浓厚，如果同《窦娥冤》相比较，那种鼓舞人心的反抗精神就很不足了。

《蝴蝶梦》

《蝴蝶梦》是根据金院本《蝴蝶梦》改编的，也是一部以反恶霸为主题的公案戏。

剧中也写了一个象鲁斋郎一样的权豪势要葛彪。他是个皇亲，自称"打死人不偿命"，可见他的权势和凶横并不亚于鲁斋郎。一天，开封府中牟县的一个穷人王老汉到街上替他三个儿子买些纸笔，走得乏了，坐在路旁休息。恰巧葛彪骑马出游，他的马撞了王老汉，却反诬王老汉冲着他的马头，竟将王老汉打死，还说："这老子（老头）诈死赖我，我也不怕，只当房檐上揭片瓦相似，随你那里告来。"说得如此轻松而又残忍，打死一个老百姓，只当似房檐上揭下一片瓦！关汉卿对葛彪的描写只是简单的几笔，没有象对鲁斋郎那样作较细致的刻划，但就这几笔，已经鲜明地勾勒出这个皇亲恶霸的形象，从而揭露了元朝社会的黑暗面貌。把葛彪这个反面人物写好、写活很要紧，虽然他的戏很少，但他的地位却很重要，是加强戏剧冲突的一条线，也是为了突出正面人物王婆婆和她三个儿子的反抗性格所需要的。

同《鲁斋郎》比较，这个剧本有着明显的不同特色。《鲁斋郎》更多着力于揭露权豪势要的为非作歹和描写被压迫者的深重苦难，气氛比较沉郁。而《蝴蝶梦》却着重歌颂被压迫人民敢于反抗强暴的斗争精神和患难中互相爱护，悲痛的气氛中带着乐观的喜剧色彩。

关汉卿把丰富的感情集中在主人公王婆婆身上，塑造了一个具有不屈的斗争意志的妇女形象。全剧除序幕性的楔子对一家的情况作了介绍外，正场四折戏对王婆婆的性格都有生动的描写。

在第一折中，我们看到的王婆婆是那样刚烈、倔强。她听说丈夫无故被人打死在长街，就带着三个儿子去寻尸体。正逢葛彪喝得醉醺醺回来，王大兄弟就将这个凶徒拿住，责问他："是你打死俺父亲来？"葛彪回答得很威风："就是我来！我不怕你！"可是王婆婆一点也不示弱，给顶了回去："使不着国戚皇亲，玉叶金枝；便是他龙孙帝子，打杀人要吃官司。"王大兄弟合起来把葛彪打死，替父亲报了仇，做妈妈的虽然也为儿子要吃官司而感到痛苦，但她并没有后悔，而是愤怒地指着葛彪的死尸斥责道："想当时，你可也不三思，似这般逞凶撒泼干行止，无过恃着你有权势，有金资。则道是长街上装好汉，谁想你血泊内也停尸。"对儿子们则是鼓励和支持，说他们"为亲爷雪恨当如是"；"便做道审得情真，奏过圣旨，止不过是一人处死，须断不了王家宗祀，那里便灭门绝户了俺一家儿"。

第二折是写王婆婆和三个儿子被押解到开封府包拯处受审。王婆婆一到开封府堂上，心情是很复杂的：一方面她私慰"这开封府王条清正，不比那中牟县官吏糊涂"；一方面又因为这个案子不比寻常，为孩子们或许会受刑处死而担心。关汉卿熟悉他笔下的人物，所以能够写得如此合情合理，细致入微。

在开封府堂上，包拯要王婆婆从实招供，她理直气壮地分辩道："那厮每（们）情理难容，俺孩儿杀人（指为父报仇）可恕。"王婆婆不仅肯定了儿子们打死恶霸葛彪为父报仇是合理的，还对包拯的严刑拷打表示愤懑："那厮将人欺侮，打死咱家丈夫，如今监收媳妇，公人如狼似虎，相公（指包拯）又生嗔发怒。休说麻槌、脑箍（都是刑具），六问三推，不住勘问，有甚数目，打的浑身血污。大哥声冤叫屈，官府不由分诉；二哥活受地狱，疼痛如何担负；三哥打的更毒，老身牵肠割肚。这壁厢那壁厢由由忭忭（猜疑惊慌的样子），眼眼厮觑，来来去去，啼啼哭哭。则被你打杀人也待制龙图！""你都官官相为倚亲属，更做道国戚皇族。"

接下去，当包拯定要问明是那一个先打死人，王大、王二、王三都争着说是自己打死的，不干母亲、兄弟事；王婆婆也争着说是她打死的，不干三个孩儿事。母子、兄弟争着抵罪，互相开脱，这种行为光明磊落。后来，包拯要叫王大去抵命，王婆婆说王大孝顺，要留下养活自己；于是叫王二去偿命，她又说王二会营生，也要留下养活自己。她总是找理由为他们开脱。但当包拯要王三去抵命，她立即说"他偿命的是"。这引起了包拯的怀疑，误以为两个大的是她亲生的，这个小的是乞养来的，不甚疼爱，所以让他偿命。其实恰好相反，她是两个大儿子的继母，只有这个小的是亲生的。她所以争着要让自己亲生儿子抵命，正是她正直无私的地方。试看下面这段问答：

> 包拯：兀那婆子近前来！你差了也！前家儿着一个偿命，留着你亲生孩儿养活你，可不好那？
> 王婆婆：爷爷差了也！不争（假如）着（令，叫）前家儿偿了命，显得后尧婆（后母）忒心毒。

这就深深感动了包拯，因而要设法救王三的性命。但在问题尚未解决之前，包拯又暂时将她三个儿子一起下在死囚牢，这使一时还不明白底细的王婆婆感到莫大的悲愤，当面骂包拯"为官忒慕古（糊涂）"。

第三折主要是写王婆婆在狱中同儿子们会见的情景。王婆婆为了救护儿子们，忍受一切，前街后巷排门乞讨了一些残羹剩饭，送到狱中给儿子们吃。下面是王婆婆给儿子喂饭的场面：

> ［正旦喂王大、王二科①，唱］〔笑和尚〕我、我、我，两三步走向前；将、将、将，把饭食从头劝。我、我、我，一匙匙都抄遍。你、你、你，胡喧饥（胡乱吃点东西充饥）；你、你、你，润喉咽。［王三云］娘也，我也吃些儿。［正旦唱］石和尚（王三的名），好共歹，一口口，刚刚咽。
> ［旦做倾饭科，云］大哥，这里有个烧饼，你吃，休教石和看见。二哥，这里有个烧饼，你吃，休教石和看见。

---

① 科，指剧中人物的动作或表情。

这一段文字写得很紧凑，而感情也真挚动人。自然，王婆婆对自己亲生的儿子也是十分疼爱，让他去抵命实是舍不得。当王大、王二都放出来，只留下王三，说要把他处死，替葛彪偿命，让她明日早晨墙底下来认尸时，她的内心矛盾达到了很尖锐的地步，满腔悲痛再也压抑不住。她一面劝两个大儿子不要为弟弟悲痛，"但留的你两个呵，他便死也我甘心情愿"；一面是"眼见的你两个得生天，单则你小兄弟丧黄泉，教我扭回身忍不住泪涟涟"。

这折戏的末尾有个有趣的插曲，丑角王三破例地唱了《端正好》、《滚绣球》两支曲子。这是旦本戏，按杂剧体例，只能由旦角王婆婆一人主唱，但关汉卿破除了常规，让王三在听说他要被处死时唱了起来。在这两支曲子里，王三诅骂这黑暗社会，简直到破口大骂。他骂封建官吏，批评包拯"葫芦提（糊涂）"，"比问牛的①省气力"，否定了功名利禄，发出了强烈的反抗的呼声。这显示了关汉卿的敢于斗争的精神。

最后一折，王婆婆带着两个儿子前去收尸。她以为王三已经死了，见了尸首自然十分伤心。但王三并没有死，那是另一个犯人的尸首，是包拯为救王三故意安排的。这使王婆婆"解放愁怀，喜笑盈腮"。

这部作品也有不少局限性。王家过的是农庄生活，但在王老汉的鼓励下，几个儿子"都不肯做农庄生活，只是读书写字"，"思量做状元"，"指望待为官为相身荣贵"，一心想爬上统治阶级的地位。关汉卿虽然也写出他们的父亲被葛彪打死和为父报仇而入狱，让王三唱出"今日个毕罢了名和利"，但在结尾却来个"加官赐赏"，祝颂"圣明君千万载"，从新加以肯定和美化。

剧中还宣扬了封建道德。包拯救王三的性命，是由于看到"为母者大贤，为子者至孝"，认为"似此三从四德可褒封，贞烈贤达宜请俸"。为了表示"国家重义夫节妇，更爱那孝子顺孙"，他赦罪封官，并封王婆婆为贤德夫人。包拯是关汉卿塑造的理想的清官，他所赞扬和维护的封建道德

---

① 问牛的，指汉代丞相丙吉。他看见路上有死伤的人不管，而看见牛发喘却仔细地调查。

教条正表现了作者的态度，反映了作者思想的局限性。这损害了王婆婆正直无私和不屈斗争的性格，也削弱了剧本的社会意义。

最后，还需要说明一下，剧名所以叫做《包待制三勘蝴蝶梦》，是因为包拯得了一梦，梦见一只小蝴蝶撞进了蛛网中，大蝴蝶把它救了出来，另一只小蝴蝶又撞进了网中，包拯以为那大蝴蝶又会救它，结果却没有救。后来包拯审问王家三兄弟时，就想起了梦中之事，于是设法救了王三。这种"托梦示兆"的情节带有浓厚的迷信色彩，也削弱了包拯决心要为小民伸冤的正义性格。

《救风尘》

关汉卿写了许多部以妓女生活为题材的杂剧，现存下来的只有《赵盼儿风月救风尘》、《杜蕊娘智赏金线池》和《钱大尹智宠谢天香》三部，其中以《救风尘》一部最著名。

《救风尘》是一部意义深刻的喜剧，历来对它的评价很高，认为是与悲剧《窦娥冤》同为关汉卿最重要的代表作。剧中叙述妓女宋引章因受富豪恶少周舍的甜言蜜语的迷惑，不听结拜姐姐赵盼儿的劝告，丢弃了秀才安秀实而嫁给周舍。婚后，遭受周舍百般虐待，多亏赵盼儿仗义相救，用智谋斗败了周舍，才使她跳出火坑，和安秀实重圆。周舍、宋引章和赵盼儿是剧中三个重要人物，而赵盼儿是主角，是主唱的正旦角色。

关汉卿在这部剧作中，紧紧抓住赵盼儿和周舍的矛盾、斗争来揭示赵盼儿的性格，塑造了一个机智勇敢的人物形象。

周舍是一个反面形象的典型，不过和张驴儿、鲁斋郎等相比，又有着不同的特点。他是官僚的儿子，自己又是个富商，过的是花天酒地的生活。他自己说："酒肉场中三十载，花星整照二十年。一生不识柴米价，只少花钱共酒钱。"只这四句上场诗，就把周舍一生的生活和思想面貌突现出来了。他的生活糜烂，他的灵魂更是丑恶。为了达到娶宋引章的目的，他说尽了甜言蜜语，使尽了奉承的手段，来骗取她的爱情。夏天天热他就为宋引章打扇，冬天天冷他就先替她把被窝温暖；她要出门，他就把她的衣服、首饰整理得好好儿的。幼稚而有些虚荣心的宋引章被他那些假情假意迷惑住，以为周舍真的"知重"她，从此可以摆脱这种痛苦的生涯，所以一心一意要嫁他。但当周舍把宋引章骗到手，他便露出本性，使出了种种毒辣的手段。他们刚从汴梁到郑州，一进门，周舍便打了宋引章五十杀威棒。以后更是"朝打暮骂"，还说"我手里有打杀的，无有买休卖休的（意思说不能再把她卖给人家）"。真是残忍、野蛮！

但是，任凭周舍再阴险狡诈，也不能不在赵盼儿面前遭到失算。关汉卿蓄意让赵盼儿来制裁周舍，使被压迫被侮辱的妓女们扬眉吐气。赵盼儿和宋引章不同，妓女的火坑生活把她磨练得很干练，她那敏锐的眼光早看穿了那些富豪恶少丑恶的灵魂，摸透了他们玩弄妓女的欺骗手段。她善意地劝阻宋引章不要嫁给周舍，宋引章却说周舍如何如何地"知重"她。这使她听了禁不住觉得好笑：

〔上马娇〕我听的说就里，你原来为这的，倒引的我忍不住笑微微。你道是暑月间扇子扇着你睡，冬月间着炭火煨，那愁他寒色透重衣。

〔游四门〕吃饭处，把匙头挑了筋共皮；出门去，提领系（整理衣着），整衣袂（衣袖），戴插头面整梳篦。衒（尽）一味是虚脾（虚假），女娘每不省越着迷。

〔胜葫芦〕你道这子弟情肠甜似蜜，但娶到他家里，多无半载周年相弃掷。早努牙突嘴，拳椎（捶）脚踢，打的你哭啼啼。

她看得那么清楚，事还未成就预见到将来的结局；而事情也果然是按照她的预料发展的。

赵盼儿有着一副侠义的心肠。当她知道宋引章果然被周舍虐待得难以活命的时候，便挺身而出。赵盼儿不但见义勇为，而且还很有机谋智慧。她完全抓住了周舍的弱点，经过周密计划，满有把握击败周舍，救出宋引章。

赵盼儿打扮得很漂亮，带着车马奁房，由汴梁来到郑州找周舍。她在客店里刚同周舍见面，周舍说她当初破坏他和宋引章的亲事，立刻叫关了店门要赶她出去。可是，赵盼儿不慌不忙地对周舍说："你在南京时，人说你周舍名字，说的我耳满鼻满的，则是不曾见你。后得见你呵，害的我不茶不饭，只是思想着你。听的你娶了宋引章，教我如何不恼？"这几句话把个周舍说迷了，完全击中了他的要害。接着她又安排好让宋引章来客店吵闹，并借此为口实，说宋引章不贤惠，要周舍休了她，以骗取休书。周舍也很狡猾，他耽心休了宋引章而赵盼儿又不嫁给他，岂不"做的个尖担两头脱"，就逼着赵盼儿赌咒发誓，和他吃羊、饮酒为定。赵盼儿是发了"重誓"了，但羊、酒却不让周舍去买，而拿出自己准备的，还对周舍说："你争甚么那？你的便是我的，我的就是你的。"说的多么甜蜜，周舍再狡猾也逃不出她的圈套了。周舍惯会用甜言蜜语骗人，但是贪财好色的本性，听着"柔情蜜意"的言语，见着那车马奁房，说什么也不能轻易放过，终于写下了离弃宋引章的休书。

休书是赚到手了，赵盼儿也带着宋引章走了，但斗争还没有结束。周舍发觉自己上当后，赶着来从宋引章手里骗回休书，并把它咬得粉碎，恶狠狠地要她们两个都跟他回去。但这已经晚了，周舍是步步地陷于被动，赵盼儿则完全站在主动的地位。他提出赵盼儿曾和他吃羊、饮酒为定，赵盼儿便给顶了回去，说羊、酒是自己带来的，不能算数。他又想抓住发誓的把柄，赵盼儿干脆把他奚落一顿："俺须是卖空虚，凭着那说来的言咒誓为活路。遍花街请到娼家女，那一个不对着明香宝烛，那一个不指着皇天后土，那一个不赌着鬼戮神诛？若信这咒盟言，早死的绝门户。"你周舍休想拿这个做凭据，做妓女的发个誓是很平常的，而它本来也不可信，管什么用。周舍对赵盼儿是失败了，但还不死心。他以为休书已经撕碎，便转而逼宋引章跟他回去。宋引章惊慌害怕，赵盼儿却很镇定，并安慰她说："妹子，休慌，莫怕，咬碎的是假休书。"原来赵盼儿事前已经料到这一着，便预先把假休书偷换了宋引章的真休书。周舍到了这步田地还不肯罢休，硬要拉着她们去见官。赵盼儿她们有休书作凭据，又有充分的理由，官府只好办了周舍的罪，把宋引章判给安秀实。在公堂上，赵盼儿最后还把周舍痛骂一顿："这厮心狠毒，这厮家豪富，衔一味虚肚肠，不踏着实途路。""宋引章有亲夫，他强占作家属。淫乱心情歹，凶顽胆气粗，无徒（指泼皮无赖的人），到处里胡为做。"真是痛快淋漓！

周舍完全失败了，赵盼儿取得了胜利。在这场曲折的斗争中，赵盼儿表现了她那机智、勇敢的性格和敢于斗争的精神。关汉卿所以能把赵盼儿写得这样成功，是由于他十分熟悉和同情妓女的生活遭遇。在封建社会，妓女被压在最底层，受尽侮辱和欺凌。她们想跳出火坑，摆脱这种非人的生活，但这又谈何容易，宋引章嫁周舍就是一个例子。赵盼儿以她亲身阅历所得的认识是："寻前程，觅下梢（终局、结局），恰便是黑海也似难寻觅。"关汉卿深刻地揭露了娼妓制度的罪恶，而更为可贵的，是作者还看到在这群妓女身上，却蕴藏着正直的品德和反抗的精神。他概括了这种品德和精神，加以夸张，赋予乐观的、胜利的理想，对于鼓舞当时被压迫、被损害者的斗争意志有着一定的作用。

《望江亭》

《望江亭》，全名叫《望江亭中秋切鲙》，又称《望江亭中秋切鲙旦》，也简称《切鲙旦》。

《望江亭》也是一部喜剧，在人物形象以至风格上，跟《救风尘》有相似之处。剧中也写了一个敢于身入虎穴、智败敌人的妇女——谭记儿。但是，谭记儿和赵盼儿又有着各自不同的生活道路：一个是学士夫人—寡妇—地方官夫人，一个是风尘妓女；一个是为保护自己的爱情和幸福，一个是为救护结拜的妹妹跳出火坑；一个所遇的对手是带着皇帝御赐的金牌势剑来取她丈夫首级的权豪势要，一个所遇的对手是狡猾、狠毒的富豪恶少。这就决定了她们的思想性格和行为各具特征。

戏是从年轻的谭记儿过着寡居生活开始的。这时，她的丈夫已经亡故三年了，她寡居无聊，每日到清安观和白姑姑闲谈。寡妇生活使她感到痛苦，"这愁烦，恰便似海来深，可兀的无边岸"！她不甘心永远这样过下去，不愿遵守"三贞九烈"的封建礼教，而想再嫁个丈夫；但一时又很难找到对爱情真挚坚贞的意中人。

新任潭州（湖南长沙）地方官白士中来到清安观，使谭记儿结束了寡居生活。经过白姑姑的撮合，她嫁给白士中为妻，跟他一起上任。按照封建礼教所宣扬的"饿死事小，失节事大"，年轻的寡妇必须守节，不能再嫁。但这个曾经是学士夫人的谭记儿，竟是如此"胆大妄为"，居然嫁起人来，这无疑是对封建礼教的一种反抗。

一对夫妇刚在过着新婚后的美满生活，但一阵风暴又袭来了。随着杨衙内（宋元时称官家子弟为衙内）的出现，情势立即紧张起来。杨衙内是一个有权有势的"花花太岁"，他因为谭记儿模样儿很美丽，就"一心要她做个小夫人"。如今见谭记儿被白士中娶了去，便怀恨在心，在皇帝面前妄奏白士中"贪花恋酒，不理公事"，并讨来金牌势剑，亲自到潭州去斩取白士中的首级。杨衙内是如此的霸道、狠毒，为了夺取别人的幸福，竟至阴谋杀人。一场尖锐的斗争就这样展开了。

面对着这场灾祸，白士中惊慌、忧虑，但谭记儿却十分镇定，毫无惧色。下面是他们两人一段生动、精彩的对话：

〔正旦云〕原来为这般。相公，你怕他做什么？〔白士中云〕夫人休惹他，则他是花花太岁！

〔正旦唱〕

〔十二月〕你道他是花花太岁，要强逼的我步步相随。我呵，怕什么天翻地覆，就顺着他雨约云期。这桩事，你只睁眼儿觑者，看怎生的发付他赖骨顽皮。

〔尧民歌〕呀，着那厮得便宜，翻（反而）做了落便宜（失去便宜），着那厮满船空载月明归；你休得便乞留乞良（悲痛时口鼻中发出的抽噎声）捶跌自伤悲。你看我淡妆不用画蛾眉，今也波日（今日。"也波"，衬字）我亲身到那里，看那厮有备应无备。

〔白士中云〕他那里必然做下准备，夫人，你断然去不得。……
〔正旦云〕相公，不妨事。〔唱〕

〔煞尾〕我着那厮磕着头见一番，恰便似神羊儿（跪缚着祭神的羊）忙跪膝。直（就）着他船横缆断在江心里，我可便智赚了金牌，着他去不得。

这些话里表现了谭记儿的英勇气概和充满着必胜的信心。

在第三折里，谭记儿扮成渔妇张二嫂，趁着皎洁的中秋月夜，驾一叶孤舟，到江边望江亭见杨衙内。她很聪明机智，见了杨衙内就是一番恭维："媳妇孝顺的心肠，将着这尾金色鲤鱼，一径的来献新；可将砧板刀子来，我切鲙（切鱼片）哩。"杨衙内经不住谭记儿几句奉承的话，又和他饮酒做诗，就被弄得神昏智迷，不由自主了。谭记儿终于顺利地把金牌、势剑、文书一一弄到手，然后不慌不忙地胜利而归。临走时，她还将醉得糊里糊涂的杨衙内嘲笑一番："我且回身将杨衙内深深的拜谢，您娘向急飐飐船儿上去也，到家对儿夫尽分说，那一番周折。""从今不受人磨灭（压迫），稳情取（必定能够）好夫妻百年喜悦。"

到这里，谭记儿的胜利，杨衙内的失败，已经是很清楚了。但关汉卿还安排了一个公堂的场面，让杨衙内当众出乖露丑，把淫词当文书宣读，并让谭记儿最后当着杨衙内的面挖苦他一顿："杨衙内官高势显，昨夜个说地谈天，只道他仗金牌将夫婿诛，恰元（原）来击云板（云头形的一种响器）请夫人见。只听得叫吖吖嚷成一片，抵多少笙歌引至画堂前。看他可认的我有些面善？"这段话真是锋芒四射，最后完成了这个机智勇敢的人物形象。

谭记儿是一个富有传奇色彩的人物，但并不使人感到滑稽离奇，而是令人感到真实可信的。这是由于关汉卿在创作这部作品、塑造这个形象时，是建筑在对现实的深刻认识和真实反映的基础上，而又热情地赋予某些理想的。因此，这个形象在一定程度上体现了那个社会里人民群众所具有的聪明智慧和反抗压迫的斗争精神。虽然,如谭记儿在望江亭上一夕而赚得金牌势剑等情节,在现实生活中不一定存在,但这并不是"情理欠圆",而是作者以他的理想表达了人民的要求和愿望。

这个剧本的第一折有较显著的缺点,如白姑姑和白士中定计赚婚和对谭记儿的恫吓、要赖,使人物形象的完美受到了一定的影响。

《拜月亭》和《调风月》

《拜月亭》,只存《元刊古今杂剧三十种》本,全剧由四折前加楔子组成,但曲词微有脱落,宾白不全,情节不能清楚了解。元末的南戏《拜月亭》(又名《幽闺记》),系脱胎于关汉卿的《拜月亭》,其情节大体沿用关剧而又有所丰富创造。因此,凭借南戏《拜月亭》,可以使我们较清楚地了解关剧的基本情节。

楔子:蒙古发兵将攻金中都,金朝派兵部尚书王镇到前线去视察军情,临行时,与夫人、女儿王瑞兰(剧中女主角)等挥泪而别。

第一折:蒙古兵攻破中都,金朝南迁,王瑞兰随母亲逃难;书生蒋世隆(剧中男主角)也带着妹子蒋瑞莲逃乱。在乱军中,母女、兄妹彼此相失。王夫人寻女不见,与瑞莲相遇,遂认为养女,一路南奔。王瑞兰寻母不见,偶遇蒋世隆,因兵荒马乱,单身妇女容易被军兵掳掠,只好和他假装夫妇,共伞而行。两人经过一座山寨,被小喽啰捉上山去。山寨主陀满兴福原是忠良之后,因父亲被奸臣谗害,一人逃难在外,遇蒋世隆相救,并曾结拜为兄弟。后来他投奔到这座山寨上做了寨主。此时兄弟相会,十分欢喜。陀满兴福便要他们留在山上,他们不愿意。

第二折:蒋世隆与王瑞兰在一个镇店里成了亲。婚后,蒋世隆忽染重病,王瑞兰为他延医诊治,日夜服侍。恰巧王镇路过此镇,也到店中歇宿,无意中父女相会。王镇得知她和蒋世隆结为夫妇,而蒋又是个穷秀才,非常恼怒,立即强迫瑞兰跟他一同回去。

第三折:王瑞兰回家后,和义妹蒋瑞莲一起生活。她恨父亲的势利,怀念着病卧客店的丈夫，终日闷闷不乐，但又不便对瑞莲倾吐真情。一天夜里，她在花园烧香，对月拜祷，祝愿夫妻早日团圆。不意被蒋瑞莲暗中窥破，只得以实相告。这时才明白原来两人是姑嫂。这是著名的《拜月》一折，剧本的名称就是从这里来的。

第四折：蒋世隆和陀满兴福分别得中文、武状元，王镇要将瑞兰和瑞莲许配他们。瑞兰虽然一心想等候蒋世隆，但在王镇的强迫下屈从了。碰巧在筵席上，世隆与瑞兰相会，又经瑞莲说明原委，于是世隆与瑞兰、兴福与瑞莲各成为夫妇，以大团圆告终。

在这个剧本里，关汉卿是通过家庭间父女的冲突，来反映封建社会中一个尖锐的问题——婚姻问题，揭露封建家长制和嫌贫爱富观念的丑恶，赞颂青年男女对合理爱情的要求。

王镇是一个极其虚荣自私、冷酷无情、凶狠专横的人物。他不念蒋世隆曾经在兵荒马乱中扶助过自己的女儿，而今正身染重病，却将他孤零零地撇在客店，不管他是否有"残生丧，一命亡"的危险；也不顾女儿的讲情说理，苦苦哀求，一点也不"哀怜悯恤"，"横拖倒拽"地强将他们拆散。他所以要这样做，除去因为他们的结合是违背了封建礼教之外，还因为蒋世隆是个穷秀才，没有富贵权势。后来他不管女儿已经是有夫之妇，还强迫她再嫁给新科状元，以图显耀。这个形象的塑造，在封建社会里是有典型意义的。

王瑞兰则是一个纯洁、坚贞的少女，同她父亲嫌贫爱富、冷酷专横的思想性格格格不入。她与蒋世隆患难相扶而结成夫妇，虽然后来被父亲强迫和他分离，可是她对爱情的坚贞却没有改变。临别时，她千叮咛万嘱咐，要蒋世隆自己好好地养病，等痊愈后再来南京（河南开封）相会。她向蒋世隆表示："宁可独自孤媚，怕他大抑勒我别寻个家长（丈夫），那话儿便休想。"更可贵的，是她那种不为富贵而转移情操的品格，"那玉砌朱帘与画堂，我可也觑得寻常"，这正和王镇的嫌贫爱富形成了鲜明的对比。

王瑞兰不仅对爱情坚贞，而且还具有一定的反抗性。她对父亲强将她与蒋世隆拆散深为不满，甚至骂他是"猛虎狞狼，蝮蝎顽蛇"。在王镇为她招亲时，她又指责他"违着孩儿心，只要遂他家愿。……不顾自家嫌，只要旁人羡"。这些思想行为，在封建家长制统治和封建礼教束缚的社会里，实际上是"大逆不道"的。

但是，王瑞兰毕竟是相府的千金小姐，她对做山寨主的陀满兴福很厌恶，对蒋世隆和他结交也不满意，责备他不该"也待风高学放火，月黑做强贼"。她所盼望的，是丈夫将来能够做官发迹，夫荣妻贵。她虽然对父亲强将她和蒋世隆拆散深为不满，但只能限于背后的咒骂，而不能以正面的行动直接反抗父亲的压制，甚至当王镇强迫她改嫁时，她也只好无可奈何地屈从了。这里需要指出，关汉卿在第四折的这段描写是有缺点的。王瑞兰的被迫答应改嫁和蒋世隆一做了官就随便接受媒人的说亲，和前面所表现的对爱情坚贞不二的思想性格不统一，而且是有所损害的。作者虽然作了偶然性的安排，让他们在筵席上相认，终于得到团圆，但也不能避免这种团圆所带有的妥协性质，降低了剧本的思想意义。南戏《拜月亭》对这一情节作了改动，强调蒋世隆和王瑞兰都坚持己见，不肯改变初心接受婚事，弥补了关剧的缺点（但南戏写他们不肯再婚是因为要坚守"三贞九烈"的封建道德，封建说教的气息较浓厚）。

在这个爱情故事的背后，关汉卿还深刻地揭示出当时人民在蒙古贵族对金朝的战争下妻离子散、生灵涂炭的悲惨景象。"干戈动地来，横祸事从天降；爷娘三不归，家国一时亡。龙斗来鱼伤。"其结果是造成了"白骨中原如卧麻"。这是作者对于不义战争悲愤的控诉。

这个剧本的曲辞很优美，写景写情都达到很高的境界。而其妙处尤在景无虚写，以景寄情，情景结合，象王瑞兰和她母亲在逃难时所唱的《油葫芦》一曲，就是十分脍炙人口的；第三折中王瑞兰唱的一支《呆古朵》，也写得很精彩。下面举《油葫芦》这支曲子为例：

〔油葫芦〕分明是风雨催人辞故国，行一步一叹息，两行愁泪脸边垂，一点雨间一行凄惶泪，一阵风对一声长吁气。嘘（感叹之声）！百忙里一步一撒；嗨！索与他一步一提。这一对绣鞋儿分不得帮和底，稠紧紧粘糇糇带着淤泥。

这飒飒秋风、凄凄暮雨的描写，更增加了在兵荒马乱中逃难的母女凄惶、哀怨的气氛。

《调风月》，现存的《元刊杂剧三十种》本也是宾白极不完全，因而我们对全剧的人物、情节及其具有的社会意义，不能了解得很清楚、全面。

这个剧本的女主角叫燕燕。她是金朝洛阳一个贵族家里的婢女，为人精细伶俐、泼辣倔强。一天来了一个客人小千户（剧中男主角，姓名不知。千户是官名，为世袭军职），燕燕奉夫人之命去服侍他。小千户看上了燕燕，而燕燕也对他发生了爱情。原先她怕男人不忠实而受欺骗，不愿意随便嫁人，这次却改变了主意了。这是因为燕燕把小千户看成是忠实的"好郎君"，嫁了他不但有了依靠，更重要的是可以摆脱掉奴隶的生活。但她所寄予无限期望的这个貌似"志诚"的公子，却原来是一个最不"志诚"的"黑心贼"。他对燕燕甜言蜜语，献殷勤，只是为了玩弄这个丫头而已，才不过几天光景，他又爱上了一个贵族小姐——莺莺，把燕燕甩掉了。

燕燕虽然处在最卑贱的地位，受着残酷的压迫，但她并不甘心受人欺侮。当她发现莺莺赠给小千户的那条手帕时，她愤怒地责问小千户，骂他是"辜恩负德贼"。当小千户来到她房里假意赔礼时，燕燕冲着他讥嘲了一顿："煞是多劳重降尊临卑，劳长者车马，贵脚踏于贱地，小的每多承谢。"之后，便把他撵走。后来在小千户和莺莺成亲拜堂时，她又当众大闹喜堂，并把小千户欺骗她的事实全部揭露出来。这些都是燕燕在遭受欺骗、侮辱后满腔愤怒的发泄，有着一定的反抗意义。

这个剧本在思想上和人物性格的描写上都存在着明显的局限性。燕燕要求摆脱奴隶生活的想法是合理的，但她把希望寄托在统治阶级的身上，却只能是一个不切实际的幻想。剧本对于燕燕反抗性格的描写也不明确。燕燕最后做了小千户的第二个夫人，并表示"只得和丈夫一处对舞，是燕燕花生满路"。这是一种妥协的、虚假的"团圆"结局，实际上燕燕做了小千户的妾，仍然只能是悲剧的遭遇，不可能有"花生满路"的前途。不过从全剧来说，它的成就还是应该肯定的。这主要表现在对奴隶被压迫、被侮辱遭遇的同情，一定程度上反映了她们要求摆脱奴隶地位的愿望，揭露和批判了小千户之类的封建统治者的虚伪和残暴。在掠人为奴的元代社会，法律规定奴婢只有被打杀没有还手的权利的情况下，还是有其现实意义的。

《单刀会》及其他

在关汉卿的全部剧作中，历史剧占有一定的数量，其中以《单刀会》最著名。《单刀会》现在传世的有两个本子，一是《元刊古今杂剧三十种》本，题作《关大王单刀会》，曲辞有脱落，宾白不全；一是明脉望馆钞校《元明杂剧》本，题作《关大王独赴单刀会》，曲白俱全，较便阅读。两个本子在人物、情节和曲白上有所差异，各有优点，这里所据的是明钞本。

这个剧本是写三国时吴蜀争夺荆州的故事：吴国鲁肃定计设宴，请蜀汉守荆州的大将关羽赴宴，准备于席间逼他交还荆州；关羽毅然单刀赴会，于杀机四伏中制伏了鲁肃，胜利而归。这是部末本戏，剧中的主角是关羽。但它和前面介绍过的末本戏在体例上有所不同，在这个剧本里，正末不是扮一个人物，而是先后分扮三个人物：第一折扮乔公，第二折扮司马徽，第三、四折扮关羽。在表现手法上也很别致，主角关羽没有在第一折和观众、读者见面，到第三折才出场。

在前两折写的是吴国方面，但实际上却是在写关羽。鲁肃定下三计，准备索取荆州，自以为很有把握取得胜利。他先后同乔公、司马徽商议，但他们都不赞成他索取荆州，认为结果必然失败。他们再三引述关羽过去的那些英雄业绩，曾经杀车胄、诛文丑、刺颜良、斩蔡阳，"千里独行觅二友（刘备、张飞），匹马单刀镇九州"。他们把他描绘得威风凛凛、勇不可当："他上阵赤力力三绺美髯飘，雄赳赳一丈虎躯摇，恰便似六丁神簇捧定一个活神道。那敌军若是见了，唬的他七魄散五魂消。"作者先不直接从正面写关羽，而先出之于乔公、司马徽之口，从反面、侧面一再加以烘托，使英雄形象在人们心目中造成深刻的印象，制造了强烈的气氛。这样，关羽一出场，人们立即便被吸引住了。

在第三折，作者主要通过关羽和关平父子间的谈话，正面、直接地塑造英雄的形象。关羽明知鲁肃设下的"不是待客筵席"，而是"杀人的战场"，但仍然准备"亲身便往"，表现了他无所畏惧的英勇气概。第四折则是写关羽的赴会和同鲁肃的直接冲突，把戏引入了高潮。

关羽驾着一叶小舟，在波涛滚滚的大江中，对着江景抚今思昔，慷慨高歌，抒发英雄的情怀。他唱：

〔双调新水令〕大江东去浪千叠，引着这数十人，驾着这小舟一叶。又不比九重龙凤阙，可正是千丈虎狼穴。大丈夫心烈，我觑这单刀会似赛村社（旧时农村中逢社日的迎神赛会）。

〔驻马听〕水涌千叠，年少周郎（周瑜）何处也？不觉得灰飞烟灭！可怜黄盖转伤嗟，破曹的樯橹一时绝，鏖兵的江水犹然热，好教我情惨切！〔云〕这也不是江水。〔唱〕二十年流不尽的英雄血！

前一支曲子生动地表现出关羽在进入一场险恶的斗争之前如何地藐视敌人、不畏险恶的凌云豪气；后一支曲子则是关羽面临着吴蜀的盟友关系将被鲁肃破坏的局面而发出的深长感慨。凡是读过宋朝大词人苏轼"大江东去，浪淘尽，千古风流人物"（《念奴娇·赤壁怀古》）名句的人，看到这两支曲子都会自然地发生联想。关汉卿熔铸了苏词，发挥了那种"铜琶铁板"式的豪迈风格，经过自己的独创，出色地表现了关羽的英雄性格。

在宴会上，关羽镇定自若，以理和威来对付鲁肃，终于斗败了鲁肃。当他脱离了险境的时候，面对着江上的清风明月，满怀着胜利的喜悦，又唱出一支精彩的曲子：

〔离亭宴带歇指煞〕我则见紫袍银带公人列，晚天凉风冷芦花谢，我心中喜悦。昏惨惨晚霞收，冷飕飕江风起，急飐飐（形容船顺风疾行）帆招惹，承管待、承管待，多承谢、多承谢。唤梢公（船夫）慢者，缆解开岸边龙，舡（船）分开波中浪，楫搅碎江心月。正欢娱有甚进退，且谈笑不分明夜（日夜）。说与你两件事、先生记者：百忙里趁（称）不了老兄心，急且里（急迫之中）倒不了俺汉家节！

这里表现的是另外一种心情，关羽已不是赴会途中那种高昂激越和缅怀往事的慨叹，而是轻松舒缓、充满着无限愉快和自豪的心情。戏到这里戛然而止，煞得很有力量。关羽的英雄形象，始终令人回味无穷，难于忘怀。

关汉卿创作这个剧本，虽是以历史生活为题材，但仍然有着明显的倾向性和现实意义。处在民族压迫和阶级压迫严重的时代，作者着意描绘了关羽对敌斗争的勇气和威武、智慧的性格，无疑可以激发人们的英雄气概，鼓舞人们斗争的意志和坚定人们胜利的信心。不过，关汉卿所写的关羽，带有较多的封建正统思想，这是需要指出的。

关汉卿除创作杂剧外，还写了不少散曲。现在题名为关汉卿的散曲作品，计有套数十四，小令五十七；其中有一部分可能不是关汉卿所作。这些散曲，较多是抒写男女间的爱情和离愁别恨，也有一些是描绘自然景物和抒写自己的思想性格的，从中可以看出关汉卿思想、生活某些方面的情况。我们在前面提到的三套《南吕一枝花》，即《不伏老》、《赠珠帘秀》和《杭州景》，是关汉卿散曲中有名的作品。总的说来，关汉卿的散曲不如杂剧的成就高、影响大，反映的生活面比较狭窄，思想性不很高，其中一部分作品情调很不健康。对于这部分作品，应当批判，不应该赞许。

四 深刻的思想

关汉卿一生创作了六十多个剧本，就数量上说，已经是很可观的了。但更重要的是，在他的作品中有着强烈的斗争精神，对元朝统治下的封建社会的黑暗和残酷，作了深刻的揭露和无情的抨击，对被压迫被损害者寄予深切的同情，并且热情地歌颂了他们高贵的品格和不屈的斗争意志。这就是关汉卿剧作中所体现的思想特色。

关汉卿在他的杂剧作品中，描绘了元代社会政治的黑暗、残酷和人民生活悲惨的种种面貌。我们看到了官吏（如桃杌）的贪赃枉法，权豪势要（如鲁斋郎、葛彪、杨衙内）的横行霸道，封建家长（如王镇）的专制蛮横，地主土豪（如《五侯宴》的赵太公）的贪婪狠毒，富豪恶少（如周舍、小千户）的阴险残暴，流氓地痞（如张驴儿）的刁恶无赖……同时，我们也看到了象银匠李四被迫害得一家妻离子散，穷苦平民王老汉平白无故地被打死在长街，妓女宋引章受凌辱，婢女燕燕被玩弄，年轻寡妇窦娥更是无辜被屈斩而造成了惊天动地的冤狱，即使像王瑞兰、谭记儿的美满婚姻，也几乎被拆散。他们的生活遭遇各不相同，但一样都是封建势力的迫害对象。关汉卿深刻地揭露出封建统治阶级中各种各样人物丑恶的灵魂和卑劣的品质，并加以严厉的抨击。通过这一系列的反面人物，我们可以看出，作者所揭露和打击的并不只是元代社会中的个别人物和个别事件，而是触及到那个社会生活中许多重大的问题。诸如腐朽的官僚制度、横暴的家长制度、罪恶的娼妓制度以及高利贷剥削等等，都是他揭露、抨击的目标。在他的笔下，封建官府就是"衙门从古向南开，就中无个不冤哉"；封建官吏、皇亲国戚都是贪赃枉法、横行霸道。在《救风尘》中，他通过赵盼儿说出了妓女的毫无出路："寻前程，觅下梢，恰便是黑海也似难寻觅。"在《金线池》中，他通过主人公杜蕊娘发出了对妓女遭遇的不平之鸣："我想，一百二十行（泛指各种行业），门门都好着衣吃饭；偏俺这一门，却是谁人制下的？忒低微也呵！"她因为年纪大了，不甘心"老死在风尘"，想嫁人图个结局，但鸨儿偏不允许，并且说："丫头，拿镊子来镊了鬓边的白发，还着你觅钱哩！"自己的亲娘尚且如此蛮横凶狠，其他妓女的遭遇就更可想而知了。在《五侯宴》中，作者描写了赵太公的"瞒心昧己使心毒"。他不仅把乳母王李氏的典身文书私自改做卖身文书，以便永远奴役她，并且对她极尽打骂虐待之能事。他借故便要摔死她的幼儿，虽经王李氏的哀求，还是硬逼她把孩子抱出去扔掉或给人。赵太公死后，他的儿子赵脖揪继承了他的衣钵，对王李氏仍然是百般打骂虐待。通过赵家父子，关汉卿深刻地揭露了地主阶级残酷压迫和剥削劳动人民的狰狞面目。

关汉卿剧作的思想成就，更重要的还表现在他对被压迫者的深厚同情，满怀热情地歌颂他们美好的品格和不屈的斗争意志，并赋予他们以胜利的理想。这是关汉卿杂剧作品中最有光彩的地方。

在关汉卿的剧作中，那些被压在最低层的妇女，受到了特别的重视；从现存的十几部剧本看，以妇女为主角的就占十二部。描绘的人物多种多样，题材很广泛，而且有不少是和被压迫者同封建统治阶级的矛盾和斗争有关。象窦娥、赵盼儿、谭记儿、王婆婆等人物，都不甘心屈服于黑暗势力，即使斗争失败了也不灰心，仍然要"争到头，竞到底"。她们敢于和流氓恶霸、大臣权贵以及官府衙门作斗争，甚至敢于斥责封建统治阶级最尊奉的天地鬼神。而在这些斗争中，她们又总是胜利者，象贪官污吏桃杌，权豪势要鲁斋郎、葛彪、杨衙内，花花公子周舍，流氓地痞张驴儿等人，最后都被她们击败。在关汉卿的笔下，"总是写压迫者，看去象是强大而实际腐朽无能，被压迫者看似卑微而确具有无限智慧和力量，因此他们敢于反抗，甚至死而不屈，终于取得胜利"（陈毅：《关汉卿戏剧创作七百年纪念大会题词》）。这就使他的剧作能够增强人们的斗争意志和胜利信心。

从这里，我们还可以看出关汉卿的剧作中表现了反对民族压迫的精神。关汉卿生活在阶级压迫和民族压迫相交织的时代，他的作品既然表现了对压迫者猛烈的抨击，对被压迫者深厚的同情和热情的歌颂，那末就这个特定的社会环境来说，他显然也是以民族的痛苦和希望作为自己创作思想的组成部分。关汉卿的剧作都带有浓厚的时代气氛，蕴蓄着激愤的思想感情和雪仇的信念，这都与他的反对民族压迫的思想密不可分地渗透在一起。不过，作者的这种思想并不是直接地说出来，而是曲折地、含蓄地表现出来的。即如在《单刀会》等历史剧中，通过对关羽等历史英雄人物的歌颂，也在一定程度上反映了作者的民族感情。

关汉卿在剧作中不仅抨击了黑暗的现实，还描写了他认为合理的理想社会。他希望政治清明，世道公平，在那里没有贪赃枉法，没有胡作非为；希望出现象包拯等这样正直的官吏来主持公道，"将滥官污吏都杀坏"，为"万民除害"。关汉卿在剧作中寄托的这种理想，在一定程度上反映了当时被压迫人民的心理和愿望。但是，关汉卿毕竟是封建时代的文人，他的社会政治理想不可能超越封建主义的范畴。他把希望寄托在"圣明君"、清官身上，这是找不到一条真正解决问题的道路的。在他的许多剧本中，总要由清官出来解决问题，"与天子分忧"，显示"王法无亲"，皇恩浩荡，歌颂君圣臣贤。《鲁斋郎》、《蝴蝶梦》一类的"公案剧"，不用说是贯串着这种思想；即如《窦娥冤》、《救风尘》、《望江亭》等，本来剧中的主人公或者至死不屈，对黑暗的社会发出了激愤的控诉，或者运用她们的勇敢和智慧斗败了敌人，但最后却由窦天章、李公弼、李秉忠等"清官"来判案，宣示"圣恩"，作为收结。在《陈母教子》中，这种思想表现得更为突出。作者虽然批判了陈良佐的"贪图财利"，但其主旨却在于表彰陈母的"教子有方"，在她苦心训导下，三个儿子都致志于功名，中了状元，能够"治国安邦"、"助王纲"。由此可见，关汉卿这种圣君贤臣政治的社会理想，是有其时代的局限性和阶级的局限性的。这种理想的社会政治在现实生活中并不存在，它只能使人们把对压迫者的雪冤复仇的希望寄托在最高封建统治者的"圣恩"上面，麻痹了斗争的意志，实际上起了缓和阶级矛盾的作用。

关汉卿的剧作虽然表现了对妇女问题的重视，但也存在着一些庸俗无聊的不健康的因素。例如《玉镜台》把本来是悲剧的事件勉强地变成庸俗的喜剧，《金线池》的杜蕊娘在石府尹的威逼下勉强和韩辅臣团圆，以及前面提过的《望江亭》第一折关于白士中定计对谭记儿赚婚的场面，都表现了他在看待妇女问题上的思想缺陷。此外，关汉卿的剧作中也还存在其他一些思想局限，如《窦娥冤》、《蝴蝶梦》、《陈母教子》等都渲染节孝的封建道德和迷信鬼魂等。

关汉卿是生活在七百年前封建社会里的剧作家，和其他一些优秀的古代作家一样，他的思想有进步的一面，也有落后的一面；在他的作品中，有民主性的精华，也有封建性的糟粕，需要批判地对待。但从总的倾向来看，他的思想的进步性和剧本的民主性精华是主要的。在"如箭穿着雁口，没个人敢咳嗽"的封建专制残酷统治的时代，他能够写出这么多优秀的作品，这是很可贵的。如果和同时代的剧作家相比，关汉卿无疑是最优秀的一个。就拿被称为元剧四大家（关汉卿、马致远、白仁甫和郑光祖）之一的马致远来说，他的杂剧如《吕洞宾三醉岳阳楼》、《开坛阐教黄粱梦》（与李时中、红字李二、花李郎等合写）等，虽也表现了对现实的某些牢骚、不满，但精神的贯注和问题的解决，却是隐晦的，逃避现实的，甚至对人生作了根本的否定，宣扬了登仙得道等宗教迷信思想。关汉卿则不同，他理想的是对现实障碍的征服，而不是逃避现实去寻找"别有洞天"的仙境。他的作品不仅对黑暗的社会现实进行猛烈的抨击，并且给人们以勇敢斗争的力量，因而他受到历代人民的喜爱和珍视。

五　卓越的艺术

关汉卿的剧作所以有生命力，除去具有深刻的思想性外，还在于具有卓越的艺术成就。

关剧的艺术成就，首先表现在现实主义和积极浪漫主义的高度结合。关汉卿敢于正视现实。他生活在下层人民之中，不但熟悉当时的社会生活，而且是非、爱憎分明。因此，在他的剧作中揭露了封建社会生活中许多带有本质意义的矛盾和冲突，深刻地反映了元代的社会现实。这从前面介绍过的《窦娥冤》、《鲁斋郎》、《救风尘》、《望江亭》等杂剧中可以看得出来。明朝人韩邦奇曾经把关汉卿和汉朝的历史家司马迁并列，就是说他的杂剧可以称为元代社会现实的一面镜子。

关汉卿立足于现实，但并不是机械地摹写现实。他揭露了社会的黑暗，描述了被压迫者的苦难，但并不以此为满足，而是进一步地表现了被压迫者所具有的反抗精神，集中地体现出人民的希望和理想。就是说，他把现实主义和积极浪漫主义很好地结合起来。作为戏剧作品，这种结合主要是通过人物形象的塑造体现出来的。窦娥的骂官府、骂天地鬼神的反抗精神，谭记儿、赵盼儿的不畏强暴、制伏对手的勇气和智慧，显然是作者概括了现实生活中被压迫者的斗争精神而又把它理想化了的。在《单刀会》中，关羽"豪气三千丈"的形象，也是以"威震华夏"的历史事迹为基础，而又表现了作者的理想的。这就使我们读他的剧本时，总觉得有一股积极向上的力量，喜剧如《救风尘》、《望江亭》固不必说，就是象悲剧《窦娥冤》，也毫不令人感到情绪低沉，悲观失望。

关剧的浪漫主义精神，是和作者善于运用浪漫主义的表现手法分不开的，在人物和情节的许多方面都作了大胆但是合理的想象、夸张。窦娥在法场上的三桩誓愿，谭记儿在望江亭一夕而骗到金牌势剑，都是作者对浪漫主义手法的积极运用，它有助于更好地体现出浪漫主义的精神。这种夸张的、浪漫主义的手法，在塑造反面人物方面，表现得也很突出。且看《窦娥冤》中对桃杌太守的描绘：

> ［净扮孤引祗候上，诗云］我做官人胜别人，告状来的要金银；若是上司当刷卷，在家推病不出门。下官楚州太守桃杌是也。今早升厅坐衙，左右，喝撺厢。
> ［祗候幺喝科］
> ［张驴儿拖正旦、卜儿上，云］告状，告状。
> ［祗候云］拿过来。
> ［做跪见。孤亦跪科，云］请起。
> ［祗候云］相公，他是告状的，怎生跪着他？
> ［孤云］你不知道，但来告状的，就是我衣食父母。

寥寥几笔，把桃杌这个贪赃枉法、草菅人命的官吏的卑劣、丑恶的灵魂，刻画得入木三分，使其丑态毕露，更能激起人民对他的憎恨。

关汉卿卓越的艺术才能，还表现在善于塑造典型的人物形象，刻画出人物深邃、复杂的内心世界。

关汉卿笔下的人物形象，总是鲜明地带着那个时代和阶级的烙印；但同时又是有血有肉，生动具体，个性特征都很鲜明。同是勇敢机智的妇女，谭记儿是学士、地方官夫人，又有文化素养，性格近于雅静；赵盼儿是妓女，就显得泼辣不驯。即使同是妓女的赵盼儿和宋引章，同是贵族特权阶级的鲁斋郎和杨衙内，他们之间也都有着明显的区别：久历风尘的赵盼儿的老练，不同于缺乏社会经验的宋引章的幼稚；鲁斋郎的凶蛮也有别于杨衙内的庸蠢。关汉卿不仅能写出不同阶级或阶层的人物，也能写出同一阶级或阶层的人物，由于不同的生活环境而形成不同的性格。

在读关汉卿的剧本时，我们会感到他笔下的人物栩栩如生，性格鲜明。象窦娥被绑赴刑场时，骂官府，骂天地鬼神，是何等愤激刚烈。但作者并不仅仅写她这一方面，紧接着他把笔锋转了一下，细致地刻画了窦娥深恐婆婆看见她披枷带锁绑赴法场受刑和嘱咐婆婆为她祭奠的心理活动。对于窦娥这样一个孤女寡妇，又遭此不白之冤，在行刑前有这种怜惜、悲惋的心情，是很自然的。又如张珪被鲁斋郎所迫，瞒着妻子，亲自把她送往鲁斋郎家时，在路上唱的《南吕一枝花》、《梁州第七》等曲子，也恰当地表达出他那愤慨、痛苦而又无可奈何的复杂心情。

关汉卿在塑造人物形象时，往往是把他们置于矛盾的尖端，在冲突的发展中来刻画，而不是静止地来描写的。这样，人物的戏剧性很强，性格鲜明突出。窦娥、赵盼儿、谭记儿这些人物，几乎有一个共同的特点，即开始时都很普通平凡，看不出有多大作为。但当冲突一展开，她们的思想面貌就发生了显著的变化，一个个生龙活虎，斗争性很强烈。例如赵盼儿、谭记儿勇敢机智的性格，就是通过她们同周舍、杨衙内正面的斗争，在斗争的漩涡中施展出各种手段，一步一步地斗败了对手而表现出来的。关汉卿这样来表现人物，不仅符合人物性格发展的特点，而且气氛紧张热烈。关汉卿的剧本不是那种只供案头阅读的文人之作，而是为了供演员演出用的，它的曲调、说白、动作、情节结构等都能符合舞台演出的要求。如《窦娥冤》的曲调，第一折窦娥寡居，用仙吕宫，特点是"清新绵邈"；第二折公堂，用南吕宫，"感叹伤悲"；第三折法场，用正宫，"惆怅雄壮"；第四折鬼魂辩冤，用双调，"健捷激袅"。这样来安排曲调，其音乐气氛能够很好地表现剧情的发展和人物的思想情感，是悲壮激越，而不是感伤低沉。《救风尘》的赵盼儿已诱使周舍写下休书，搭救了宋引章，后来周舍发现上当，赶来骗取休书，并将它咬碎。戏到此又起一波澜，观众不免为宋引章又将落入周舍之手而担心。但赵盼儿却不慌不忙地从怀里取出了真的休书，周舍去抢，她唱道："便有九头牛也泄不出去。"观众为之松了口气，更感到赵盼儿的智慧，舞台气氛炽热，效果很好。

关汉卿在语言运用上有着出色的成就。他的戏剧语言，历来的评论者都认为是"字字本色"，被推为"本色派"之首。关汉卿不事雕琢镂饰，他的语言朴实自然，生动活泼，既富有生活气息，又具有艺术韵味。这是由于他熟悉民间的语言，加以吸收运用，并且经过自己艺术加工的结果。在关剧中，这种语言是很多的。曲辞如前面介绍《望江亭》时所引的谭记儿唱的一支《十二月》，就是写得自然流利、准确有力的一个例子。《蝴蝶梦》中王婆婆见到王老汉的尸首时所唱的一支《油葫芦》曲子，也是完全口语化的。即以说白而言，也是写得很精彩的。例如窦娥在公堂上回答桃杌审问的一段话：

　　[正旦云] 我婆婆也不是他后母，他自姓张，我家姓蔡。我婆婆因为与赛卢医索钱，被他赚到郊外勒死；我婆婆却得他爷儿两个救了性命，因此我婆婆收留他爷儿两个在家，养膳终身，报他的恩德。谁知他两个倒起不良之心，冒认婆婆做了接脚（丈夫死了，再招赘的称"接脚婿"），要勒逼小妇人做他媳妇。小妇人元（原）是有丈夫的，服孝未满，坚执不从。适值我婆婆患病，着小妇人安排羊肚汤儿吃。不知张驴儿那里讨得毒药在身，接过汤来，只说少些盐醋，支转小妇人，暗地倾下毒药。也是天幸，我婆婆忽然呕吐，不要汤吃，让与他

老子吃，才吃的几口，便死了。与小妇人并无干涉（关系），只望大人高抬明镜，替小妇人做主咱。

不长的一段说白，把这一事件的前因后果交待得清清楚楚，简练准确，而且表现出窦娥"不好惹"的气性来。

关汉卿的戏剧语言是充分性格化的，不同身分人物的语言具有不同的特色，真是做到"说一人，肖一人"，不雷同，不浮泛（《李笠翁曲话》）。同时，由于语言是紧紧服从于塑造人物性格的需要，因而人物性格、情景不同，又使得语言风格丰富多样。如《单刀会》中关羽的语言是豪迈奔放、气势雄浑，《救风尘》中赵盼儿的语言是大胆明快，《拜月亭》中王瑞兰的语言是哀怨婉约，而《窦娥冤》的语言又是"词调快爽，神情悲吊"（孟称舜评语）。

此外，关汉卿还根据人物和剧情的需要，比较贴切地利用了女真族、蒙古族的语言，吸收了前代诗、词、散文中有表现力的句子而给予加工融化。前者如《拜月亭》是以金朝为背景，王瑞兰就用女真语阿马、阿者称呼父亲、母亲；后者如前面介绍过的《单刀会》中关羽唱的《双调新水令》和《驻马听》两支曲子。

六 广泛的影响

关汉卿生活在13世纪，比欧洲一些大戏剧家莎士比亚、莫里哀早三四百年。在那时，他就以辛勤的劳动创作了大量优秀的杂剧作品，为我国古代文化事业作出了卓越的贡献。

关汉卿的戏剧创作，在我国戏剧史、文学史上占着重要的地位，也产生了深远的影响。在他活着的时候，就是当时戏剧界的主要人物，享有很高的声望。元末明初人贾仲明为钟嗣成的《录鬼簿》补作的挽词，称关汉卿是"梨园领袖"，"编修（指编、改剧本）师首"，"杂剧班头"，并说他"姓名香四大神洲"。比他稍晚的以编"《水浒》戏"著称的优秀剧作家高文秀，被人们称为"小汉卿"；杭州名剧作家沈和甫，也被称为"蛮子（元时对南方人的一种称谓）汉卿"。这可见关汉卿在元代剧坛上发生的巨大影响和享有很高的地位。关汉卿以其戏剧创作和活动，为元代杂剧艺术的繁荣和发展奠定了基础，开拓了道路，为我国古代戏剧史和文学史揭开了新的一页。

关汉卿的杂剧作品，对后世的影响是深远的。他的《拜月亭》，在元末就被改编为南戏《拜月亭》和《荆钗记》、《白兔记》、《杀狗记》合称为四大南戏；明清以后，昆剧和高腔系统的剧种，都一直在上演这出戏。悲剧《窦娥冤》，明朝剧作家叶宪祖、袁于令曾经把它改编为昆剧《金锁记》（但改编者歪曲了关剧的原意，阉割了原作所具有的批判性和斗争性，把惊天动地的悲剧篡改为一家团圆并得高官厚禄的庸俗喜剧）；后来在京剧中又根据《金锁记》改编为《六月雪》，著名京剧表演艺术家程砚秋在舞台上作了精湛的艺术创造，成为程派名剧之一。至如《单刀会》，其中第三、四折昆剧称为《训子》、《刀会》，基本上是按原作演出。解放以后，关汉卿的优秀剧本，如《窦娥冤》、《救风尘》、《望江亭》、《拜月亭》、《蝴蝶梦》、《鲁斋郎》、《调风月》、《五侯宴》、《单刀会》等，在全国许多剧种里都有改编本上演，其中京剧《望江亭》、评剧《三勘蝴蝶梦》、山西梆子《窦娥冤》还拍成电影。这也可见关汉卿的优秀剧作受到人民欢迎的情况。

关汉卿的剧作不仅受到中国人民的喜爱，而且也受到世界人民的重视。远在百年以前，他的名著《窦娥冤》就有法文译本。后来，日本也将《窦娥冤》译成日文本。这些表明关汉卿的作品对世界人民也产生了很大的影响。全世界热爱进步文化事业的人民，曾为他的戏剧创作七百周年举行了纪念活动。远在七百年前，我国就产生了关汉卿这样杰出的戏剧家，是值得我们自豪的。

对于关汉卿及其剧作，过去封建社会和资产阶级的文人曾作过一些研究和评论，意见不一，但贬抑多于褒扬。他们评论的标准大都是从文词、形式着眼的。早在明朝初年，皇族作家朱权在他所写的《太和正音谱》中对关汉卿的剧作就曾作了很不公平的评论，说"观其词语，乃可上可下之才"；并把他排列在元曲作家的第十位，而把在作品中表现了逃避现实和封建迷信思想的马致远列居首位。后来明代的一些评论者，除臧懋循、孟称舜等少数人外，多是贬低关汉卿的成就，或认为不如马致远，或认为不如郑光祖，或认为不如王实甫。及至近代，王国维在《宋元戏曲考》中，曾经批评朱权"跻马致远于第一，而抑汉卿于第十"，是偏见而不是"笃论"。他认为："关汉卿一空倚傍，自铸伟词，而其言曲尽人情，字字本色，故当元人第一。"并说《窦娥冤》"即列之于世界大悲剧中，亦无愧色"。但是，王国维是以资产阶级唯心主义的艺术观点来评论的。他之推崇关汉卿，也是从"词语"出发，离开了思想内容而抽象地欣赏文字技巧，实际上也是贬低了关剧的社会意义。他对《窦娥冤》虽然估价很高，但解释却是错误的。他说："剧中虽有恶人交构其间，而其蹈汤赴火者，仍出于其主人翁之意志。"把窦娥的悲剧说成是由于她自己的"意志"所造成的，这就完全抹煞了这部作品通过窦娥的蒙冤受害及其斗争性格所体现出来的深刻的社会意义。由此可见，在旧时代，关汉卿的戏剧创作一直是被歪曲和埋没的。

全国解放后，在马克思列宁主义和毛泽东思想的光辉照耀下，研究关汉卿的工作逐步地开展；尤其在1958年纪念他戏剧创作七百年前后，研究工作更是蓬勃开展，取得了不少的成绩。只有在社会主义制度下，关汉卿的戏剧创作才真正受到重视，恢复其本来的面貌，得到应有的评价。

现存关汉卿的戏剧作品，版本较多，有的剧本有两种或两种以上的本子。最早的是《元刊古今杂剧三十种》，其中选入《单刀会》等四种。明代的钞本和刻本选有关汉卿的剧本的有六种：赵琦美脉望馆钞校《元明杂剧》，龙峰徐氏刻的《古名家杂剧》，息机子编选的《古今杂剧选》，顾曲斋刻的《元人杂剧选》，臧懋循编选的《元曲选》和孟称舜编选的《古今名剧合选》（包括《柳枝集》和《酹江集》）。这些版本都经编选者作过删改，文字有不少歧异，斗争性也有强弱不同。例如《窦娥冤》里窦娥骂天地的《滚绣球》曲,《古名家杂剧》本的"天也,我今日负屈含冤哀告天"一句,比起《元曲选》本的"天也,你错勘贤愚枉做天"一句,斗争性就减弱了。又如《鲁斋郎》第二折,《元曲选》本比《古名家杂剧》本多了张珪同他妻子的一段对话,其中有"他、他、他,嫌官小不做,嫌马瘦不骑;动不动挑人眼,剔人骨,剥人皮"这样思想性强的句子。近代出版的收有关汉卿剧本的集子有两种:《元人杂剧全集》和王季烈编选的《孤本元明杂剧》(全部据脉望馆《元明杂剧》本)。全国解放后,除重印了《元曲选》(中华书局出版)、《孤本元明杂剧》(中国戏剧出版社出版)和出版了隋树森编校的《元曲选外编》(其中收入《元曲选》未收的关剧九种,中华书局出版)外,还出版了《关汉卿戏曲集》(中国戏剧出版社出版)等戏曲专书。《关汉卿戏曲集》收录了现存的关汉卿的杂剧十八种(其中一些可能不是关汉卿的作品),并据各种版本作了详细校勘记,后附录"关汉卿杂剧辑佚"、"关汉卿散曲辑存"和"关汉卿杂剧全目",可供专门研究之用。

(上海古籍出版社1978年)

《白兔记》漫笔

　　《刘知远白兔记》，徐渭《南词叙录》列为"宋元旧篇"，向来与《荆钗记》、《拜月亭》、《杀狗记》合称四大南戏。宋元时期，刘知远和李三娘的故事，民间广泛流传，除编为南戏外，还有《五代史平话》、《刘知远诸宫调》、《李三娘麻地捧印》杂剧等。其中当以平话"五代史"为最早，孟元老《东京梦华录》所记北宋汴京的"说话"艺人，即有专讲五代史的。

　　北宋艺人讲五代史的本子不见流传。今传董康诵芬室景印《新编五代史平话》，曹元忠1911年跋语中称为"宋巾箱本"。后来不少治文学史者也肯定它是宋代话本，且被视为一般公认的说法。1954年上海古典文学出版社排印此书的说明中，对"宋本"说提出了怀疑，认为"从它不避宋讳一点看，大约就是经过元人增删过的本子，不会全是宋人的作品"，"可能即是元刻的伪托"。态度审慎，推断合理。

　　《新编五代史平话》根本不是什么"宋本"，确是伪托。这不仅因书中不避宋讳一点可资佐证（曹跋亦曾指出"每于宋讳不能尽避"，但却归之于"刊自坊肆"的缘故），而且还在于书中所用的某些词汇只在金、元间才出现，宋刻本是不可能有的。例如"驱口"一词，在《新编五代史平话》里曾多次出现。"汉史平话"：

　　　　当日刘知远与三娘子成亲之后，怎知他三娘子两个哥哥名做李洪信、李洪义的，终日肚冈，背后道："咱爷娘得恁地无见识！将个妹妹嫁与一个事马的驱口，教咱弟兄好不差了面皮！"

（刘知远）喝令当日排军，提将李洪信、洪义两兄弟跪于阶下，骂之曰："……咱这三娘子是您同胞的兄弟，不把半眼觑他，迫令他受尽了万万千千磨难，日夕为您做驱口去河头挑水，您是不顾恩义的贼！"

"梁史平话"：

> 那朱温葬了那爷爷，侍奉他的娘娘王氏，和那二个哥哥，同往徐州录事押司刘崇家，驱口受佣工作……

"驱口"一词，见于金、元史籍记载。《金史》志、传数见，称"驱奴"或"驱"。元代史籍中，关于驱口的记载更为大量。可见今传《新编五代史平话》应是刊于金元年间，刊于元的可能性当更大，但绝非宋人刊本。

刻本的样式、风格，是判断古书刊刻年代的重要依据。但仅此为据是不够的，难免产生判断的差误，还需要进一步去检阅书的内容本身，诸如制度、称谓、习俗、语词等，都能为断定其年代提供有力的根据。刘知远在李家佣力的称谓，不同时期刊刻的作品是各不相同的，《新编五代史平话》称为"驱口"，《刘知远诸宫调》叫做"客户"，明成化本《刘知远还乡白兔记》则谓之"年作"。文艺总是要反映社会并受那个社会的影响，同一题材的作品，创作或流传于不同的历史时期，不可避免地要带着那个时期的烙印。

这里，顺便提一下，古典文艺作品中往往有很具体形象的历史资料，可以补正史官书的不足。对于研究社会史，尤其值得重视。还以"驱口"为例，元代人的记载说驱口就是奴婢，现代的历史著作中说驱口类于农奴地位，解释不一。看来关于驱口的情况比较复杂，不是单一的，奴婢，类似农奴，以至佣工，似都应包括在内。前引《新编五代史平话》，刘知远是李家"事马的驱口"，李洪信、洪义则将胞妹三娘"做驱口去河头挑水"，朱温和母、兄四人在刘家"驱口受佣工作：那长子全昱为刘崇家使牛，次子朱存为刘崇家锄田，第三子朱温为刘崇家放猪，伊母王氏为刘崇机织"。这里所说的六人，除李三娘类似家庭奴婢的地位，其他五人都是因贫困而投依富室或官家的有门活计的佣工，而不是被俘为驱的"种地纳粮"者。又如成化本《白兔记》中的李太公说："我家中有三二百人做年作。"文艺作品难免有所夸张，但未尝不可以反映成化年间有着象李太公这类拥有众多长工的大户。

二

"宋元旧篇"的南戏《白兔记》，元刘唐卿的杂剧《李三娘麻地捧印》，原本都已遗佚，只有存目。明人刊刻的传奇《白兔记》，现存全本的有成化本、富春堂本和汲古阁《六十种曲》本三种。

成化本最早出，比较古朴粗疏，如再从"开场"、不分出等特色，以及"开场"中提到的"永嘉书会才人"编成来考查，此本应是接近元本，可能是元本的翻刻，或是由元入明流传于艺人演出中而据以抄录刊印的。明徐子室、钮少雅纂辑的《南曲九宫正始》收有《白兔记》曲文五十多首，注明"元传奇"，与成化本的曲文大致一样，可以互为佐证。

《白兔记》向未标明编者，成化本的发现，使我们知道它是"永嘉书会才人"编的。它与《琵琶记》、《荆钗记》等南戏盛行于南方舞台，成化年间，或早于此，流传演出于北京，并由书坊永顺堂刊印剧本。陆采辑《都公谈纂》载，明英宗时"吴优有为南戏于京师者"。此时昆山腔尚未兴盛，徐渭在嘉靖间写成的《南词叙录》说"昆山腔止行于吴中"，则"吴优"在北京所演的南戏不会是昆山腔。据顾起元《客座赘语》记载："南都万历以前，公侯与缙绅及富家，凡有宴会，小集多用散乐……大会则用南戏。其始止二腔，一为弋阳，一为海盐。弋阳则错用乡语，四方士客喜闻之。海盐多官语，两京人用之。"《南词叙录》也说："今唱家称弋阳腔，则出于江西，两京、湖南、闽、广用之。"据此，成化年间北京的南戏为海盐腔和弋阳腔，演《白兔记》的戏班当属这两个剧种，或其中之一。如果据《客座赘语》所记万历以前两京人多用海盐腔，直至万历年间海盐腔在北京和北方地区还很盛行，而成化本《白兔记》又是"永嘉书会才人"所编，在"开场"中还点出"越乐班"，用海盐腔演出是有更大的可能性的。

有两条材料可以进一步说明当时的《白兔记》用海盐腔演出。一条是张牧《笠泽随笔》载："万历以前，士大夫宴集，多用海盐戏文娱宾客。"而他录存的成化间百二十家戏曲全锦目录中有《风雪红袍刘知远》一种。一条是编于万历年间的《金瓶梅词话》第六十四回写道："（海盐）子弟鼓板响动，递上关目揭帖，两位内相看了一回，拣了一段《刘知远红袍记》。"从成化到万历间，海盐子弟都演《白兔记》。刘知远雪夜巡更、岳小姐见怜赠袍的关目，富春堂本无，见于成化——汲古阁本。成化本作"白袍"，汲古阁本作"红袍"。成化本错别字很多，有可能是讹刻。

汲古阁本晚出，系毛晋刊于明末。这个本子的情节、曲文等，与成化本相校，虽间有出入，但大体上是一样的。汲古阁本已是分出、标目，比成化本多"报社"、"游春"等数场，文字也较之为工雅，可以说它是在成化本系统（因为不一定就是具体到成化本）基础上加工整理的一个本子。

汲古阁本是昆山腔本。至少在万历年间昆山腔在江南盛行后，《白兔记》当亦和其他一些剧目一样"改调而歌"，以昆山腔演出。清乾隆间的戏曲散出选集《缀白裘》收录的昆腔"闹鸡"、"养子"、"送子"、"回猎"、"麻地"、"相会"六折，即汲古阁本的"祭赛"、"挨磨"、"见儿"、"诉情"、"私会"五出。这也说明成化本系统的《白兔记》，从以海盐腔等演唱衍变为以昆山腔演唱的情况。

三

《白兔记》的第三种全本，是万历年间金陵富春堂的刻本。这个本子的故事轮廓，与成化本、汲古阁本大体相同，第十折"玩花"的《金井梧桐》四支曲文和汲古阁本第八出"游春"的四支《金井水红花》大致一样，其余则全异，是不同于成化——汲古阁本的另一种编本。

富春堂本没有受到人们应有的重视（只是珍视它是难见的版本），研究者一般对它评价不高，多所贬抑，认为过于做作、雕琢词藻，不如汲古阁本质实。这个本子确是存在着过于修饰词藻、用典较多等缺点，但也有为汲古阁本所不及的优点，而且对后来许多地方剧种都有很深的影响，则是值得我们注意的。

汲古阁本对刘知远这个形象的塑造，有不够统一的缺陷，不如富春堂本完整。例如，刘知远在李家为赘婿，虽是落魄，受李洪一夫妇歧视欺凌，但他毕竟是个落拓不羁的汉子，自称"盖世英雄"，武艺也不错，在战瓜精时就表现得很勇敢。而当李洪一夫妇逼他写休书时，他虽也有所争执，却终于"盈盈泪涟"地写下了休书，显得很懦弱。富春堂本"逼写"一折，刘知远写了张"留与官司辨假真"的假休书，实际是告李洪信夫妇"心狠毒"、"勒退亲"的状子，把他们耍弄了一番，表现得很镇定机智。又如汲古阁本写刘知远对李三娘的爱情，前后很不合情理，在他投军后入赘岳府，毫未推辞，且瞒说未曾娶妻；当窦公送子来时，他明知三娘在家受兄嫂凌辱折磨，而岳氏又表现得很贤淑，却没有任何要接取三娘或同情她的表示，甚至说"夫人肯收，着他进来，夫人不肯收，早早打发他回去"；他挂帅出征，特地派人去李家庄取盔甲刀马，但连吩咐顺便看望李三娘的话都没有，完全是一个忘恩负义的人。然而在窦公送子到来之前，刘知远却又是很思念"恩妻李三娘"，"一似和针吞却线，刺人肠肚系人心"；磨房相会时，他也是一个有情有义的丈夫。思想性格前后截然的变化，既缺乏合理的逻辑根据，也使形象的完整性受到损害。富春堂本的处理与汲古阁本不同，虽然刘知远也入赘岳府，但他曾以已娶妻推辞；窦公送子来时，他正带兵出征在外，直到十五年后回家来才知道此事，而在到家前他就打算到李家庄探望三娘，这就不存在象汲古阁本那种思想性格前后自相矛盾的缺陷，人物形象的塑造较为完整。

富春堂本刻于万历年间，当时正是青阳腔繁兴，"海内时尚滚调"，书坊大量印行此类戏曲散出选集，并特别加以标明。这个剧本第十四折写刘知远别妻去看守瓜园，李三娘有一支曲子注明"滚唱"："刘郎你好差，刘郎你好差，残生必丧他。哥嫂用计差，赚我刘郎去看瓜，倘若有疏危，怎与你干休罢。刘郎，你是我的夫，我是他的妻，久后终须靠着他，教我怎生丢得下。"这种文字，就不是如人们所议论的那么雕琢词藻了，而是近乎"鄙俚"的口语。剧本中未再见有标明"滚唱"的，连"搅滚"等算一起，也只有三两处。但如果仔细加以考查的话，就能够发现实际不然，在曲前、曲中或曲尾往往夹有七、六、五、四言诗句或类似宾白的长短句。如第二十四折李三娘唱的两支《醉扶归》之间加了"寒衣越送几千里，为倩旁人寄奴鲤。岂但重重御朔风，短长须趁刘郎体"；二十五折李三娘唱的《四朝元》曲中夹有"夫在邠州，奴在沙陀，人分两地，愁共一般"。这些都应是"滚唱"，例子很多，只能略举一二。论者指摘它字句追求工整，部分地当是由于没有分清"滚唱"的缘故。万历间，流水板的"滚唱"为"海内时尚"，是梨园"几遍天下"的青阳腔的特色，而还很盛行的弋阳腔也加以采用，那么带"滚唱"的富春堂本很大可能是青阳腔或弋阳腔的演唱本。

其实富春堂本的流传和影响要比汲古阁本广泛，汲古阁本主要是昆腔采用，富春堂本则传于不少剧种，至近现代尚可见其遗响，如徽戏青阳腔、川剧高腔、湘剧高腔、福建梨园戏、词明戏等的《白兔记》全本或散出，都同富春堂本有关。

川剧高腔叫《红袍记》，是传统"五大袍"之一，现存旧抄本二十三场，第十一场"打瓜"以前，关目、曲文与富春堂本多所相同，其后则差别较大。以第七场"扫华堂"为例，这在富春堂本为第十折，成化——汲古阁本所无，刘知远唱《江头金桂》曲文如下：

富春堂本：我只见画堂空砌，庭闲人到稀。为甚的尘埃堆积？想是燕堕衔泥，污却了阶前地。欲待下帚轻挥，又恐怕红尘飞起。因此上先将水洒，免得沙漠被风吹，却将人青眼蒙蔽，更不许尘埋几席，更不许尘埋几席。霎时间洁净庭除，光生四壁。细思知，洞开门户如吾意，自在人家清昼迟。

　　川剧本：俺则见画堂空砌，庭前人迹稀。为甚的尘埃堆积？正是那，年年有个春三月，燕子衔泥绕画梁，想则是，燕堕衔泥齷齪了阶前地。我本得重扫轻挥，又恐怕尘埃飞起。先将水洒，免得沙飞，却将人眼蔽，更不许尘埋几席，更不许尘埋几席。一霎时洁净庭帏，光生五壁。自思之，洞开门户如吾意，自在人家清昼迟，自在人家清昼迟。

这支曲文，只有少数字句差异，基本相同。另外三支《江头金桂》，情形也大致一样。

　　梨园戏叫《刘知远》，流传下来的还有七出："头出"、"三娘夺槌"、"战瓜精"、"送水饭"、"井边会"、"迫父归家"、"磨房相会"。情况与川剧相似，前四出近富春堂本，后三出差别大。以"三娘夺槌"中刘知远的一支曲文和富春堂本相较如下：

　　梨园戏本：心正邪难惹，为人平生不信邪。我今去守瓜，不必你言三语四来阻我。三娘妻，若念夫妻情，亲去送水茶，不念着夫妻恩，凭你在心内。我贤妻，不必你心忧苦楚，那瓜精我去拿，若有瓜精我去拿。

　　富春堂本：我心正邪难入，平生不信邪。今朝去看瓜，休得言三语四阻挡咱。咱若不看瓜，怎生禁得哥嫂骂。三娘，若念夫妇情，亲自送水茶，不念夫妇情，凭在你心下，伏望我贤妻，休把咱牵挂。

这支曲文，两本没有多少差异。下接，富春堂本为李三娘"滚唱""刘郎你好差"，梨园戏本与此也基本相同。

　　从梨园戏本、川剧本等与富春堂本比照来看，可以肯定它们的祖本都是富春堂本。这些剧种大多是高腔系统，和青阳腔、弋阳腔都有渊源关系。在长期流传中，因各地区不同的习俗、语言等，艺人们的不断加工和丰富发展，包括对别的本子的吸收，与原本的差异越来越多是自然的趋势。

四

现存《白兔记》三个明代全本，分属于两类各不相同的编本。是否还有第三类本子，因资料不足，难以断定。有的研究者从万历间戏曲散出选集《秋夜月》中收录的"汲水遇兔"、"打猎遇母（新增）"、"磨房相会"三出，断定是与汲古阁本、富春堂本完全不同的另一种本子。这个说法，不完全准确。说这三出与汲古阁本完全不同是对的，与富春堂本全异则不尽然。

《秋夜月》系包括两种选集，这三出见《新锓天下时尚南北徽池雅调》。"汲水遇兔"、"磨房相会"与富春堂本异，而"打猎遇母"却基本上同于富春堂本。拿两者相校，就可以看出此出系据富春堂本第三十五折、三十六折合并改编而成，从李三娘汲水到与咬脐郎见面改动很大，曲白全异，并增补了有关射兔的情节；从咬脐郎遇母直至回猎终了，除少量曲文、宾白有所增删改动外，其余全同。这出特地标明是"新增"，据上述情况，所谓"新增"，应是指就富春堂本的增补，而不是另一种新本的增编。

"打猎遇母"是"徽池雅调"的散出，池州腔即青阳腔，这也为推断富春堂本可能是青阳腔的演唱本提供一个证据。此类戏曲散出选集在万历年间大量刊行，如《词林一枝》和《玉谷调簧》都收录有"知远夫妇观花"一出。拿《玉谷调簧》这出戏文与富春堂本同出相校，二者的曲文有很多相同，可能是独立为折子戏后经加工丰富了的。《词林一枝》标明"青阳时调"，它和《玉谷调簧》都是"滚调"，这也能反映富春堂本与青阳腔的关系。

　　至于"汲水遇兔"和"磨房相会"究竟是从与汲古阁本、富春堂本完全不同的另一种整本中选录的，还是只是改编的散出，不好臆断。但是，川剧《红袍记》却给我们提供了一个值得注意的情况。川剧本第二十二场"磨房相会"，除去增添大量宾白和曲文有某些改动外，与《南北徽池雅调》的"磨房相会"没有什么不同，显然是在这个散出的基础上加工丰富的。而川剧本的祖本却是富春堂本，那么它所吸收的应是经常演出、深受观众欢迎的散出。

　　　　　（原载张忱石等编辑:《学林漫录》二集，中华书局1981年）

程长庚

程长庚（1811—1880），名椿，字玉山，也作玉珊，堂号"四箴"。安徽潜山人，生于嘉庆十六年（1811）。幼年进徽班学戏，出科后在安徽的一些戏班中演唱。道光年间，他来京加入三庆班。当时，北京的舞台上，昆曲和京腔已经衰微，徽班称盛。其中以三庆和四喜、春台、和春名声最大，被称为"四大徽班"。徽戏的唱腔以二黄调为主，在北京流传过程中，不断地吸收昆曲、京腔、秦腔等剧种的特长。嗣又因汉戏演员搭入徽班，使徽班又增加了西皮调，为以皮黄调为主的北京京剧的形成奠定了基础。程长庚就是以他卓越的艺术成就而被誉为"京剧开基创业的大师"。

程长庚的蜚声剧坛，是和他勤学苦练分不开的。相传，他初来京演出，不是很成功，便发愤苦练三年，于是技艺大有精进。一天，演《文昭关》，他饰伍子胥，"冠剑雄豪，音节慷慨，奇侠之气，亢爽之容，动人肝膈"[1]，全场轰动，由此誉满京城。道光末年，他已是三庆班的班主和首席老生。咸丰年间又兼任三庆班、春台班、四喜班的总管，戏曲艺人团体"精忠庙"会首。

艺术的发展需要兼收并蓄、博采众长。程长庚正是善于这样做。他融合徽调和汉调，并吸收昆曲、京腔、秦腔等剧种的剧目、曲调和表演方法，经过自己的创造，形成了一种体系。不论皮黄、昆曲、文戏、武戏，

---

① 陈澹然：《异伶传》，朱书绅编：《同光朝名伶十三绝传略·程长庚传》，三六九画报社1943年。

他都能演，剧目丰富，戏路很宽。老生本工戏以外，还会演武生戏、小生戏、花脸戏等。即如老生靠把戏，五种颜色靠把戏的角色，他都能演，红靠戏能演《战太平》的花云，黄靠戏能演《风云会》的赵匡胤，绿靠戏能演《战长沙》的关羽，白靠戏能演《镇潭州》的岳飞，黑靠戏能演《白良关》的尉迟敬德和尉迟宝林。

作为表演艺术家，程长庚很重视塑造人物形象，对角色的性格、身份体察入微。他对唱、做、念、打"四功"和手、眼、身、法、步"五法"并重，善于运用这些表演技巧来表现人物，一举手，一投足，都注意符合所扮角色的性格，不仅形似，而且能传神。所以"一经登场，不啻现身说法"，"为大臣则风度端凝，为正士则气象严肃，为隐者则其貌逸，为员外则其神恬"，"能令观者如对古人，油然起敬慕之心"①。其中最为人称道的杰作是《文昭关》的伍子胥、《战长沙》的关羽、《群英会》的鲁肃。

程长庚精于唱功，注意吸收昆曲的吐字发音，讲求字正腔圆，不以花哨取巧。他的嗓音叫"脑后音"，初唱时似乎有些吃力，带有涩味，渐渐平坦甘润，抑扬吞吐，高低宽窄，一任其意。唱腔"于高亢之中，别具沉雄之致"，跟有的演员徒以调高声宏取胜，而欠缺韵味回音的唱腔迥不相同。当时有人把他的唱腔与唐代大诗人杜甫的诗风相比，形容为"天风海涛，金钟大镛"②。而尤其值得提到的是，程长庚在唱腔上不单是唱声，更重要的是在于唱情，以声传情，声情交融。他生活在中国已经沦为半殖民地的时代，亲身经历了两次鸦片战争，目睹西方资本主义列强对中国的种种侵略活动，忧时感世，"愤欲绝"③，表现出一个爱国者的民族义愤。他的唱腔也因之更加高亢雄壮、慷慨愤激，能够使"闻者泣下"。程长庚在这方面的造诣，是京剧界一致称道的。

程长庚能戏很多，除了演《战樊城》、《长亭会》、《文昭关》、《鱼藏剑》、《镇潭州》、《捉放曹》、《击鼓骂曹》、《群英会》、《华容道》、《战长

① 陈彦衡：《旧剧丛谈》。
② 吴焘：《梨园旧话》，双肇楼1937年。
③ 陈澹然：《异伶传》。

沙》等经常叫座、历久不衰外，且能上演新编的连台本戏。他主持的三庆班里有一位老生演员叫卢胜奎，擅长编写剧本，三国戏自《马跳檀溪》至《取南郡》共四十出，就是出自他的手笔。在《群英会》中，程长庚饰鲁肃（有"活鲁肃"之称），小生徐小香饰周瑜（有"活公瑾"之称），卢胜奎饰诸葛亮（有"活孔明"之称），花脸黄润甫饰曹操（有"活曹操"之称），其他角色也无不配搭匀称，氍毹之上，俨然三国人物斗奇争胜。清人沈蓉圃的"同光十三绝"画像中，列入的即有程长庚、徐小香、卢胜奎三人。

京剧在形成时期，著名的老生演员除程长庚外，还有余三胜和张二奎。这三位演员在唱腔和表演艺术上各具特色，各有独到之处，形成了老生三种流派。程长庚高亢沉雄、肃穆凝重，唱、念多徽音，被称为徽派。余三胜圆润流利、苍凉悲壮，以汉调西皮为特长，唱、念为湖广音，被称为汉派（或余派）。张二奎实大声宏、雍容华贵，唱、念运用北京字音，被称为京派（或奎派）。程长庚、余三胜、张二奎由于他们的艺术成就，被当时人称为老生"三杰"，又称"三鼎甲"。

程长庚声誉既高，演戏依然极为认真，不马虎敷衍。他对其他演员也严格要求，演出时如有失误，退场后随即指出，当面规劝。但其为人宽厚，从不当场奚落讪笑，使人难堪，故被赞誉为有戏德。他虽享有盛誉，却不拿架子、争角色，配角也演。花脸何桂山演《白良关》饰尉迟敬德，他给配"小黑"尉迟宝林。小生徐小香演《监酒令》饰刘章，他给配陈平。他认为剧以戏为重，主角和配角都是演戏，好比红花绿叶，没有高低贵贱之分。

对于三庆班，程长庚管理得井井有条。他纪律严明，不容班里的人有所违犯，而自己也以身作则。如规定不许演员单独应"外串"①，他就严格遵守，曾说："我若应外串之召，自谋诚为得计，其如本班众人何？"②每次演出，程长庚都提早来到戏园，亲自安排演出的各项事务，做到后台没人随便谈笑喧哗，前台除执事人外，无一人搴帘外出，秩序井然，有条不紊。此外，他还革除梨园界的一些陋习。班里的人对程长庚都很敬重，他

① 外串，即本班演员另在他班应活演出。
② 吴焘：《梨园旧话》。

也很爱护戏班和同人。凡同人生活上有困难，他总是慷慨相助。按封建王朝制度，凡帝、后死，称"国丧"。在"国丧"期间，城内戏园禁止演出，只准在外城茶馆、饭庄清唱。同治帝死时，程长庚为了维持同人的生活，每日带领全班到外城清唱，所得收入归全班使用，从不多取分文。晚年，程长庚衣食丰足，但仍不时登台演出，友人劝阻，他感叹地说："某自入主三庆部以来，于兹数十年，支持至今日，亦非易易。某一旦辍演，全班必散，殊觉可惜！且同人依某为生活者，正不乏人。三庆一散，此辈谋食艰难，某之未能决然舍去者，职此故者。"①

在当时人的印象里，程长庚以谨饬严正著称，一生专心戏曲事业。演戏历来被视为"贱业"，但他却不以此自贱，虽权贵亦不屈。王府、贵官曾屡次传召程长庚演堂会②，他一概拒绝，即使将其绑在戏台柱下，横加挫辱，他仍然坚决不演。有一次都察院团拜，又要程长庚演堂会，他因不从而被强行绑走。当他知道点的剧目是《击鼓骂曹》时，才破例应允。他饰祢衡，肉袒击鼓，气概激昂，指堂下怒骂："方今外患未平，内忧隐伏，你们一班奸党，尚在此饮酒作乐，好不愧也！……""骂罢而唱，唱罢而骂，发目皆动"，使得达官贵人们狼狈不堪③。

光绪六年（1880），这位为京剧奠定基础做出重大贡献的艺术家因病与世长辞，年七十岁。他生前很重视京剧人才的培育，曾筹办三庆大科班。"同光十三绝"之一的杨月楼，是他的得意弟子，并继其为三庆班主。著名老生谭鑫培、汪桂芬、孙菊仙也都出自他门下。他们继承程长庚等老一辈的表演艺术，又加以创造发展，形成各具特色的流派，被称为京剧老生"新三派"。

（原载戴逸、林言椒主编：《清代人物传稿》下编第1卷，

辽宁人民出版社1984年）

---

① 徐珂：《清稗类钞》第11册，中华书局1986年，第5112页。
② 堂会，豪门巨室在私宅或假饭庄组织的演出。
③ 赵炳麟：《赵柏岩集·柏岩文存》卷4，台北文海出版社1969年。

王钟声

　　王钟声（1881或1882—1911），名熙普，浙江上虞人。少年时喜"读《瀛寰志略》及掌故诸书，不以寻章摘句为事"①。后来，他到上海教会学堂念书，学习德、法语文。光绪二十四年（1898），离开祖国，前往德国得来伯的西大学留学。经过八年学习，获得了学士文凭。

　　光绪三十二年（1906），王钟声学成归国，先后在湖南、广西任教。当时，孙中山领导的中国同盟会已经在日本东京成立，国内革命形势正蓬勃发展。王钟声任教的广西法政讲习所（后改称法政学堂），虽属官办，而革命空气却相当浓厚。内设官、绅两班，王钟声负责绅班。这时候，他已参加同盟会，且为人勇于任事、仗义敢言，故在法政讲习所庆祝清政府宣布预备立宪会上演讲时，毅然指斥："立宪是假的，清廷不去，中国就无希望。"②巡抚林绍年很不满意，不久就将他辞退。

　　王钟声离开广西后，于光绪三十三年（1907）来到上海，以调查戒烟丸委员的身份进行活动。嗣因演说结识了马相伯等名士，在他们的赞助下，王钟声建立了话剧团体春阳社。从此，他投身戏剧活动，成为中国话剧的创始人之一。

　　光绪三十三年是中国话剧正式诞生的年头。这年六月间，中国留日学

---

① 剑影客：《天津名伶小传·钟声先生传》，参见官桂铨：《中国话剧创始人之一——王钟声》，《文史》第6辑，中华书局1978年，第250页。

② 李任仁：《同盟会在桂林、平乐的活动和广西宣布独立的回忆》，《辛亥革命在广西》上集，广西人民出版社1961年，第53页。王钟声哪一年到广西，记载不一，剑影客《天津名伶小传·钟声先生传》说"丁未就桂抚某公幕"，则是1907年。这里从李说。

生曾孝谷、吴我尊、欧阳予倩等组织的春柳社在东京公演了五幕话剧《黑奴吁天录》(Uncle Tom's Cabin)。剧本是根据林纾、魏易翻译的美国斯托夫人(Mrs. Stowe)的小说改编的。它具有强烈的反对民族压迫的思想，因此演出效果很好，感动了观众，尤其是在留日学生和旅日革命人士中获得好评。春柳社演出所产生的效果，很快就在国内得到反响。九月，王钟声的春阳社也在上海演出《黑奴吁天录》，不过剧本是另行改编的。这次演出，还没有完全摆脱戏曲传统程式的影响，在艺术上虽不算成功，但毕竟是在中国土地上第一次用分幕的方法编剧，用灯光布景，在剧场作大规模的正式公演。事件本身既标志话剧在国内的开端，也多少推动了戏曲的改革。

王钟声以为："中国要富强，必须革命；革命要靠宣传。宣传的办法，一是办报，二是改良戏剧。"①他对戏剧本是门外汉，之所以舍弃自己原来的专业，投身戏剧界，其主旨就是为了宣传革命。为此，他不但组织剧社，还创办了一所培养新剧演员的"通鉴学校"。虽然，学校只有两个多月就停办了，但它的出现，不能不说是我国创设专业性戏剧学校的嚆矢。

《黑奴吁天录》在上海公演后，王钟声还率通鉴学校的学生到苏州、杭州等地演出。他能任劳苦，"往往自己连夜画布景，写广告，到天亮不睡，略打一个盹，又起来化妆上台"②。光绪三十四年(1908)五月，王钟声率剧班来到北京。他曾和另一著名新剧演员刘艺舟(同盟会员)合作过，还与著名京剧演员杨小楼、尚和玉、龚云甫及梅兰芳等同台演出。翌年二月，王钟声应聘到天津献艺。随后，他和天津商人合作，就北马路大观戏园创建新舞台，布置力求完美，演出很受观众欢迎，每日座客常满。可惜只有一个月，因内部纠纷而停业。宣统二年(1910)，王钟声返回上海，和新剧演员陆镜若合作组织文艺新剧场，在味莼园公演了三个星期。后来，他又去了北京。

王钟声演出的新剧，主要有《秋瑾》、《徐锡麟》、《官场现形记》、《热泪》、《爱国血》、《宦海潮》等，大多是宣传革命、揭露清政府腐败统治的。他扮演的人物，"无不神情毕肖"，"或嬉笑怒骂，或慷慨悲歌，皆

① 梅兰芳：《戏剧界参加辛亥革命的几件事》，《辛亥革命回忆录》第1集，中华书局1963年，第356页。
② 欧阳予倩：《自我演戏以来》，中国戏剧出版社1959年，第12页。

足励人观感"①，使"懦夫闻而立志"②。因此，他受到清朝统治者的嫉恨和迫害。宣统三年（1911）六月间，清朝当局以"聚赌"的罪名，将王钟声递解回浙江原籍，交地方官严加管束。

这年八月十九日（10月10日），武昌起义爆发。九月十四日（11月4日），上海革命党人发动起义，取得了胜利。当时，王钟声正在上海。十三日（3日）下午，他和京剧演员夏月润、毛韵珂等参与革命党人策划是夜十时攻打江南制造局的密议。在进攻时，他们无所畏惧，"奋勇争前"③。十六日（6日），沪军都督府成立，陈其美为都督，王钟声任参谋。但旬日后即辞去职务④，离沪北上天津。

王钟声到天津住在奥租界移风乐会会长刘子良家，暗中运动起义。当时，京津一带同盟会员和其他一些有反清倾向的团体正加紧联系，筹议发难，北洋新军里的革命分子也活动频繁。直隶总督陈夔龙"犹复逞其凶焰，恣杀无辜，违法丧权，无所不至"⑤。十月十二日（12月2日），他密令警察总办杨以德勾结奥领事将王钟声、刘子良及演员多人逮捕，并抄去都督印信和文件、信函等。在法庭上，王钟声理直气壮地说："九月初九日上谕，大开党禁，非据法律，不得擅以嫌疑逮捕。我是革命党，你们把我怎么样？"军法官被驳得理屈词穷。但陈夔龙秉承袁世凯意旨，竟以行营拿获奸细律将王钟声判处死刑。十三日（3日），王钟声临刑时，凛然挺立，高呼"驱逐鞑虏，光复大汉"，慷慨就义⑥。

（原载戴逸、林言椒主编：《清代人物传稿》下编
第1卷，辽宁人民出版社1984年）

---

① 剑影客：《天津名伶小传·钟声先生传》。
② 朱双云：《新剧史·钟声本纪》，新剧小说社1914年。
③ 章天觉：《回忆辛亥》，《辛亥革命史丛刊》第2辑，中华书局1980年，第158页。
④ 《民立报》1911年11月19日。
⑤ 郭孝成：《直隶革命记》，中国史学会主编：《辛亥革命》第6册，上海人民出版社1957年，第270页。
⑥ 梅兰芳：《戏剧界参加辛亥革命的几件事》，《辛亥革命回忆录》第1集，第357—358页。王钟声的生年不能确定，朱双云《新剧史·钟声本纪》说："辛亥秋，谋燕未果，事泄成仁，春秋仅三十七耳！"据此，应生于光绪元年（1875）。但据剑影客《天津名伶小传·钟声先生传》谓，宣统元年（1909），"其年方廿有六"，则应生于光绪十年（1884）；该传又说，十四岁至沪，就学于教会学堂四年，光绪二十四年留学德国，三十二年归国。据此推算，就义时当为三十岁或三十一岁，生年应是光绪八年或七年（1882或1881）。

谭鑫培

谭鑫培（1847—1917），名金福，以字行。因堂号英秀，人又以英秀称之。湖北江夏（今武昌）人。生于道光二十七年（1847）。父谭志道，演老旦兼老生，擅长演悲剧人物，调门高而嗓音尖，观众给他起个外号叫"叫天儿"。谭鑫培艺名"小叫天"，即沿父而起。

谭鑫培从小就跟他父亲学艺。咸丰年间，他随父亲来到北京，入金奎科班习文武老生。业满出科后，搭永胜奎班，充当配角。当时正值变声，嗓子不好，于是改演武生，因为在京很不得意，就到天津搭班。又加入专门跑码头的"粥班"，在京东一带的乡镇演野台戏，担任武生主要演员，有时也串演老生戏或武丑戏。谭鑫培在粥班演出期间，仍然坚持勤学苦练，毫不放松，嗓音也日渐好转。所谓"粥班"，是由少数班主用若干担粮食做本钱，招收一些演员为他们演戏赚钱的戏班。粥班没有固定待遇，收入很少，伙食很差，业务不好时只能喝粥。演出地点也不固定，流动性很大，经常奔波于乡镇间，生活很艰苦。但是，粥班的演出生活也使谭鑫培有较多的机会接触和观察各种各样的人，有比较丰富的社会生活体验，在艺术上也得到更多的舞台实践，有宽广的戏路和深厚的根基，对其后来的艺术发展有重要影响。

同治中期，谭鑫培年二十左右返回北京，因父关系入程长庚主持的三庆班，仍演武生。擅长的戏如《金钱豹》的孙悟空、《神州擂》的王永、《恶虎村》和《连环套》的黄天霸、《黄鹤楼》的赵云、《挑滑车》的高宠等，有时也演《五人义》的周文元、《三岔口》的刘利华一类的武丑戏。这时，他的嗓音渐渐好转，遂武生、老生相间演唱。由于他多年搭在三庆班，对程长庚的艺术很专心学习，尤其是注意程的四声的运用和行腔吐字的功夫。又因为其父和老生"三杰"之一的余三胜是同乡至交，他得以拜余为师，吸收余的汉调西皮的特长，以圆润流利取胜。谭鑫培表演艺术的进展，受到了程长庚的重视。程认为他的脸庞瘦削而口大，演武生扮相不好看，不如改演武老生，挂上髯口既能掩去瑕疵，使面容改观，又可以施展武功，加上甜润柔美的嗓音，当会受到观众的欢迎。谭鑫培于是兼演武老生，如《定军山》的黄忠、《战太平》的花云、《阳平关》的赵云、《战长沙》的关羽（红生）等，都获得很好的演出效果；间也演一些文老生戏，如《伐东吴》、《状元谱》、《御碑亭》等。光绪五年（1879），谭鑫培首次到上海演出，常演武生戏。在上海，他向老生孙春恒学艺。孙春恒一反当时盛行的程长庚等沉雄激昂的唱法，创造了清灵低柔的老生新腔。谭鑫培很受启发，就吸收了孙的唱法。次年回京，仍在三庆班演戏。

光绪八年（1882）后，谭鑫培渐以演老生戏著名。这时他搭四喜班，与著名老生孙菊仙互唱大轴。十三年（1887），谭鑫培开始自己挑班，与老生周春奎、武生王八十合组同春班。十六年（1890），被选入升平署为"民籍教习"。当时慈禧太后恣意享乐，沉溺声歌，在专设的演戏机构升平署中，除专职演戏太监外，还不断从民间戏班中挑选一些名角入署演出。谭鑫培在宫廷中演戏，以其艺术精湛，受到慈禧太后的赏识，赐四品服。他虽被选入署，但主要的演出活动还在民间戏班。谭鑫培由于出色的表演艺术，自创新声，独成一派，人称"谭腔"，与并时的四喜班的孙菊仙、春台班的汪桂芬鼎足而立，被称为"老生后三杰"或"后三鼎甲"。二十六年（1900），八国联军侵占北京，戏园被焚毁。此后，孙菊仙携家移居上海，汪桂芬因遭受凌辱的刺激，精神抑郁苦闷，笃信佛教，时演时辍，谭鑫培在北京京剧舞台上独享盛名，也产生了很大的影响。据《伶史》记述："凡王公大臣荐绅先生每有喜庆必招谭，谭不至举座不欢也。膏粱纨裤弦歌相娱，不学谭则无以鸣高也。贩夫走卒抽暇聚谈，不知叫天则无以夸于侪辈也。青楼歌伎以喉侑觞，不摩谭不足以引宾客欢也。他如大家闺秀、学校士子，亦能私相揣拟，低声而歌。"因而有"有书皆作埒（一作"有匾皆为埒"），无腔不学谭"的谚语。王埒是晚清著名书法家，他的书法和谭鑫培的唱腔同为二大流行品。当时，谭鑫培的《当铜卖马》秦琼、《李陵碑》杨继业的唱腔脍炙人口，在社会上广为流行，北京街头巷尾时常能听到在唱"店主东……""叹杨家……"有人写诗描绘说："家国兴亡谁管得，满城争说'叫天儿'。"作者意在讽刺清朝王公贵族面对帝国主义的侵略，仍然沉湎于声色犬马，不管家国兴亡，但也反映出谭鑫培的影响之大。

谭鑫培是继程长庚之后在京剧老生行中艺术成就最高的。京剧老生分为"安工"、"衰派"、"靠把"三种，"安工"以唱为主，"衰派"讲究做功，"靠把"则重武功。虽程长庚、余三胜、张二奎等前辈名角也有所不工，而谭鑫培文武全才，能兼三长，打破了老生行当的界限。他能戏很多，常演的老生戏如《空城计》的孔明、《捉放曹》的陈宫、《击鼓骂曹》的祢衡、《洪羊洞》的杨延昭、《四郎探母》的杨延辉、《珠帘寨》的李克用、《武家坡》的薛平贵、《琼林宴》的范仲禹、《搜孤救孤》的程婴、《状元谱》的陈伯愚、《乌龙院》的宋江、《打渔杀家》的萧恩、《清风亭》的张元秀、《南天门》的曹福、《当铜卖马》的秦琼、《李陵碑》的杨继业、《定军山》的黄忠、《战太平》的花云等。谭鑫培在艺术上之所以有很高成就，是由于他能不拘一格、博采众长，又融会以自己的创造。他幼年即打下了扎实的文武功底，青年时期演过武生，在老生表演艺术上集中了程长庚、余三胜、张二奎、王九龄、卢胜奎、孙春恒、冯瑞祥等各家之长，"同一唱工，《碰碑》则学三胜，《乌盆》则学九龄。同一做派，《状元谱》则学长庚，《桑园寄子》则学三胜。同一靠把，《定军山》则学三胜，《镇潭州》则学长庚。不特此，《天雷报》拟周长山，而身段汰其冗拙；《空城计》仿卢台子（胜奎），而声韵较为悠扬"[①]。他不故步自封，对京剧其他

---

① 陈彦衡：《旧剧丛谈》。

谭鑫培 231

行当如青衣、老旦、花脸的唱腔，以至昆曲、梆子、大鼓、单弦的某些特长，都加以吸收运用。谭鑫培博采众长，不是生吞活剥，七拼八凑，而是按照京剧艺术的规律加以融会贯通，经过自己的创造，成为浑然一体。在他之前的"老三杰"，虽然都有高度的演唱技巧，然而唱腔比较平板，旋律性不强。经过谭鑫培的广泛吸收、大胆创新，唱腔比以前复杂多变，旋律性加强了，使京剧老生的唱腔大大推进了一步。

在丰富和发展京剧剧目方面，谭鑫培也作出了贡献。他不仅继承了前辈老生演员的一些拿手好戏，还通过自己的创造，丰富和发展了京剧老生剧目。如《珠帘寨》的李克用原是花脸扮演，经谭鑫培改为老生后，成为老生的传统剧目；《南阳关》、《战太平》等剧原来都是不受重视的"开场戏"，谭鑫培演唱后丰富了唱腔和表演，就成为谭派的看家戏；《搜孤救孤》、《当锏卖马》的主角原分别是公孙杵臼和店家，经谭鑫培的改编，程婴、秦琼成为主角。

谭鑫培声甜腔美，技艺高超，但他不卖弄，而是仔细体会剧情，分析人物性格，从唱做念打中表达出剧中人当时的思想感情，深入地刻画人物，"装谁像谁"。"演孔明有儒者气，演黄忠有老将风。《胭脂褶》之白槐居然公门老吏，《五人义》周文元恰是市井顽民。流品迥殊，各具神似。由其平日于各色人等之举止语言无不细心体察，刻意揣摩，故其扮演登场能随时变态，移步换形。"①他的唱不仅唱声，而且唱情，用唱腔来表达人物的感情。例如《当锏卖马》中秦琼的"店主东……"、《空城计》中孔明的"我本是……"和《捉放曹》中陈宫的"听他言……"三段唱都是西皮慢板，板式、腔调大致相同，由于能从人物的特定情景出发，所以不仅唱腔各异，而且表达了秦琼的沉郁、孔明的镇静、陈宫的愤懑不同的思想感情。同样是四平调，在《乌龙院》里唱得迂曲缓慢，表现了宋江平静悠闲的心情；在《清风亭》里就唱得紧凑朴直，表现了张元秀忧伤抑郁的情调。谭鑫培既重唱腔，也讲究念白和做功，用细致的表情、身段动作来

---

① 陈彦衡：《旧剧丛谈》。

刻画人物的性格，表现人物的精神状态。如演《李陵碑》的杨继业，当看到李陵碑，念碑上四句诗时，一句比一句强烈，念到末句"卸甲又丢盔"，跟着念的节奏，身子一抖铠甲卸脱，头一甩头盔抛出，把杨继业激动的情绪表现得很逼真。演《空城计》的孔明，"三报"一场，通过脸部表情、身段动作和念白，有层次地表现了身处险境的孔明的忧虑、悔恨、惊叹而又镇静的复杂矛盾心情。谭鑫培早年曾演武生，武功根底坚实，在一些戏里的独特表演技巧运用自如。如《南天门》的甩罗帽、《问樵闹府》的踢鞋、《四郎探母》的"吊毛"以及《当铜卖马》的耍铜、《翠屏山》的舞刀等，都有独到的功力，内外行交口赞颂。由于他高度的艺术成就，因而驰名南北，获"伶界大王"的称号。

谭鑫培也有他的缺点和艺术上的局限性。他进出宫廷和贵族、官僚宅院演戏，与王公大臣交往日多，不能不受到他们的思想感情的感染和迎合他们的口味。当时帝国主义侵略日益加深，清王朝腐朽没落，山河破碎、民生凋敝，王公大臣醉生梦死，充满悲观颓废的情绪。这种气氛，影响了谭鑫培的唱腔和表演中存在着消极的、不健康的东西。如他的代表作《李陵碑》，在唱腔、表演上有很多创造，刻画杨继业兵败被困、身处绝境的惨状也很生动，但表现杨宁死不屈、壮烈殉国的气度就显得不足，整个基调是低沉忧郁、哀伤凄凉，缺乏壮烈激越。当时社会上一些人对谭鑫培创造的悠扬婉转的新腔加以非难，斥之为"靡靡之音"、"亡国之声"，这是保守势力的偏见，然而也不能否认他的创腔有影响崇尚柔靡低沉风气的一面。谭鑫培在传播艺术方面也有保守思想，对于同行老生演员，绝不轻易指点，发现有同行看他的戏，就临场增删唱词，改易唱腔。在戏德上也有欠缺，演出时如跟他配戏的演员出现差错，必借故发挥，不留余地。

1912年中华民国成立后，谭鑫培任正乐育化会会长。他虽然年事已高，仍然没有离开舞台。这年冬天，他第五次也是最后一次到上海，在新新舞台演出一个月。谭鑫培晚年仍坚持练功，艺术造诣更臻于炉火纯青。但是，这样一位有卓越成就的表演艺术家，晚境却遭遇坎坷。他曾因得罪袁世凯的爪牙，竟被禁演累月。1917年4月，北京的军阀政客为了欢迎桂系军阀陆荣廷，指名要谭鑫培为他们演戏。当时他正患病，实在不能上台，便婉言谢绝。但是，军阀们始终不准，强行逼迫他抱病演出了《洪羊洞》。谭鑫培勉强演完了这场戏，劳累加上气愤，病势日益沉重，不到一个月的光景，5月10日，这位一代艺术大师便溘然长逝。时年七十一岁。

谭鑫培是一位继往开来、自成表演体系的京剧艺术大师。他把京剧老生艺术提高到一个全面发展的新阶段，成为流传很广、影响最大的一个流派。除子谭小培、孙谭富英、婿王又宸以谭派老生名外，继起的余派（叔岩）、言派（菊朋）、高派（庆奎）、马派（连良）、麒派（周信芳艺名麒麟童）、杨派（宝森），都与谭派有直接或间接的关系。

（原载林增平、李文海主编：《清代人物传稿》下编
第3卷，辽宁人民出版社1987年）

还中国近代史以本来面貌

　　《河殇》是一部什么样的电视片？它的总撰稿人明确宣称是一部电视"政论片"。显然，他是要通过电视这种大众传播媒介来向观众发表"政治演说"，来表达他的政治观点和主张。但是，《河殇》的"政论"又有它的特点，那就是借对中华民族的历史、文明和命运进行"总体的反思"来阐发的。因此，评论《河殇》就不能不去弄清楚它对中华民族的历史到底是如何进行"总体的反思"的。作品中所谈论的历史，包罗中外古今，洋洋洒洒，可惜其观点和事实都经不起推敲，堪称错误百出，谬种流传。这篇文章，仅就有关中国近代史的几个问题进行评论。这些问题，有的本来是常识性的，但由于被歪曲，不得不重新加以论述。

一

　　《河殇》这部电视片，要告诉人们的中心思想是：自古以来，世界上存在着两种文明，一种是"黄色文明"（"内陆文明"），一种是"蓝色文明"（"海洋文明"）。前者象征中华民族文明，后者象征西方资本主义文明。中华民族的"文明衰落了"，"崭新的文明不可能再从黄河流淌出来"，"只有当蔚蓝色的海风终于化为雨水，重新滋润这片干旱的黄土地时……才有可能使巨大的黄土高原重新获得生机"。就是说，只有资本主义才能救中国，才是中国唯一的出路。

基于这样一个出发点，《河殇》对近代中国的历史肆意阉割、歪曲和拼凑。《河殇》的作者声称，这部片子是对中华民族的历史、文明和命运进行"总体的反思"。既然如此，那就应该如实告诉观众：自从鸦片战争以后至中华人民共和国成立的110年间，帝国主义是怎样侵略中国，把一个独立的中国一步一步变为半殖民地半封建社会的；帝国主义是怎样同封建主义相结合，残酷压迫剥削中国人民，造成中国的贫穷落后；中国人民为了独立、民主、富强，又是怎样同帝国主义和封建主义进行不屈不挠、英勇顽强的斗争；先进的中国人是怎样经历千辛万苦寻找救国救民的真理，终于找到了马克思列宁主义，并产生了中国共产党，在中国共产党领导下，中国人民推翻了三座大山，结束了半殖民地半封建社会的历史，建立了新中国，等等。然而，近代中国这些基本问题，《河殇》一个也没有涉及，统统被阉割掉了。这能说是对中华民族历史的"总体反思"吗？

这部电视片一共六集，几乎没有一集提到帝国主义对中国的侵略，及其造成的严重后果；相反，却把近代中国的贫穷落后归之于"黄色文明"。按照作者的观点，"黄色文明""偏偏又处在一种很独特的地理环境之中"，"地理环境对以黄河流域为中心的中华文化形成了一种隔绝机制"，铸就了一种内向的、求稳定的、闭关自守的文化类型。这个文化类型，"几千年来偏偏造就不出一个民族的进取精神"，造就不出"一种文化的更新机制"。作者的另一个观点，是所谓"中国封建社会是一个超稳定结构系统"的"周而复始的历史循环"论。据此，中华民族的历史、文化不可能有什么新的发展变化，只能是在封建社会里"周而复始"地往复循环。就是说，中国始终是一个封建社会。因此，作者断言，中国没有过"真正的私有制"，没有资本主义萌芽，当然更谈不上有资本主义，也没有一个中产阶级。难怪《河殇》一再抱怨、指责中国一次又一次失去了发展资本主义的良机，第一次是15世纪明朝的时候；第二次是近代戊戌变法的失败，并耸人听闻地说，"这一次机会的丧失，无疑将继续付出一二百年落后挨打的沉重代价"。显然，这不仅是观点的错误，而且也不符合历史实际。

这里撇开地理环境决定论、历史循环论这些错误观点不谈,需要指出的是,《河殇》抹煞了中国近代社会性质这样一个基本历史事实。1840年鸦片战争以后,由于帝国主义侵略,中国由独立的封建社会逐步沦为半殖民地半封建社会。中国社会发生了根本性的变化。那时,早期改良思想家如王韬,清政府大员如李鸿章,都惊呼这是"几千年一大变局"。这个变局,一方面是面对着西方强敌的侵略和控制,另一方面是社会经济关系发生的变化。所谓半封建社会,即不是完全的封建社会,它的另一"半",就是资本主义。正是因为发生了资本主义经济,中国社会才逐渐改变了性质,变成了半封建社会。尽管由于帝国主义和封建主义的压迫,民族资本主义的发展步履维艰,基础薄弱,但不可否认,中国社会经济存在着资本主义毕竟是事实。有了新的资本主义经济,无庸赘言,当然就有了中产阶级,主要是民族资产阶级;有了新的政治力量,相应地有了新的文化。康有为、梁启超发动的戊戌变法运动,正是反映了新兴资产阶级的政治要求。它的失败,也正表明了他们所代表的这个阶级力量的弱小。戊戌变法虽然失败,但在社会政治、思想文化上却产生了深刻的影响;资本主义经济也并不因为这次政治运动的挫折而消失。事实上,在20世纪初,中国的资本主义还是有所发展的。中国资产阶级在戊戌变法失败经验教训的基础上,继续探索和开展新的政治运动。《河殇》所谓戊戌变法的失败,使中国"无疑将继续付出一二百年落后挨打的沉重代价":似乎这次政治运动的失败又注定了中国的历史命运,更是无稽之谈。稍有点中国近代史常识的人都知道,紧接着戊戌变法就发生了孙中山领导的辛亥革命。但是,令人遗憾和惊讶的是,号称"精英"的《河殇》作者竟然把孙中山领导的这样一次震撼中外的历史大事件阉割了!

辛亥革命,是中国历史上唯一的一次资产阶级领导的民主革命。孙中山领导的这次革命,从西方搬来了进化论、天赋人权说和民主共和国的方案作为思想武器,效法美国和法国资产阶级革命,终于推翻了清政府,结束了二千多年的帝制,建立过短暂的资产阶级共和国。中国不是没有走过资本主义道路,包括议会制、多党制、选举制等西方的政治制度都实行过。

但是，帝国主义不允许，它们支持以袁世凯为代表的旧势力窃夺了政权，实行独裁统治，复辟帝制，"民国"剩下了空招牌，半殖民地半封建社会的性质依然没有改变。辛亥革命作为一次政治革命，没有能够实现它所要实现的目标，资产阶级共和国幻灭了。但这次革命毕竟推动了资本主义的发展。中国资本主义在20世纪最初十年有了进一步发展，固然因为第一次世界大战主要帝国主义国家忙于厮杀为中国提供了有利机会，也是和辛亥革命的历史作用分不开的。跟戊戌变法一样，辛亥革命的胜利和失败，表明了中国存在着资本主义和中产阶级，也暴露了中国资本主义和中产阶级的致命弱点。《河殇》的作者蓄意阉割这一重大历史事件，其原因正在于此。

从欧洲近代历史来看，是先有资本主义的发生发展，才有资产阶级的政治运动，夺取政权。《河殇》的作者连这点普通常识也不顾，既然认为中国没有"真正的私有制"，没有资本主义萌芽，也没有中产阶级，又抱怨戊戌变法的失败丧失了发展资本主义的良机，真是自相矛盾。之所以弄得如此混乱，问题就在于他们的立场、观点、方法的错误。他们抹煞马克思主义关于社会形态的原理，抽掉了阶级和阶级斗争的基本历史内容，竭力讴歌西方资本主义，掩盖帝国主义对中国的侵略，全盘否定中华民族的历史、文明，随心所欲地歪曲篡改历史，怎么能不混乱呢？

正是站在这样错误的立场上，《河殇》不仅阉割了孙中山领导的资产阶级民主革命，同时也抹煞中国无产阶级及其领导的革命运动。五四运动后，中国资产阶级已无力领导中国革命，革命的领导任务历史地落在无产阶级及其先锋队中国共产党肩上。中国革命进入了新的时期，即新民主主义革命时期。中国人民在中国共产党领导下，经过北伐战争、土地革命战争、抗日战争和解放战争，终于推翻了三座大山，结束了半殖民地半封建社会，建立了社会主义新中国。《河殇》却对这样一个极其重要的历史阶段避而不谈，似乎中国历史上根本就没有发生过，这又怎么能说是对中华民族的历史进行"总体的反思"呢？当然，《河殇》的作者抹掉这段历史，并不是由于无知，也不是疏忽，而是精心的"设计"。他们既然一味赞颂西方资本主义、殖民主义，鼓吹要"打开国门"，"让世界走进中国"，要"用蔚蓝色的海洋文明在干涸的黄土地上浇下一片霖雨"，那么否定中国共产党领导的反帝反封建斗争，否定推翻帝国主义在中国的统治，就不是什么奇怪的事情了。

二

《河殇》有一个奇怪的说法："在我们的民族情感上，总有这样一个误区：似乎近百年的耻辱，只是一种光荣历史的断裂。自从1840年以来，总有人用古代的荣耀和伟大，来掩饰近代的贫弱和落后。"又说："在近百年的现实痛苦中，好象总需要有一付古老而悠久的安魂剂聊以自慰。"这些隐晦之言，含沙射影，自有其真实含义所在。这里无须去索隐探微，就其所说的事实来看，也是对近代历史和民族感情的歪曲。我们并不否认，1840年鸦片战争以后，确有一些顽固守旧分子抱残守阙，反对变革，以过去的光荣和伟大而自我安慰，但这不等于是中华民族的民族感情，不等于是中国人的感情，不是主流。从总体和主流上说，中华民族在民族感情上，不存在象《河殇》所说的这样一个"误区"。鸦片战争以后，由于帝国主义的侵略，中国的领土被割占，主权丧失，贫穷落后。面对着这样一个现实，中国人民从来没有因古代的伟大成就而自我安慰，而是奋起抗争，不屈不挠，前仆后继。由于中国人民的英勇斗争，使得帝国主义不能灭亡中国，并终于把它们赶出中国。事实就是如此。

《河殇》有一集叫做"忧患"。它的作者也喜欢侈谈"忧患意识"、"历史反思"，并把《河殇》看成是一种"突破"，是"文化精英"对"民族命运独立思考的结果"。言外之意，似乎一百多年来中国人都是浑浑噩噩，只能用"一付古老而悠久的安魂剂聊以自慰"。事实上，一百多年来，中国人尤其是先进的中国人都在为中华民族的命运而忧患，都在进行反思。

鸦片战争时期，林则徐、魏源就感到英国侵略军的"船坚炮利"，感到清朝军事等多方面的落后，主张"师夷长技"，成为近代最先睁眼看世界的先进的中国人。在林则徐组织人翻译的《四洲志》的基础上，魏源编成了《海国图志》。这部书不仅在近代中国影响深远，而且也对日本产生了积极的影响。毫无疑问，林则徐、魏源对外部世界的知识有局限，甚至有错误的认识，不应苛求。然而《河殇》的作者却攻其一点，不及其余，抓住林则徐相信"英国兵的腿脚是伸不直的"，魏源认为天主教传教士取人精髓，就断言他们是"愚昧"的，给予全面贬抑、否定，并进而耸人听闻地声称："这个民族还能指望什么呢？"完全是是非颠倒，黑白混淆，这使我们不能不在这个问题上多说几句。

如上所述，林则徐、魏源是最先睁眼看世界的中国人的代表者，他们努力了解西方世界，主张学习西方的"长技"，来抵御西方列强的侵略。恰恰是有了象林则徐、魏源这样一些人，中华民族才有指望。更为荒谬的是，为了否定林则徐、魏源，《河殇》特地抬出了龚自珍作为对比，把他捧得很高，说："那时中国只有一个人还醒着。正因为他醒着，他就比任何人都痛苦。……他早晚号哭以求天下大治，求治不得，他就早晚号哭以求天下大乱！他就是龚自珍。"真是绘声绘色，活灵活现。不过这样的对比，完全是生拉硬扯，对不上号。对比应当是同类或同性质，才可能比较出高低优劣，不同类或不同性质的问题，互不相干，北辙南辕，怎么可能比出高低优劣来呢。作品中指责林、魏的"愚昧"，是因为他们对西方某些事物认识有差错，而赞颂龚自珍的"清醒"，则是因为他批判清政府的腐败，本不是一码事。对外部世界有错误认识，不等于不能揭露清政府的腐朽；能批判清政府的腐败，也不等于就能认清世界形势。《河殇》的作者硬以此来做文章，大发其议论，适足以暴露出他们的无知和学风的恶劣。鸦片战争时期，林、魏、龚都是主张改革的代表人物。尤其是龚自珍和魏源，习惯上并称"龚魏"。就这两位思想家而言，在批判社会方面，龚比魏要尖锐深刻；对于如何变革现实，则魏比龚要高明。当时，中国面临的一个重要问题，是要不要了解西方、学习西方。要评价当时的中国人是否清醒，不能不说这是一个重要的依据。在鸦片战争期间，龚自珍比较颓丧，诗酒风月，心绪平淡，1841年就去世了。就龚自珍遗留下来的诗文看，他没有涉及什么有关西方的知识，没有什么新的思想养料，他的改革方案自认为是"药方只贩古时丹"。魏源则不然，他编了《海国图志》，为人们提供了域外知识，对打破清政府长期封闭状态，起了巨大作用。他提出"师夷长技以制夷"的主张，不仅要学习西方军事技术，并且要鼓励民间办工业，在近代产生了深远影响。因此，确切地说，在英国发动鸦片战争，中国第一次被一个西方国家打败的面前，真正"醒着"的中国人，应首推林则徐、魏源，而不是龚自珍，更说不上只有龚自珍一个人。

魏源曾说，他编《海国图志》是"创榛辟莽，前驱先路"。他和林则徐所做的事，所提出的新方向，在近代中国确实是起了"前驱先路"的作用。此后，先进的中国人沿着这个方向思索中国的出路问题。19世纪60年代初，冯桂芬在《校邠庐抗议》中对中西文化进行了比较，指出中国有四个方面不如西方，叫做"地无遗利不如夷，人无弃材不如夷，君民不隔不如夷，名实必符不如夷"。但他并没有悲观失望，没有散布那种中华民族的"文明衰落了"的论调，而是积极主张"采西学"、"制洋器"，认为先是模仿西方，进一步"比而齐之"，最终要"驾而上之"。他既没有"掩饰"近代中国的落后，也没有因古代的荣耀和伟大而"聊以自慰"，而是要求改变落后的面貌，表现了一个民族力图进取的志气。中日甲午战争前，郑观应提出了他的改革方案，鼓吹"商战"，主张设议院，实行君主立宪制度。甲午战争后，康有为发动的维新运动，孙中山领导的资产阶级民主革命，更是为改变中国的贫穷落后，为争取实现独立、民主、富强而艰苦奋斗，不惜流血牺牲。这是旧民主主义革命八十年的主流，是真正中华民族的民族感情。

毛泽东说："自从1840年鸦片战争失败那时起，先进的中国人，经过千辛万苦，向西方国家寻找真理。洪秀全、康有为、严复和孙中山，代表了在中国共产党出世以前向西方寻找真理的一派人物。那时，求进步的中国人，只要是西方的新道理，什么书也看。向日本、英国、美国、法国、德国派遣留学生之多，达到了惊人的程度。国内废科举，兴学校，好象雨后春笋，努力学习西方。"[1]这就是五四运动以前八十年求进步的中国人在努

---

[1]《论人民民主专政》，《毛泽东选集》第4卷，人民出版社1966年，第1474—1475页。

力寻找救国救民的道路。可是，老师总是欺侮学生，连辛亥革命那样全国规模的革命运动也失败了。于是先进的中国人又继续努力寻求摆脱困境的道路。终于找到了马克思列宁主义，诞生了中国共产党。中国共产党领导中国人民进行新民主主义革命，就是为了摆脱贫穷落后，为了实现独立、民主和富强，难道这也是为了"掩饰"贫穷和落后？一百多年间中国人民为了改变民族和国家的命运，浴血奋战，不断寻找救国救民的真理，这才是真正的"忧患意识"，才是负责任的"历史反思"。

《河殇》嘲笑中国人"总需要有一付古老而悠久的安魂剂聊以自慰"，还涉及如何对待历史文化传统的问题。对历史文化传统抱残守阙，固步自封，引导人们向后看，固然不对。但把继承发扬优良文化传统说成是为了自我安慰，是"掩饰"贫穷和落后，也是错误的。在近代中国，不论旧民主主义革命时期，还是新民主主义革命时期，都不难发现，古代的文化科技成就，反压迫反侵略的爱国主义精神，"天下兴亡，匹夫有责"的民族责任心，自强不息的奋斗精神，"舍生取义，杀身成仁"的献身精神，反专制的民主性思想等，时常被用来激励人们的民族自尊心和自信心，鼓舞人们反帝反封建的斗志和英勇不屈的精神。近代一百多年本身就充满着爱国主义精神，它成为近代历史文化的脊梁。《河殇》所说的"断裂"、"掩饰"、"聊以自慰"，实际上是对这种可贵的民族自尊心和自信心的否定，是对爱国主义传统和革命传统的否定。说来也不奇怪，《河殇》对中华民族的历史文化采取彻底否定的态度，宣扬民族历史文化虚无主义，自然对中华民族在古代的荣耀和伟大是深恶痛绝的。

三

对于近代中国的历史，《河殇》有一个值得注意的观点，叫做"救亡与近代化的双重变奏"。它说："救民族之危亡，势必拒外寇于国门之外；但是，救文明之衰微，又必须打开国门，对外开放，迎接科学和民主的新曙光。这极为矛盾的救亡与近代化的双重变奏，近百年来交替书写着中国畸形的历史……让中国人付出了无数沉重的代价！"前面已经指出，《河殇》的作者是站在西方资本主义的立场上来看问题，来议论，因此，在这一小段解说词里，不可避免地谬误数出。

首先，所谓近百年"中国畸形的历史"。近代中国历史，的确是"畸形的历史"。问题是谁造成的，怎样造成的。造成近代中国这种"畸形的历史"，并不是象《河殇》所说的是由于"救亡与近代化的双重变奏"，不是中国自己，而是西方资本主义、帝国主义。中国历史的发展，在鸦片战争后被西方列强扭曲了，沦为半殖民地半封建社会，就是近代中国"畸形的历史"。

第二，所谓近百年"让中国人付出了无数沉重的代价"。近百年来，中国人确实付出无数沉重的代价。但是，让中国人不得不付出沉重代价的，也不是由于什么"错综复杂，头绪万纷，剪不断，理还乱"的"双重变奏"，而是帝国主义侵略造成的。帝国主义在中国屠杀了多少中国人，掠走了多少财富，是数不清的。中国人为了抵抗帝国主义的侵略，为了争得民族的独立，不得不付出无数沉重的代价，这是帝国主义逼出来的。《河殇》的作者不去谴责帝国主义，却倒过来指责中国人自己，真是岂有此理。

第三，所谓"御外寇于国门之外"和"打开国门，对外开放"的矛盾。《河殇》的作者制造出的这个似乎不可调和的矛盾，并不那么准确和贴切。鸦片战争以后，中国的国门已经被西方列强打开了，并且越来开得越大，甚至连一些边远地区、穷乡僻壤都留下了侵略者的足迹。因此，不存在打开不打开国门的问题。至于说到御外寇，中国人都是被迫应战的。鸦片战争、英法联军、中法战争、中日甲午战争、八国联军、抗日战争等大规模的战争，都是外敌侵入国门之内发生的，而未能御敌于国门之外。其中只有抗日战争取得了胜利，将日本侵略军赶出国门之外，其他的战争都被迫签订了不平等条约，外国侵略者不仅没有被逐出国门之外，而且越来越在国门之内横行霸道。事实上不存在《河殇》的作者所忧心忡忡的这种矛盾。之所以制造出来这样一个矛盾，是因为作者有难言之隐，故弄玄虚，于是乎说得驴唇不对马嘴。如果从电视片总体的主旨来看待这段话，就不难理会其中的微言大义了。实际上，《河殇》所着眼、所强调的是"黄色文明的衰微"，要用"蓝色文明"来浇灌它，拯救它。换句话说，就是要让帝国主义"文明"来拯救它，而不应该把帝国主义侵略者赶出中国，不应该抵抗。正因为中国人民抵抗列强侵略，才造成了近代中国"畸形的历史"，才付出了"无数沉重的代价"。《河殇》所表现的这种错误思想，并不是它所独有的，近些年来类似的言论主张也时有所闻。如有的人对鸦片战争的抗英、抗日战争的抗日都加以反对，说什么是"历史的逆动"，公然鼓吹当年要是"接受侵略"，"加入大东亚共荣圈"，今天中国也就富裕起来了。这是赤裸裸地宣扬卖国主义。

关于所谓"极为矛盾的救亡与近代化的双重变奏"，是这些年颇为时髦的观点。有的还说，救亡挤偏了、压倒了近代化（或启蒙）。究竟应该怎样看待救亡和近代化的关系，有必要加以讨论。

谈论、研究历史上的社会问题时，马克思主义的绝对要求，是把问题提到一定的历史范围之内，对具体情况作具体分析。这是我们研究历史问题必须遵循的一条基本原理。今天国内国际的情况与近代中国历史的情况有很大变化，有的是根本性的变化，不能拿今天的情况去要求、去附会、去摆布过去的历史。譬如我们今天讲对外开放，是独立自主的对外开放，不能也不应该简单地去比附半殖民地中国的所谓"开放"。《河殇》的作者声称是对中华民族的历史进行"总体的反思"，其实却是没有什么历史观念，而是凭他们头脑中的臆断和比附。

近代中国的历史，是遭受帝国主义侵略、压榨的历史。资本主义、帝国主义的侵略，要把落后民族国家卷入资本主义世界，也给这些地区、国家带来了资本主义文明。但是，这种文明的输入是被动的，实质上是西方列强对半殖民地、殖民地所实行的一种同化政策、殖民政策，就象英国在印度的"英吉利化"，法国在越南的"高卢化"。列强用西方文化来同化半殖民地、殖民地，以便于它们在这些国家和地区进行殖民统治，并使这些国家和地区成为它们赖以生存和发展的一部分。就是说，西方资产阶级要按照自己的面貌去改造世界，使东方从属于西方。

帝国主义对半殖民地、殖民地的这种关系，就使这些国家和地区不可能真正实现近代化。近代中国的历史就是如此。毛泽东曾指出："帝国主义侵略中国，反对中国独立，反对中国发展资本主义的历史，就是中国的近代史。"[①]又说："一个不是贫弱的而是富强的中国，是和一个不是殖民地半殖民地的而是独立的，不是半封建的而是自由的、民主的，不是分裂的而是统一的中国，相联结的。在一个半殖民地的、半封建的、分裂的中国里，要想发展工业，建设国防，福利人民，求得国家的富强，多少年来多少人做过这种梦，但是一概幻灭了。"[②]近代中国一百多年的事实证明，不救亡，不反抗帝国主义的侵略和压迫，中国不独立，要想真正实现近代化是不可能的。救亡正是为了争取民族国家的独立，改变半殖民地和殖民地的畸形历史。因此，救亡是近代化的前提，也是近代化的保证，二者之间，不是互相对立，互相排斥的。离开半殖民地、殖民地的具体社会情况，抽象地谈论近代化，并把它和救亡对立起来，是非历史的、非阶级的观点，也是欺人之谈。

需要指出的是，在近代救亡过程中，或者说反帝反封建斗争的过程中，并没有排斥近代化，包括思想启蒙。许多仁人志士都在为争取近代化，为思想启蒙而不懈地努力。19世纪末，民权、平等思想逐渐传播。到五四运动时，举起了科学和民主两面大旗。此后，马克思主义在中国传播开来。在新民主主义革命时期，中国共产党以马克思主义为理论指导，同时继承发扬了科学和民主的传统。反帝反封建斗争需要思想启蒙，而反帝反封建斗争又促进了思想启蒙的发展，二者相辅相成。当然，由于中国社会的具体情况，帝国主义奴化思想，尤其是封建主义思想的影响深远，想通过一二次运动，如五四新文化运动，就能解决问题，无疑是一厢情愿的幻想。清除这些陈腐的东西，需要相当长时期的艰苦的努力。

①《新民主主义论》，《毛泽东选集》第2卷，人民出版社1952年，第673页。
②《论联合政府》，《毛泽东选集》第3卷，人民出版社1953年，第1081页。

抹煞、否定过去，是为了否定现实。《河殇》宣扬"黄色文明"衰落了、失败了，抹煞中国人民的旧民主主义革命，否定中国共产党领导的新民主主义革命，目的都在于否定建国以来中国共产党领导的社会主义革命和社会主义建设事业，反对和取消四项基本原则。难怪《河殇》播出后，不仅得到国内顽固坚持资产阶级自由化的人的喝彩，也得到海外反动势力的叫好。有人说《河殇》"就是二十世纪末，今天的新'国殇'"，有人觉得隐喻的语言还不过瘾，应该更大胆地"直指落后之源"。由此看来，《河殇》是资产阶级自由化的产物，又为资产阶级自由化的恶性泛滥起了推波助澜的作用。

（原载《历史研究》1990年第1期）

话剧《甲申纪事》的启示

有几年没进剧场了，前不久有幸观看江苏人民艺术剧院来京展演的历史话剧《甲申纪事》。这出戏人物形象鲜明，各具性格，气势磅礴，格调悲壮，且能给人以思想启示，称得上是优秀剧目。

剧中再现的是明末李自成领导的农民起义的事迹，从大破宁武关揭开帷幕，着重描绘了占领北京后发生的种种情状，最后，以李自成兵败削发为僧的追悔做归结。此事发生在甲申年（1644）明崇祯十七年，也是清顺治元年。这年，北京城换了三个皇帝，先是明朝的崇祯皇帝朱由检，继为大顺永昌皇帝李自成，其后为清朝顺治皇帝爱新觉罗·福临。李自成在北京只待了四十二天。他正式即帝位是在山海关被吴三桂与满清联军所败仓皇退回北京之后，第二天就匆忙退出北京撤向西安。话剧正是以喜剧开头，而以悲剧结尾。

文艺作品不同于历史教科书，对于故事情节和剧中人物可以虚构。但是，虚构不是随心所欲，而要尊重和符合历史客观实际，达到艺术真实和历史真实的统一。《甲申纪事》的成功之处，正是在于艺术地反映了历史本质的真实。它展现给观众的不仅是这支叱咤风云的农民起义军的胜败兴衰，而且揭示出它为何胜利，又为何失败缘由。作为历史上一次大规模的农民起义，历史学家们可以从各个方面来分析其胜败兴衰的原因。但是，从根本上说来，正如话剧所揭示的主题思想："得民心者得天下，失民心者失天下。"剧中宁武关之战，两军对垒，战斗激烈，然而农民军终于取得胜利，占领了屏障北京的险关要隘。人们可以看到，战胜的基本一条是得到了当地老百姓的全力支持。这也是李自成这支农民起义军一路胜利进军的根本原因。从攻占宁武关到进入北京城，只不过用了半个月时间，直如摧枯拉朽。明朝的覆亡，崇祯皇帝落得个吊死万岁山（景山）的下场，就在于这个王朝太腐败，丧失了人心。这与李自成的农民军恰好形成了鲜明的对比。

进入北京，覆灭明室，李自成领导的农民起义达到了高峰，战争胜利的终点，也是走向失败的起点。由于如此迅速地攻灭明朝，农民军进北京后，纷纷然，昏昏然，陶醉在胜利之中。他们对南方已经建立的南明小朝廷，对还拥有数万明军的山海关守将吴三桂，都缺少足够的重视；尤其是对关外已经建号称帝、伺机问鼎中原的清朝统治者，更缺乏警惕。李自成住进了皇宫，武将之首的刘宗敏住进了勋戚田弘遇的大宅，大摆威风，骄奢玩乐，每天忙的是拷打降官，追赃搜刮，贪欲无限，杀人敛财。文臣之首的牛金星，忙的是筹备登极大典，开科取士，往来拜客，结纳私人。军队大都屯驻于京城，良好的纪律日益松弛，掠抢民财，奸淫妇女，弄得老百姓昼夜不安，怨声载道。李自成和他的伙伴们，就这样被胜利冲昏头脑，为花花世界所迷惑。话剧中李自成失败的一幕，就是基于这样的历史背景。它展现给观众的，是当清军入关时，李自成仓皇迎战，昔日宁武关前老百姓全力助战的场面不见了，见到的只是腰缠珠宝、毫无斗志的乌合之众，以致不得不仓皇败退。它告诉观众：与其说李自成败于清军，还不如说是败于自己，败于失去了民心。

被胜利冲昏头脑，为城市纸醉金迷的逸乐生活所迷惑，这在中国农民起义史上是常见的现象。继李自成之后，在清朝爆发了洪秀全领导的太平天国大规模农民起义。太平天国从1851年1月金田起义到1853年3月定都南京，建立了与清政府对峙的政权，前后不过两年多，就取得了巨大的胜利。但是，巨大的胜利和"六朝金粉繁华地"的南京，把太平天国英雄们搞得昏头昏脑。起义初期那种"寝食必俱，情同骨肉"、"蔽衣草履，徒步相从"的朴质的思想作风多被抛弃，代之而起的则是对权力、名位和奢侈生活的追求，"为繁华迷惑，养尊处优，专务声色货利"。洪秀全进南京后，立即大兴土木，把两江总督衙门扩建为天王府，"金碧辉煌"，"侈丽无匹"。杨秀清的东王府也是"穷极工巧，骋心悦目"。至如冠履服饰、仪卫舆马等，都备极奢华。如此种种，表明太平天国的首领们在进入南京后，生活上逐渐奢侈腐化，脱离了人民群众。思想作风的逐渐蜕变，必然影响太平天国内部的团结，领袖们之间的关系逐渐疏远，"彼此睽隔，猜忌日生"，宗派色彩日益明显。杨秀清、韦昌辉、石达开等各自通过家族、亲戚、部属等关系，结成自己的集团。其时，清政府正在全力镇压太平天国，新崛起的劲敌湘军虎视眈眈，西方侵略势力待机而动，而太平天国的领袖们却致力于争权夺利，终于互相残杀，演出了内讧的悲剧。天京的内讧，使太平天国由巅峰急转直下，成为由兴盛走向衰败的起点。这是中国农民战争史上又一次惨痛的教训。

农民由于小生产者的局限性，由于受封建意识形态的影响，无法跳出封建制度的老路，无法抵御腐朽思想和生活的侵蚀，而逐渐走向腐败变质。中国无产阶级和它的先锋队中国共产党，是以马克思列宁主义、毛泽东思想为指导的革命力量，在世界观、人生观、价值观上都不同于农民阶级。但是，这并不等于说，在共产党队伍内部就不会受到资产阶级、封建阶级腐朽思想的侵蚀，甚至有可能蜕化变质。在新民主主义革命过程中，毛泽东同志就很重视这个问题。1944年，他在延安高级干部会议上郑重地指出："我党历史上曾经有过几次表现了大的骄傲，都是吃了亏的。""全党同志对于这几次骄傲，几次错误，都要引为鉴戒。近日我们印了郭沫若论李自成的文章，也是叫同志们引为鉴戒，不要重犯胜利时骄傲的错误。"[①]是年，郭沫若为纪念明末李自成领导的农民起义军进入北京推翻明皇朝三百周年，撰写了《甲申三百年祭》。文章指出，李自成的农民起义军进入北京以后，它的一些首领因为胜利而骄傲起来，生活腐化，进行宗派斗争，以致这次起义陷于失败。毛泽东就以此告诫全党同志引为鉴戒。他在

---

① 《学习和时局》，《毛泽东选集》第3卷，人民出版社1965年，第948页。

致郭沫若的信中写道："你的《甲申三百年祭》，我们把它当作整风文件看待。小胜即骄傲，大胜更骄傲，一次又一次吃亏，如何避免此种毛病，实在值得注意。倘能经过大手笔写一篇太平军经验，会是很有益的。"[①]

也是在1944年，毛泽东在中共中央警备团追悼张思德的会上作了题为《为人民服务》的演讲，指出共产党"完全是为着解放人民的，是彻底地为人民的利益工作的"。为人民服务，概括了共产党的基本的宗旨。这和上述要共产党员以李自成的农民起义军为鉴戒，意义是一样的。1949年在革命即将取得全国胜利的前夜，毛泽东又及时地指出："因为胜利，党内的骄傲情绪，以功臣自居的情绪，停顿起来不求进步的情绪，贪图享乐不愿再过艰苦生活的情绪，可能生长。"他警告说："资产阶级的捧场则可能征服我们队伍中的意志薄弱者"，"经不起人们用糖衣裹着的炮弹的攻击，他们在糖弹面前要打败仗"[②]。正是由于共产党及其领导的军队有为人民服务的精神，有良好的党风、军风，赢得了人民的拥护，才取得了新民主主义革命的胜利，建立了新中国。但是，在新中国建立后，果然有那么一些意志薄弱者忘记了毛泽东的警告，在糖弹面前打了败仗。

在新的历史时期，在加快改革开放和现代化建设步伐的今天，在向社会主义市场经济体制转换的过程中，面临着更为复杂的形势和更为艰巨的任务，党风问题仍然至关重要。在我们党内确实存在着消极腐败现象，如帅孟奇同志批评的："有的人对党和国家的利益看得很轻，对自己的利益看得很重。有的干部为自己的子女、亲属'走后门'升学、出国、找好的工作，他们心中只有儿子、孙子、亲戚、朋友，而没有党和人民的利益。"[③]更为甚者，有些人以权谋私，搞权钱交易，贪污受贿，行业不正之风屡禁不止，如此等等，虽然是党内少数不良分子所为，但影响恶劣，危害极大。江泽民同志在党的十四大政治报告中强调指出："坚持反腐败斗争，是密切党同人民群众联系的重大问题。要充分认识这个斗争的紧迫性、长期

①《毛泽东书信选集》，人民出版社1983年，第241页。
②《毛泽东选集》第4卷，人民出版社1965年，第1438页。
③ 帅孟奇："从严治党，端正党风"——访十四大特邀代表帅孟奇大姐》，《人民日报》1992年10月16日。

性和艰巨性。在改革开放的整个过程中都要反腐败，把端正党风和加强廉政建设作为一件大事，下决心抓出成效，取信于民。"报告要求每个党员都要牢记，在任何时候、任何情况下，都必须全心全意为人民服务，发扬艰苦奋斗、无私奉献的精神。在反腐败斗争中，只要"下决心抓出成效，取信于民"，党和社会主义事业，就会立于不败之地。话剧《甲申纪事》的启示："得民心者得天下，失民心者失天下。"历史昭然，足资鉴戒。

（原载《真理的追求》1993年第2期）

要尊重历史

"走向共和"，是20世纪中国一个伟大的历史转折。再现这一伟大历史事件的电视剧，当然会让受众关注近代中国究竟是如何走向共和的。于今，这部电视剧已播放了25集，接近一半，但还看不清楚这个问题，或者说还没找到答案，因为还有一多半没有播放。这里只就两个人物谈谈感受。

在已播出的25集，看来李鸿章是挑大梁的。为了塑造李鸿章的正面形象，而以翁同龢作为反面的衬托。剧中的李鸿章忧国忧民，对国家民族负责，顾全大局，不求私利，老成练达，眼界开阔，熟悉洋务，崇尚变法，只是因为处处受阻，难以施展其抱负。作为对立面的翁同龢，则是居心叵测，怀私揽权，沽名钓誉，思想僵化，不仅处处对李鸿章加以刁难、排挤，也阻挠、反对康有为的维新变法，其状如泥塑木雕，从未露过一丝笑容，面目可憎。李鸿章是不"脸谱化"了，而翁同龢却是完全"脸谱化"的。不妨说，一个是美化，一个是丑化。

李鸿章、翁同龢都是近代很有影响的人物，人们自然会问电视剧所再现的是否符合历史的真实。揆诸历史，简单地说，李鸿章没有那么完美，翁同龢也不是如此糟糕，不应要树一个，而去贬另一个。作为晚清的重臣、权臣，不论李也罢，翁也罢，都难以摆脱封建官场的积习，都在营造自己的利益集团，存在权力之争。当李鸿章尚未发迹时，他的恩师曾国藩就对他有评论，说他"拼命做官"。李鸿章自组建淮军参加镇压太平天国后，扶摇直上，任直隶总督兼北洋大臣二十多年，掌握了清政军事、外交大权，于朝政举足轻重。清政府在甲午战争的失败，李鸿章是负有责任的。他一向是主张"和戎"的，先是依靠俄、英的调停，"以夷制夷"，不作战备。调停没有指望，日本开衅，又是消极防御，避战保船，导致北洋舰队全军覆没。时任北洋水师学堂总办的严复在给友人的信中批评说："推求厥咎，太半皆坐失于先著，绸缪之不讲，调度之乖方，合肥（指李鸿章）真不能辞其责也。"李鸿章绝不像有的人说的那样，一个缺点都找不出来。曾经是曾国藩亲信幕僚的赵烈文，在1875年（光绪元年）的日记中记载了淮军腐败的情况时说："合肥公养尊处优，不为未然之计，而前后左右，无一骨鲠之士，佞谀者进，朴勤者退。"甲午战争失利时，严复也从用人方面批评李鸿章："合肥用人实致偾事，韩理事信任一武断独行之袁世凯，则起衅之由也；信其婿张蕡斋浸润招权，此淮军所以有易将之失；欲同邑之专功，所以有卫汝贵之覆众；任其甥张士珩，所以致军火短给，而炮台不足以毙敌，以己一生勋业，徇此四五公者，而使国家亦从以殆，呜呼，岂不过哉！"所举之例，可以说明李鸿章不是真的一个缺点也没有，不是什么都好。电视剧为了塑造一个好形象，不无"隐恶扬善"，突出了某些事实，抹掉或编造某些事实。例如，甲午战后，李鸿章被投闲，电视剧写他有一日去见慈禧太后，提出要出国到欧美游历，以广见闻。其实李鸿章的出国，并不是由他主动提出的，而是沙俄驻华公使喀西尼点的名，让他代表清政府使俄祝贺俄皇加冕。对沙俄来说，这不是真正目的，其意图是借此机会与李鸿章签订了包括中国允许俄国通过黑龙江、吉林修筑一条铁路以达海参崴（即中东铁路）在内的《中俄密约》。通过中东铁路的修筑，沙俄把势力伸入我国东北地区，加强对中国的控制。据说李鸿章在谈判中的让步并在密约上签字，同沙俄的重金贿赂有关。办完这件事之后，李鸿章才去游历欧美，了解西方的致治之道。把前面这段事情去掉，变成表现他主动要去欧洲游历，形象自是不同了。又如电视剧描绘了孙中山向李鸿章上书，李不仅接见他，还同他一起吃饭，听他宣讲"革命"。其实孙中山8000多字的上书，只是希望"人能尽其才，地能尽其利，物能尽其用，货能畅其利"的改良，未及革命。但是，李鸿章借口军务匆忙，拒绝接见。孙中山很失望，看到天津、北京的情况，深感清廷腐败无可救药，用和平的办法解决不了问题，于是赴檀香山组织兴中会，准备以武装革命推翻清政府。这个事实的改变，显然也是为了溢美李鸿章的需要。

关于翁同龢，电视剧与历史实际也相去甚远。这里举些例子以说明翁同龢并不是那样糟糕的人。在甲午战争时，作为户部尚书的翁同龢，历尽艰难筹措战费，同时还要应付筹备慈禧太后六旬万寿庆典所需的巨款。面对这种情况，他极力保住战费的供给，而不顾压力，几次卡扣内务府奏拨的庆典款项，甚至联络户部堂官上奏请求停止太后万寿庆典的活动。他贺太后万寿的贡品玉如意等物花了五百两银子，而李鸿章则是报效银十万两。这些自然惹恼慈禧，英国《泰晤士报》的文章曾认为这是翁同龢后来被罢官的原因，不无道理。翁同龢是变法维新的支持者，不是反对者，虽然其思想与康有为并不完全一致。康有为称翁同龢为"中国维新第一导师"，不论这个评价是否妥帖，至少可以说明康有为是认为翁同龢赞成和支持维新变法，不像电视剧表现的对翁是那样不满和不屑。翁同龢曾与康有为谈论变法，与维新人士梁启超、谭嗣同等人都有来往，交谈对改革弊政的看法。康有为受到光绪的注意，同翁同龢的介绍、举荐分不开的。1898年6月11日光绪帝宣布变法的"明定国是诏"，是翁同龢起草的。12日，慈禧即任命荣禄以大学士、兵部尚书兼管户部，削去翁同龢户部尚书的权力。到15日，即被宣布开缺回籍。不是如电视剧所写的，先将翁开缺，然后才宣布变法，这有根本的区别。

这篇短文不是也不可能对李、翁作全面评价，只是举与电视剧有关的若干事例以为说明。这里有一个问题值得思考，对于此类重大历史题材的文艺作品，虚构、创作的度有多大，是否可以因为塑造形象的需要而任意裁剪、编造，不必尊重历史？不论是写历史书，还是编电视剧，历史观、价值观的问题都是不能回避的，不管承认与否。同样是重大历史题材的电视剧，有处理得很好的，如《长征》即是。

（原载《中国艺术报》2003年5月9日）

《走向共和》严重歪曲历史

一 如此"走向共和"

"走向共和"是中国近代史上的大事，是中国历史的伟大转折。电视剧《走向共和》，顾名思义是要反映这一重大历史事件，告诉观众近代中国是怎样"走向共和"的，是谁领导中国人民"走向共和"的。然而看完了这部长达68集的大制作，却不能不令人感到愕然，历史竟然被如此随心所欲地颠倒、歪曲。该剧的编创者声称，这部电视剧是"以历史事实为主"，是"历史真实、情节的真实"。其实并非如此，该剧呈现给观众的是：真正领导中国人民"走向共和"的革命领袖孙中山边缘化；封建统治者慈禧太后、李鸿章、袁世凯中心化，占据了全剧的中心地位。

孙中山是20世纪中国的伟人。人们纪念他在辛亥革命时期，领导中国人民推翻腐败的清政府，结束了两千多年的封建帝制，建立了共和国的丰功伟绩。但是在电视剧中，孙中山和他领导的革命运动居于边缘地位，被淡化、矮化。在电视剧的前半部，李鸿章是主角，孙中山只是一个小配角。他出场的次数不多，先后在康有为万木草堂的课堂上，李鸿章的餐桌上纵言革命；在广东巡抚衙门前、在清兵阻拦下楞剪辫子；打算依靠会党发动起义，却被会党头目骗去两万元，起义未成；重返檀香山找其兄闹着要钱，准备再发动起义；等等，给人的印象是幼稚、不切实际的空论、暴躁、蛮干、情绪化而缺少理性。对于孙中山和同盟会领导的共和革命运动，也是轻描淡写，或避而不写。如1905年中国同盟会的成立，是共和革命进程中的一件大事，然而观众从屏幕上所见到的画面，只是孙中山、黄兴、宋教仁等商量将兴中会、华兴会合并组成同盟会，草草了事；1911年的广州起义，是同盟会领导的历次武装起义中最重要、影响最大的一次，孙中山说过"事虽不成，而黄花岗七十二烈士轰轰烈烈之概已震动全球，而国内革命之时势实此之造成矣"，剧中也不予反映；整个革命形势的发展，包括湖北革命党人在新军中的深入工作，都没有展现，武昌起义就让人觉得太突然，一哄而起。1912年元旦，孙中山就任临时大总统，中华民国临时政府成立这样庄严的大事，剧中也没有给予应有的地位，只表现了孙中山坐在汽车里在街道上开着，车旁女青年拿着鲜花摇晃，画外音朗读孙中山的就职誓词；其后，宣传车在大街上宣布临时政府法令，要国民剪辫子，废除跪拜礼，其施政仅此两件。这些无非告诉观众，所谓"走向共和"，建立共和国，如此而已。难怪剧中的杨度批评孙中山搞共和革命是"不合时宜"，搞糟了。

至于普通群众，在这部电视剧里更是没有他们的地位，难得出现过的是义和团民在烧香、画符的愚昧、迷信的场面，而遍布于全国各地的群众反清斗争却没有任何反映。《辛丑条约》签订后，清政府为了维护统治，不得不作一些变革，实施"新政"，"预备立宪"，从而加捐加税，勒索人民，贪污腐败，民不聊生，民怨鼎沸。广大群众纷纷起来反对清政府的腐败统治，抗捐抗税、抢米风潮、会党和农民起义等各种类型的反清斗争，遍布全国城乡，连绵不断。据不完全统计，从1902年至1911年，全国各地民变多达1300余起，遍布全国城乡的反清斗争，削弱了清政府的统治，使清王朝陷入四面楚歌的困境中，成为孙中山领导的共和革命有利的客观社会环境和群众基础。共和国的建立，离开遍布全国的群众反清斗争，是难以实现的。

电视剧的名称是《走向共和》，事实上贬抑的是共和革命和领导走向共和的人，赞扬的是慈禧太后、李鸿章、袁世凯等所谓"悲剧英雄"。这些左右中国政局，控制中国社会而使中国半殖民地地位越陷越深的统治者，却被打扮成都在"辛苦地为中国找出路"。他们不是民族罪人，而是"有能力"、"有作为"的"改革家"。他们要找的出路是君主立宪，这是比共和革命更适合中国"国情"的。正如杨度说的，共和革命"不合时宜"，君主立宪才适合"国情"。编创者蓄意美化这些封建统治者，颇能说明问题的是段祺瑞对隆裕太后说的一段话。他说："你是赞成君主立宪的，君主立宪与革命共和只是国体之争，都是为了救国。"统治者和被统治者，压迫者和被压迫者，革命对象和革命者，都成了"救国志士"，大家都一样，都是"人"，都有"人性"。这就是编创者所标榜的以唯物史观"指导创作"的结果？！

二 所谓"历史真实"

编创者说，该剧的创作是"以历史事实为主，存在合理的虚构"，剧中所提到的中国经历的几大历史事件和李鸿章、慈禧太后、袁世凯、孙中山主要人物都是真实的，是"历史真实、情节的真实"，"要把这部剧写得像是中国近代史上的教科书"。那么，我们就以李鸿章为例，看看是否果真如此。

李鸿章是这部电视剧前半部的主角，是编创者所着力塑造的，也是引起观众和评论者议论最多的人物。不论编创者有的说是"历史真实"，有的玩弄词汇，说是"以历史真实感，不是以历史真实性"，可以断言，李鸿章不是"历史真实"。

"以历史事实为主，存在合理的虚构"，对这样一部重大历史题材的正剧来说，这个创作原则无疑是妥当的。但是，电视剧播映出来的却与此相去甚远。为了美化李鸿章的需要，编创者随心所欲地对待历史，或随意裁剪历史，或作不合理的虚构，玩历史于掌中。

电视剧告诉我们，李鸿章要添置军舰，但因主持户部的翁同龢作梗，致使经费支绌，北洋舰队不能发展，以至甲午战争中失败。实际上，海军经费支绌，主要不在于户部作梗，而在于慈禧太后挪用海军军费修颐和园，其主谋者是醇亲王奕譞和李鸿章。李鸿章除帮助奕譞挪用海军衙门开办费、常年经费等外，还以"购舰设防"的名义劝各省督抚集款，总共筹集白银260万两，陆续解至天津发存生息，所得利息专归颐和园工程使用。

李鸿章自组建淮军参加镇压太平天国后，扶摇直上，任直隶总督兼北洋大臣二十余年，成为清政府的重臣、权臣，掌握了军事、政治、外交大权，于朝政举足轻重。他一向主张"避战求和"，先是依靠英、俄的"调停"，"以夷制夷"，不作战备。"调停"没有指望，日本开衅，又是消极防御，"避战保船"，导致北洋舰队全军覆没。时任北洋水师学堂总办的严复在给友人的信中批评说："推求厥咎，太半皆坐失先著，绸缪之不讲，调度之乖方，合肥（指李鸿章）真不能辞其责也。"李鸿章绝不像有的人说的那样是什么"悲剧英雄"。曾经是曾国藩亲信幕僚的赵烈文，在1875年（光绪元年）的日记中记载了淮军腐败的情况说："合肥公养尊处优，不为未然之计，而前后左右，无一骨鲠之士，佞谀者进，朴勤者退。"甲午战争失利时，严复也于用人方面批评李鸿章："合肥用人实致偾事，韩理事信任一武断独行之袁世凯，则起衅之由也；信其婿张黄斋浸润招权，此淮军所以有易将之失；欲同邑之专功，所以有卫汝贵之覆众；任其甥张士珩，所以致军火短给，而炮台皆不足以毙敌。以己一生勋业，徇此四五公者，而使国家亦从此殆，呜呼，岂不过哉！"李鸿章在与被他视为"通家子弟"的吴永（曾国藩的孙女婿）的谈话中，虽不无为自己辩解之处，但也袒露了一点心声："我办了一辈子的事，练兵也，海军也，都是纸糊的老虎，何尝能实在放手办理，不过勉强涂饰，虚有其表，不揭破犹可敷衍一时。……及必欲爽手扯破……自然真相破露，不可收拾。"李鸿章绝不像电视剧美化的那样忍辱负重，忧国忧民，对国家民族负责，顾大局，不求私利。李鸿章的直系子孙于1904年分家时订立了一份遗产分配"合同"，这份"合同"不含金银财宝等动产，只涉及房地产之类的不动产。这些房地产分布于安徽、江苏两省，有数可稽者，计田产26处、房产22处，上海价值四万五千两白银的中西合璧房产1处、当铺1座，以及在安徽六七个州县未注明数目的田产、房产还有多处。仅此可以看出,李鸿章堪称巨富,他究竟是如何忧国忧民、顾全大局、不求私利的?

电视剧为了塑造一个好形象,对李鸿章不无"隐恶扬善",突出了某些事实,抹去或虚构了某些情节。例如,甲午海战后,李鸿章被闲置,电视剧写他有一日去见慈禧,提出要到欧美游历,以增见识。其实李鸿章此次出国,并不是由他主动提出,而是沙俄驻华公使喀西尼奉俄政府之命点的名,让他代表清政府使俄祝贺沙皇加冕。对沙俄来说,参加沙皇加冕典礼不是目的,目的是借此机会与李鸿章签订包括中国允许俄国通过黑龙江、吉林修筑一条铁路以达海参崴(即中东铁路)在内的《中俄密约》。通过中东铁路的修筑,沙俄把势力伸入我国东北地区,加强了对中国的控制。据俄国参加谈判的财政大臣维特等人的记载,李鸿章在谈判中让步并在密约上签字,同沙俄的重金贿赂有关。办完这件事后,李鸿章才去欧美游历。把前面不光彩的事实抹去,变成他主动要求去欧美游历,形象自是不同了。又如电视剧描绘了孙中山向李鸿章上书,李不仅接见他,还同他共进晚餐,听他宣讲"革命"。其实孙中山的八千余字上书,只是希望通过李鸿章劝使清政府实行"人能尽其才,地能尽其利,物能尽其用,货能畅其流"的改良,未及革命。但李鸿章借口军务繁忙,拒绝接见。孙中山很失望,看见天津、北京的情况,深感清廷腐败无可救药,用和平的办法解决不了问题,于是赴檀香山组织兴中会,准备以武装革命推翻清政府。再如电视剧展现《辛丑条约》签订会场的情景时,庆亲王奕劻看到条约上的内容后,手一直在抖,以致写不了字。这时李鸿章把笔拿了过来,对庆王说:"天下最难的,就是把自己的名字签在卖国条约上,你还年轻,还是我来担这个罪名吧!"随后李鸿章慷慨陈辞,义正辞严地训诫八国联军统帅瓦德西等人,说:"中国人为什么闹义和团,就是因为你们外国侵略引起的,你们现在要瓜分中国,告诉你们,那就会有更多的义和团。你们德国的军队在娘子关不是被打败了吗?"李鸿章视义和团为"匪",主剿灭,但在电视剧中,他完全改变了对义和团的态度,不仅不认为是"匪",而且正确认识到为什么会发生义和团的原因,称赞义和团抗击侵略军所起的作用，人们难免感到有点滑稽，禁不住会问：这还是李鸿章吗？李鸿章临终之前，形象是这样的高大，完美地画上了句号。只不过这是编创者欺骗观众的任意捏造。

电视剧和历史教科书不同，历史教科书要完全根据史实，不能虚构，电视剧则必须有虚构，不然就不成为历史剧，拍摄出来也没有人看。但是，既然是历史剧，就要受历史时代的制约，受历史事实（包括人物）的制约，不能随心所欲地捏造，任意修改历史。不论写历史教科书也好，编历史题材的电视剧也罢，都要对历史负责，对民族、对子孙后代负责。历史不是历史工作者的专利，中华民族的历史是炎黄子孙们所共有的，大家都有责任，谁也不应该糟蹋我们民族的历史。

（原载《文艺理论与批评》2003年第4期）

历史题材电视剧随想

　　历史题材电视剧的创作，要力求达到历史真实和艺术真实的统一。而二者的统一，就在真实上。历史真实是艺术真实的基础，离开了历史真实，就谈不上有艺术真实。但是，艺术的真实不是历史真实的简单再现，它要高于历史真实。历史人物是作者创作所依据的原型，而艺术形象则是在历史人物原型的基础上予以塑造，"因事以造形，随物而赋像"，不仅要传其形，而且要传其神，要写得鲜明生动，"笑则有声，啼则有泪，喜则有神，叹则有气"①。总之，是有思想、有感情、有性格的栩栩如生的形象。历史题材电视剧通过所塑造的形象，表达出是非爱憎的倾向。

　　关于历史真实和艺术真实统一的问题，20世纪五六十年代曾有过讨论，茅盾也参与了讨论，并撰写了十万字的长文发表，题为《关于历史和历史剧》。其中，着重谈了"历史真实和艺术真实之统一"问题。他认为所谓"历史真实和艺术真实之统一"，就是"历史真实与艺术虚构的结合"。他指出："历史家不能要求历史剧处处都有历史根据，正如艺术家（剧作家）不能以艺术创作的特征为借口而完全不顾历史事实，任意捏造。历史剧无论怎样忠实于历史，都不能没有虚构的部分，如果没有虚构就不成其为历史剧。""但是，虚构和夸张都不能超越当时人物的思想水平和意识形态。""总而言之，我以为我们一方面肯定艺术虚构之必要，另一方

----

① 孟称舜：《古今名剧合选序》，隗芾、吴毓华编：《古典戏曲美学资料集》，文化艺术出版社1992年，第233页。

面也必须坚持不能随便修改历史；此两者并不矛盾，因为艺术虚构不是向壁虚构而是在充分掌握史料，并用历史唯物主义和辩证唯物主义的观点和方法分析史料、对历史事实（包括人物）的本质有了明白认识以后，然后在这个基础上进行虚构的。这样的艺术虚构，就能与历史真实相结合而达到艺术真实（即在艺术作品中反映的历史）与历史真实（即客观存在之历史）的统一了。"①茅盾的这些见解很精辟，对于今天的历史剧创作仍有启发意义。

历史剧不是历史论著或教科书，不可能没有虚构、想象。但是，虚构不等于可以随意胡编乱造、"戏说"、"胡说"，像有的类似"戏说"的电视剧那样，让皇帝到矿区与工人同吃同住同劳动，不怕脏、不怕苦、不怕累，塑造所谓"平民化"的皇帝。再英明的皇帝终归是皇帝，不是"焦裕禄式"的干部，更不可能化成"平民"，去跟"臭苦力""三同"。果真如此，也就不会有农民起义，更不会有孙中山领导的辛亥革命推翻清政府封建君主专制制度、建立民国的事情发生。电视剧中的历史人物（或历史事件），即使史料很丰富，剧作者在塑造人物形象时也是不够用的，他的许多话语、情节要由剧作者虚构；但要符合这个历史人物的性格发展的逻辑，符合其身份地位，是他所能说所能做的，而不是强加于他的思想和行动。历史剧中的历史人物（或历史事件）是要受特定的历史条件制约的，他的思想、行动应当是在当时历史条件下可能想、可能说、可能做的，既合乎情又合乎理，才是艺术的真实。如果对历史人物的事迹任意更改、编造，艺术形象与历史原型相去甚远，就会破坏历史真实与艺术真实的统一。有一部写康熙朝的电视剧（历史正剧），对李光地这个康熙的重臣的生平事迹做了任意的更改。李光地为康熙所倚重，官至文渊阁大学士，死时康熙深为"悯悼"，谕部臣等说："知之最真无有如朕者，知朕亦无有过于光地者。"但是剧中的李光地则是曾被"三藩叛乱"之一的耿精忠关进监狱，跟公主蓝齐儿有恋情，因揭露索额图、明珠任人唯亲而入狱，上吊

---

① 茅盾：《关于历史和历史剧》，人民文学出版社1962年，第127、126、121、136页。

自杀未遂，以囚犯身份随康熙出征葛尔丹，在军营服劳役，后戴罪复职，在推翻明珠、索额图之后被贬至台湾任知府。这些情节的虚构，把李光地这个真实的人搞得面目全非，这就太离谱了。与其如此虚构李光地，不如干脆虚构一个历史上不存在的人物。

在历史题材的电视剧中，有一些在历史真实和艺术真实的统一上做得较好。例如，有一部反映晚清左宗棠、沈葆桢创办福州船政局的电视剧，突破了"权谋加后宫"之类的模式，着力揭示沈葆桢等人面对西方列强侵略而强调加强海防的思想；为办船厂和船政学堂克服了朝中、地方官员的阻挠，以及聘用的外国人员的作梗；表现了船政学堂培养出来的学生率领的福建水师在不利的情况下与法国舰队殊死战斗，壮烈殉国；反映了汉族、畲族、高山族人民共同抗击日本、法国侵略，不怕流血牺牲的顽强精神；全剧贯穿了强烈的爱国主义精神。该剧还体现出在半殖民地半封建的近代中国，在帝国主义侵略、压迫和腐败清政府的统治下，仅靠建造船厂、培养海军人才是改变不了中国的命运的，历史的必然是走革命的道路。这就揭示了近代中国历史的本质，反映了历史发展的规律。

也有一些历史题材的电视剧停留在历史的表层上，没有能够深入历史的深层，反映历史的本质，体现历史时代的精神，而是采取某些简便的虚构，以吸引受众的眼球。颇为流行的是，无论现实题材还是历史题材的电视剧，总要突出情爱，而且这情爱不仅是一对一的，还是"三角"以至于"多角"的，弄得剧中人物神魂颠倒，要死要活。有一部电视剧虚构了清初一位总督的女儿、郡王的女儿与将军的儿子的恋情，她们本来亲如姐妹，为此几乎闹翻了脸，还险些出了人命。在当时的历史条件下，这是不可能发生的，是编者为戏剧情趣的需要而编造出来的。对于滥情的描绘，观众并不都感兴趣。有位观众就给一家报纸写信批评电视剧《昭君出塞》过多地表现了情爱，指出：凡是和王昭君"接触过的男人，无论表哥、殷公子还是皇帝，都先后与她碰撞出了爱的火花，而她和呼韩邪单于的感情，更是被演绎得扑朔迷离。尽管该剧力图表现王昭君敢爱敢恨、以民族大义和民族团结为重的品质，但是对其私人感情的过分描写，冲淡了这位传奇女性在人们心目中的完美形象，多了几分俗气、媚气"。

在一些历史题材的电视剧中，作者由于对主要人物的偏爱而予以拔高，进行了不恰当的虚构。一种情况是为了拔高主要人物而贬低、歪曲其他人物。一部写晚清将领刘铭传在台湾抗击法军侵略的电视剧，为了突显刘铭传的高大，把台湾兵备道刘璈写得很不堪，他的儿子还通敌。其实二刘之间虽有矛盾，但都为抗法尽力。连横在《台湾通史·刘璈传》中评论说："法人之役，刘铭传治军台北，而刘璈驻台南，皆有经国之才。"但刘铭传挟嫌上疏劾刘璈罪十八款，奉旨将刘璈革职，籍没家产，流放黑龙江。连横认为"语多不实"，"士论冤之"。这样的虚构就歪曲了历史人物。另一种情况是为了拔高主要人物而虚构其所不可能做的事。如一部写清初一位将军奉旨率水师出海作战的电视剧，虚构了这位将军为表示对皇帝的忠心，激励将士奋力作战，而将几个儿子都带上兵船参加战斗，其中一个只有7岁。在激烈的海战中，炮火连天，兵船的将士既要忙于作战，又要保护小少爷不受伤害，岂不成了累赘，仗又怎能打好？这样的虚构不仅不真实，而且有点儿戏了。

更为严重的是，有的电视剧的虚构，则是从本质上歪曲了近代中国的历史，贬抑了领导辛亥革命、推翻清政府、建立民国的孙中山，美化了维护封建君主专制制度的慈禧太后、李鸿章、袁世凯。这完全篡改了历史的真实性，也就说不上艺术的真实，因而是虚假的。

对于历史题材电视剧的创作，有一条得到人们认同的原则，即"大事不虚，小事不拘"。但在实际创作中，看来对"小事不拘"不无误解。"小事不拘"是指艺术虚构，并不等于对历史人物的名字、官衔，政府机构的职能，事件发生的时间等具体情况可以随意编派。例如，有的电视剧写1884年中法战争时，清廷任命左宗棠为钦差大臣到福建督办海疆事务，左宗棠到福州后即召集沈葆桢等人开会，其时沈葆桢已故去五年，如何能来参加会议？有部电视剧也涉及中法战争，其中慈禧太后要总理衙门派三千士兵支援前线，总理衙门是负责涉洋事务的，无权调拨军队，作为实际的最高统治者的慈禧太后不会连这点常识也不懂，而胡乱发号施令。有些电视剧对剧中历史人物在何时任何官职常常是"张冠李戴",如此等等。诸如此类的细节,看似无关大局,但会影响电视剧的效果,传播错误的历史知识。观众不知道的,也就蒙过去了,知道的就会摇头,觉得编创历史剧连基本的历史常识都弄错,实属不应该。

从优秀的、较一般化的或者有倾向性问题的历史题材电视剧的情况来看,作品的优劣在于创作者是否以唯物史观为指导进行创作,在于创作者是否在充分掌握、分析有关史料的基础上进行虚构,而前者尤为根本。可以说,优秀的历史题材电视剧都是由于能够掌握充分史料并加以分析、选择,在唯物史观的指导下来进行创作,从而达到了历史真实和艺术真实的统一。一般化的历史题材电视剧,历史观上虽无多大偏差,但往往由于对史料的掌握、分析下的功夫不够,对历史人物和历史事件不甚了了,而又急于成篇,因而出现了对历史人物的定位不准确,甚至错位,在浅表上敷演故事,缺少厚重、深刻。至于有倾向性问题的历史剧,则是在错误的历史观指导下进行的创作,以至于任意歪曲、篡改历史。

历史题材的电视剧不是历史教科书,不能要求它承担传播历史知识的任务。但是,它又是另一种"历史教科书",不是"教科书"的"教科书"。因为既然是历史剧,就离不开历史人物和历史事件,就在传播一种历史认识,传播一种历史观、价值观。电视剧的传播面很广,观众很多,观众当中特别是青少年观众缺少历史知识,他们一次次看这些电视剧,自觉不自觉地会受其影响,尤其是受其历史观、价值观的影响。从这个意义上说,历史题材的电视剧是一种"历史教科书"。因此,要慎重、严肃地对待历史题材电视剧的创作,不能任意编造,给观众以误导。

(原载《中国人民大学学报》2007年第2期)

再现奋斗历史　续写民族辉煌

——大型电视政论片《复兴之路》观后感

前不久，大型电视政论片《复兴之路》在央视播出，引起广泛关注。该片分为千年局变、峥嵘岁月、中国新生、伟大转折、世纪跨越、继往开来6集，以丰富的影像资料，准确而又感人的解说词，生动再现了一百六十多年来中国人民为求得民族独立和人民解放，实现国家富强和人民富裕而前赴后继地奋斗追求的历程，清晰地勾画出中华民族从倍遭屈辱、奋起抗争到走向复兴的历史脉络，主题鲜明，气势恢宏，既令人振奋，亦发人深省。

电视政论片以"复兴之路"为题，可谓提纲挈领，抓住了关键。

要辨明历史的正确走向，就必须以科学的理论为指引。即如片中所言，鸦片战争后，随着帝国主义侵略的扩大，民族危机日益加剧，中国出现了千年未有的变局。这时，各种思潮交相激荡，主义之争此起彼伏。尊孔崇儒者欲引导中国"走孔子之路"；自由主义者、全盘西化派既不满专制复古，又排斥马克思主义，寄希望于走欧美资本主义的道路。地主阶级和买办资产阶级封杀马克思主义，企图用封建的法西斯主义主宰"中国之命运"。而毛泽东在《新民主主义论》中开宗明义，首先指出了"中国向何处去"这个关键问题。可见，这思想的较量，主义的斗争，其实质是不同的历史走向之争，是中国发展道路的选择之争。

自诞生之日起，中国共产党就始终坚持以马克思列宁主义武装并指导全党。正是由于有了马克思列宁主义的指导，中国共产党才得以正确地判断近代中国的社会性质，明确了中国革命的对象、任务、动力、性质和前途等一系列重大问题。在长期的革命、建设和改革过程中，中国共产党人不是以教条主义的态度对待马克思主义，而是在坚持中发展，于实践中创新，把马克思主义的基本原理与中国具体实际相结合，随时根据新的情况，提出并解决新的问题，不断推进马克思主义中国化，因此，才有了毛泽东思想、邓小平理论、"三个代表"重要思想以及科学发展观等重大战略思想的产生。

科学理论的指导，中国共产党的领导，广大人民群众的支持，中国的历史就此发生了根本性的转变。从电视政论片可以看出，从洋务运动、戊戌变法到辛亥革命所实行的都是精英式的改良或革命路线，只有到了共产党这里，才找到了正确的前进道路。人民是共产党力量的源泉，胜利的保障，是历史的主人。只有共产党一直自觉地最大限度地代表最广大人民的利益。这样，它才有效地唤起人民，并将其团结在自己的周围，使之成为中国革命和建设的主体力量。这一点是任何其他阶级的政治力量始终没有也是根本无法做到的。只有真正选择了人民，才会最终被人民所选择。

从旧民主主义革命到以马克思主义为指针、以共产党为领导的新民主主义革命，中国人民积百年之力推翻了帝国主义、封建主义和官僚资本主义的统治，结束了半殖民地半封建社会，建立了新中国，确立了社会主义制度，走上中国特色社会主义道路，在初步实现国家繁荣富强之后，正为建设一个富强民主文明和谐的社会主义现代化国家而努力奋斗——这就是历史的选择、时代的选择、人民的选择！在党的十七大召开之际，电视政论片《复兴之路》自觉地"用历史感悟未来"，在中国未来应举什么旗、走什么路的重大问题上，进行了有说服力的论说，这对于全党全国各族人民坚定信念、凝聚共识，很有益处。

一个有生命力的民族，一个强大或追求强大的国家，都需要精神的力量。在中华文明几千年的演进中，有过无数的辉煌，也曾多次经受各种天灾人祸的考验。尤其是近代百年，更是内忧外患，灾难深重。但是，无论经受怎样难以想象的磨难，伟大的中华民族总是能够从坎坷中奋起，百折不挠，闯过难关，攀上新的高峰。正是在这一过程中，我们形成、发展并传承着中华民族的浩然正气。也正是这样一种精神，支撑、引导着我们从历史中走来。这一精神的血脉，源远流长，生生不息。在林则徐、谭嗣同、孙中山身上看到了它，在李大钊、方志敏、刘胡兰身上看到了它，在鲁迅、闻一多、朱自清身上看到了它，在雷锋、焦裕禄、王进喜身上看到了它，在许许多多为了民族的生存发展、国家的兴旺发达而牺牲奉献的无名英雄身上看到了它。当然，随着社会的发展，爱国主义内涵也必然愈加丰富，在不同的时期，它的主要表现也会有所不同：民族危机时的共赴国难、沙场捐躯，革命斗争中的抛头颅洒热血、为真理献身，和平建设时期的辛勤耕耘、默默奉献，等等。然而，发展之中总有一脉相承，这就是要永远保持民族的自尊、自豪与自信，时刻将祖国的利益和民族的尊严置于首位。这也是《复兴之路》所给予人们的启示。

近代以来的一百六十多年，中国经历了两个跨世纪。然而，二者又是如此的不同。20世纪来临时，祖国尚在八国联军的铁蹄下呻吟，人们愤怒、哀伤——"江山惨淡，回顾彷徨，不能不为祖国前途痛哭耳！"今天，即使还有诸多困难有待解决，即使还有未知的风险，我们已没有了百年前的屈辱、哀伤和无奈，一个生机勃勃的社会主义中国巍然屹立在世界东方。在中国共产党的领导下，在十七大精神的指引下，始终不渝高举中国特色社会主义伟大旗帜，坚定不移地走中国特色社会主义道路，中华民族必将迎来伟大复兴。

（原载《光明日报》2007年11月2日）

附：历史普及与历史题材影视片

——访龚书铎教授*

2001年10月12日上午，我们受《史学史研究》编辑部委托，就历史普及工作和影视等传播媒体如何反映历史真相问题专门访问了中国史学会副会长、北京师范大学史学研究所所长龚书铎教授。龚书铎教授长期致力于中国近代文化史研究工作，一直关注着新时期历史学科的建设与发展，对于坚持史学研究的正确方向，处理好史学与社会的关系有深入的思考。他强调做好历史普及工作是发挥史学功能，进行历史教育不可缺少的要素，对于提高全民族文化素质具有重要意义。影视等传播媒体在这方面的作用十分重要，要以正确的历史观为指导，通过准确传播历史知识，树立正确的人生观，进行爱国主义教育，为祖国的精神文明建设做贡献。

他说：

一 要重视历史普及工作

江总书记8月7日在北戴河接见国防科技和哲学社会科学专家座谈会上特别强调了哲学社会科学的重要地位和作用。其中谈到对提高全民族文化素质，自然科学和哲学社会科学同等重要。历史学是哲学社会科学的重要

---

* 本文由许殿才教授根据访谈整理。

组成部分。它的作用简单说包括两大方面，即资政育人。育人的一个重要方面就是提高文化素质。

我想历史学要在提高民族文化素质上发挥作用，就不能仅仅局限于专门学术研究方面。历史研究对于提高学科地位，对发展历史学当然很重要，但只做提高方面的工作还不行，还要多做普及的工作。历史工作者在做提高方面研究的同时，也要重视历史普及方面，也要多做工作。毛泽东在《在延安文艺座谈会上的讲话》中说文艺工作既要提高也要普及。历史工作同样如此，也是既要提高又要普及，是两手问题，两手都要抓，两手都要硬。现在的问题是提高方面比较硬，史学工作者注重撰写学术专著，发表学术论文；而这与评职称、提高自身地位等等都有关系。普及工作就不受重视，认为是小儿科，不算学问，评职称也不算数。这样的观念影响了历史工作者对普及的重视。

在知识普及方面科技工作者做得比较好，比社科工作者做得好。出了好多科普书和科普影视片，而且实际效果也很好，在对青少年以至全社会普及科学知识方面发挥了很大作用。社会科学方面，不光是历史学做得不好，整体上做得都不够。有一次座谈会上，我说过解放前艾思奇写《大众哲学》，对青年一代、对整个知识界影响都很大，现在哲学社会科学界就缺少这样的作品。

从学科要求上说，历史工作者对历史普及工作也要重视，学问不能只停留在专家范围内。现在我们的历史著作不用说一般青少年不看，就连干部也没有多少接触。我们的书、论文群众不看，太专了，难懂，光引文就一大堆，人们看不下去。而且不但一般人不看，搞专业的互相间看的好像也不多。有人开玩笑说："外行不看，内行也不看。"那么它到底有多少作用？一个学科、一种学问如果离开群众，离开社会，恐怕生存很难。历史上有很多教训。乾嘉汉学对于古籍整理、发展传统学术文化方面有贡献，不能抹杀。但发展到末流就不行了，嘉庆后期到道光年间魏源等不少人就批评它脱离实际，过于琐碎。一句话可以考证出十几万字，琐碎繁琐，学术缺少生命力。姚莹当时说鸦片战争为什么失败？就是乾嘉汉学搞的，开四库馆，鼓励汉学，汉学大兴，脱离实际，国计民生都不知道。他是崇理学的，是桐城派传人，有些门户之见，说的话很偏激，但不是全无道理。因为汉学脱离社会，也脱离百姓，与社会与广大群众不相干，只会逐渐衰亡。史学要兴旺发达，要让社会、让领导重视，首先自身要显示出社会意义和价值，如果只在专业工作者间彼此叫好，说多么重要，可是社会不知道，没感到你的重要性，广大读者也不知道你多么重要，那么慢慢就不行了。所以历史学不能只停留在专家之学上面，要走向群众，走向社会。

二　要重视影视片在历史普及方面的作用

在历史普及方面，文学艺术具有重要作用，特别是当前影视等传播媒体的作用更加巨大。因为对此不仅领导重视，社会上百姓也重视，与他们的日常生活息息相关。

传统社会里小说戏剧不受重视，不登大雅之堂。中国传统文学以诗文为主。从《诗》三百篇、屈原的《离骚》一直下来，是诗的大国，特别是唐代，唐诗盛极一时，后来又有词，现在作旧诗词的人也不少。另外就是散文。从先秦开始，诸子百家都作文章，《史记》很有名，是历史作品，也是文学作品，是散文。后来是唐宋八大家，清代有桐城派古文。中国过去文学中诗文是主体，小说戏剧是下里巴人，一般瞧不上。但晚清的一些有新思想的知识分子如梁启超、柳亚子等人都重视小说戏剧。梁启超曾写文章讲小说的重要性。柳亚子等人在上世纪初办了个刊物叫《二十世纪大舞台》，是中国第一个戏剧的专门刊物。陈独秀在安徽办《安徽俗话报》，还发表了文章叫《论戏曲》，用的笔名叫"三爱"。从戊戌变法到辛亥革命期间，知识分子对小说戏曲非常重视，想通过这种形式开通民智、改良社会。所谓开通民智用现在话说就是提高文化素质，提高人的素质。开通民智同改造社会是分不开的。人的素质提高了社会才能改良，才能向前发展。社会是人组成的，人的素质不行社会不可能文明。他们感觉到当时中国人读书识字的人少，很多是文盲，不识字，再好的文章也看不了。要开通民智，提高素质，就要用小说戏曲，通过听说书看戏受到影响，得到教育，从而提高他们的素质。所以他们重视小说戏剧这些过去不重视的东西，努力提高它们的地位。说这对改良社会风气，提高人的智慧、知识作用很大。他们讲得有道理，这些东西在百姓中存在，贴近百姓生活，群众喜闻乐见，在百姓中容易起很好作用。

所以我想历史要普及，除去写些普及读物外，还可以有别的途径，用其他方式。例如，最近北京市社会科学界联合会举办的"社会科学普及周"活动，很受百姓们欢迎。写普及读物不可少，但写好不容易。没学问的人写不好，有学问的人不爱写，是个矛盾。我校幼儿园的一位老师就对我说过：想给孩子们讲点历史故事，让他们了解历史，从中受到教育，就是找不到合适的、适合幼儿园孩子的书。其实不仅幼儿青少年，甚至成人退离休的人也要看。这种书要写得让人家喜欢看并不容易。有些出版社出过插图本的历史读物。比如河南海燕出版社出的少年版《中国通史》，有不少人向我打听怎么买，说明还是人家需要。当然这套书让青少年读了就引起兴趣还不够，文字也不够生动。"文革"前连环画很多，对中小学生，包括成年人影响很大，人们都爱看。这方面的工作只要做好了，就会产生很大的社会影响。

此外，还可开辟新途径，如影视就可以利用。这是现代化手段，传播广泛，特别是电视，家家都有，在农村也很普及。

现在历史题材电影电视剧不少，其中有一些好的片子。"文革"前就有一些好的历史题材电影。象赵丹演的《林则徐》、李默然演的《甲午风云》，观众很多，片子拍得好，教育作用大。改革开放后也有些好的。最近的电影《詹天佑》得到江总书记称赞，通过故事进行爱国主义教育，是很好的片子。电视剧如前几年放的《雍正王朝》很受欢迎，看的人很多。最近上映的《长征》拍得相当好。剧组人员真正进行了长征，沿着长征的路走，爬雪山过草地，这个精神就不简单。深入生活后拍得很真实很感人。再比如八十年代的电视片《努尔哈赤》拍得也不错。

需要指出的是现在历史题材影视剧中存在的问题比较多。不光国内这样，国外也有不少问题。最近报上批好莱坞的历史题材的电影片是"伪历史"，尤其是他们拍的外国历史题材的片子，都是用美国的思维方式和价值观来看人家的历史，对别人的历史进行歪曲。日本不仅修改教科书，掩盖侵略中国和亚洲其他国家的历史，在电影方面也是如此。前几年右翼势力拍了一部片子叫《自尊》，为大战犯东条英机评功摆好，呼唤军国主义亡灵。在日本搞这些东西的人不少。有一个有名的右翼漫画家，画《战争论》，为军国主义翻案，画《台湾论》，宣传"台独"，被台湾"台独"分子翻成中文推广利用。这些都是伪历史。

国内历史题材影视片也存在编造历史的严重问题。象电影《秦颂》、《西楚霸王》都有这个问题。报上批评，有一位中学老师上历史课，讲过楚汉相争后，在下一次课堂上提问："刘项相争，刘邦为什么要除掉项羽？"有个学生回答："是为了争虞姬。"老师感到奇怪，下课后问学生："教材上这样写没有？""没有。""课上讲了吗？""没有。""那是从哪来的？""是从电影《西楚霸王》中看来的。"《秦颂》讲高渐离跑到秦国，秦始皇的一个女儿有点儿精神病，和他谈恋爱，编造得莫名其妙。这样的问题已引起人们关注，有人说要重视这个问题。报纸上也常有人写短文，讲历史题材的影视片随便编造历史的危害。这样对历史有意无意的歪曲、曲解，由于传播面很广，广大观众对历史本身不了解，看过之后得了印象，以为真历史就是如此。久而久之，由不正确的历史知识，导致对历史理解的错误，由错误的价值导向，培养起不健康的世界观人生观，是很严重的问题。

当然创作文艺作品与写历史教科书不一样。教科书要完全根据史实，不能编造。艺术作品可以虚构，可以进行艺术再创造。但虚构也有个基本东西，前提是尊重历史的真实。有人标榜说我这是戏说。其实戏说也有个尊重史实问题，因为戏说的历史人物是真的。比如有个电视剧写康熙，说是虚构的，可是康熙这个人物不是虚构的，他是实实在在的清朝皇帝。戏中写他到处走，甚至到矿区与工人同吃同住同劳动。对这样的东西，观众看多了就觉得过去的皇帝真的这么好，比现在人还好。能深入到矿区，脏得要命，吃得也非常差。其实哪有这回事，一个封建帝王怎么能那样，是骗人的。康熙的确是英明的皇帝，但写他的好事不能那样写。有人说编得好，让人爱看，这个问题更严重，越受喜欢，起的负面作用也越大。好的影视片也有虚构、有夸张，不然不成为文艺作品，但基本上要尊重历史真实，不能离谱。《雍正王朝》写的也不全是历史上的真事，但它基本尊重历史真实。既然叫历史题材，就不能超出历史真实去虚构。有些人可以是假的，有些事也可以是假的，但大体上是要符合历史实际的。现在有的历史题材影视片，说的话都是只有今天才有的话，这怎么行。历史题材作品就要有特定的历史环境、特定的历史条件。

影视传播手段对普及历史可以很好发挥作用，但现在被编造历史、伪造历史的人用坏了。他们利用了，我们却没去利用，阵地被不负责任的人占领着。他们讲的是票房价值，要吸引观众，要多卖钱，没考虑要尊重历史、对历史负责。听说有个有名的电影导演曾说要气死历史学家。问题不在于是不是气死历史学家，历史学家也不会被他气死。问题是你作为一个文艺工作者，同样要对历史负责任，要尊重历史，不能误人子弟。不能只看票房，还需要考虑社会效益和社会影响。不要让子孙后代满脑子都是被歪曲的乱七八糟的历史。所以我们要普及历史，让它对社会发挥正面作用，必须在影视方面多做工作。可以充分利用现代化传播媒体，这比写书讲课能发挥更大更广泛的作用。而且可以去纠正不正确的历史题材影视片造成的恶劣影响。这是我们的责任。大家都在看，都感到不对，但觉得无所谓，哈哈一笑过去了，这是不行的。我们有这个责任。不能人家想气历史学家，我们就不理睬他，不和他生气，他爱怎么干就怎么干。

充分利用电影特别是电视等媒体，在普及历史方面可以发挥很大作用。有些单位制作过传统文化的电视片，效果很不错。不要埋怨人家不爱看，要把自己的工作做好。要让作品有可读性、趣味性，健康的思想要通过情节、故事等生动活泼的东西去灌输，不要说教。影视片要生动活泼，感人、吸引人，从而传播正确的历史知识，进行思想教育，而不是干巴巴说教。这方面工作不容易做，但值得做，要下功夫。另外电脑在逐渐普及，也可以做些软件。有些单位做的中国通史教学片，也不错。但这方面也有局限，主要围绕课堂，不能争取太多的观众，普及面不广。

这些看起来是实际问题，其实也是个理论问题。关系到如何发挥史学的功能和作用，如何在新条件下做好史学工作，促进史学的繁荣发展等根本性问题。

三　要以正确的历史观为指导

搞好史学普及工作，利用媒体宣讲正确的历史知识，说到底是历史观问题。历史研究和文艺作品，都有个历史观问题。历史题材文艺作品的作者、导演要有正确的历史观。历史真实首先是历史观问题。没有正确的历史观肯定写不出好的历史题材影视作品。戏说也好，闹剧也好，包括好莱坞的，日本呼唤军国主义亡灵的，首先也是历史观问题。

我们在历史研究和历史普及领域都要坚持唯物主义历史观，当然现在对此有不同意见，不同说法。到底历史唯物主义行不行，对不对？有人提出质疑，认为唯物史观不对，问题太多，其中包括最基本的东西：存在决定意识，生产力与生产关系，经济基础与上层建筑关系，阶级和阶级斗争等。有人提出应叫"新马克思主义的历史观"，不应叫唯物史观。这是个很值得重视的问题。到现在为止，党中央、江总书记一直强调用辩证唯物主义、历史唯物主义指导，历史唯物主义就是唯物史观，这是马克思主义的根本东西。这篇文章否定的不是从苏联开始运用唯物史观有问题，否定的是马克思主义的唯物史观本身。他不是说我们搞得不好，在运用中出的毛病，而是从根本上否定唯物史观。我们知道唯物史观是马克思的两个伟大发现之一。这两个伟大发现一个是剩余价值学说，一个就是唯物史观。恩格斯在两篇文章中对此做过具体阐述：一篇是《卡尔·马克思》，一篇是《在马克思墓前的讲话》。这两篇文章中恩格斯没有具体使用唯物史观或历史唯物主义这个词，但恩格斯在《社会主义从空想到科学的发展》中明确提出唯物主义的历史观。说：唯心主义从它的最后的避难所即历史观中被驱逐出去了，唯物主义的历史观被提出来了。唯物主义的历史观不就是唯物史观吗？在该书的《1892年英文版导言》中，恩格斯明确指出，"本书所捍卫的是我们称之为'历史唯物主义'的东西"。他还说，不仅在英语中使用"历史唯物主义"这一名词，而且在其他许多语言中也都用它来表达这一种关于历史过程的观点。"这种观点认为一切重要历史事件的终极原因和伟大动力是社会的经济发展，是生产方式和交换方式的改变，是由此产生的社会之划分为不同的阶级，是这些阶级彼此之间的斗争。"恩格斯在上述两篇文章中对唯物史观还做了很好概括，这不是后来苏联出现过教条主义的东西，不是中国后来弄歪的问题。这是大是大非问题，应该很好来研究。如果唯物史观不行，那么历史就更可以随便编了，唯心主义就更可以盛行了。

现在有不同意见，有不同说法，这不奇怪。社会经济多元化，多种经济成分并存会导致多种思想存在，会出现多种价值观，加上国外新传来的这种学说那种说法，这个主义那个主义，所以现实社会中怀疑马克思主义包括历史唯物主义的不少，对马克思主义总体怀疑甚至反对的也不少。问题是我们怎样去坚持马克思主义的指导地位不动摇。江总书记讲得明确：在指导思想上不能搞多元化，必须坚持马克思主义的指导。我们在历史研究领域内要坚持历史唯物主义的指导；在历史普及领域，包括历史题材影视创作方面，也要坚持历史唯物主义的指导。

（原载《史学史研究》2001年第4期）

师
友
杂
忆

白寿彝先生的史学思想和治学道路 *

白寿彝先生从1929年起踏上治学的道路，至今已经整整60年了。今年，又恰是寿彝先生在高校执教50周年、来北京师范大学任教授职务40周年纪念和他的80华诞，我们是寿彝先生在新中国成立后所培养的两代学生，深感对于老师的最好的庆贺之情，莫过于学习老师的治学精神，总结和发扬老师的学术思想。本文是我们在这方面的一点认识，也是我们对老师的一点奉献。

一 一条不断探索的路：治学的历程和理论上的追求

白寿彝教授，1909年生于河南开封的一个回族家庭。青年时期的寿彝先生，先后在中州大学和文治大学学习。1929年，考入燕京大学国学研究所读研究生，师事著名学者黄子通先生、郭绍虞先生、冯友兰先生和许地山先生。1932年毕业于燕京大学。在30年代，主要从事中国伊斯兰教史和回族史研究，以及中国交通史研究。28岁时（1937年），出版了第一本专著《中国交通史》（商务印书馆出版）。1938年，此书由日本牛岛俊三译成日文，并于次年在日本东京生活社出版。牛岛俊三在日译本序中称此书

---

* 与瞿林东合撰。

"确是一部标志着中国交通文化史著中最高水平的作品"，其著者"是中国史学界的俊秀之士"。寿彝先生曾经回忆说，撰《中国交通史》，是自己学术生涯中的一个"插曲"；但这个"插曲"对后来的治学道路却产生了不小的影响。

1939年至1949年，寿彝先生先后在云南大学、中央大学任教，讲授中国通史、中外交通史、中国史学史等，继续中国伊斯兰教史和回族史研究，出版了《中国回教小史》（重庆商务，1944年）、《咸同滇变见闻录》（重庆商务，1945年）、《中国伊斯兰史纲要》（上海文通书局，1946年）、《中国伊斯兰教史纲要参考资料》（上海文通书局，1948年）等著作。

1949年至北京师范大学执教，以至于今。先后讲授中国通史、史学概论、中国史学史等，继续研究回族史并开始对中国通史若干问题的研究，出版了《回回民族底新生》（东方书社，1951年）、《回民起义》资料集1—4册（神州国光社，1952年）、《回回民族的历史和现状》（民族出版社，1958年）等，同时发表了有关中国通史研究的论文20余篇。1961—1965年，寿彝先生因受前教育部委托编写中国史学史教本（古代部分），把教学与研究的重点都转到中国史学史方面。这期间，他重新开出了史学史课程，创办了《中国史学史参考资料》（1961年6月创刊，即现在《史学史研究》季刊的前身），组织了"中国史学史编写组"，召开了有关的讨论会，招收了史学史专业的研究生和进修教师；发表了一系列有关史学史研究的文章，其中，如《谈史学遗产》[1]、《司马迁寓论断于序事》[2]、《中国史学史研究任务的商榷》[3]，在当时史学界产生了影响；出版了论文集《学步集》（三联书店，1962年出版），写出了《中国史学史教本》上册（1964年北京师范大学铅印教材）。我们从查阅寿彝先生的著述目录得知，这短短的5年时间，他在中国史学史的研究方面取得的进展和成果，显示出对中国史学学科建设的见解和信心。但是，这项工作却因"文革"的开展而中辍了。

---

[1]《新建设》1961年第4期。
[2]《北京师范大学学报（社会科学版）》1961年第4期。
[3]《人民日报》1964年2月29日。

"文革"期间，在艰难的岁月里，寿彝先生同顾颉刚先生等一道致力于"廿四史"的点校工作，为整理祖国的史学遗产而呕心沥血，做出贡献。出于一个忠诚的史学家的良心和责任，他从70年代中期开始，在史学界不少同行的支持下，决心从事中国通史的编撰工作，并先后主持撰写出中型的中国通史（200万字，未刊稿），小型的中国通史（即《中国通史纲要》），同时开始了大型的中国通史的酝酿工作。这些艰巨的工作，由于十年动乱的结束，尤其是在党的十一届三中全会的号召和鼓舞之下而大大加快了步伐。政治环境的根本改善，史学界迎来了真正的春天。年届七旬的寿彝先生感慨系之地说："这是我真正做学问的开始！"1979年，他在学校的支持下，成立了史学研究所，恢复了《史学史资料》，招收了一批新的史学史研究生。寿彝先生决心一方面主持中国通史的编撰工作，一方面重理旧业，把中国史学史的研究继续开展起来。

80年代，是寿彝先生学术生涯中最紧张、繁忙，同时也是成果最丰硕的年代，除了中国通史和中国史学史的研究和撰写外，他又同宁夏回族自治区合作，计划编写4卷本的《回族人物志》。1980年，《中国通史纲要》出版了（上海人民出版社）；1981年，《史记新论》出版了（求实出版社）；1982年，《中国伊斯兰史存稿》出版了（宁夏人民出版社）；1983年，《历史教育和史学遗产》出版了（河南人民出版社），《史学概论》出版了（宁夏人民出版社）；1985年，《回族人物志》第1册（元代部分）出版了（宁夏人民出版社）；1986年，多卷本《中国史学史》第1册出版了（上海人民出版社）；1987年，《中国通史纲要续编》出版了（上海人民出版社），而《中国交通史》由河南人民出版社重印；1988年，《回族人物志》第2册（明代部分）出版了（宁夏人民出版社）；尤其令人兴奋的是，多卷本《中国通史》第1卷（全书导论）也即将出版；等等。差不多每年出版一本书，真是丰收的季节啊！在史学园地辛勤耕耘了60年的寿彝先生，进入了他的学术生命的最旺盛的时期。这就是为什么他赞许王国维所论"衣带渐宽终不悔"的境界，用以砥砺自己，也用以勉励后学。人们常常爱用"老骥伏枥，志在千里"的诗句和"发挥余热"的话来反映老一辈学者的顽强治学精神，但寿彝先生从自己的学术生命的活泼泼的跳动中感到，他还"不服老"。诚如他在接受别人的采访时所说："我觉得70岁才是真正做学问的开始，以前的各项工作也可以说是为今天的研究作准备。在学术领域里是没有止境的，我仍将走新路！"

我们以拳拳之心回顾了寿彝先生的治学历程，深深感到，寿彝先生学术兴趣广泛，他走过的路是一条不断探索的路。在这条道路上，他始终不渝地坚持着对于真理的追求。

大学时期和读研究生时期的寿彝先生，对哲学有浓厚的兴趣。新中国成立后，他的这种兴趣立即转向对马克思主义理论的学习和研究方面。从1951年出版的《回回民族底新生》一书的末章中，可以看出寿彝先生当时已经系统地阅读毛泽东的著作，尤其是毛泽东关于民族工作的一些论点和指示，格外为寿彝先生所重视；从1952年出版的《回民起义》资料集的《题记》中，可以看出寿彝先生已经开始运用马克思主义的阶级斗争学说，来观察历史上的民族问题和民族关系问题，分辨历史文献所反映出来的阶级分野和所记史事的真伪；1954年，寿彝先生发表了《学习马克思主义关于民族共同体的理论，改进我们的历史研究工作》（《新建设》1954年第1期）；等等，表现出一位忠诚于人民的史学家追求真理的自觉和热忱。他60年代发表的《谈史学遗产》、70年代末发表的《中国历史的年代：170万年和3600年》和《关于史学工作的几个问题》、80年代初发表的《关于中国民族关系史上的几个问题》和《谈史学遗产答客问》等名篇，表明寿彝先生在学习和运用马克思主义理论方面已有很深的造诣。寿彝先生在理论上的追求还有更高的境界，那就是力图使马克思主义与中国历史相结合，与中国史学相结合，他主编的多卷本《中国通史》第1卷以及他主编的《史学概论》，就是在上述两个方面的创造性的尝试。然而，他对于这两部书却并不是十分满意的，认为在理论上还有进一步提高的必要。这又说明，寿彝先生在理论上的追求是没有止境的。

寿彝先生对于老一辈的马克思主义史学家在理论上的成就与贡献，时时称说，赞叹不已，并谆谆告诫我们要认真读他们的著作。寿彝先生培养研究生，也是把提高他们的理论水平放在第一位看待的。60年代的研究生，他要求他们学习毛泽东关于批判继承历史遗产的理论；70年代的研究生，他要求他们读《资本论》第1卷；80年代的研究生，他要求他们读《反杜林论》《路德维希·费尔巴哈和德国古典哲学的终结》等著作。寿彝先生在理论上的追求和造诣，是启迪后学的智慧的钥匙，也是他在学术工作上取得重大成就的奥秘。

二 史学思想的两个特点：通识与创新

寿彝先生的史学思想，贯穿于他对于民族史的研究和撰述、中国通史的研究和撰述、中国史学史的研究和撰述等3个领域之中。不论是从历史研究的整体性来看，还是从寿彝先生的治学历程来看，这3个领域都有一种逻辑的联系，即这是一个从局部研究到整体研究、从具体研究到理论研究的发展过程。而饶有兴味的是，寿彝先生对上述每一个领域的研究和撰述，也都不同程度地反映出这一逻辑的联系。我们通过对这两层逻辑联系的考察认识到：发展的观点、全局的器识和创新的精神，是寿彝先生研究历史的理论和方法论上的几个特点，也是他的史学思想的几个重要方面。下面，我们将结合寿彝先生在每一领域研究中的学术成果，阐述对于他的史学思想的一些初步的认识。

（一）关于民族史的研究。寿彝先生在大学时代着手于对先秦诸子的研究，读研究生时则以朱熹哲学为研究课题。他的这些研究虽然没有继续下来，但却培养起他对哲学的兴趣，这对于他后来研究历史善于从哲学上提出问题和分析问题有很大的影响。寿彝先生致力于史学工作，是从研究民族史开始的。具体说来，是从伊斯兰教史和回族史研究开始的。随着这种研究的深入，他的兴趣进而扩大到对民族关系史的研究，并愈来愈增强了理论的色彩。

寿彝先生致力于中国伊斯兰史的研究，始于30年代后期。从这时起到

40年代初，他发表了《中国回教史研究》（1936年）、《中世纪中国书中的回教记录》（1937年）、《回教文化研究之意义》（1939年）、《跋吴鉴清净寺记》（1942年）等论文。从这些撰述中，我们可以看到作者的两个明显的研究意向及研究方法。一是关于中国文献有关伊斯兰史记载的摸索，一是关于伊斯兰史若干专题的考察。关于文献的摸索，《从怛逻斯战役说到伊斯兰教之最早的华文记录》（1936年）的长文是作者的一篇力作。本文征引繁富，以中国文献为主，也涉及到西人的有关记载，至今仍有参考的价值。值得注意的是，作者于文献的摸索，绝不限于现成的各类图籍，而于有关碑记的搜求与阐释亦十分重视。关于专题的考察与研究，则涉及到战争、贸易和文化，反映出作者在伊斯兰史方面的开阔的视野。1942年底至1943年，寿彝先生在经过六七年文献研究与专题研究的基础上，打算着手写一部中国回教史（即中国伊斯兰教史）。1942年底，成书三章，但终因战乱时期，乡居缺书，以致明清时期无法落笔；又因辗转迁徙，已成三章，佚失其二。我们从仅存的一章（作者题名为《元代回教人与回教》，收入《中国伊斯兰史存稿》）的规模来看，作者是试图写一部内容翔实的中国伊斯兰史，而以中西交通、政治和文化为叙述重点。可惜作者的这一愿望终因条件限制而未能实现。次年，寿彝先生撰成《中国回教小史》一文，发表于《边政公论》。1944年经过修订，由商务印书馆出版单行本。虽为"小史"，但却是中国伊斯兰教的一部通史，它从隋唐讲到"最近的三十二年"。作者在"小史"的题记中讲到"中国回教史的研究，是一门很艰苦的学问"；同时讲到研究这门学问的人，应当具备语言、文学、宗教、历史、文献、实地考察等多方面的条件。这些看法，就是在今天仍然是有意义的。

寿彝先生在80年代初所撰的几篇序跋，又提出了一些值得深入探讨的问题。如关于"伊斯兰的中国化和各宗教间的互相影响问题"（《跋〈重建怀圣寺记〉》），希望"关于《古兰经》的研究工作能在我国有所展开"的问题（《〈古兰经〉马译本序》），关于"各地的伊斯兰教石刻能够都陆续汇集起来，编印、出版"的问题，等等。寿彝先生于1982年初，把他自

1936年以来有关中国伊斯兰教史的研究成果编为一集，题名《中国伊斯兰史存稿》，交宁夏人民出版社出版。《中国伊斯兰史存稿》作为作者在三四十年代的研究成果，不仅在当时具有探索与开拓的价值，就是在今天来看，它在理论和方法上的特色，仍然是具有学术的生命力的。这种生命力不仅表现在伊斯兰教史的研究方面，也表现在一般的宗教史和回族史研究方面。

寿彝先生的回族史研究始于40年代前期，而以50年代为第2个阶段，80年代为第3个阶段。在研究中国伊斯兰教史的同时，寿彝先生为回族史研究积累了丰富的资料和撰述上的准备。40年代前期，他写出了《回教先正事略》60卷，其中回族人物约占56卷，有传者175人，有附传者179人。这虽是一部未刊稿，但它却为作者的回族史研究开辟了一条广阔的道路。50年代，寿彝先生发表和出版了丰富的回族史研究成果。其中有代表性的著作是：《回回民族底新生》、《回民起义》资料集1—4册、《回回民族的历史和现状》等。寿彝先生的这一时期的回族史研究著作有两个鲜明的特点：一个特点是对于回族历史的科学性认识，又一个特点是对于历史文献的科学性认识。这两个特点都带有鲜明的时代气息。如作者在《回回民族底新生》一书中，运用马克思主义的阶级斗争的理论来看待历史上的回汉关系问题，以及汉族内部、回族内部的阶级分野问题。又如，作者在《回民起义》资料集的《题记》中提出运用阶级观点对待历史资料，并提倡对历史资料采取"冷静"的"分析"的态度。

80年代，寿彝先生在主持编撰多卷本《中国通史》同时，着手主持编撰4卷本的《回族人物志》。全书将编入历史人物400人左右，是回族史研究工作中第一部有系统的人物传记，也是中国少数民族史研究工作中第一部有系统的人物传记。《回族人物志》是寿彝先生40年代前期所撰《回教先正事略》未刊稿在新的历史条件下的继续和发展。本书在体例上的创新、撰述上的严谨和所容纳的回族人物数量之多、方面之宽，是它的三个特点，也是回族史研究工作中的一个新的突破，而且还为一般的人物志的编写工作提供了经验。

从50年代起，寿彝先生关于民族史研究开始逐步突破回族史研究的范围，而涉及到民族关系史研究的一些理论问题。他撰写的《论历史上祖国国土问题的处理》（1951年）、《关于中国民族关系史上的几个问题》（1981年）等论文，提出中国历史上的国土疆域的划分与历史上的民族关系是密切联系的论点，以及用发展的观点、全面看问题的观点来考察中国民族关系史的主流问题的论点，等等，引起了史学界的广泛重视。关于中国民族关系史上的主流的问题，寿彝先生的看法是：关于民族关系史上的主流问题的探讨和研究，可以看得开阔一点。我们研究历史，不能采取割裂历史的方法。从一个历史阶段看问题，固然是必要的；从整个历史发展趋势看问题，则是更为重要的。在民族关系史上，"友好合作"不是主流，"互相打仗"也不是主流。总而言之，是许多民族共同创造了我们的历史，各民族共同努力，不断地把中国历史推向前进。这是主要的，也可以说这就是主流。他从历史上各民族在社会生产、社会生活中的互相依存，从盛大皇朝的形成离不开少数民族的支持，从少数民族的进步同样是中国整个社会进步的重要标志等3个方面论证了上述看法。

寿彝先生常说，民族史的研究启发他研究中国通史的要求。他认为，只有对中国历史发展的全过程有了比较正确的把握时，才能对民族史研究作出适当的科学的结论。50年代以后，寿彝先生在民族史研究上不断提出了一些新的论点，这一方面是学习马克思主义理论并用以指导历史研究的结果，另一方面也是他致力于中国通史的教学与研究的结果。

（二）关于中国通史的研究。寿彝先生学术工作上的重大的转折和发展，是由研究本民族的历史进而走向研究整个中华民族的历史——中国通史。这不只是研究范围的扩大，甚至也不只是指认识程度的加深；这里最需要的是通识之才和创新精神。这一转折始于50年代初，而自70年代中期以来直至今日，则已逐步形成比较完整的理论体系和较大规模的编撰活动。

1949年，寿彝先生在南京中央大学讲授中国通史。那个时候，中国通史是大学一年级各系学生的必修课程，常常是两三位教师在同一时间分别开讲，学生可以自由选择授课教师，也可以自由流动。寿彝先生主讲中国通史，深受欢迎，听讲的人日渐增多。同年，他应聘到北京师范大学历史系执教。系主任侯外庐先生组织起以寿彝先生为组长的"中国通史教学小组"，负责审查、讨论和通过教学大纲。当时，解放伊始，初学马列，教学中的一个迫切任务，是改造旧的中国通史的思想和体系，建立起中国通史教学的新体系和新思想。许多教师在思想上既兴奋又困扰，大家都在学步阶段。寿彝先生主讲中国通史并领导"中国通史教学小组"的工作，这是他在新的历史环境里，在马克思主义指导下和教学实践中，逐步形成对于中国通史的整体认识的一个重要时期。50年代，寿彝先生从具体的研究和理论的研究两个方面，陆续发表了他对于中国通史的一些带有整体性认识的成果。如关于官手工业的性质、发展阶段及其与封建专制和生产力发展的关系（《说秦汉到明末官手工业和封建制度的关系》，1954年，与王毓铨先生合作），关于农民战争问题（《中国历史上的农民战争》，1960年），关于疆域与民族关系问题（《论历史上祖国国土问题的处理》，1951年），关于历史教学和历史研究中如何处理古今问题、特殊性与规律性的问题（《历史教学上的古与今》，1959年），关于民族史和宗教史的关系以及民族研究中的阶级关系和民族关系问题（《关于回族史的几个问题》，1960年），等等。这些问题，有的涉及到划分历史时期的问题，但更多的是关于历史上的某一个方面的整体性认识。这对于他后来从事中国通史的研究和编撰工作，是很重要的学术思想上的准备。

70年代中期，寿彝先生在许多同行的支持下，计划陆续编写大型的、中型的、小型的三种中国通史。编撰工作先从组织编撰中型的中国通史入手，以两年多的时间，写出了二百几十万字的一部草稿。经过讨论，大家认为中型通史难以写出特色。出于高度的责任心，只好暂时搁下了，并从1977年开始筹划撰写小型的中国通史。这就是1980年上海人民出版社出版的《中国通史纲要》。这部不到30万字的《纲要》，整整写了三年，经过数十次的讨论和修改，在内容上和体例上都有一些新的考虑。《纲要》出版以来，已经印刷10次，累计印数在70万册以上。外文出版社先后出版了

《纲要》的英、日、西班牙等文版。国外有的高等学校还把《纲要》作为中国史教材。1987年，《纲要续编》（即1919年至1949年部分）的中文版，也由上海人民出版社出版；外文出版社亦将出版相应的外文版本。从《纲要》的撰写到《续编》的出版，前后算起来，整整十年了。撰述之难，于斯可见！

《中国通史纲要》是一本"普通读物"，原是写给外国读者阅读的。但是，作者通过这部书在探索中国历史的进程及其特点方面，却取得了许多新的进展，有的可以认为是突破性的创获。如对于中国历史划分阶段的看法，寿彝先生提出了独到的见解，这不仅表现在对于纵的段落的划分提出自己的看法，更重要的是在对于每一段落的时代特点的把握上也提出了自己的创见。具体说来，寿彝先生以社会生产力的发展、阶级关系的变化、阶级斗争的发展、少数民族地区的发展和中外关系的发展等5个方面的因素把中国封建社会划分为4个发展阶段，并以此论证每一个发展阶段上的不同的特点；认为与此相适应的是地主阶级经历了由世家地主、门阀地主、品官地主到官绅地主的变化，同样，农民阶级也相应地由编户农民、荫附农民转变为佃农；认为封建社会的这一发展过程，在剥削关系上反映出国税和地租由统一到分离的发展过程，而这个发展过程同地主阶级的变化、农民阶级的变化、农民起义口号的变化、封建国家经济政策的变化等，是一致的；认为民族杂居地区和广大边区的封建化在中国历史发展中作用重大，也具有划分历史阶段的意义；等等。寿彝先生的这些精辟的见解，多发前人之所未发，显示了他对于中国通史之研究和撰述的全局的器识与创新的精神。

小型的中国通史的编撰和出版，为编撰大型的中国通史提供了经验，也进一步丰富了对于多卷本《中国通史》的构想。这一构想可以从小型的中国通史和大型的中国通史之间的联系和区别中看得很清楚。寿彝先生认为：《中国通史纲要》的目的，是勾画中国历史的大的轮廓，讲清基本线索和重要问题，要有新观点、新见解，要把科学性和通俗性结合起来；而多卷本《中国通史》的任务，是要对170万年以来，特别是3600年以来的中国历史进程作系统的和详尽的阐述，要包含极其丰富的内容，并使这些内容能够以较好的形式表现出来。根据这一构想，寿彝先生制订了多卷本《中国通史》的构架：

——以马克思主义为指导，结合历史资料，分析中国历史发展过程及其规律，包含各历史时期的特点，历史发展过程中各方面的相互关系、代表人物和人民群众的历史作用。这一思想，除在正文各卷中应予以贯彻外，还集中地体现在第1卷（即全书导论）中。第1卷共有九章：前六章结合中国历史阐述了几个历史理论方面的重要问题；后三章是结合中国历史的编纂工作阐述了几个史学理论方面的重要问题，反映了寿彝先生对中国历史发展进程的理论认识，也反映了他对中国通史编纂工作之目标的理论概括。

——尽力表现历史进程的丰富性和复杂性，并使这一表现形式具有民族的特色。关于这一点，寿彝先生在理论上有两个考虑：（1）中国史书的传统体裁很丰富，这是中国史学遗产的一个重要方面，批判继承这一部分遗产，将有利于扩大我国马克思主义史学的表现形式，促进我国的历史科学朝着具有"中国作风和中国气派"的方向发展。（2）历史现象是复杂的，单一的体裁如果用于表述复杂的历史进程，显然是不够的。因此，史书的编撰，应按照不同的对象，采取不同的体裁，同时又能把各种体裁互相配合起来，使全书融为一体。

根据这样的考虑，寿彝先生参照古今史书体裁优点，决定采用一种新的综合体裁来编撰多卷本《中国通史》。除第一、二卷应按具体情况分别处理外，其余10卷都分为"序说"、"综述"、"典志"、"传记"等4个部分。"序说"，包含有基本史料的论述，研究概况的论述，本卷的编撰意图和要旨。"综述"，对各个历史时期的民族关系、政治、军事大事和社会发展的基本情况进行论述。"典志"，是关于经济、政治、军事及法典等制度的撰述。"传记"，主要是各方面代表人物的传记。

——突出表现历史活动是人的活动。寿彝先生认为，历史毕竟是人的活动所构成的，有人民群众的活动，也有杰出人物的活动。这是不应回避，也是回避不了的。从史学的社会目的来看，我们讲述历史、撰写历史容易引起人们兴趣，具有比较突出的社会效果的，主要还是各方面人物的传记。中国史学上有写历史人物传记的优良传统，多卷本《中国通史》把"传记"列为重要部分（占全书四分之一以上），也是试图继承这个优良传统。

多卷本《中国通史》这一理论构架，不是可以简单地从马克思主义的书本中找到的，而是在马克思主义指导下，通过对中国优良的史学遗产的批判继承并进行创造性的研究才能摸索到的。寿彝先生对马克思主义的学习和研究，总是同中国历史的发展和中国史学的发展结合起来，务使理论不致成为脱离具体研究的空洞的理论，史学不致成为脱离理论指导的盲目的史学。多卷本《中国通史》的理论构架，以及他运用这一理论构架提出了回族史研究和撰述的总体设想（见《回族人物志》题记）都生动地说明了这一点。

（三）关于中国史学史的研究。从学科的性质和任务来说，史学史是史学对于自身历史的反省和对于未来的追求的学问。寿彝先生多年致力于中国史学史的研究，是他在学术工作上能够不断步入新的境界的一个重要原因。

40年代初，寿彝先生在云南大学讲授中国史学史，这是他接触中国史学史的开始。60年代初，教育部委托寿彝先生编写中国史学史教本（古代部分），由此转入了对于中国史学史研究途径的探索。80年代，是他进入这一领域酝酿成果的时期。诚如他自己所说："这四十多年，对于中国史学史的摸索，首先是暗中摸索，继而是在晨光熹微下，于曲折小径上徘徊，继而好象是看见了应该走上的大道。现在的问题是，还要看得更清楚些，要赶紧走上大道。"（《中国史学史》第一册《叙篇》）

从60年代以来，寿彝先生关于中国史学史的研究大致是循着两个方向进行深入的。一是对中国史学史重大课题的研究，一是对中国史学史研究的意义和范围的研究。正是有了这两个方面的思想积累和成果积累，寿彝先生得以在80年代中期提出他对于中国史学史学科建设的总体说明，并打算通过主编多卷本《中国史学史》以实现这一说明。

寿彝先生对于中国史学史上重大课题的研究，在50年代是刘知几的史学和马端临的史学，60年代是《史记》和《汉书》，80年代是近代史学的发展和马克思主义史学的发展。通观作者对《史》、《汉》、刘、马的研究，有这样几个特点。第一个特点是十分注重考察时代与史学的关系。如作者在分析《史记》写作的历史背景时，极为详尽地阐述了自西周至秦汉封建国家的建立数百年间的历史大变动，阐述了从秦始皇到汉武帝全国大一统局面的形成，以及它们对司马迁撰写《史记》的影响。第二个特点是注重对于学术流变的考察。作者论马端临的史学思想，首先从揭示马端临对杜佑、郑樵史学传统的发展入手，从而从一个方面把中唐至元初的史学连贯起来，并反映出一种发展的观点和动态地研究问题的方法。第三个特点是注重于理论概括。如作者提出，史才论和直笔论是刘知几"独断"之学在治学精神上的重要特点，又把"博采"和"善择"、"兼善"和"忘私"以及"探赜"的提出，视为刘知几论"史识"的三个特点，等等。第四个特点是采用比较的方法。如《史记》、《汉书》比较，"六通"比较，等等。从《史》、《汉》、刘、马研究到《说"六通"》，从1964年写出的《中国史学史教本》上册，可以看出，寿彝先生的中国史学史研究，已经摆脱以往要籍介绍的模式，而具有比较开阔的视野、发展的思路和理论的特色。而他在1983年发表的《马克思主义史学在中国的传播和发展》、《谈谈近代中国的史学》两篇文章，则是我国学术界较早地对近代史学的发展，尤其是对中国马克思主义史学的发展所作的初步总结，它们对推动这一领域的深入研究，起到了开风气之先的作用。

寿彝先生研究中国史学史的另一个方面的内容，是关于中国史学史研究的意义和范围。这方面的代表作，60年代有《谈史学遗产》和《中国史学史研究任务的商榷》，80年代有《谈史学遗产答客问》5篇系列文章。《谈史学遗产》首先指出，研究史学遗产在于理解史学跟现实斗争的关系，探索史学发展的规律，并从史学已有成果中吸取思想资料。文章说："我们要研究史学遗产，既不同于那些要把遗产一脚踢开的割断历史的简单的想法，也跟那些颂古非今的死抱着遗产不放的国粹主义者毫无共同的地方。我们主张取其精华，弃其糟粕，改造我们的遗产，使它为社会主义史学服务。我们要继承优良传统，同时更要敢于打破传统，创造出宏大深湛的新的史学规模。"接着，文章提到中国史学思想上和历史编撰学上的精华和糟粕，主张既要"取其精华，去其糟粕"，还要对糟粕善于利用。文章还具体提出了史学遗产研究中的"七个花圃"。这篇文章实际上就是说的研究史学史的意义和范围。《中国史学史研究任务的商榷》是这篇文章的继续，它从"规律和成果""精华和糟粕""理论和资料"三个方面概括了中国史学史研究的任务，把问题提得更集中、更明确了。这两篇文章对于推动中国史学史学科建设起了启发人们思想的积极作用。80年代发表的《答客问》的一组文章，是从历史观点、历史文献、历史编撰、历史文学等方面，论述了和发展了作者在20多年前提出的几个主要问题，进一步明确了中国史学史研究的范围。寿彝先生在80年代还发表了一些论著和讲话，重申了或新提出了很多值得重视的问题。一是强调对于历史本身的认识的发展过程的研究和对于史学的社会作用的发展过程的研究[1]；二是强调中国史学史研究应当真正成为包括对于中国各个民族的史学史的研究，中国史学家应当通过长期努力写出一部包含各个国家、各个民族的世界史学史[2]；三是强调认真读书，认真研究史学名著，避免空疏学风，并列出27部史书作为重点研究的课题[3]。

任何一门学问，只有在它明确了自己的研究任务和范围，建立了自己的理论体系，摸清了自身发展的过程及其阶段性，认识了它跟其他学科的联系和区别，考察了它的研究史，提出了它当前的和未来的发展方向时，才能真正形成一门学科，才能创造出来本身的学科体系。寿彝先生在1984年12月写出了多卷本《中国史学史》的叙篇。在这篇长达10万字的叙言里，作者指出了区别历史和历史记载两种概念的必要性，以及史学的任务

---

[1]《中国史学史上的两个重大问题》，见《史学史研究》1984年第3期。
[2] 在1985年全国史学史座谈会上的《开场白》，见《史学史研究》1985年第2期。
[3] 见《史学史研究》1987年第3期。

和范围跟史学史的任务和范围的不同；勾画了中国史学发展的基本脉络及其在每一个发展阶段上的时代特色；概括了前人和今人有关史学史研究的思想成果；在回顾自己研究历程的基础上提出了研究史学史的方法和新的目标。

这些论述，是作者把40多年来思考的问题、发表的见解、积累的成果，经过归纳和提高，升华为理论的形式而构成一个整体。这个整体结构的提出，有两个方面的科学价值：从特殊的意义上来说，它是关于中国史学史专业建设上的重要成果；从一般的意义上来说，它又是史学史这门学科的学科体系建设上的重要成果。我们深深感到，寿彝先生的这一重要成果的提出，是一个艰苦探索和创新的过程，从中我们可以清晰地看到自己的导师不断摸索、开拓、前进的步履。

关于中国史学史的研究工作，目前寿彝先生正在主持两个课题，一是列入国家教委"七五"期间教材规划的《中国史学史教本》，一是列入全国"七五"期间哲学社会科学重点项目的多卷本《中国史学史》。前一个项目将在1989年完成。后一个项目已经出版了第一卷[①]，全书六卷，预计1990年完成。对于后一个项目，寿彝先生提出的目标是："这是一项基本建设工作。这项工作可能作得好些，别的事情就比较好办一些。我试图把中国史学史划分为几个历史阶段，对每一个历史阶段的史学代表人物和代表作能作出比较明确的论述，但是要把他们放在整个历史时代的洪流中去观察他们，看他们所受当时社会的影响及他们对于当时社会的影响，并且还要观察他们对于前辈史学的继承关系，对后来的史学留下了什么遗产。"寿彝先生亲自执笔的第一卷，正是按照这个要求写成的。从第一篇（即先秦史学）的规模来看，它已经超出了《中国史学史教本》上册只是从史学自身来说明其矛盾运动的构思和框架，而是把史学放到时代中去考察，从而使史学跟时代的关系更密切了。这是一个重大的发展。可以认为，多卷本《中国史学史》的编撰工作，将推动我国的史学史学科建设不仅在理论

----

① 上海人民出版社1986年8月出版。

体系上而且在具体研究上确立起来。

从民族史研究到中国通史研究，再到中国史学史研究，这是一个不断开拓的过程、创新的过程，也是各个领域互相渗透、互相促进的过程。正是在这个过程中，寿彝先生逐步滋长了和发展了他研究历史和史学的通识思想。从这个意义上说，我们认为，通识与创新是寿彝先生史学思想中最鲜明的两个特点。

三　历史教育：对史学社会作用的新认识

放在我们面前的这本书——《历史教育和史学遗产》，是寿彝先生继《学步集》之后的又一本论文结集。作者把历史教育问题和史学遗产问题编成一个集子，反映出他对于史学工作所寄予的深意：历史教育是我们从事史学遗产研究的社会目的；换言之，愈是深入地研究史学遗产，愈是能使人们认识到历史教育的重要性。这是寿彝先生史学思想中的一个重要部分，甚至可以认为是核心的部分。

寿彝先生的历史教育思想萌生甚早。这可见于他50多年前在《中国交通史》中所写的最后一句话，即"这个时代已不是再容我们优游岁月的时候了"，显示出作者治史是为了警戒世人、为现实服务的目的。在此后的半个世纪中，他的这个思想随着研究工作的深入和对马克思主义的学习与运用，而不断地得以丰富和发展起来。

首先是对于传统史学的社会作用的认识。寿彝先生在阐述研究史学遗产的必要性时，首先就强调："研究史学遗产可以更具体更深刻地理解史学作为一种社会意识形态在现实斗争中的战斗作用。"（《谈史学遗产》）根据这一思想，寿彝先生对史学遗产的研究，十分重视分析历史上史家所处的时代及其撰述的目的，分析每一重大史学现象产生的社会原因及其对社会的反作用，分析那些有重要价值的思想资料的提出及其现实意义，都是力图使史学史的研究富有历史教育的社会意义。

寿彝先生从对史学史的研究中所阐发的历史教育思想，在他撰写的《中国史学史》第一册中得到了更加完整的理论上的表述和实际上的运用。他在本书的《叙篇》中讲到史学的社会影响时，深沉地写道："好多年来，经常有人问：学历史有什么用处。我们研究史学的社会影响，可以说，就是要回答这个问题。先从个人说起，史学的用处可以开阔视野，增益智慧。从工作上说，可以从总结历史经验中得到借鉴。从更为远大的地方说，史学可以在总结过去的基础上，更好地认识现在，观察未来，为人们指引一个理想的历史前途。"这是从个人的思想文化修养说到个人的社会实践，再从单个人的意识和实践说到人的群体的意识和实践，历史知识都在影响着人们，都在默默地发挥着它的巨大的作用。作者认为，那种把讲历史仅仅看作是了解过去，仅仅是为了弄清历史真相的看法，是不全面的。作者还指出："在具体的历史实践（按：即社会实践）中，联系历史知识而作出政治上的重大决策，历代都有其例。"这是从丰富的历史知识中提炼出来的很有分量的结论。

这些年来，寿彝先生反复强调历史教育的重要作用，为此，他撰写文章，发表演讲，接受采访，其意则在于希望有更多的人能自觉地认识到这个问题。作为史学家，他尤其希望史学工作者以此作为自己的神圣职责。他在本书中再一次提出这个问题："史学工作者出其所学，为社会服务，这是我们的天职，不容推托。我们从历史上研究史学的社会影响，一要研究历代史学家如何看待这个问题，二要研究史学在实践中具体的社会效果。这是一件有很大意义的科学工作，也是一件有很大意义的教育工作。相当多的史学工作者忽视这一点，我们应作好拾遗补缺的工作。"这部著作关于历史知识和社会实践的关系的论述，跟作者以往在这个问题上所发表的文章、讲演相比，有了很大的发展。除了理论的阐述外，作者在第一篇里以专章总结了先秦时期人们在"历史知识的运用"方面的认识和经验。在具体论述先秦时期人们对历史知识的运用时，作者概括了三个问题：一是"多识前言往行以畜其德"，二是"疏通知远"，三是直笔、参验、解蔽。作者在对上述三个问题的论述上，融会了先秦的历史文献，贯串了对先秦历史进程的评价，这不仅为史学史研究开拓了一条新路，而且也证明了作者提出的这个看法是应当受到广泛的重视的，即，"历史知识是人类知识的一个宝库，特别是政治家、教育家和思想家都离不开它。"寿彝先生指出，秦汉以下的史学在这方面还有更丰富的内容。可以相信，这将是多卷本《中国史学史》在撰述思想上的一个显著特点。

其次是对于马克思主义史学的社会作用的认识。寿彝先生关于历史教育的思想，在他对中国马克思主义史学的总结中，占有更为重要的地位。他在《六十年来中国史学的发展》一文中，对老一代的马克思主义史学家的评价，都是把他们的史学跟时代的使命紧紧地联系在一起进行考察的。他在论李大钊的《史学要论》时，深刻而又富于激情地写道："他在这本书里高度评价史学对思想教育的重要意义，强调史学的重要作用在于指示社会前进的正确道路"，"李大钊同志对于史学的崇高的期望，使我们今天读着他的遗著，还觉汗颜"！他评价郭沫若的《中国古代社会研究》说：在大革命失败后的"风雨如晦"的年代里，"沫若同志写这部书，正是要担负起'鸡鸣不已'的任务，揭示中国社会历史发展的规律，从而指出中国历史必然的前途"。他在谈到抗日战争时期和解放战争时期的马克思主义史学成就时进而写道："在这些战争的岁月里，我们的史学家面对着民族的生死存亡和反动政权的残酷统治，他们以严肃的科学态度，清算祖国的历史，发掘祖国的文化传统，显示了中国人民对历史前途的信心，鼓舞了青年一代反对内外反动派的斗志。"这些话，反映了寿彝先生对老一代马克思主义史学家的热忱的赞扬和衷心的敬佩之情，也反映了他对史学工作所担负的时代使命的深沉的和自觉的认识。

1983年2月，寿彝先生在一次史学理论座谈会上指出："史学要回答现实提出的一些迫切问题，这应当是没有疑义的，而且早已成为我国马克思主义史学的优良传统。我国老一辈的马克思主义史学家们，是回答了他们所处的那个时代的现实所提出的一些重大问题的，如中国的社会性质问题，中国革命的对象、任务、性质、前途问题，亦即中国的历史命运问题。对于这些问题的回答，他们是交了卷的，成绩是巨大的。现在，我们处在社会主义建设时期，处在为实现四个现代化而奋斗的新的历史时期，现实生活也向我们提出了一些重大的、迫切的问题。对于这些问题，我们回答了没有呢？还没有。我们要有清醒的认识，要用历史家的严肃的态度来思考这些问题，研究这些问题，回答这些问题。

"举例来说，我感到有两个问题是要我们思考、研究和回答的。一个问题是：'马克思主义史学和社会主义建设'；一个问题是：'马克思主义史学和群众教育'。马克思主义史学在社会主义时期的根本任务是什么？它对我们建设四个现代化有什么作用？史学工作者在新的历史条件下怎样跟上时代的发展，怎样把历史感同时代感结合起来？这些问题在认识上不搞清楚，就会削弱史学的作用，史学工作者也不可能在四化建设中找到恰当的位置、发挥应有的作用，这些，都跟'马克思主义史学和社会主义建设'这个问题有关。至于'马克思主义史学和群众教育'问题，同样涉及到社会主义建设问题，即涉及到建设高度的社会主义精神文明的问题。我们研究历史问题，写历史书，不只是给史学工作者看的，我们的广大读者是全国各族人民。马克思主义史学工作者有责任向全国各族人民提供正确的、丰富多彩的历史书，使他们通过学习历史看到自己的光荣责任，看到中华民族的前途，看到中国和世界的前途。从这个意义上说，史学工作者也是教育工作者。"①他的这些见解，对于当代中国马克思主义史学建设来说，是有重要参考价值的。

关于史学工作的群众教育的形式问题，寿彝先生也提出了不少具体的主张，做了许多实际的工作。他历来主张，史学工作者的研究成果，不单是写出来给专业工作者阅读，而是写给全国各族人民群众阅读的。因此，他提倡历史撰述的艺术性表述方法，这就是他概括的中国史学的历史文学传统。表面看来，这只是史学成果的表述形式问题，其实是关系到史学工作者究竟能在多大的程度上为社会服务、为群众服务的问题，是关系到史学如何跟社会结合的问题。他提倡史学工作者也应当写通俗的历史读物，

①《开展马克思主义史学理论研究》，见《世界历史》1983年第3期。

认为通俗并不等于肤浅，那种鄙视撰写通俗历史读物的想法和做法是不足取的。他高度评价历史学家吴晗生前在主持"中国历史小丛书"和"外国历史小丛书"的编写、出版方面的工作，认为这是他对中国史学发展的一个贡献。寿彝先生主编的《中国通史纲要》既是一本专著，也是一本"普通历史读物"。几年当中一再重印，还有多种外文版本的出版，影响之大，在同类著作中并不多见，也证明了寿彝先生主张的正确。与此相联系的，寿彝先生还提出这样的设想：通过史学家和艺术家的合作，创造出一种以图画表示历史进程的著作，让更多的人读得懂，并对历史有一种形象的认识。他还提出创办一种历史知识小报的设想，在广大的青少年中宣传正确的历史知识，以提高他们的文化修养和精神素质，丰富他们的历史智慧。

对于历史教学工作，寿彝先生是把它作为历史教育的一种主要形式看待的。1981年，他在中国教育学会历史教学研究会成立大会上的书面发言指出："历史教育和历史教学，这两个名词的含义不完全一样。历史教学，可以说，只是历史教育的一部分。历史教育，在历史教学以外，还可以有各种形式。但无论历史教学或其他的教育方式，都是为历史教育总目的服务的。离开了历史教育总的目的任务，历史教学的目的任务是无从谈起的。"[①]他的这个看法，一方面是从历史教育来看待历史教学的教育意义，又一方面是把历史教学纳入整个史学工作的一部分来看待。不论对于史学工作还是对于教育工作来说，这样来看待历史教学工作的社会作用，是十分必要的。1988年5月，寿彝先生约请北京市部分中学历史课教师，就"历史教育与人材培养"问题进行座谈。他进一步指出："历史教学同历史教育的关系十分密切：历史教学是历史教育的一种形式：是否可以这样理解，在现阶段还是一种比较重要或最重要的形式。"作为史学界和教育界的前辈，寿彝先生的这些见解和做法，使许多中青年同志受到启发，受到鼓舞。

寿彝先生的历史教育思想，涵义甚广，但其理论的核心，是在于阐明

---

① 见《历史教学》1981年第11期。

史学与人生及社会的关系。80年代初，寿彝先生先后在北京师范大学、湖北大学、河南大学、郑州大学、北京历史学会发表讲演，阐述史学工作在教育上的重大意义。综观寿彝先生的这些讲演和后来发表的文章，他关于史学工作在教育上的重大作用的理论要点是：

——讲清楚做人的道理，尤其是做一个社会主义新人的道理。"人类的历史，不论讲多长的时代，总的是讲人与人之间的关系，讲的是不同的历史时期人与人的关系。"

——进行革命传统教育。"我们要用生动、丰富的史实，饱满的热情进行这种教育。"

——对于民族团结的教育有很大意义。"我们史学工作者在阐述历史的时候，要全面阐述民族关系。注意这方面的工作，这对于加强民族团结，对于建设伟大的社会主义祖国，有重大的意义。"

——关于人类对自然进行斗争的教育。"人类历史的发展过程，就是对自然进行斗争，掌握自然规律，同时不断地能够利用自然、改造自然，为人类社会谋幸福的过程。人类离开自然条件是不能生存的。""讲中国史，要进行这种教育。讲外国史，对比一下我们的情况，也要进行这种教育。"

——进行总结历史经验的教育。"这主要是从政治方面讲的。中国的史学家，有一种古老的传统，就是讲历代的治乱兴衰。这是过去讲历史的很重要的问题。""过去人讲这个，是为了提供当时统治阶级参考、借鉴。但是研究这样的问题，注意这样的问题，我们今天还应该做。今天我们这样做，为的是观察国家命运，一方面要从过去的历史上培养我们观察政治的能力，另一方面培养我们对政治的兴趣。"

——进行爱国主义、历史前途的教育。"一般地讲，历史是过去的事情，我们搞历史，基本上是搞过去。但搞过去，为的是了解过去。了解过去干什么呢？是为了解释现在。解释现在干什么呢？是为了观察未来。""这样一个任务，历史工作者恐怕比旁的教育领域的担子还要重。"（以上引文均见《史学工作在教育上的重大意义》，参见《历史教育和史学

遗产》一书)

寿彝先生的历史教育思想，是对李大钊有关论点的继承和发展，它从一个方面丰富了当代中国马克思主义史学理论，具有重要的理论价值和社会价值。

（原载《北京师范大学学报〔社会科学版〕》1989年第1期）

柴德赓先生的治学道路和方法*

柴德赓先生从1929年考入北平师范大学历史系起，即受教于著名历史学家陈垣先生（当时陈垣先生任师大历史系主任），毕业后在辅仁大学历史系、北京师大历史系任教近二十年，是陈援老的学术传人之一。他精于目录之学、考证之学，对宋史、明清之际的历史和清代学术史，特别是对谢山之学、竹汀之学有深入的研究。今天，当我们纪念柴先生八十诞辰之际，回顾柴先生的治学方法、治学道路，对我们仍是很有启发的。

柴先生的治学，大体说来，解放前偏重于考证之学，解放后则侧重于目录学及清代学术史的研究。其治史有三个特点：

第一，他有多篇考史之作，但他的考史不是为考史而考史，而是一种"有意义的史学"。什么是"有意义的史学"？即历史研究带有明显的爱国主义的政治倾向。这点和乾嘉时期的学者为考据而考据，把从事考据工作当作避世桃源是绝然不同的，而与顾亭林、全祖望倒是一脉相承的地方，这可从他的几篇主要考史文章的选题上看出来。如他早年的《明季留都防乱诸人事迹考》中《留都防乱公揭》是有关明末党争的重要事件，是直接与南明存亡有关的大事。具揭人"多复社巨子，文章豪华，年少蜚声，皆具用世之才，怀救时之志，……然其结果，强者身逢大难，断头碎骨以死；即生者亦大半弃妻子，散家产，去乡里，或以僧死，或以隐

---

* 与李秋沅合撰。

死。……余哀其志而怡其遇，欲述其行事"。从公揭中可见其人其事。柴先生《宋宦官参预军事考》一文是有感于"自来言宦官祸国，每举东汉、唐、明三朝，语不及宋。宋代宦官之与政治，举凡国计民生治河决狱之事，巨细莫不与闻，顾以参预军政，与一代用兵关系最大，军政之坏，殆由于此"。所以他要"考其始末，表而出之"。又如《〈鲒埼亭集〉谢三宾考》，是因谢三宾其人是"晚明史上一重要人物，因其人徘徊明清之间，故明清史皆无传，又因诸家记载多隐其名，或异其称，故三宾之名反不著。兹特钩稽其事迹著于篇，以为读《鲒埼亭集》及研究晚明史者之一助焉"。中国古代史学家有一个优良传统，即"以史为鉴"的传统，考古证今，表出好人，以为楷模，揭出恶人，以为鉴戒。如果身处国破家亡的时期，更往往借修史来寄托自己对故国的哀思。胡三省注《通鉴》，全谢山为明末志士写碑铭传记，其目的均在于此。抗日战争时期，陈援老与柴先生身居沦陷后的北平，目睹日寇在祖国大地上横行肆虐，深感亡国之痛，陈援老于此时著《通鉴胡注表微》，柴先生于此时著《〈鲒埼亭集〉谢三宾考》，均是以史学研究的形式宣传爱国主义，借以抒发自己的爱国之心，表明自己的出处之节。

第二，精严缜密的考证方法。仅以《〈鲒埼亭集〉谢三宾考》为例，可知柴先生的治史方法是：

1.多读善疑，提出问题。这也就是古人所说的"读书得间"。谢三宾其人，明史清史均无传。《乾隆鄞县志》中的《谢三宾传》仅146字，《续甬上耆旧诗》所附作者小传亦不过159字。但《鲒埼亭集》屡屡提及此人，而且各种代称异称竟多至十三种。这是为什么？夫己氏本是春秋时期齐懿公的异称，为什么全祖望要称谢三宾为夫己氏？谢昌元是宋末元初的人，为什么也成为谢三宾的代称？明末降清之人很多，为什么全谢山独责谢三宾？谢三宾究竟是怎样一个人？一连串的问题，都能启发人的深思。

2.沿流溯源，究其首尾。例如关于谢三宾的异称问题，柴先生首先罗列了《鲒埼亭集》中有关谢三宾的各种异称，再列全祖望以前明末遗民记载中有关谢三宾的各种异称，考出全谢山痛斥谢三宾是受黄梨洲及谢山曾祖、祖父的影响。"夫己氏"之称，最早见于《左传·文公十四年》："齐公子元不顺懿公之为政也，终不曰'公'，曰'夫己氏'"（"夫己氏"译成今语，即"那个人"）。以"夫己氏"代谢三宾，也是"恶其人不欲显其称，故隐之为'夫己氏'"。谢昌元，宋末元初人，史无专传，其名见《宋史·文天祥传》。此人卖友求荣，且欲绝人后。以谢昌元为谢三宾的代称，源出明末陆宇燝贻谢三宾书，以其卖友求荣，欲绝人后之行极其相似之故。由考证谢三宾的各种异称入手，逐步深入，终于将谢三宾甲申（1644）以前的政绩，乙酉（1645）以后两次降清，以及谢三宾与浙东抗清斗争的关系等问题，条分缕析，考证得清清楚楚。如果不是柴先生深于谢山之学，熟谙明清之际的历史，要想把谢三宾其人这样详细地钩勒出其一生，怕是很难办到的。

3. 广征博引，细心考证。有关谢三宾的史料是很零碎很分散的。柴先生此文，取材广博，征引各类史书文集达八十四种。柴先生证史，很注意所引之书的作者的政治态度、学术渊源和书的版本，因为不同作者因其政治态度学术渊源不同，虽同记一事，其取舍详略便大不相同。如前举《乾隆鄞县志》作者万斯同虽是著名明史专家，他所写的《谢三宾传》，因受方志体裁的限制，前半述三宾治迹，不失为佳传，对三宾两次降清之事，只字不提，只在末尾含糊其词地写了一句"晚年与钱肃乐等为难，为乡评所薄"。而全祖望的《续甬上耆旧诗》所附小传，其注意在降清一节，故与阮园海并称。又如谢昌元与赵孟传卖友求荣一事，《延祐四明志》及袁桷《清容集·师友渊源录》均无记载，柴先生考其原因，说"《延祐四明志》何以不书，则地方志本以扬善为主，且袁桷父洪，亦在赵孟传幕中，与昌元善，同降元，故桷不特深为隐饰，且为作佳传"。如此之类，如不广泛搜集史料，细心加以考证，怎能不被前人之一偏之见所误！陈垣先生说："考证为史学方法之一，欲实事求是，非考证不可。"诚然。

4. 科学识断。柴先生写作此文，不仅取材广博，而且论证精深，不囿于前人之见，有自己的识断。他把谢三宾的一生，划为前后两期。他说："甲申以前，固亦论文谈兵，慕义好善之士也。乙酉以后，进退失据，遂不理于众口。"这种不以其人后半生之失足而掩其前半生之功绩的态度，是科学的、实事求是的态度。

清朝大学问家戴震曾说："学有三难：淹博难，识断难，精审难。"柴先生治学，在这三方面都达到较高的水平。由此可见柴先生深得亭林之学、竹汀之学、援庵之学的精髓。

第三，实事求是的治史态度。解放前柴先生作《谢三宾考》，其时柴先生并未接触马列主义。但"实事求是"是清人治学的精神，许多学者都把"实事求是"奉为自己治学的圭臬。钱大昕在他的《廿二史考异·序》中曾说："桑榆景迫，学殖无再，惟有实事求是，护惜古人之苦心，可与海内共白。"王鸣盛在他的《十七史商榷·序》中也说："盖学问之道，求于虚不如求于实，议论褒贬，皆虚文耳。作史者之所记录，读史者之所考核，总期于能得其实而已矣。"不过清朝学者所说的"实事求是"和我们今天所说的"实事求是"并不完全相同。正如柴先生所说"（钱大昕）所谓'实事求是'，包括事实确凿，议论平允。他最反对说空话和唱高论，以为空话于事实无补，高论则强人所难，因此《廿二史考异》中议论是不多的"。柴先生批评道："议论褒贬，并非虚文，要看正确不正确。"柴先生深受乾嘉学者治学方法的影响，但他又能超出他们那种纯客观主义的窠臼，特别是在解放以后，他积极学习马列主义，力图以马列主义的立场观点方法去研究历史。这种精神是值得赞扬的。

柴先生的实事求是的治史态度表现在：①能较客观正确地评价历史人物的功过。他之所以能把谢三宾的历史分为前后两个时期便是明证。在《谢三宾考》中，他特列一卷记谢三宾之子孙。他说："吾考谢三宾事，见三宾之子若孙与三宾迥不同科，可谓立志向善，力自振拔者，是不可不书，以为孝子慈孙劝。"他批判谢三宾，既不株连九族，也不殃及子孙。②他服膺钱竹汀的治学方法治学精神，但对钱的政治态度则有所批判。他认为钱大昕的思想是保守的。钱大昕在人生观上是"封建地主官僚的知足常乐的人生"，在历史观上是唯心主义的历史观。他反对农民起义，害怕斗争，"其结果则是取消斗争，取消革命，安分守己，顺其自然"。这是钱竹汀的思想的主要方面，也是封建地主阶级的文人的一种典型。

（原载张承宗、何荣昌主编：《青峰学记》，
江苏文史资料编辑部1992年）

史学、文化纵横谈*

——访龚书铎教授

■ 历史学这一基础学科在建设有中国特色的社会主义事业中起着不可忽视的作用，不能因为一时看不到直接的效益就受到冷落。在改革开放中，历史学科要加强建设，谋求新的发展。

● 中国共产党十四大提出搞社会主义市场经济，是关系中国社会主义事业发展的重大决策，具有非常重要的现实意义和历史意义。有人认为搞市场经济，历史学没有什么用场，这是不对的。

搞历史的要有现实感，这与实用主义是两回事。史学要关心社会，它本身就是社会的产物，脱离社会就要被遗忘。你研究的历史问题，在社会上有积极作用，就会受到关注和重视。郭老写《甲申三百年祭》是个很好的例子，毛泽东同志拿它作整风的学习材料，教育了全党。历史学领域还要搞一些普及的东西。进行历史教育首先要面向社会，面向群众。史学要有生命力，要发展，就不能仅是专家之学，它也要成为群众之学，在群众中普及，为群众喜闻乐见，在群众中扎根。新中国成立前吴晗的《历史的镜子》、林汉达的《东周列国故事》都拥有相当多的读者。艾思奇的《大众哲学》也是如此。哲学本来是很深奥的学问，可经他一普及宣传，影响就相当大。普及不等于没有质量、粗制滥造，新中国成立后吴晗主编的《中国历史小丛书》中，有的深入浅出，写得相当有水平，比起有些专著

---

*本文系许殿才教授的访谈录。

也不差。他们的工作应对我们有所启发。

在改革开放中，历史学在培养人的方面可以发挥很大的作用。从知识结构上讲，历史知识是一门很重要的知识，可以开阔人们的眼界，扩展人们的思维，增益人们的智慧。历史系的学生在社会上适应性很强，他们到党政机关工作有很大的好处。现在有些党政领导人不懂历史，是个缺陷，没有历史的经验，对古今中外都茫然无知，怎么可能做好领导工作？历史学在陶冶人的思想情操方面的作用更大。我们进行爱国主义教育，其中一项很重要内容就是历史教育。清代著名思想家龚自珍说过："灭人之国，必先去其史"，"绝人之材，湮塞人之教，必先去其史"。史学关乎国家的兴亡，关乎人才的培养，这是很深刻的，值得我们深思。人们从中小学就开始学历史，历史上岳飞、文天祥等人的民族精神以及其他一些人物临危不惧、见义勇为、好学不倦等动人事迹都有相当积极影响，在潜移默化地起着作用。这种影响当然不是立竿见影的，但没有这种影响，人的世界观、品德情操就会是另一种样子。历史还可以作为施政的借鉴。毛泽东同志曾讲过：领导一个伟大的运动的党，要懂得理论，要了解现状、了解历史。这话说得很好。正确的指导思想不必多说，现实与历史是密不可分的。我们讲建设有中国特色的社会主义，讲了解国情，国情中很大部分就是历史。不懂得中国的今天和昨天，哪里来的中国特色？

一些资本主义国家是相当重视历史教育的。美国建国才200多年，可非常强调学习自己的历史。在亚洲，日本、韩国都非常看重历史。韩国学生除中学学历史外，在大学一年级必须学韩国史这门课。我们中国有很悠久的历史，有灿烂的古代文明，历史记载连续不断，现在对历史却很不重视。改革开放以来，我们国家曾几次提出加强爱国主义教育、历史教育，不能说对此没有认识，可惜抓得不紧，讲一阵就无声无息了。学历史不能临时救急，但可以在较长时间内产生积极影响。现在讲两手都要硬，实际上这一手是软了，应该得到加强。

■ 目前有的大学历史系停招学生，这没有什么可大惊小怪的。历史学科不能盲目发展，它应该发展到什么规模，需要多少研究人员、教学人员，每年应培养多少学生，要有个科学估算。招生要根据社会需要，如果供大于求就是浪费。

● 关于历史课程改革问题，基础学科的改革要慎重，有些一时看不出作用的学科也要有人去研究，如训诂学、敦煌学等，因为有用没用是相对的。课程改革很必要，但看怎么改，要认真研究，避免一哄而起，不能搞实用主义，更不能把好的改掉。新中国成立后我们有几次头脑发热都吃了亏。"大跃进"时，有人说"学了唐太宗，大白菜能增产吗？"（这同现在有些人说"学习历史，经济能上去吗？"是一回事）有些人要打破王朝体系，王朝体系客观存在，你怎么去打破？结果把历史学搞混乱了。"文革"中更不得了，历史系只讲四史：农民战争史、帝国主义侵华史、国际共运史、党内两条路线斗争史。这个做法相当不保守、不僵化，但这么学历史能行吗？历史的教训值得注意。

现在又有人认为中国近代史应重新写。他们说：过去讲帝国主义侵略，现在不能说侵略了，因为现在引进技术、引进外资、出让土地，那么当时外国在中国设厂、投资、搞租界不是也很好吗？所以林则徐禁鸦片就错了，孙中山搞辛亥革命、共产党搞新民主主义革命也都错了。这是典型的形而上学。历史与现实的联系不能割断，但也不能等同，不能用现在的社会条件、现在的观念去套当时的历史。还有一种简单化做法：现在讲改革开放，于是专门从历史上找改革开放的例子，对号入座。这就把历史学简单化、庸俗化了。

我认为教学，科研的基本理论、基本知识、基本技能要加强。目前学风存在严重问题，这是最需要改的。我们要吸取以往的教训，破坏一个东西容易，建设一个东西太难了。面对发财意识的冲击，我们一定要站稳脚跟，冷静地寻求历史学科的新发展。马克思主义讲辩证法，要求我们看问题、处理问题应当是全面的，可偏偏是我们最爱搞片面性、绝对化，对此我们要充分警惕。

对于基础学科建设要有长远观点，不能目光短浅。目前社会科学中除经济学外，文史哲都面临着经费困难、人员不安心等现实问题。文史哲的主要功能是培养人的，对于提高人的素质很重要。忽视了对人的培养教育，我们的事业由谁来完成？现在的一个严重问题就是只见钱、见物，不见人，这样下去要吃大亏的。

关于搞第二职业问题。第二职业不是不可以搞，大学教授也不是不可以卖馅饼，只要政策允许，他愿意卖就去卖。可报纸、电台、电视大肆宣传提倡就不好了，弄不好是个导向问题。你天天在那里宣传，让教师们都去经商吗？其实大中小学教师都很辛苦，很难搞第二职业。中小学教师要备课、批改作业、管理学生，工作相当紧张。大学教师工作负担向来很重，又要讲课、又要搞科学研究，人家越休息他越忙。把时间用在"卖馅饼"上，必然会影响他的教学与科研工作。现在一面说尊重知识、尊重人才，一面提倡知识分子去"卖馅饼"，这是很矛盾的。作为一个副教授，在本专业中有成就、有创造，比卖馅饼对社会的贡献大得多。卖馅饼用不着大学教授，大师傅不用上大学就比他卖得好。任何人精力都是有限的，搞第二职业必然会冲击第一职业，杨振宁先生如果搞第二职业大概不可能得诺贝尔奖，这是个简单的事实。社会是分工的，不可能人人都下海，都经商。什么教授下海、科学家下海、艺术家下海……好像不下海就是思想陈旧，跟不上时代潮流。我们必须认清这个道理：学校不抓好教育，教师不抓好教学，这是误人子弟，是误国，是本末倒置。当然，现在教育经费短缺、教师待遇偏低，是实际问题。应该怎样解决，是需要认真对待的。

■ 近代文化思潮中的中国文化本位与全盘西化论都有片面性。文化建设的指导思想是马克思主义，现实基础是建设社会主义现代化，原则是批判继承、古为今用、洋为中用。文化是观念形态，对于文化研究，要多做些具体、扎实的工作，不要在概念上转圈子。近代文化的历史地位不容低估。

● 明中叶以后，西方的传教士利玛窦等人来华，输入了一些西方的科学技术，但面还比较窄。鸦片战争后，西方文化大量输入，与中国的传统文化相冲突，出现了如何对待外来文化和中国传统文化的问题。围绕中西文化关系的问题，出现了种种议论和主张，如"中体西用"说、"本位文化"说、"全盘西化"说，等等。中西文化关系成为中国近代文化史的一条主要线索。

"中体西用"就是在于维护封建思想文化和封建统治秩序，而吸收西方的科学技术、机器等。到了清末思想界有了变化，西方的社会政治学说，包括一些思想观念如自由平等、天赋人权等学说，经康有为、谭嗣同及孙中山等人的宣传，产生了很大影响；到了五四新文化运动时期，发展为批判传统文化，批判儒家伦理纲常。在此前后，又有一些人针对新文化运动而鼓吹儒家文化如何好，代表人物如梁漱溟先生。他在1920年发表讲演，后来整理成书，叫做《东西文化及其哲学》，宣传将来全世界都要走孔子的路。之后，吴宓、梅光迪等人组成《学衡》派。20世纪30年代陶希圣等十教授又鼓吹中国文化本位，也是宣扬儒家文化。这些人都可以叫文化保守主义者。他们与鼓吹全盘西化的西化派的主张都不妥当。抛开政治因素不说，从学术上看，他们都有片面性。文化保守主义者忽视文化的时代性。儒学是时代的产物，是先秦时代孔子创立的，在漫长的封建社会里不断有些变化，到清代后期就衰落了。鸦片战争后，理学、考据学、今文经学都不能挽救中国免于沦入半殖民地的深渊，所以后来才要吸收西学，以至废科举，办新学堂。儒学中有些有价值的东西，18世纪欧洲的启蒙运动中，伏尔泰等人就吸收了儒家有用的东西去反对封建神权。但对儒学是吸收的问题，不是复兴的问题。把儒家思想体系搬过来，根本不适应现代社会的要求。五四新文化运动时，李大钊、陈独秀等人正是认为孔子之道不适应现代社会生活。"全盘西化"论的一个主要弱点是忽视文化的民族特点，抹杀文化的传承性和民族性，当然也是站不住脚的。

接受西方先进文化，包括马克思主义学说，要同自己的文化紧密结合才行。文化建设的指导思想应当是马克思主义，现实基础是建设社会主义现代化。还是那句老话，叫做：批判继承，古为今用，洋为中用。孙中山过去讲集其大成，我们就是要把人类文化最好的东西都吸收过来，在吸收借鉴中创造出社会主义新的文化来。

现在有把文化庸俗化的倾向。烟、酒、茶、荔枝、香蕉、筷子……什么都挂上文化，好像一挂上文化，就提高了身价。这没什么意思。文化这个词义很模糊，它的定义到底是什么？国外说法就有二三百种，国内也众说纷纭。大文化无所不包，可以代替一切，这就叫人无法把握了。作为一门学科最重要的是确立研究对象，要弄清它到底要研究什么。对于文化，我倾向于毛泽东同志讲的作为观念形态的文化。文化研究还是要从实际出发，不要去纠缠定义。定义的官司从泰勒开始，打了一百多年也没有个结果。从研究出发，要有个基本范围，这个基本范围就是观念形态。

中国近代文化史上有个问题，就是怎样评价中国近代文化的历史地位。中国近代文化比较肤浅，不够成熟，中西、封建的资产阶级的杂糅，正像梁启超讲的：亦中亦西，不中不西。这同中国近代的经济基础、阶级力量有关。西方文化从文艺复兴、科学运动到启蒙运动，是在资本主义不断发展这个基础上从自己土壤中形成的。中国没这个基础，资本主义萌芽很有限，黄宗羲等人的思想也有很大局限性，直到近代西方资产阶级的东西传入，才出现了这种中西杂糅的形态。在文化成果上，近代也不那么辉煌。向上比，古代的文化光辉灿烂，有丰富的文化遗产，好书多得很。近代的文学作品像四大谴责小说，水平还赶不上《儒林外史》，史学上也没有一部《史记》、《资治通鉴》那样的巨著。与下边比也不行，现代在思想上有马克思主义的指导，史学上有郭沫若等人，文学上有鲁迅、茅盾、巴金等。如果一个一个具体去比，那么近代文化与古代、现代都没法比。可从总体上看近代文化比古代文化前进了、进步了。古代文化中的主要思想（尤其是封建社会后期）是儒家伦理纲常等道德规范，它贯穿于文化各领域，史学讲阐明义教所归，文学讲文以载道，都是强调自己维护儒家礼教的功能。近代以后这些基本东西变化了，特别是甲午战争以后，资产阶级的自由、平等、博爱等观念逐渐打破了封建等级制度的伦理纲常统治。这在文化的各领域也都有反映，史学上有梁启超、章太炎倡导的以进化论为指导的新史学，文学上昌言个性解放，等等。思想观念的变化逐步动摇了原来的封建体系，这是最大的进步，为后来马克思主义的传播奠定了基础。所以说，近代文化是承上启下的，是从中国古代文化转变为现代文化的中间环节。对它的历史作用不能低估。近代文化史研究，首先要搞清它的历史地位与意义。其他可以研究的问题很多，主要的线索还是刚才说的中西文化关系问题。研究方法也要注意。一是现在回过头研究过去，要比当时的角度高一些，要用马克思主义去作分析，而不能站到当时的哪一边去。他们当中有是非问题，各打五十大板不对。但还要注意是中有非，非中有是，对就是对，错就是错的简单判断不实事求是。二是对文化问题要多做些具体研究，避免笼而统之的概念化做法。从近代开始到现在，对文化问题争论过好几次，最后往往讨论不下去，都是停留在大而化之的程度。80年代有人讲传统文化的特点是封闭性等，反对者就提出开放性等来针锋相对。在中国历史上有开放也有封闭，怎么说都可以找出证据来，这样争来争去毫无结果。其实这些东西二三十年代都讲过。所以不能停留在笼而统之的泛论上，只有经过扎实的具体研究，逐个解决一些关键性的具体问题，才可能产生出正确的总体认识来。

科学研究贵在创新，搞历史要有扎实的功底、广泛的兴趣和广博的知识。

新中国成立前读了一年半高中，因为没饭吃就去教小学。1947年去台湾考学，考入了台湾师范学院（现台湾师范大学）史地系。在那里上的历史课较多，也学了一些地理课程。1949年4月底返回家乡福建泉州。当时有一位同学是地下工作者，找我参加了一些地下活动。7月泉州解放，我去教了一学期小学后，又想到北京师范大学来读书。1950年初经长途颠簸来到北京，找了教育部。当时还有几位从台湾出来的学生也想复学。教育部的同志很认真负责，经过部里研究之后，大约半个月就通知我可以转到北京师范大学历史系插班读书。经过白寿彝先生面试，我就成了北京师大的学生。

我觉得搞科学研究，不在于研究什么，只要在学术上有创建就好，怕的是炒冷饭，人云亦云。可贵的是有新见解，掌握新材料，开辟新领域。另外要安下心去研究，要下苦工夫。干我们这一行要有奉献精神，想发财不可能。

搞历史科学，打基础很重要。现在的学生知识面一般比较窄，研究生入学后也是各搞一段，然后集中力量写论文，这对以后的发展很不利。我毕业后留在本校历史系工作，分工搞中国近代史，但先教了两年中国通史。我们通史小组几个人，由白寿彝先生指导，大家分头编写讲义，集中讨论修改，再由白先生审阅定稿，工作相当认真。我治学就是那时从白先生那里学来的。开头就教中国通史，现在回想起来是很有好处的，至少对中国历史基本线索有个大致的了解，有个基本认识。现在我也经常告诉学生：搞近代史，只知道鸦片战争以后不行，就近代史研究近代史是不可能搞好的。往前说，对鸦片战争以前的历史要清楚，鸦片战争不是那两年落后才打的败仗，而是早就落后了，前边不清楚就不知道近代史的来源。往后说，历史道路是怎么走的，也要有个了解。同时还要有外国史的基本知识，不然知识结构就不完整，上下左右都不清楚，你怎么搞好中国近代史？

除历史知识外，还要有其他知识，特别是搞文化史，知道的东西越多越好。哲学、文学、艺术这些东西可以引起你的思考，帮助你进行研究工作。知识面广，思维空间就大，头脑贫乏肯定想不出问题来。学生刚入学对想不出问题来很苦恼，经过一个过程慢慢可以想出些问题来，很能说明这一点。现在都知道电脑方便，其实人脑与电脑一样，都要大量储存，才能拿出东西来。学历史，哲学功底很重要，没有哲学训练就不会思维，材料很多，提不出问题来，上升不到理论高度，就等于没有材料。还要注意多接触社会实际。工厂没见过，农村没去过，连社会是怎么回事都不知道，怎么会对历史产生正确认识呢？

（原载《史学史研究》1993年第1期）

给文海的信

文海同志：

在南开听说陈振江同志去吉林大学开会，以为你也于此时间在吉大。16日晚饭时给你打电话，接电话的告知你当天刚走，弄差错了，只好写信。

19日参加人事部组织的去兰州、敦煌，大约月底回北京。明年题目的商量，只好你与甘泉编纂了。老魏拟了三个题目，他请王连升同志拟了二个，李喜所同志拟了4个，一并寄去。

我考虑了二个题目：一、九十年代史学思潮研究（中国）；二、九十年代历史题材文艺作品研究。

1995年和1996年年度课题指南中，有些没有人承担的题目，也可以选一部分入1997年。

祝

好

龚书铎

96.8.18.

（1996年撰）

文化与社会

几年来，陆续招收了一些以中国近代文化为研究方向的研究生。在教学过程中，发现有的学生就文化谈文化，就事论事，将文化同社会分离开来，跟政治、经济割裂开来，思路上有偏颇。这样来研究中国近代文化史，不仅不可能弄清楚近代中国的文化问题，还有可能出偏差。要学好中国近代文化史，就必须了解近代中国社会，把近代中国文化放在近代中国社会中来研究。

文化有其相对独立性，有自身的传承性。但是，文化并不是什么虚无缥缈的东西，而是一种社会现象。文化和社会分不开，它本身也是社会的一部分。文化的发展变化是随着社会的发展变化而来的，古往今来还没有哪一种文化能离开社会而孤立地存在和发展。文化也必须关心社会，发挥它的功能。如果文化疏离了社会，或者阻碍社会的发展，它就将被社会所冷淡或抛弃。文化的这种社会性，在近代中国表现很明显。

鸦片战争以后，中国沦为半殖民地半封建社会。帝国主义列强对中国的残暴侵略，清政府腐败的封建统治，使中国社会一天天坏下去。中国向何处去，成为人们关注的中心问题。无数仁人志士为反对帝国主义和封建主义，为中国的独立、民主、富强前赴后继地进行不屈不挠的斗争。近代中国社会的主题是独立、民主、富强，相应地近代文化也是围绕这个中心而发展的。

中国近代文化的发生和发展，不像西方是伴随资本主义的发展而发展起来的，而是在资本主义还没有发展，就遭到外国资本主义入侵，在外国的挑战下被迫应战，把近代文化从西方移植过来，所以是学习西方又用来抵抗西方，即魏源的名言"师夷长技以制夷"。于是，也就出现了引进西方器物和自然科学技术的热潮。1894年爆发的中日甲午战争，是中国近代史也是中国近代文化史的一个转折点。清政府在甲午战争中惨败于日本，是中国的奇耻大辱；随之而来的是亡国灭种之祸迫在眉睫。极大的社会动荡和刺激，促使人们去思考，去探索。蔡锷在1902年写的《军国民篇》回顾说："甲午一役以后，中国人士不欲为亡国之民者，群起以呼啸叫号，发鼓击钲，声撼大地。或主张变法自强之议，或吹煽开智之说，或立危词以警国民之心，或故自尊大以鼓舞国民之志，未几而薄海内外风靡响应。"①康有为呼号"救亡图存"，孙中山揭橥"振兴中华"，成为这个时期的社会政治潮流。一定的文化是一定社会的政治和经济的反映。社会政治的浪潮影响、推进了文化的发展。随着救亡图存、振兴中华的爱国主义运动的蓬勃开展，一个新的文化运动也在兴起和发展，"文学救国"、"教育救国"、"科学救国"等口号一个接一个地被人们提了出来，"诗界革命"、"文界革命"、"小说界革命"、"戏剧界革命"、"史界革命"、军国民教育思潮以及白话文运动等接踵而起，进化论和民权、平等思想成为文化各具体领域的指导思想，并用它来批判传统的儒学，批判封建伦理纲常。正是急剧变化的社会风潮和激烈的政治斗争，推动了近代文化的发展变化，而文化也反过来为其服务。反帝反封建斗争是近代政治课题，从而要求独立和民主成为近代文化所抒发的主要内容。因此，在旧民主主义革命时期，文化的主流始终贯串着爱国主义的精神。

以史学而言，史学作为文化的一个领域，在鸦片战争后也和整个文化一起发生了变化。主要表现在以下几个方面：（一）写当代的历史，总结经验教训；（二）翻译、编撰外国历史，以为鉴戒；（三）究心边疆史地研究，以防外敌入侵；（四）建立资产阶级新史学，批判封建旧史学。这些变化，

---

① 毛注青等编《蔡锷集》，湖南人民出版社，1983，第19页。

都是和近代社会变化分不开，都是为反帝反封建斗争服务，为中国的独立、民主、富强这个主题服务的。辛亥革命时期的史学很明显地表现出这种特点。资产阶级革命派为了振兴中华，推翻腐败的清政府的统治，建立资产阶级共和国，一方面以中国历史事件、人物来激励人们，如撰写《中国革命史论》、《太平天国战史》以及郑成功、史可法等人的传记；另一方面则编译外国历史，如《波兰衰亡史》、《法兰西革命史》、《美国独立战争史》等。这些对推翻清政府的统治、建立资产阶级共和国起了积极作用，在中国近代史学发展史上也占有重要的地位。

可见作为整体的文化也好，或其中的具体领域如史学也好，和社会的关系都是密切不可分的。这就是说，文化或史学需要关心社会现实。而在今天，就是为社会主义精神文明建设和物质文明建设发挥应有的作用。史学如果不关心社会现实，疏远了社会现实，那么社会现实也会疏远史学。要社会关心、重视史学，就需要史学关心社会，对社会发挥作用。中国史学有一个传统，就是注重经世致用（虽也有局限性）。正是这种经世致用的精神，成为中国史学繁盛发达并绵延不断的原因之一。其他文化领域也是如此。反之，就会导致文化的衰落。清代的经史考据曾经盛行一时，成为乾嘉的显学，在学术上有它的成绩和贡献。但是，它的末流流于饾饤琐碎，钻牛角尖，脱离现实，疏远社会，终于走向衰落。当然也有标榜要远离社会现实、远离政治的。不论是有意识或无意识的，事实上是不可能的，研究者总有其立场，总有其主观认识。究其实，标榜学术要远离社会现实、远离政治者，往往是最关心社会现实，最关心政治，只不过是从不同的立场来关心而已。学术和政治不等同，也不能混同。但是，学术和政治并不是完全绝缘，毫无关系。

这里不妨略说晚清儒学的变化，以见学术与政治的关系。研究中国近代文化史，对于鸦片战争以后儒学本身的变化，无疑是应当探讨的重要内容。晚清儒学的变化，概括地说，主要有这样几点：（一）有清一代的显学考据学衰落，而理学、今文经学都有过相对的短期的兴盛，但在晚清，没有形成哪一派独盛的局面；（二）儒学各派门户甚深，尤其是汉宋学之争更为突出。进入近代后，情况发生变化，儒学各派如汉宋学、今古文、陆王程朱等都兼采并收，会通融合；（三）不仅如此，儒学还融会诸子学、佛学等，以至吸收西学，"援西入儒"；（四）儒学的统治地位被打破，去掉了神圣的光圈，恢复原貌，成为与诸子学等并列的一个学派。总的来看，晚清儒学的变化，是因为"时势"的关系，不论兴衰浮沉，会通融合，或地位动摇，都是社会现实的巨大"变局"而使然。从曾国藩重事功的理学，到康有为"托古改制"的今文经学，到章太炎鼓吹民族主义的古文经学，都是以学术服务于政治，不论是起反动作用，还是起进步作用的，都是如此。

与文化的社会性相关的，是文化的时代性。谈论文化和社会现实的关系，必然要涉及文化的时代性问题。文化总是随着时代的发展变化而发展变化。每一个时代，都必然也需要产生和建构与之相适应的新文化。文化的时代性，从另一角度说，也就是它的社会现实性。这是文化的一个主要特性。对于研究中国近代文化史，这也是必须把握的。

鸦片战争以后，西方文化传播进来。而中国有识之士为了救国救民，也从西方文化中汲取可资利用的东西。西方文化传进中国后，与中国的传统文化发生了碰撞，这就出现了一个中西文化关系的问题。围绕中西文化关系的问题，产生了种种议论和主张，除完全排斥西方文化者外，诸如"西学中源"说，"中道西器"说，"中体西用"说，"中西会通"说，"全盘西化"说，"本位文化"说，等等。中西文化关系成为中国近代文化史的一条主要线索。对这个问题的争论一直延续到现在。

中西文化问题的论争，实际是如何对待西方文化和中国传统文化的问题。在论争中，必然涉及文化的时代性问题。完全排斥西方文化，将封建时代文化的主体在近代社会里固守下来，显然是与时代背道而驰的。即如"中体西用"，虽然承认"西学为用"，但根本上也还是要固守封建秩序和封建文化的"体"，要维护孔子和儒学的主体地位。辛亥革命后，建立民国，康有为等人仍鼓吹尊孔读经，甚至提出定孔教为国教。这都是忽视或抹杀文化的时代性。五四新文化运动时，李大钊、陈独秀、吴虞等之所以批判孔子和儒学，就是因为孔子的思想言论和后来的儒学"与社会现实背道而驰"，"不能适应中国现代的生活、现在的社会"。什么学说才能适应当时中国社会现实生活的需要？这就是民权、自由、平等。从维新派到革命派再到五四新文化运动的倡导者，都以民权、自由、平等为武器批判封建文化，建立资产阶级新文化。五四运动后，马克思列宁主义在中国传播。尽管当时各种主义、思潮纷纷涌现，但多数只是昙花一现，没能在中国社会中扎下根来，只有马列主义得到了发展，并成为时代的思想主流。可以看出，忽视或抹杀文化的时代性是不适宜的。中国也好，世界也好，没有也不可能再去"走孔子的路"。儒学中有价值的、优良的东西自然应当继承发扬，但把儒学作为整体来复兴却是不适时、不可能的。

在对待传统文化和西方文化的问题上，还有另一方面值得注意的情况，即主张"全盘西化"，否定民族文化传统。这种文化思潮在清末已出现，所谓"醉心欧化"者即是。入民国后，流衍为"全盘西化"。从学理上说，"全盘西化"论的一个错误，在于忽视或抹杀文化的传承性、民族性，否定传统文化。中国的传统文化扎根在中国的土地上，不管人们喜欢不喜欢，它是既定的历史传统。几千年文化传统在变与不变的过程中漫延，不断地传承下来，形成一种文化环境、文化氛围，其中既有优秀的精华，又有陈腐的糟粕。不论精华或糟粕，都在社会中发生影响，起着积极或消极的作用。传统和现实不是两极，不能对立起来。传统不是静止的东西，是动态的，它像长江东流滔滔不绝，是一个"发展流"。传统包容在现实之中，现实是传统的现实。今天的现实是昨天传统的发展，明天它又成为传统。在社会中生活的人，既是现实的人，又是传统的人。任何一个人从他生下来就在这个既定的文化环境中生活，受着它的陶冶、影响，自觉和不自觉地接受下来，形成习惯、性格、心理、价值观念。因此，人在选择文化时，不论有意识或无意识，终归离不开传统。近代中国主张吸收西方文化的人物中，如撰《西学东渐记》的容闳，热心从事西方哲学社会科学译介的严复，以美国独立战争和法国大革命为榜样而追求建立共和国的孙中山，提倡科学和民主的陈独秀，以及曾经鼓吹"全盘西化"的胡适等，都在少年或青年时期到欧美或日本学习，接受了西方的文化教育，较少或基本上没有受到传统教育。但是，他们都没有也不可能完全摆脱传统文化的影响，而是带着传统去接受西方文化，理解西方文化，并作出他们自己的解释。这不独中国接受外来文化是如此，对于其他民族国家来说也是如此。18世纪法国启蒙运动的代表人物伏尔泰等人在称赞、吸收中国的儒学文化时，也是带着他们的传统来理解、吸收的，和中国人所理解的儒学、孔子并不完全一样。外来文化本土化，至少在世界上一些大的民族国家中是如此。外来文化不可能像一架机器那样整个搬过来，而是在本国文化的土壤上去吸收，经过选择、消融、改造，与本国的实际结合，才能存在并发生作用。所以，否定自己的民族文化传统，鼓吹"全盘西化"，同样不仅不适宜，也是不可能实现的。

保守传统文化，或者只吸收西方的艺学，反之，完全醉心欧化，一切照搬西方，都不是正确对待中国传统文化和西方文化的态度。清末就有人对这两种偏向提出了批评，认为不论对于传统文化或西方文化，都不应该一概接受或一概排斥，而要加以具体分析："对于我国固有之学，不可一概菲薄，当思有以发明而光辉之。对于外国输入之学，不可一概拒绝，当思开户以欢迎之。"总的原则应该是"吸食与保存两主义并行"，"拾其精华，弃其糟粕"，"融会东西之学说"。[1]融会中西文化，目的在于创造近代新文化。鲁迅在当时就明确提出了这种新文化应是："外之既不后于世界之思潮，内之仍弗失固有之血脉，取今复古，别立新宗。"[2]孙中山则强调："发扬吾固有之文化，且吸收世界之文化而光大之，以期与诸民族并驱于世界以驯致于大同。"[3]李大钊也认为："东西文明互有长短，不宜妄为轩轾于其间"，二者"必须时时调和，时时融会，以创造新生命而演进于无疆"。[4]应该说融合中西以创造新文化的见解是有积极意义的，是符合文化发展的轨道的。20世纪40年代初，毛泽东撰《新民主主义论》，提出了正确对待

[1] 师董：《学术沿革之概论》，《醒狮》1905年第1期。
[2] 鲁迅：《文化偏至论》，《河南》1908年第7期。
[3] 孙中山：《中国革命史》，《孙中山全集》第7卷，第60页。
[4] 李大钊：《东西文明根本之异点》，《言治季刊》1918年7月。

中西文化的态度。他认为"中国应该大量吸收外国的进步文化，作为自己文化食粮的原料"，但是一切外国的东西，都必须把它分解为精华和糟粕两部分，弃其糟粕，取其精华；对于中国古代文化，也应当"剔除其封建性的糟粕，吸收其民主性的精华，是发展民族新文化提高民族自信心的必要条件，但决不能无批判地兼收并蓄"。像中国这样一个落后于世界潮流的历史文化悠久的大国，要想迎头赶上，独立富强，既不能拒绝吸收西方资本主义文化，也不能否定自己的文化传统，全盘照搬西方文化，只能根据中国的实际，对中西古今文化取其精华，弃其糟粕，融会贯通，以创造发展民族新文化。实际上也就是继承、吸收、筛选、改造、整合的过程。这对于今天建设社会主义新文化，仍然是应当坚持的原则。

在看待近代中国关于中西文化问题的论争时，还要注意不应停留在当时的水平上就事论事，而要从今天的认识高度来加以实事求是地总结。论争也就是相互驳诘，为了驳倒对方，甚至攻其一点，不及其余，难免带着感情。我们在进行研究的时候，就不能完全依照过去已有评价、结论为依据去下断语，需要加以重新审视、认识。例如，对于一些文化保守主义者如杜亚泉等人，由于他们站在新文化运动的对立面批评、指责新文化运动，被认为是卫护封建文化的复古主义者。这样评定似嫌简单。的确，杜亚泉等一些文化保守主义者站在新文化运动的对立面，主流是错误的。但是，他们指出了新文化运动的倡导者对传统文化的片面否定，忽视甚至抹杀文化的传承性、民族性，应该说是合理的，是说到了对方的偏颇之处。这就不能因为他们主流是错的，而一概予以否定。同样，对于一些"全盘西化"论者，在指出他们主张本身的错误之外，对于他们反对复古主义所起的积极作用则不应否定。当然，这不能变成主次不分，是非不明，更不能主次颠倒，是非混淆。问题的根本还在于实事求是地认识历史，评价历史。

（原载萧黎主编《我的史学观》，广东人民出版社1997年）

龚书铎自述

我上大学，后来从事史学工作，都有些偶然。

1945年春季，抗日战争胜利那一年，我考上了高中。泉州是历史文化名城，文化教育不算落后，但在当时，初中虽有几所，高中却极少。这是一所私立教会学校，学费贵，家里经济条件差，供不起。幸亏初中学业成绩和高中入学考试成绩都还好，校长批准申请免费，才得以入学。就这样，读了一年半，还是因为家庭生活困难辍学了。

失了学要找职业，是很难的。经过辗转托人介绍，总算找到了一个小学教师的职位。这所小学位于距泉州四十华里的石狮镇。石狮和泉州都属晋江县，镇上只有一条小街，不像今天这里高楼大厦林立，成为遐迩闻名的一个市。小学规模小，连校长在内共四人。我和另外一位男老师是外地来的，合住一间宿舍，自己做饭。十七岁，刚步入社会，不论教书或生活，一切都是新的，校长又为人刻薄，我心里很不是滋味，觉得生活太难了！那位同事受不了校长的苛待，跟校长吵了一架，拂袖而去。我不能那样做，好歹一个月还有一百几十斤大米的薪水，可以糊口，回泉州吃什么，只好忍气吞声呆下去。

好不容易熬过一个学期，寒假后另谋出路，到离石狮还有一二十里的农村小学教书。这所小学更小，只有初小，两位教师，校长和我。我们都年轻，相处很好。轮流做饭、摇上下课铃，每人负担一个课堂的教学，两个年级在一起，所有课都教。村里的人，包括年长的，对老师都很尊重，也很希望老师教好他们的子弟读书识字，因为他们深感文盲的苦处。

一年的教书生活，使我对社会、对农村有一些具体的感受，增长了不少学校里、书本上学不到的东西，有些人、事在脑海里留下了很深的难忘的印象，对后来从事史学工作不无益处。

高中读了一半便辍学了。穷人家的子弟想念书而上不起学，富家子弟有条件却不好好读书，世道很不公平！抗战胜利，台湾光复，我姐姐去那里教小学。隔年，她考入台湾师范学院教育系。因为这层关系，1947年夏天，在亲友、同学的资助下，我渡海赴台，以同等学力考入这所学院的史地系。师范院校不仅免交学杂费，吃住也不要钱，穷学生还上得起。

说到为什么要学历史，当时只是凭一点兴趣。兴趣的产生，不是由于懂得什么道理，而是中学历史老师生动有趣的讲课引起的，也是从看戏、听说书、读古典小说和武侠小说萌发的。在担任乡村小学教师期间，利用教学之余，在灯光如豆的油灯下读了司马迁的《史记》和邓初民的《中国社会史教程》。虽然稀里糊涂没读懂，但毕竟是开始接触了史书，也多少增加点儿知识。上大学后，像进入了一个新的天地。先学的是中国通史、世界通史，这是打基础的课程。而更多知识的获得，是靠自己课外读书。年轻人求知欲、上进心都较强，到图书馆找各种书刊阅读，除文献资料外，读了郭沫若、吕振羽、翦伯赞、胡绳等有关史学的一些著作，受到很大启发和教益，也明白了一点学历史的意义。

生活中的事实也很教育人。班里有不少台湾省的同学，大家相处很好。他们很想了解内地的情况，聊天时问这问那。比如问内地有没有医院、铁路等。开头我有点怪他们对内地太不了解，逐渐地就理解了。日本在台湾殖民统治的五十年间，实行同化政策，实行所谓"皇民化"。教学都用日语，学日本历史，禁读汉文，不学或歪曲中国历史，对学生灌输效忠天皇观念。这就难怪年轻人对内地情况很不了解。清代著名思想家龚自珍有一句名言，叫做"灭人之国，必先去其史"。当时我不知道这句名言，但从实际生活中却感受到了历史的重要作用。如果对自己国家、民族的历史一无所知，怎么可能会有爱国思想，又怎么能够为自己的国家、民族的富强去奋斗？

跨进大学的校门多么不容易，本想好好读书，然而，事情不一定都能按自己想的去实现。那时，蒋介石政府发动的反人民的内战不断失败，加之政治腐败，通货膨胀严重，社会动荡，难以安下心来读书。1949年末，和一位同学一起离开台湾，乘坐家乡运货的木帆船，在海上飘了四天才回到泉州。

泉州是7月间解放的。因为需要教师，我到城郊的一所小学教书。一个学期快结束了，往下做什么？还是想能有机会将大学读完。1950年1月，又是在亲友的资助下，和一起回泉州的那位同学到北京找教育部申请。教育部同意我们在北京师范大学复学。接到通知后，心情既兴奋又激动，感到真是人民的政府！

1952年毕业后留系任教，开始从事史学工作。获益匪浅、终生难忘的是白寿彝老师的指导。他没有给我们分配搞哪一段中国史，而是让先教外系中国通史。通史组六人，集体编写讲义，白先生具体指导，并审阅修改。这对于我们怎样进行教学和研究工作有很大的帮助。白先生告诉我们，为什么先教中国通史，目的在于打下"通"的基础，没有"通史"基础，断代史、专门史搞不好。他常跟我们讲，要处理好"通"和"专"的关系，要有广博的知识，学点哲学、文学；只关心自己研究的那一点，其他知识贫乏，也难以发展，要处理好"博"和"约"的关系。我一直尽量按老师的教诲去做，虽然没有做好。

（原载国务院学位委员会办公室编：《中国社会科学家自述》，上海教育出版社1997年）

世纪之交看中西文化*

——访近代文化史专家龚书铎

■ 龚先生，您是研究中国近代文化史的专家，在20世纪即将结束，21世纪即将开始的世纪之交，文化问题是人们普遍关心的热点之一。请您根据自己的研究对近代以来中国文化的发展状况谈谈看法。

● 对近代文化的评价，首先是一个文化定位问题。由于中国古代有着光辉灿烂的文化成就，而近代中国是沦为半殖民地半封建的社会，因此，近代中国的文化地位不仅被忽视，甚至常被贬抑。这是需要重新考虑的。中国古代文化的确有辉煌的成就，就一些领域或具体事例而言，近代文化有不如古代文化之处。但从整体看，可以说，近代文化比古代文化进步，大大发展了。五四以前80年，以民权、自由、平等为核心的资产阶级新文化，打破了以纲常伦理为核心的封建文化长期统治的地位，文化结构发生了根本性的变化。现有的自然科学和人文科学的主要学科，都是在那个时候传入中国的。五四以后，以马克思主义科学理论为指导的新文化则更加科学，更加进步，得到长足发展。这些成就是古代文化所无法比拟的。

■ 近代以来，中国文化的发展并不是一帆风顺的。您认为影响文化发展的主要原因是什么？

● 有政治、经济、文化甚至地理环境各方面的原因，但文化观念的

*本文系阎平记者的访谈录。

原因是最直接的原因。中国近代文化很突出的一点就是中西文化关系问题。中国近代文化与欧洲近代文化的发展道路有着很大的区别。它是在逐步沦为半殖民地半封建社会的情况下，从西方移植来的。这不仅有一个保守与进步问题，还有一个民族感情问题。从已经凝固的文化心理、感情、观念出发，人们对西方文化是难以接受的。在不得不然的情况下又容易走向另一个极端。

在中西文化的交流过程中，先后出现过几种不同的态度。一、整个排斥西方的文化，顽固固守传统文化。这种观点因过于保守，在近代后期逐渐销声匿迹。二、以传统文化为体，吸收某些西方文化，即张之洞所说的"中学为体，西学为用"。这种主张认为，西方文化是物质的，中国文化是精神的，中国的精神文化优于西方的物质文化。它在近代中国以至今天都颇有影响。有些研究者称之为文化保守主义。三、醉心于西方文化，鄙视传统文化，后来发展为"全盘西化论"。这种思潮现在仍然存在。实际上这是不可能的。这三种观念都是不正确的，但都有其存在的社会基础。第四类观点是，主张不论对于传统文化还是西方文化，都不要一概接受或一概排斥，要做具体的分析。"取其精华，弃其糟粕"，汇通中西。显然，这种观点是科学的。100多年的文化发展表明，好的东西迟早会被继承、吸收，不好的东西会逐渐被摈弃的。

■ 世纪之交不仅仅是一个计时上的概念，也是中国现代化建设的一个里程碑。您认为，在现代化建设的新阶段，建设社会主义新文化的关键问题是什么？

● 从文化领域而言，基本问题仍然是对待外国文化和传统文化的态度问题。前面说的认为东方文化优越的观点和主张全盘西化的观点，尽管不像在近代那样提得明确，其影响还是不小的，还需要进一步清除。此外，我们对于外国文化和传统文化的概念也应该进一步科学化。比如传统文化，很多人认为就是古代儒家文化，其实不应该那么狭窄。儒家之外的墨家、法家、道家，是不是传统？近代以来的文化难道不是传统？五四精神、长征精神、延安精神是不是传统？传统文化也不仅仅指典籍文化或精英文化，大众文化是不是传统？比如儒家文化重义不重利，但民间有没有重利的务实精神？外国文化也不要只看到西欧和北美。文化是多元的。

■ 对待中西文化的态度，实际上是对文化的民族性和时代性的认识问题。这个问题已争论了150多年，怎样才能尽快解决呢？

● 观念的问题很难一下子解决，强迫别人接受也是不可能的，只能慢慢来。从操作的层面讲，应尽可能淡化"中化""西化"之争，多研究一些具体的问题。无论是中的、西的，只要是好的东西，就吸收，就继承，在吸收、继承的基础上不断创新，这样我们的文化就能不断进步。

■ 您认为中国传统文化和西方外来文化各有哪些最突出的优点？

● 所谓优缺点都是相对而言的。不能认为中国传统文化优秀的那部分西方就不具备，或者西方文化优秀的那部分中国就丝毫没有，差别在于发展程度不同，重视程度不同。西方文化中对科学的重视、西方国家的平等传统、西方人思维的逻辑性是我们所不及的。另外，由于西方市场经济发展多年，其敬业精神和职业道德都有值得我们学习之处。中国传统文化中值得我们继承的东西也很多，比如以中医为代表的综合的、整体的思维方式就优于西医头痛医头、脚痛医脚的思路。汉唐时期中国文化对外来文化的积极吸收、包容，也是一种很好的传统。

■ 美国学者亨廷顿在《文明的冲突与世界秩序的重建》一书中预测，下个世纪的世界格局将是儒教文明、伊斯兰文明联合与基督教文明对抗。您认为文化是否有如此大的凝聚力，能把世界凝聚成三个集团、两个阵营？

● 这不可能。首先世界不只有这三种文明，多元不仅仅是指这"三元"。即使三种文明的说法成立，每种文明内部又可分为若干独立的国家，其差异如此之大，决不可能以文化为核心凝结起来。世界各国的冲突包括文化的冲突，根本上还是经济、政治的冲突。即使在冷战时期，两大阵营的对立，意识形态之间的冲突也从未掩盖国家利益的冲突。

■ 您对21世纪中国文化在世界的地位有何看法？

● 文化发展的程度一般而言与经济和政治发展的程度是一致的，而文化对外的影响力则更是与国家的实力、地位相一致的。下个世纪，随着中国改革开放和现代化建设的不断发展，随着中国综合国力的不断增强，中国文化对世界的贡献和影响将越来越大。但总体上看，与经济、政治格局的多极化一致，世界文化在相当一段时间内一定是多元的。

（原载《中国文化报》1999年1月6日）

我与中国文化史

1929年，我出生于福建泉州。这是座历史文化名城，宋元海上交通大港。遗留下不少文物古迹，如清净寺、开元寺、五里桥、老君岩等。还有古老的梨园戏、南音、木偶戏等，被称为宋元遗响。这些从小就给我留下了深刻的印象，有着不小的影响。

我没上过私塾，开始进入小学读书，已临近卢沟桥事变。从小学到初中，主要是在八年抗日战争中读的，在日本帝国主义的飞机轰炸下读的。1945年春初中毕业，又考上了高中。因为家里经济困难，勉强支撑读了一年半，不得不辍学，到乡村的一所小学教书。薪水虽然很低，但总算能维持生活。乡村小学的学生不多，教学任务不太重，课余有时间读点自己想读的书。一年的教书生活中，陆续读了《史记》以及邓初民、翦伯赞等先生的著作，引发了我对学历史的兴趣，也促进了再上学求知识的愿望。1947年夏，便同一位初中的同学相约，渡海到台湾考学，有幸被台湾师范学院史地系（现台湾师范大学历史系）录取。在台湾师范学院读了两年半，1949年4月底，又和那位初中同学一起回泉州。7月泉州解放，到城里一所小学教书。1950年春，经中央人民政府教育部批准，转入北京师范大学历史系复学。从此以后，也就没有离开这所学校。

1952年夏毕业后留系从事教学工作，首先教的一门课是外系的中国通史。这门课是在白寿彝老师的组织和指导下进行的，从写讲稿、备课讨论到上课，每一个环节他都给予具体的指导。寿彝老师告诉我们，要重视通史的教学，这也是给自己打基础，要有通识，要把握历史发展的基本脉络，不要一开始从事教学工作就只讲其中的一段。经过两年的通史教学实践，得到寿彝老师的指导、培养，获益匪浅。两年后，寿彝老师给我们几个青年老师具体分工，我承担的是中国近代史的教学工作。着重中国文化史的教学和研究，是改革开放以后的事。"文革"以前，虽对中国戏曲史做过一点研究，写过有关关汉卿、汤显祖、《琵琶记》等文章，也写过一些剧评，只不过是业余兴趣，而且也只是文化的一个具体部门。中国文化源远流长，博大精深，自古以来都加以研究，力所不及，所以只着重在1840年鸦片战争后至1919年五四运动这一历史时期。这还因为多年从事中国近代史的教学和研究，对这段历史比较熟悉，便于从整体上探索近代文化；同时也因为中国近代文化变化大，值得注意。

研究文化史，首先遇到的问题是"文化"的定义，或者说什么是"文化"。一百几十年来，国内外学者对文化的定义一直争论不休，众说纷纭，莫衷一是，据说不下二百余种。看来不仅现在没有一致意见，今后也很难定于一说。如果要等到文化的定义有了一致的意见再来研究文化史，那就等于说文化史无法确定。然而就在对文化的定义长期议论纷纷的过程中，文化史的研究却一直在进行着，并且发表了大量论文，出版了一批著作。史学、哲学、文学等学科的研究者各自从自己的领域和角度来研究文化问题、文化史，无疑是依照各自对文化的理解来进行研究的，有所差异并不奇怪，需要的是互相尊重，本着百花齐放、百家争鸣的精神，撰写出各具特色的文化史。

文化定义尽管说法很多，归纳起来大致是两种，一是包括物质生活和精神生活的广义文化，一是单指精神生活的狭义文化，或者叫大文化、小文化。每一个学科都有其具体研究对象，无所不包、囊括一切的学科是无法研究的。于今文化是个时髦名词，无论什么都贴上"文化"这个标签，它和万能的上帝差不多，也是无所不在，主宰一切。把文化泛化，实际上是把文化庸俗化。到处是文化，实际上是无文化。

我的文化研究是小文化，是和经济、政治相对应的观念形态的文化。

就是小文化，范围也很广，涵盖的部门文化很多，是跨学科、交叉学科的研究。十几年来，在中国近代文化史的研究过程中，深感难度很大。寿彝老师在为拙作论文结集《中国近代文化探索》写的序言中曾说，"中国近代文化史的研究大不易"。确实如此。研究中国近代文化史，不仅需要文化理论，也需要有广博的中国近代文化本身的知识，还需要同中国古代文化史联系起来研究，同东西方文化的影响联系起来，和政治经济的发展联系起来，这无疑是"大不易"的。知道它的难处，不是说知难而退，而是要重视它，知难而进。任何研究工作都不可能是轻而易举的，都有不同的难度，只有在研究中学，在学中研究，不断地摸索。学问如积薪，一点一点地做，一点一点地积累，当会有所进展。

文化史应该写成什么样子，或者说是什么样的结构、体例，意见不一。现有出版的多种通史性的或断代的关于中国文化史的著作，写法也不一样。有的意见认为，文化史不应是诸如哲学、文学、史学等等分门别类的拼盘，应是综合的研究。也有认为，只有综合，没有部门文化，也不大像文化史。不同见解，都有其道理。文化史究竟应当写成什么样，也还需要不断探索。有的学者认为，草鞋没样，边打边像，也是这个道理。我们花了多年时间撰写的中国近代文化史，采取了折衷的做法，既有综合性的内容，也反映了部门文化的发展变化。书稿将出版时，觉得称之为文化史还不大贴切，经过斟酌之后，姑且取名为《中国近代文化概论》。也就是说，怎样才像"文化史"，没有把握，不敢贸然称之。

前面提到，研究文化史，不能就文化谈文化，要同社会政治经济联系起来。在社会历史的发展过程中，文化有其相对独立性，但是，文化并不是游离于社会之外的虚无缥缈的东西，不是纯粹观念的产物，它本身就是社会的一部分。文化是随着社会历史的发展变化而发展变化，古往今来还没有哪一种文化能离开社会而孤立地存在发展。文化也必须关心社会，才能发挥其特有的功能。如果文化疏离了社会，或者阻碍社会的进步、发展，它就将被社会所冷淡或抛弃。文化这种社会性，在半殖民地半封建的近代中国表现得很明显。

中国近代文化的发生和发展，并不像西方近代文化那样是伴随资本主义的发展而产生、发展起来的，而是在资本主义还没有产生就遭到外国资本主义入侵的情况下吸收西方文化而形成的。1840年鸦片战争以后到1894年中日甲午战争前，清政府洋务派兴办洋务，于是就有"以中国之伦常名教为原本，辅以诸国富强之术"的宗旨提出，后来又有更简明的概括，即"中学为体，西学为用"。中日甲午战争是中国近代历史也是中国近代文化史的一个转折点。清政府在甲午战争中惨败于日本，随之而来的是亡国灭种之祸迫在眉睫。极大的社会动荡和刺激，促使人们去思考，去探索。康有为呼号"救亡图存"，孙中山揭橥"振兴中华"，维新、革命成为这一时期的社会政治潮流。一定的文化是一定社会的政治和经济的反映，社会政治浪潮影响并推进了文化的发展。随着救亡图存、振兴中华的爱国主义运动的蓬勃发展，一个新的文化运动也在兴起和发展："文学救国"、"教育救国"、"科学救国"等口号一个接一个被人们提了出来，"诗界革命"、"文体革命"、"小说界革命"、"戏剧改良"、"史界革命"、军国民教育思想以及白话文运动等接踵而起，进化论和民权、自由、平等思想成为文化各部门的指导思想，用它来批判传统中腐朽的东西，批判封建伦理纲常。正是急剧变化的社会风潮和激烈的政治斗争，推动了近代文化的发展变化。由此可见，文化和社会的关系是密不可分的。

研究文化史，把它和社会政治经济联系起来，可以避免陷入文化史观、文化决定论的偏颇。在学术研究中，对于所研究的对象，不论是人物或事件，往往容易产生偏爱，越说越好，越拔越高。文化的研究也是如此，不加注意，容易夸大文化的地位和作用，把文化说成是历史的中心，是社会发展最深层的决定的因素。如近年来关于太平天国和湘军的研究中，有一种观点认为曾国藩的湘军打败洪秀全的太平天国，是儒家文化和基督教文化的斗争，儒家文化战胜了基督教文化，是"无本者竭，有本者昌"。这是明显的文化史观、文化决定论。照此说来，一场推翻清政府和平分田亩的深刻的阶级斗争就变成了单纯的文化斗争，太平天国的失败也不是由于清政府和外国侵略者勾结起来进行残酷镇压和农民阶级固有的局限性，而是儒家文化和西方基督教文化斗争的结果。这既把文化的作用任意夸大，也是对历史真实面貌的扭曲。

研究文化史还需要注意文化的时代性和传承性、民族性。这也是如何正确对待中国传统文化和西方文化的问题。

谈论文化和社会现实的关系，必然要涉及文化的时代性问题。文化总是随着时代的发展变化而发展变化。每一个时代，都必然也需要建设与之相适应的文化。文化的时代性，从另一个角度说，也就是它的社会现实性。这是文化的一个主要特性。对于研究中国近代文化史，这也是必须掌握的。下面予以简要阐明。

鸦片战争以后，西方文化传播进来，与中国固有的文化发生了碰撞，这就出现了一个中西文化问题。这是贯穿中国近代文化史的一条线索。中西文化问题的论争，实际是如何对待西方文化和中国传统文化的问题。在论争中，必然涉及到文化的时代性问题。完全排斥西方文化，将封建时代文化的主体在近代社会里固守下来，显然与时代背道而驰。即如"中体西用"，虽然承认"西学为用"，但根本还是固守封建秩序和封建文化的"体"，要维护孔子和儒学的主体地位。辛亥革命后，建立民国，康有为等人仍鼓吹尊孔读经，甚至提出将孔教定为国教，写进宪法。就文化而言，这都是忽视或抹煞文化的时代性。五四新文化运动时，陈独秀、李大钊、吴虞等人之所以批评孔子和儒学，批评封建纲常名教，就是因为孔子的思想言论和后来的儒学与社会现实背道而驰，"不能适应中国现代的生活、现在的社会"。什么学说才能适应近代社会发展和现实生活的需要，建设体现时代精神的新文化？这就是民权、自由、平等。从维新志士到革命党人，再到五四文化运动的倡导者，都提倡民权、自由、平等，并以之为思想武器批判封建的文化，建设资产阶级新文化。五四运动后，马克思列宁主义在中国传播，尽管当时各种主义、思潮纷纷涌现，但多数只是昙花一现，没有在中国社会中扎下根来，只有马列主义得到发展，并成为时代的思想主流。可见，忽视或抹煞文化的时代性是不适宜的，它会导致文化复古主义。中国也好，世界也好，没有也不可能再走"孔子的路"。儒学中有价值的、优秀的自然应该继承发扬，但把儒学作为整体来复兴，则是不适时，也是不可能的。

在对待中国传统文化和西方文化的问题上，还有另一方面值得注意的情况，即主张"全盘西化"，否定民族文化传统，鼓吹民族文化虚无主义。这种文化思想倾向在清末就已出现，所谓"醉心欧化"者即是。入民国后，这种思潮流衍为"全盘西化"。从学理上说，"全盘西化"论的一个错误，在于忽视或抹煞文化的传承性、民族性，否定文化传统。中国的传统文化扎根在中国的土地上，不管人们喜欢不喜欢，它是既定的历史传统。几千年文化传统在变与不变的过程中漫衍不断地传承下来，形成一种文化氛围、文化土壤，其中既有优秀的精华，又有腐朽的糟粕。不论精华和糟粕，都在社会中发生影响，起着积极的或消极的作用。传统和现实不是两极，不能对立起来。传统不是静止的东西，而是动态的，它像长江东流滔滔不绝，是一个"发展流"。传统包融在现实之中，现实是传统的现实。今天的现实是昨天传统的发展，明天它又成为传统。在社会里生活的人，既是现实的人，又是传统的人。任何一个人从他生下来就在这个既定的文化环境中生活，受着它的陶冶和影响，自觉和不自觉地接受下来，形成了习惯、心理、思维方式和价值观念。因此，人在选择文化时，不论有意识或无意识，终归不能离开传统。这不独中国接受外来文化是如此，对于其他民族国家来说也是如此。外来文化不可能像一架机器那样整个搬过来，而是在本国文化的土壤上去吸收，经过选择、消融、改造，与本国的实际结合，才能存在并发生作用。所以否定自己的民族文化传统，鼓吹"全盘西化"，同样不仅不适宜，也是不可能实现的。

固守传统文化或醉心欧化，都不是正确对待中国传统文化或西方文化的态度。清末就有人对这两种偏向提出了批评，认为不论对于传统文化或西方文化，都不应该一概接受或一概排斥，而要加以具体分析，"拾其精华，弃其糟粕"，"融会东西之学说"。融会中西文化，目的在于建设近代新文化。应该说融会中西以建设新文化的见解是有积极意义的，是符合文化发展的轨迹的。本世纪40年代初，毛泽东同志撰《新民主主义论》，提出了正确对待中西文化的态度。他认为"中国应该大量吸收外国的进步文化，作为自己文化食粮的原料"。但是一切外国的东西，都必须把它分解为精华和糟粕两部分，弃其糟粕，取其精华；对于中国古代文化，也应当"剔除其封建性的糟粕，吸取其民主性的精华"，这是"发展民族新文化提高民族自信心的必要条件"，"但决不能无批判地兼收并蓄"。像中国这样一个落后于世界潮流的历史文化悠久的大国，要想迎头赶上，独立富强，既不能拒绝吸收西方资本主义文化，也不能否定自己的文化传统，全盘照搬西方文化，而只能根据中国的实际，对中西文化去粗取精，融会贯通，以建设发展民族的新文化。实际上这也就是继承、吸收、筛选、改造和整合的过程。这对于今天建设有中国特色的社会主义文化，仍然是应当坚持的原则。

关于如何对待中国传统文化和西方文化的问题，在今天也不能说已经完全解决，学术界还是有不同的观点，例如有人主张"复兴儒学"，打出"大陆新儒家"的旗帜，宣称"21世纪是儒学的世纪"，主张以儒学为主体、为本位来融合中西文化。这种情况表明，人们在对中国传统文化的认识和对待上还存在很大的分歧，有待进一步研讨。

在中国近代文化史的研究中，不可避免的一个问题是对它的历史地位和作用作出评价。由于中国古代有着辉煌灿烂的文化成就，而近代中国又是沦为贫困、落后的半殖民地半封建社会，近代中国文化的成就和历史地位不免被忽视，甚至被贬抑。中国古代文化的确有辉煌成就，就一些领域或具体事例而言，近代文化实有不如古代文化之处。但是，从整体看，从发展趋向看，可以说近代文化比古代文化进步了，发展了。综观八十年文化发展的历程，它的核心是民主和科学。以民权、自由、平等为核心的资产阶级新文化，打破了以纲常名教为核心的封建主义文化长期统治的地位。文化的结构发生了根本性的变化。人们的生活方式、思维方式、价值观念、道德规范、行为准则都发生了变化，文化各个部门也发生了变化。在部门文化中，一些传统部门衰落了，最突出的是具有权威性的经学的衰落；有的传统部门有了新的发展变化，或用资产阶级观点、方法作出新的解释；不少新的部门兴起，包括新的文化机构和设施。达尔文进化论的传播，突破了传统的变易思想，在中国哲学史上是一次革命性的变化。各级新式学堂的兴办和新学制的颁布，代替了科举制和书院。小说、戏剧地位的提高和创作的繁荣，改变了传统以诗文为主的文学结构。西方的自然科学理论和技术，只是到了近代才在中国植根。新的习俗风尚也在社会生活中逐渐被接受。总之，整个文化体系都发生了重大变化，而且随着历史的发展成为新的传统。这种变化，是前进的、活跃的，生气勃勃的。这八十年的文化变化，在中国文化发展史上无疑是处于承前启后的地位。对前而言，它继承和发展了优秀的文化传统，又改变了长期以来传统文化中腐朽、凝固、落后的部分，建立了进步的、丰富多采的、活泼的新文化。对后而言，它为五四新文化运动以后新文化的发展创造了条件，为马克思列宁主义在中国的传播打下了基础。尽管这时期的新文化并不成熟，没有完整的体系，甚至是肤浅、粗糙的。但是，没有它也就不会有后来的新文化，也难以建设今天的社会主义文化。

既然说中国近代文化不同于古代文化，那么它究竟有什么特点，这是需要探讨的。在我主编的《中国近代文化概论》一书中，提出了以下五点：（一）近代经济的多种成分和发展的不平衡，影响了近代文化的多样性和区域性；（二）近代文化的发展变化始终同政治变革、救亡图存、振兴中华密切结合，具有强烈的爱国主义精神；（三）近代文化是在西方文化和中国传统文化互相冲突及会通融合的过程中形成的；（四）科学和民主是近代文化的核心内容；（五）近代文化既丰富多采，又肤浅、粗糙，没有形成完整的体系。对中国近代文化特点的这种概括，是否准确、完整，还有待进一步探讨。

以上所说的一些心得体会，有的涉及文化的理论问题，有的属于对中国近代文化史的宏观探讨。这些论点，分别见于拙著《中国近代文化探索》（增订本）、《近代中国与文化抉择》。这是两部论文结集，除去探讨了一些宏观性的问题外，还着重就鸦片战争时期、戊戌变法时期、辛亥革命时期、五四新文化运动时期等几个重要历史时期的某些文化问题和人物进行了具体剖析，对儒学在近代的变化、西学的传播等专门领域也有所论述。这里不可能都谈到，只就其中几个问题的论点作些介绍。

关于辛亥革命与文化的问题。辛亥革命从酝酿到推翻清皇朝，结束了二千多年的君主专制，建立中华民国，前后历经十几年，在国内外发生了巨大的震动和影响。作为政治革命，它受到当时及后世的高度重视和称赞。但是，它在文化上的贡献如何，说法则很不一样，总的倾向是评价不高。在人们的认识中，认为资产阶级革命派忽视了思想文化，在这方面的贡献远不如戊戌维新运动和五四新文化运动。应该如何认识辛亥革命时期革命派在思想文化上的贡献，在《辛亥革命与文化》一文中提出了我的看法，认为在评价革命派在思想文化上的贡献时，不能要求他们比后来的新文化运动更多更大，而应当看他们比戊戌维新运动时期的维新派是否提供了更多新的内容。就当时的历史实际来看，可以肯定，辛亥革命时期的革命党人比维新志士在思想文化上的贡献，不论在广度上和深度上，都有了新的发展。他们通过创办革命报刊、出版书籍、运用各种文艺样式、设立学校等传播民主革命思想和近代新文化。主要有以下几个方面：（一）发扬民族主义精神，鼓吹爱国主义；（二）提出建立资产阶级共和国方案；（三）提倡民权、自由、平等，反对封建伦理纲常。在这方面，革命派与维新派有所不同，维新派虽鼓吹民权，却又尊崇君权，并提出"欲兴民权，宜先兴绅权"，而革命派提倡民权则是要打倒君权，使国民成为"一国之主人翁"。在批判封建纲常方面，革命派比维新派也有大的发展。维新派虽然也批判封建纲常，但打出了"孔子改制"的旗号，主张将孔教定为国教，而革命派则把批判的矛头指向孔子，提出"三纲革命"、"圣人革命"，反对独尊儒术，指出"孔子之学，仅列周季学派之一耳"；（四）反对封建迷信、陋俗，主张陶铸"国民新灵魂"；（五）广泛传播西方社会政治学说；等等。南京临时政府成立后，革命派又采取了一系列改革措施，推动了近代文化的发展。这不仅表现在民主、平等观念的深入人心，新道德、新风尚、新习俗的发扬，而且各类文化设施也迅速发展。正是革命派在辛亥革命时期对近代文化建设所作的努力，为后来五四新文化运动创造了条件，开辟了道路，没有前者所奠定的基础，就很难有后者的出现。

关于五四新文化运动的评价问题。在近代中国发生的有重大影响的历史事件中，五四新文化运动可能是遭受非议、指责最多的。从这次文化运动一开始，就遭到不少人的反对和抨击，时至今日这种非议之声仍然不断。有一种观点认为五四新文化运动是"情绪主义"的产物，是全盘反传统，"激发出全盘西化的空想"，造成中国传统文化的断层。我在《五四新文化运动的评价问题》一文中提出了不同的观点：（一）五四新文化运动不是"情绪主义"的产物，不是倡导者观念的产物，而是对当时社会现实的反应，也是近代历史发展的必然。（二）在新文化运动中，有的人在当时特定的环境下说过一些过激的言论，但这不是新文化运动的主流，不能仅根据个别人的某些言论来判定新文化运动是全盘反传统。（三）断言新文化运动是全盘反传统，并不符合历史实际，它对传统的批判主要是：以进化论观点来阐明孔子之道不适应于现代社会生活，不能将孔教定为国教编入宪法；揭示了维护专制制度的孔教与民主、平等思想是背道而驰的；以个人独立人格集中批判封建纲常名教；批评旧文学，提倡新文学等。他们对于孔子和孔学并没有全盘否定，认为孔学不是"一无可取"。而且新文化运动提高了非儒学正统的传统文化的地位，如小说、戏曲、民间文学、民俗学等。（四）五四新文化运动没有也不可能造成传统文化的断层，因为传统就在现实社会中，就在民族成员中，除非是社会和民族的毁灭，否则谁想断也断不了。之所以认为新文化运动造成了传统文化的断层，问题的焦点恐怕在于如何看待儒学的正统地位。五四新文化运动进一步冲击了儒学的正统地位，如果要说"断层"，断的正是儒学地位（儒学本身也没有断掉）。而儒学正统地位的丧失，应该说是历史的进步。

关于儒学在近代中国变化的问题。在《儒学在近代中国的变化》一文中，主要提出了以下四点：（一）儒学趋向于经世致用；（二）儒学各派的兼采会通；（三）儒学与西学的会通；（四）儒学正统地位的失落。

中国文化史内容非常丰富，涉及的领域很广，需要研究的问题很多。可以做宏观的综合的研究，更要做微观的具体的研究。没有微观研究的基础，宏观的综合的研究不容易做好。80年代"文化热"时，曾经发表了一些对中西文化进行比较的文章，时间跨度很长，地域空间广阔，往往流于泛泛而谈。况且以中国古代文化（传统文化）和西方近现代文化相比，也不科学，比来比去，结果比出中国传统文化什么都不如人，要不得。这种宏观研究应尽量避免。

对中国传统文化的研究，主要是通过文化典籍尤其是儒家典籍及其代表人物的研究和阐述。这对于传统文化的研究来说，无疑是必要的，也是重要的。但是，传统文化的研究不能仅从历史上遗留下来的典籍出发，写在书本上的不一定都是在社会生活中实行的和存在的。如在文化典籍中"和"、"仁者爱人"一类的话不少见，如果认为中国古代社会历史中就是很和美、仁爱，没有什么矛盾冲突，这就与实际不符了。除去对典籍本身的诠释外，还应当把书上写的和社会实践结合起来探讨，用实践来检验它，才能弄清问题，更切合实际。

文化各部门间的相互关系和影响，这些年来已受到研究者的注意，如经学与史学、宗教与文学等已发表了一些成果，不过这方面的研究还需要进一步开展。此外，如民间文化、区域文化、中国文化在国外的影响及其在世界文化发展中的地位和作用等，虽有了一定的研究，也还有很多研究工作可做。

（原载张世林编：《学林春秋》二编下，朝华出版社1999年）

怀念思庸

胡思庸教授离开我们已三周年了，人们一直在怀念他！

我和思庸认识较早，但接触较多是在"文革"以后。河南、北京分隔两地，各忙自己的工作，见面并不容易。不过其中也有几次机会，每次我们都有几日的相处。一次是思庸的高足郑永福同志硕士毕业论文答辩，他邀王天奖同志和我参加。一次是和思庸一道筹备几个单位联合举办的中国近代文化史学术研讨会，会前书信往返颇多，会议期间因有些会务要商量，每天都要碰面，此时他就任河南省社会科学院院长不久。在闲谈时，他慨叹担任行政职务的不适应，很想辞职。还有一次是在福州参加纪念林则徐的学术讨论会，凑巧被安排住在同一房间，交谈的机会更多。思庸经常说他"很土"，其实并非如此，就我同他交往中得到的印象，感到他质朴、实在，从衣着到言谈，都朴实无华。他没有自我炫耀，没有惊人之语，没有故作高深，没有咄咄逼人之气，也许这就是所谓的"土"。

思庸谦虚、勤奋。他功底扎实，学识渊博，但总觉得自己不行，抓紧一切可以利用的时间，孜孜不倦地学习。在福州参加纪念林则徐学术讨论时，开会之余，一有空隙，他就在房间里读书。全神贯注，划划圈圈，读得那样认真。他读的是理学家程颢、程颐的《二程集》。思庸的读书，给了我两点启示：一是做学问要力求有广博的知识基础，不能局限于自己所研究的范围。思庸着重研究中国近代思想史，但并不局限于此，而是同时力求具备中国古代思想史的基础，以使中国近代思想史的研究更有深度。

二是认真读书，在读懂弄通的基础上去研究、分析，而不是满足于找资料，寻章摘句，为我所用。这两点对青年史学工作者来说，很值得学习。

思庸从事中国近代史教学和研究数十年，对中国近代思想史造诣尤深。他的学术论文有多篇在发表时我就读过，每次读后都得到益处，留下深刻印象。思庸不是多产学者，身后弟子们为他编的学术论文集有30余万字，主要论文都收入了。但他可以说是厚积薄发，不轻易动笔，写必言之有物，严谨缜密，多有创见。评论学者的成就，关键不在论著量的多少，而在于其学术水平和价值。数量很多，但无所创获，甚而粗制滥造，并不值得称道。

看思庸的学术文集，大致有以下的特点和优点。

一、坚持以马列主义、毛泽东思想为指导，实事求是地论述中国近代史和思想史的问题。如在论述西方传教士与晚清格致学的问题时，既肯定了担任同文馆教习和江南制造总局的翻译人员等的为数不多的西方传教士，和中国学者一起，在介绍西方自然科学方面做了一些开创性的工作，起了媒介作用和启蒙作用；同时，也明确指出传教士的科技知识有限，带来的书籍许多已陈旧，而且更为重要的是他们是借介绍科技来传播基督教，达到以基督教征服中国的目的。这一分析是全面、正确的。在《"五四"的反传统与当代文化热》一文中，批评了鼓吹"必须从'五四'重新开始"，否定70年新民主主义革命与社会主义革命和建设所取得的伟大胜利和成就的观点；批评了宣扬民族历史文化虚无主义和全盘西化的观点。

二、不是就事论事地研究中国近代思想史，而是将一种学说、一个学派的发生发展作为一个历史过程来研究，追根溯源，理清来龙去脉。为了说明康有为的学术思想，专门探讨了西汉今文经学、东汉古文经学、宋学，以及清代的汉学、宋学和今文经学。这就能够深入地了解和阐释康有为的学术思想。

三、学风严谨，言必有据，而且对一些容易被人忽略的史实都加以认真地考释。曾国藩在《讨粤匪檄》中攻击太平军"焚郴州之学宫"，研究者一般都不加怀疑，信以为真。思庸在《太平天国与佛教》的文章中对此作了考辨，根据事实指出太平军从未焚毁郴州学宫，毁坏的是永兴县学。永兴县属郴州管辖，曾国藩为了宣传的需要，移花接木，把永兴县学栽到郴州县学上面。又如洪秀全《原道觉世训》中"皆禀皇上帝一元之气以生所出，所谓一本散为万殊，万殊总归一本"一段文字，研究者一般不太注意，思庸却没有轻易放过，从中找出了洪秀全"一本万殊"的思想，正是程朱理学的核心，而程朱理学的"一本万殊"，又是来源于佛教禅宗的"一物之理，即万物之理"和华严宗的"一即一切，一切即一"等思想。《〈川鼻草约〉考略》一文对"草约"的问题作了论析，指出它是在英军强占香港以后才单方面制定的条文，琦善始终未在该约上签字、加盖关防，订正了一百余年来中外史籍颇多沿袭的错误说法，很见功力。

思庸的学术成就不只这几点，这仅是谈我的一点体会，不是全面的评价。他的道德文章都是值得称道的，也是令人怀念的。今年正值思庸70岁冥寿，谨以此作纪念！

（原载《求是室漫笔》，广西人民出版社1999年）

怀念白寿彝先生

白寿彝先生是我国著名的马克思主义历史学家，同时也是杰出的教育家和社会活动家，他把一生都奉献给历史研究和教育事业。

1928年，先生19岁，在上海《民国日报》副刊上发表了《整理国故介绍欧化的必要和应取的方向》一文。当时，整理国故和全盘西化的争论很活跃。他在文章中提出自己的见解，主张中西并取，用其所长。这篇学术论文的发表，标志着先生从事学术研究的开始。在此后70多年的学术生涯中，研究领域十分广泛，在中国通史、中国伊斯兰教史、回族史、中国民族关系史、中西交通史、中国思想史、中国文学史、文学理论和历史教育等方面都取得了突出的成绩。尤其是在中国史、中国史学史和民族宗教领域取得了相当多的开创性成果，推动了这些学科的发展。1999年出版的、先生任总主编的《中国通史》，卷帙浩繁，体制完备，内容丰富，及时反映了最新的中国史研究的成果，具有独到的理论建树，是本世纪中国史学的代表作，得到史学界的高度评价。江泽民总书记致信祝贺，认为"《中国通史》的出版，是我国史学界的一大喜事"，相信"这套《中国通史》，一定会有益于推动全党全社会进一步形成学习历史的浓厚风气"[1]。这是对先生的学术成就及其社会价值的充分肯定。

白寿彝先生的道德文章，堪为风范。这里不可能全面阐述，只就我感

---

[1]《史学史研究》1999年第3期。

受较深的几个方面加以介绍。

第一，强烈的爱国热情。抗日战争爆发后，由于日本侵略，先生不愿过亡国奴的生活，携带家眷离开河南开封，经长途跋涉，辗转到广西、云南、重庆等地任教。一家八口，生活十分困难，但先生不仅专志于历史研究和教学工作，而且始终关注着民族的命运。他以一个回族学者的身份，撰文呼吁回族同胞要加强民族团结，担负起振兴中华民族的责任，指出："日本大陆政策给我们以最严重压迫"的时刻，"中华民族的复兴，回教徒应有沉重的担负"。"我们不想把中华民族团结起来则已，否则必不该卸却这方面的时代责任"①。

对新中国的成立，先生十分兴奋，1951年即出版了《回回民族的新生》，抒写了"回回人民对这个大时代的喜爱"。他真诚地拥护党的民族政策，关心新中国的安危，称赞回族人民在抗美援朝运动中所表现出来的高涨的爱国情绪，指出："回回人民应该珍重这个新生的时代"，"为民族团结，巩固并发展全中华民族统一战线而奋斗"②。这是跳出本民族利益的局限，从整个中华民族的利益、从国家整体的利益出发的。寿彝先生一贯关心国家的前途和命运，重视各民族的团结，并把这种高尚的政治品质融入了他的整个研究工作中。他在民族史研究中就提出了多民族的统一理论，认为中国历史上的民族关系，"从历史的某一片断来看，确切不止一次有分裂状态的存在，但从历史的全貌来看，全国性的多民族统一才是主流"。"在中国历史的长河中，民族关系是曲折的。但总的说来，友好关系越来越发展"。中华人民共和国成立后，"各族人民在中国共产党的领导下，大大增强了民族间的亲密友好。这是中国民族关系史上的主流在新的历史条件下的很大的发展"③。先生不仅具体详细地论述中国历史上多民族的统一是主流，而且将历史和现实紧密结合起来，为社会主义服务。

第二，坚持马克思主义的指导地位。新中国建立后，先生就热情、勤

---

① 《白寿彝民族宗教论集》第77、80页。
② 同上，第93、154页。
③ 《中国通史》第1卷，第95、96页。

奋地阅读马克思主义的著作，把它作为历史研究的指南。《回回民族的新生》一书，即贯串了阶级斗争的观点和阶级分析的方法，指出"民族的压迫，大量的是阶级的压迫，用民族形式表现出来"。但他也没有把问题简单化，又指出："尽管民族压迫在本质上多是阶级压迫，但民族压迫又不能和通常的阶级压迫相等同。"先生强调研究历史必须以马列主义、毛泽东思想、邓小平理论为指导，揭示历史现象的内在规律，不能只堆砌史料。他说："我们要以马克思列宁主义这一锐利武器来分析材料，作出结论，揭示历史规律。""不学习理论，光知道事实，读一辈子书也没有多大用处，材料一大堆，甲乙丙丁罗列现象，是不行的。"[①]但是，先生也反对从概念出发，反对教条主义，强调要从事实出发。他说："我们研究历史，重要的问题是立场、观点、方法要符合马克思列宁主义的要求，而不是斤斤于经典著作的个别词句。""讲理论必须结合具体史实，而不是讲脱离史实的空论。"

寿彝先生对马克思主义的信仰是坚定的。当他看到有人"以发展马列主义为名而以歪曲马列主义为实"，或者说"马克思主义已经过时了"，说"马克思主义就是僵化"时，他旗帜鲜明地反对这种错误思想，认为思想政治这个阵地，"你不占领，别人就去占领，进退之际可以说是间不容发"。他强调要以邓小平同志指出的"实现四个现代化必须坚持四项基本原则"、"认真学习马克思、列宁、毛泽东同志的著作"这些话为指南，"毫不动摇地树立我们在政治上的正确方向"[②]。在他临终前写的最后一篇文章中，指出马克思史学是21世纪史学发展的总方向。他说："我们的史学研究工作，在过去的20世纪里，可说是取得了开拓性的进展，有了不小的成绩。特别是近半个世纪以来，马克思主义的史学研究方法逐步取代了资产阶级的'新史学'，成为人类探索历史发展规律，掌握历史前进航向的主导思想。这应该说是史学领域里所获得的最大成功，也是21世纪史学发展

---

① 《白寿彝史学论集》，第181—182页。
② 同上，第229—300页。

的总方向。"①

第三，学术创新的精神。寿彝先生认为创新是学术的生命力。他不仅这样说，而且身体力行。在他一生的治学道路上，始终追求学术的创新。先生在中国通史、中国民族关系史、中国史学史等领域，都有不少独到的见解，有论点、理论的创新。例如，中华历史是中华人民共和国境内现有的和曾经有的民族共同创造的历史的理论、多民族统一的理论、中国封建社会历史分期的理论、历史与现实的关系的观点等等。先生不仅在理论观点上有不少创新，在史书编纂上也有创新。中国是一个历史大国，史书编纂体裁丰富多样，如纪传体、编年体、典志体、纪事本末体等，是很值得借鉴、继承的宝贵遗产。清末以后，受西方著作体裁的影响，编纂史书大都采取以年代先后为序叙述政治、经济、文化的章节体，本来丰富多样的史书体裁变得单一。先生不断思考这种状况，他在1978年为多卷本《中国通史》编写制订实施计划时，就酝酿为改变单纯章节体而创立新的体裁。这一新的体裁，体现在《中国通史》里。除第1、2卷外，第3卷以下各卷，都按"序说"、"综述"、"典志"和"传记"四部分编纂。"序说"介绍每一历史时期的基本文献资料和研究概况；"综述"论述各该历史时期的历史概貌和发展脉络；"典志"论述各该历史时期的生产力、经济制度、政治制度和学术文化；"传记"是各该历史时期重要人物的群像。这种体裁被专家称为"新综合体"，它的优点在多角度、多层次地表现历史的进程，反映了历史的规律性和丰富性，也避免见事不见人的缺憾。

第四，高度自觉的事业心和严谨的学风。寿彝先生计划编纂《中国通史》并担任总主编，已是年届七旬。70岁的人毕竟是老年了。不少人担心这么大年纪主编这么一套大书，难以完成。但他为了事业，不顾年事已高，决然担负起这一重任，并终于把这部巨著完成了。他任总主编不是挂名，而是认认真真地去做，是名副其实的。从第1卷到第12卷，约1400万字，全部审读一遍。开头几卷是自己阅读，后来眼睛不好，就让助手读

---

① 《史学史研究》2000年第1期。

给他听。发现书稿中存在的问题，有的自己修改，有的提出意见请作者修改，真是"二十年磨一剑"。在编撰《中国历史纲要》这部近30万字的著作时，先生把参加编书的几位作者找在一起，逐字逐句通读书稿，不仅发现论述不准确要改，不够精炼要改，就是一个标点符号也加以推敲，做到精益求精。该书除中文版外，还有英、日、西班牙、德等多种文字的版本。在他临终前的一些日子，神志已不很清楚，当他稍为清醒，见到有人看望他时，第一句话就问"还要我做些什么工作？"他心中记挂着的不是别的，是工作，是事业。这是很感动人的。

江泽民总书记在贺信中，称赞先生"耄耋之年，仍笔耕不辍，勤于研究，可谓老骥伏枥，壮心未已"。先生高尚的人品和治学的精神，很值得我们晚辈学习和发扬。

（原载《求是》2000年第13期）

坚持真理 追求真理

——纪念马克思主义史学家刘大年先生逝世一周年

我和大年同志接触较早，但通常是在会议的场合。1996年9月，国家教委高等学校社会科学发展研究中心、北京市教育工委、北京市教委和北京市历史学会联合举办"中国近代（1840—1949）重大历史是非问题系列讲座"，有幸请到大年同志作一次学术报告，我为他主持了这次报告会。作为晚辈，有此机会，实为荣幸。他讲的题目是"方法论问题"，一口气讲了两个多钟头。已是年逾八旬高龄的老人，仍然是那样认真，那样执着，很令人感动。讲稿全文刊载于《近代史研究》，《人民日报》、《求是》杂志分别发表了其中主要部分。这次报告和文稿的发表，在社会上产生了很好的影响。

对于大年同志的学问和为人，需要进行专门研究。这里只谈我同他接触中感受较深的两点体会。

一、坚持马克思主义对历史研究的指导地位。大年同志是一位马克思主义史学家，他的研究工作始终是以马克思主义为指导的。不论刮什么风，什么为时髦，他都毫不动摇地坚持马克思主义对史学的指导地位。不仅自己身体力行，而且对贬损、否定马克思主义的说法都旗帜鲜明地予以批评。1983年，当时国内外出现了马克思主义"过时"论的种种说法，有的主张"回到乾嘉"，或走王国维的路。大年同志认为，这种"马克思主义过时了"的说法，是一个很尖锐的问题，无法置之不理。他发表了《关于历史研究的指导思想问题》的文章，批评了过时论的种种说法，有力地论证了马克思主义没有过时：在"全世界阶级消灭以前，马克思主义始终保持旺盛的生命力"。在这篇文章中，大年同志认为，马克思主义要保持自己强大的生命力，必须根据新的经验不断地丰富和发展已有的原理、结论。他同时又指出，马克思主义发展有一个保持它的革命本质的问题，革命精神丧失了，发展就无从谈起。这辩证地阐明了坚持和发展的关系。

在1996年《方法论问题》的论文中，大年同志一开始就明确地指出：迄今为止，足以成为一个科学思想体系的，"那就是马克思主义历史唯物主义"。依据历史唯物主义，他对中国近代史研究中一些重大问题，如半殖民地半封建社会问题、阶级分析问题、革命与改良等问题，都一一加以澄清，是非分明，论述深刻，摆事实，讲道理，以理服人。论文的最后，他再次指出要勇敢地坚持真理，勇敢地追求真理，也就是勇敢地坚持、追求马克思主义真理。

1999年9月，大年同志在中国社会科学院举办的"新中国社会科学50年学术报告会"上作了讲话。此时离他去世只有3个月了，应是最后一次在公开场合所作的讲话。在这篇不长的讲话中，他重申自己是主张马克思主义对哲学社会科学研究具有指导作用的，并对马克思主义是否过时再次作了论辩。他的观点很鲜明，马克思主义没有过时。对此，他指出："各种不同形式所表现出的资本主义制度下生产力与生产关系之间无法解决的矛盾，依然是当今资本主义世界的根本的现实。只要这个现实是客观存在，马克思主义就不会过时。"

二、严谨的治学精神。大年同志的治学十分严谨，他写的文章说理性很强，但说理不是泛泛而言，而是建立在以充分的文献资料为依据的基础上。言必有征，言而有据。《评近代经学》这篇七万余字的长文，是他临终前最后一篇学术论文。前些年曾听大年同志说过，他在研究近代经学；此后，断续用了好几年时间，如他在文章中说的，"捡起来，又搁下，反反复复，耗费了不少精力和时间"。这篇论文，单是引文出处所注文献资料，就不下70余种。这些书，有些他有收藏，没有的也都要借到。经过认真地阅读、审思，形成了自己的看法，这自然要耗费不少精力和时间。但这没有白费，它会给人以回报。在精力和时间的耗费里，使他对所研究的问题融会圆熟，具有真知灼见。这是值得我们学习的。这里不妨举一个例子。大年同志认为："近代经学用大字书写在人们面前的两个词是：'民族思想''复古主义'。非常明白，这两个词是把孔子思想理论固有的内涵突出起来了，而非近代经学外加进去的。"这非常简明地揭示了近代经学的特点。"民族思想"在近代中国社会有着反对外来侵略的积极意义，而"复古主义"则是起着拉历史向后退的消极作用。这都是孔子思想理论固有的内容。大年同志在这里提出的，实际上是如何对待孔子思想理论的问题。

论文是从评论美国艾尔曼教授所著的《经学、政治和宗教——中华帝国晚期常州今文学派研究》开始的。大年同志对它的评论实事求是，既肯定它是一部严肃的著作，给人们提供了新的知识，提出了一些中肯的论断，同时也表示不同意书中涉及的中国近代经学的论点，指出了其错误所在。这也反映了大年同志作为一个治学严谨的学者，对待他人著作严肃的态度。大年同志所执着的在于"求是"，也就是追求真理。

大年同志虽已逝世，但风范犹存。他的做人做学问的态度值得我们很好地继承发扬。

（原载《近代史研究》2000年第6期）

确立中国近代文化史的学术地位 *

——访龚书铎教授

我的近代文化史研究之路

■ 改革开放以来，您在中国近代文化史的研究方面取得了显著的成果，请谈谈您是怎样走上这一治学道路的？

● 1952年我毕业后留在系里，我就问白寿彝先生："留我在系里搞教学，让我搞哪一段呢？"白先生说："你先不要着急搞哪一段，你先去教中国通史。"当时我年轻，就和一些青年教师去教中国通史。一共五六个人。那时候，教育系、中文系、美术系、音乐系都要上通史。教了两年．我们就分到各有关教研室。杨钊搞中国古代史，王桧林搞现代史，我就搞近代史。以后就一直教近代史，包括"文革"期间给工农兵学员上课，也是教中国近代史。

我着重研究中国近代文化史是在改革开放以后。1983年，在长沙召开社会科学规划会。会上提出中国近代史的研究一贯重视政治史的研究，经济史也有人在搞，比如社科院经济所有经济史研究室，严中平先生和一些人在搞，出了一系列近代经济史的资料，对教学和科研工作都起了很好的作用。当然，范老组织编写的中国近代资料丛刊（从《鸦片战争》到《北洋军阀》共12种）也起了很好的作用。有人说：哈佛利用这套资料培养了

---

* 本文系江湄女士的访谈录。

200个博士。但是，文化史这方面大家觉得比较欠缺。过去的通史中也不是没有文化，每朝每代都有一章是文化，但老师讲到这里往往就不讲了，让学生自己看。通史中的文化都是分门别类的，哲学、文学、史学、科学技术等等。与会的学者们议论，这个文化史究竟应该怎么搞法？有些专家提出，文化史的研究不应该只是分门别类的，不应该把分门别类的各方面组合起来就成为文化史，这只是一个拼盘。有的人主张应该进行综合的研究，但怎么样"综合"还是很笼统。这次会后，我们成立了近代文化史研究室，得到国家社会科学基金的一些资助，学校给了四五个人的编制，这样我们就搞了起来。后来，在国家教委申报了一个科研项目，就是"中国近代文化史"，并且开始以这个学科招收硕士生。1985年以后，接着招博士生。所有硕士生、博士生的研究方向都是近代文化史（硕士生总共大概是21个，博士生是20个，其中有两个是韩国留学生。现在在校的还有6个人），他们毕业论文的课题都是近代文化史方面的。

■ 您刚才提到，文化史的研究不应该只是分门别类的，而应该进行综合的研究，那么，您在近代文化史的研究中是怎样体现"综合"特点的？近代文化史中有哪些问题是需要"综合"研究的？

● 我们申报国家教委的中国文化史课题搞了几年，终于在1997年由中华书局出版，出版的时候改名为《中国近代文化概论》，约20多万字，可以当作近代文化史的教材。古代文化史方面的书出了不少，近代文化史还没有这样一本书。这本书有一部分内容是对近代文化综合的研究，有一部分属于分门别类的研究，文学、哲学、史学、教育、艺术等等，各方面都要借鉴专门的研究成果。近代文化史有一些需要进行专门研究的问题是古代文化史没有的，比如中西文化关系的问题。近代文化吸收外来文化很多，从哪一方面来讲这个问题都不全面，但哪一方面也都受了西方的影响。西方文化传进来以后，就有中西文化矛盾、冲突、融合的问题。再如中国近代文化究竟有哪些特点，是指与古代不同的特点。对近代文化怎么样估计，或者叫如何定位。一般都认为中国文化可以用"渊远流长，博大精深"八个字来概括，近代文化怎么样？是不是不行了？这样的问题不是分门别类地研究所能解决的问题，需要进行专门研究。

■ 近代文化史的主要特点是中西方文化的冲突和交融。放眼中国文化史全程，您是如何估价近代文化的总体成绩呢？

● 在探讨中国近代文化史的过程中，我体会到：中国近代文化发展的成就虽然说没有古代文化成就那么大，水平那么高，比如，没有像《红楼梦》那样高水平的古典文学作品。但从我的感觉来看，中国近代文化还是在发展，在中国文化的历史发展的过程中，应当有它一定的地位。它前面继承鸦片战争以前的古代文化，后面又为现代的文化发展打下一定基础。总体来说是前进了，如果从具体方面来看就不好说。比如说史学，近代史学找不出一部像《史记》、《资治通鉴》那样的史学著作，一些新的史学成果是教科书，但是这些史学著作的思想内容和体例却与二十四史又不同了。尽管从影响上来说比不了《史记》、《资治通鉴》，但从史学思想和学术发展的脉络上看，是有很大发展的。明清时期史学仍然受儒家思想影响很严重，纲常伦理观念、封建等级观念等十分严重，但在近代史学中，这些东西受到很大的冲击。从鸦片战争以后，从康有为、梁启超、谭嗣同开始，到辛亥革命、新文化运动，都对旧文化、旧思想进行了批判。用什么思想批判，就是用西方的思想批判，其中影响最大的就是进化论和天赋人权的理论。这些理论影响了几代人，李大钊、毛泽东、鲁迅都受过影响。西方的新的学科也对中国产生了很大影响，中国过去的学术以经学为主，而到了近代，哲学独立了出来，有人说严复翻译了《天演论》是中国哲学思想的革命。其他的新学科也出现了不少。因此，无论从学术思想方面来说还是从具体的学科来说，很多东西都是古代没有的，是有所发展的。不能说，古代的文化辉煌灿烂，近代文化就不行了。

■ 一个半世纪以来，中国都处于中西古今文化的交争中，从这一点来看，近代文化和现当代文化是一以贯之的。近代文化遗留下来的哪些问题是我们今天仍然需要直接面对的？

● 总的来说，中国近代的文化是发展了，但是这其中也有一些问题。比如说，当时有个说法叫"文化保守主义"，这种观点认为中国文化好得不得了，用不着西方文化的传入，尤其是中国的伦理纲常那是外国所没有的。说外国的物质文明比较强，但精神文明可不如中国，不讲纲常伦理，如同禽兽，现在应该趁火车、轮船发明之机，世界的距离缩短，赶快把中国的纲常伦理输出去，拯救他们。与此相反的是，随着西方的东西传入越来越多，影响越来越大，逐渐产生醉心欧化或"全盘西化"的观点，认为中国什么都不好，一切惟泰西是尚，一切都要学外国。这种观点已经成了一种思潮，到现在也没有解决。我们自然应该很好地对待传统文化，但现在又出现了完全"复兴儒学"等等主张，说复兴中国文化就要看儒学了。总之，究竟应该怎么样对待中西文化的问题始终没有很好的解决。这些问题，应该进行综合研究。

■ 除了《中国近代文化概论》外，还有哪些成果是您比较满意的？

● 我还主持了"中国近代文化史丛书"，"丛书"不是同时推出，是陆续出版的，现已出了七八种，还要继续出。已经出的一些，总的影响还不错，如钟叔河的《走向世界》，章开沅的《开拓者的足迹——张謇传稿》，张岂之、陈国庆的《近代伦理思想的变迁》，黄兴涛的《文化怪杰辜鸿铭》，汤志钧的《近代经学与政治》等，反映不错，有的还重印了。应该说，1983年以来，中国近代文化史的研究有了一个很好的开端，开辟了一个新的领域。

■ 就我们所知，您最近还积极从事社会史的研究，您能谈谈这方面的情况吗？

● 社会史研究的起步比文化史要晚一些，比较早的是山西大学乔志强先生那里，出了一部《中国近代社会史》，后来研究的多了。前年，山西教育出版社还出了一部《中国社会通史》，我没有参加多少编写，只是把他们组织起来，进行讨论，也看了一些稿子。这部通史中的"晚清"与"民国"两卷都与近代有关系。目前，中国近现代社会史刚刚开辟，由于起步晚，所以没有文化史搞的多。但社会史的某些领域，80年代也开始有了研究，如会党、土匪等，还有灾荒问题、人口问题，只是系统的社会史研究起步较晚。

近代史研究中的学术思潮

■ 龚先生，您是北京师范大学史学研究所的所长，现在又担任了中国史学会的副会长，您认为当前我国近代史研究的主要成绩和主导方向是什么？近代文化研究的主要任务是什么？

● "文革"后二十年的近代史研究，领域比过去要开阔得多，这主要是由于经济史、文化史、社会史研究的开展。近代史的成果多多了，书出得很多，出来以后好些找不着。至于各种刊物上的文章就更多了，各大学学报、学术刊物，以及专门的刊物《近代史研究》，《历史研究》也刊登近代史的文章，应该说成果是很多的，比"文革"前是大不一样了。这二十年的历史研究，应该说马克思主义还是占着主导的地位，尽管也存在着种种说法，不赞成马克思主义指导，但是马克思主义毕竟还是占主导地位。研究文化，研究和弘扬中国优秀传统文化，这不仅是建设中国社会主义精神文明的需要，也是世界文化发展的需要。历史上的中国文化，在世界上占着重要的位置，只是19世纪中期以来中国衰落了，人家瞧不起你了。所以，文化对外的影响怎样，还有个综合国力的问题。汉、唐时期为什么那么多外国人到中国来，日本不断地派"遣唐使"，那是因为那时中国的国力是了不得的，所以他们看你的文化也是好的，当然中国文化本身有它的成就，有可学的、值得学的。19世纪以后，就是欧洲为中心了，就贬抑中国文化了。今天，要想使别人了解我们，也需要我们主动介绍中国的文化，因为他们所接触的东西有局限，很多东西他们也不大了解，他们从小在教科书里学到的关于中国的东西有不少是不准确的，甚至是错误的。使中国的文化能让他们了解，需要我们做好多工作。

■ 近代文化的研究虽然起步较晚，但由于与现实密切相关，十分令人瞩目。在您看来，目前存在的主要问题是什么？

● 无庸讳言，在近代史的研究中，也出现过一些错误的思想。如文化史观的问题。这不是在中国首先提出的，外国学者，如马克斯·韦伯、汤因比，也包括费正清他们是这样主张的。在分析太平天国反抗清政府的事件上，有的研究者把它说成是文化、宗教的冲突。曾国藩曾说过："有本者昌，无本者竭。"他们把曾国藩的湘军看成是儒家文化的代表，是"有本"，而洪秀全代表的是基督教文化，是"无本"。所以，湘军打败太平天国，就是"有本"的儒家文化打败"无本"的基督教文化。把这样一次大规模农民起义的成败归因于文化的性质，这是错误的。按这个逻辑，鸦片战争英国人打败了清政府，可英国人又是典型的基督教文化，而清政府是崇尚儒学的。由此看来，把文化摆在中心的地位是不合适的。文化有它相对的独立性，但经济、政治还是它的基础。亨廷顿最近提出世界战略的三个文化圈的问题，即西方文化、儒家文化、伊斯兰文化三种文化的冲突，有许多人不同意他的观点。实际上，世界上的很多战争都是经济、政治、军事利益的冲突问题，不是文化冲突的问题。如海湾战争不是什么文化的冲突。现在关于文化的定义二三百种，但无非是一个大文化和小文化的问题。作为与政治、经济相对应的文化，就是小文化。现在我们看到到处都是文化，文化成为非常时髦的东西，什么鬼文化、厕所文化等等。小文化的内容就已经相当多了，不能把文化看成是无所不包的东西。

■ 我们有一个印象，就是这些年来的近代史研究非常热闹，新观点层出不穷，争论也很激烈。这里面是否存在什么问题？有哪些现象是需要我们引以为戒的？

● 近代史研究在这些年来主流好像一致，但情况不同于古代史。古代史领域基本比较平静，也有些争论，如农民战争问题等。"文革"以前，对农民战争的评价是越来越高，到"文化大革命"时达到极点，但"文革"以后就反过来否定农民战争，把中国没有较快地发展到近代社会，归之于农民战争的结果。农民到了已经活不下去的时候，不造反怎么办呢，这就是逼上梁山嘛！对农民战争问题既不能一味拔高，也不能全盘否定。但现在这个问题没多少研究了，是个"冷门"。而近代的问题，相对说来就比较热闹一些。如"告别革命"论、反"激进主义"，认为革命都错了；宣扬改良，认为清政府一点点实行改良好。但是清政府它是留不下来的，最后分崩离析了，没有人给他卖命，有的总督、巡抚干脆投降了，还不如太平天国时期。现在在近代史的研究中假设太多，如说假若按照洋务运动的路子发展下去，中国就现代化；如果不发生辛亥革命，选择康梁的改良主义道路，中国就会好得多。研究历史是不能这样"假设"的。还有是以现代的情况反过来去"纠正"历史，如我们现在搞改革开放、实行引进外资等等政策，一些人由此认为当初反对帝国主义的革命是错误的。80年代以来，有人要对殖民主义进行重新评价，认为殖民主义是促进亚、非、拉地区的现代化进程，帝国主义侵略是有功的，没有他们中国就会沉睡不醒，似乎中国人要先当美国的孙子，中国就会现代化了。这样看来，从鸦片战争以来为中国独立而流血牺牲的人不仅白干了，而且都错了。在纪念抗战胜利五十周年时有人说，抗战干什么，像"满洲国"那样不挺好吗？日本人在"满洲国"建立了重工业，如果在全国也建立重工业，中国不就现代化了嘛！所以，在对帝国主义怎么看、民族独立要不要等问题上都出现了不同看法。民主、独立、富强和现代化的关系要有一个恰当的摆法。国家不独立，能不能实现现代化？在中国，不解决农民的问题就谈不到现代化的问题，至今也不能说几亿农民的问题解决了。有人把现实和历史混淆了，今天我们利用外资是在什么条件下？当时可能是这样吗？孙中山在临死的时候都没有忘记提出废除不平等条约。当时帝国主义从中国掠夺走多少东西，单是赔款，有人统计仅条约上写明的到《辛丑条约》就有13个亿。清光绪年间政府的财政收入每年约八千万两，《马关条约》的二亿两赔款，加上三千万两所谓"赎辽"费，就等于清政府三年的财政收入。另外，有些人物的研究也存在简单化的倾向。原来否定的给予肯定，原来肯定的给予否定。有人说是创新，这要看是怎么创。学术研究是应该创新，不能光是炒冷饭，但也不能为创新而创新。这些真理是长存的。所以，新观点要有根据，要实事求是。特别是研究人，不能研究谁，就爱上谁。把林则徐抵抗说成错误的，而琦善是对的，袁世凯、西太后都是好的。袁世凯在《二十一条》上签了字，怎能说他对《二十一条》进行了坚决的抵制呢！还说新文化运动、陈独秀、李大钊等都是袁世凯的宽松政策下产生出来的，甚至毛泽东、周恩来等也是那时的宽松政策下产生的。这简直是莫名其妙。这种创新既违反历史事实，也没有什么意思，但现在比较时髦。还有些人认为蒋介石的"攘外必先安内"的政策是对的，张学良将军当年就是反对这个政策，蒋介石不能接受。按照这个逻辑，中国近代史的问题都应该重写。在借鉴国外史学思潮方面也存在不少问题。近20年来，我们翻译、介绍了不少西方史学的东西。但是研究跟不上。现在的年轻人外语比较好，他们可以直接阅读外文书籍，但是缺乏研究，缺乏辨别，什么能吸收，什么不能吸收，缺少分析。这就有点囫囵吞枣。他们认为把西方学者的模式、观点搬到中国来，利用老一辈学者研究的成果一结合，这样就可以创新了。我请教过许多人，他们认为这是急功近利，没有不经过深入研究就可以成为"大家"的，以前梁启超、王国维、郭沫若、鲁迅是怎样研究学问的？没有不经过刻苦研究的。这种方法人们叫做"短、平、快"，这样不行。

■ 您刚才谈到一些"创新"其实并不新，那么，您认为在近代史领域里，有哪些带有积极意义的创新呢？

● 有人不赞成在历史研究中运用阶级分析方法。不管现实问题应该如何解决，在历史研究中，如果阶级分析方法都不能用了，这恐怕是不行。当然，阶级分析方法不是历史研究的唯一的方法。80年代以来，史学研究中注意了计量研究、心理研究、跨学科研究，如把社会学、文化学的方法运用来研究历史。这些方法运用到历史中来，用得好不好，是一个问题，这要有个过程，但毕竟与过去是大不一样了。研究的视角、范围、层次都与过去不同了，我觉得在这方面是有积极意义的。

我看中国史学的前途

■ 80年代曾有"史学危机"的说法，现在有人认为"危机"仍然存在，甚至更严重。请您谈一谈对"史学危机"问题的看法。

● 80年代中期有一个时期有这种看法，时间很短。当时讨论这个问题时有人赞成，有人就不赞成。"史学危机"的问题怎么出来的？就是市场经济形势的冲击，出现了"下海热"，史学在社会上被人重视的程度差了，史学本身也比较难搞，毕业生工作也不好找。中国史学最辉煌的年代是"文化大革命"时期，搞儒法斗争，大家都来学。这是不正常的情况。历史学应该有它自己的地位，但是不会达到"文革"时期那样人人都来学的地步。学历史的不受重视是不是就是危机呢？在国外学历史的也不很受重视，毕业生也不容易找工作。我的一个韩国的博士生也在为毕业后找工作发愁，工作位置有限嘛！历史很重要，但搞历史的人也不能太多，太多了就没饭吃了。哲学也很重要，但是不能大家都去搞哲学。所以史学工作者自己应该把位置摆好。

■ 现在在历史研究领域里，出现了研究视角下移的趋势，就是从过去的政治史、军事史、精英人物研究转向社会史、社会生活史、风俗史、下层人物的研究，您是怎样看待这一"自下而上的看历史"的研究趋向呢？

● 所谓"自下而上的看历史"，这也是从国外传来的。"下"的意思也就是民间的意思。对这个问题要放到一个正确的位置来看，不要把"自上而下"和"自下而上"对立起来，不要强调一个排斥一个。这也是个扩展领域的问题。农民问题过去也研究，但是搞经济史的比较重视。历史学家的确应该重视这方面的研究。但也不要用这个代替那个，形成所谓"范式转换"。历史研究是多层次的，有人认为只有上升到历史哲学高度的东西才是研究历史，也是太偏了。历史有许多是描述性的，不能以"史"代替"论"，也不能以"论"代替"史"。考证也是需要的，历史哲学有思辩性质，但是要建立在可靠的事实的基础上。搞"自下向上"可以，但是不要排斥"自上向下"。不要把两者对立起来，也不是以这个代替那个。现在关于历史的主体或主线的问题没有解决，有人认为通史就应该什么都有，官僚、绅商、尼姑、和尚、道士、娼妓、土匪、流氓什么都应该有。你写一部中国历史，能否连秦皇汉武、唐宗宋祖都没有，只写张三、李四谁也不知道的人？这样，中国历史就是另一个样了。这就涉及到精英和群众的关系的问题了。只强调人民群众推动历史发展，排斥精英人物的作用，或认为他们只有反面的作用，这是片面的。也不能把历史"细化"到各种人物都来，也不行。所以我觉得开拓是好事，但强调"转换"，以一个代替另一个也不行。要分清历史主线。

■ 您谈到的很多问题，尤其是您对近代史研究中一些"思潮"和"倾向"的分析和批评，非常尖锐，也很有代表性。感谢您接受我们的访谈。

（原载《历史教学问题》2001年第1期）

在纪念尚钺同志座谈会上的发言

尚钺同志的为人、治学都很值得我们，尤其是青年史学工作者传承发扬。下面主要谈三点。

一　始终坚持马克思主义对历史研究的指导

（一）批评唯心史观。如批评所谓"历史是人类心力所造成"，历史可以由研究者随意涂抹，强调要用马克思主义唯物史观来指导历史研究，根据阶级斗争、生产力和生产关系等马克思主义的基本原理，找到社会发展规律，判断社会发展的进程和性质，不能从上层建筑来找，不能从思想来找。他指出："我们应该理直气壮地说，历史研究用马克思主义作指导，我们所应抛弃的是那种对马克思主义的歪曲和阉割，我们所反对的是那种把马克思主义教条化、庸俗化的态度。至于真正的马克思主义，我们的历史研究离开它们是寸步难行的。"①

（二）强调历史研究要实事求是。尚钺同志认为人类历史发展有规律性、有共性，但也有个性，研究中国史要从中国实际出发，不能硬套西方的历史，反对公式主义、教条主义。

---

① 尚钺：《坚持用马克思主义研究中国历史——重读华岗〈中国历史的翻案〉》，《尚钺史学论文选集》，人民出版社，1984，第14页。

（三）在历史人物评价问题上，尚钺同志批评地主阶级、资产阶级的英雄史观。他也不赞成从我们今天的标准出发对历史人物进行功过的评论，认为对历史人物的研究，不能脱离社会生活的经济条件，不能脱离当时的阶级关系，只有这样才能作出比较确切的说明。他以秦始皇为例，分析了秦始皇的统治政策包括两个侧面，一方面有促进社会生产发展的作用，一方面暴露出其专制、残酷的统治。评价历史人物，必须提到一定的历史范畴，从当时的社会关系和特定的历史过程来考察。

二 强调历史研究要建立在掌握丰富史料的基础上

（一）掌握史料必须全面。

（二）不能作史料的尾巴和俘虏。

（三）要用阶级分析的方法分析史料。

三 光明磊落、实事求是的品格

尚钺同志认为："我们马克思主义历史学家要有一种史德，我想，这就是光明磊落、实事求是的品格。"他说："学术上不应当有权力标准，在真理面前人人平等。"他不赞成跟风，随风倒。对于别人的批评，对的就接受，不赞成的不随便附和，而是进行讨论。他自己就是这样做的。在20世纪五六十年代的一段时间里，史学界对于历史问题的讨论颇为活跃，尚钺同志也积极参与。

（2002年5月）

浮躁：学术创新的大敌

——四教授畅谈学风问题

主持人：危兆盖（本报记者）

嘉　　宾：李文海（中国人民大学教授）

　　　　　张岂之（西北大学教授）

　　　　　章开沅（华中师范大学教授）

　　　　　龚书铎（北京师范大学教授）

学风浮躁的表现

主持人：四位都是国内知名的史学专家，又曾出掌一方高校校职，对眼下愈演愈烈的学风问题感受颇深。今天就请几位围绕学风建设问题谈谈看法。

李文海：党的十五届六中全会着重讨论了加强党的作风建设问题，江泽民总书记特别强调了学风问题的重要性。确实，倡导优良学风，反对学术浮躁，已成为学术界一项十分紧迫的任务，因为学风浮躁极大地制约着学术的创新和学术的繁荣。

张岂之：对于当前学风的主要问题，有的提学术腐败，有的提学风浮躁。我以为，学风浮躁与学术腐败应有所区别，说"学风浮躁"更合适些。学风浮躁主要指治学不扎实，不实事求是，不认真研究，急功近利。这是学术界当前存在的主要问题。

章开沅：我很同意用"学风浮躁"这个提法，在学风问题上，浮躁是腐败的土壤，学风浮躁不等于学术腐败，但容易滋生腐败。我一贯认为，学风是世风的先导，学风败坏，则世风必然败坏。几千年的历史经验都证明了这一点，因此，对学术界的学风问题不可小视。

主持人：对于当前的浮躁学风，虽有目共睹，也时见批评，但似乎还没有人作系统诊断。根据各位的观察，浮躁的学风主要表现在哪些方面？

李文海：表现之一是泡沫学术太多。现在每年出版的专著、论文真可以说是汗牛充栋，但真正有学术价值的到底有多少，值得研究。有些所谓专著、论文，毫无学术价值可言，在资源上是一种浪费，在文化上则是垃圾，在学风上助长浮躁。表现之二是管理上的急功近利。学术是需要长期积累、潜心钻研，才能获得有分量的成果的。但有些管理者总希望立竿见影，具体表现就是片面强调量化管理。在当前的教学和科研活动中，"量"的管理几乎无孔不入，弄得人人摇头蹙额。如不少学校要求在读研究生必须发表多少篇论文方可取得学位论文答辩资格，教师晋升职称也主要看著作和论文的数量。面对这种规定，不但学生着急，教师、学校领导也很无奈，加之各校之间为了争排名，往往互相攀比，这就更是火上浇油，把量化管理中的"量"绝对化了。管理量化虽是必要的，但规定得太死，唯"量"是从，就走向了反面。

龚书铎：学风浮躁的另一个表现，就是对学术创新问题作错误的理解。学术要创新，不创新就会衰颓，就没有发展，但创新并不一定要全盘否定前人的学术成果。把以前若干代人取得的成果一概否定，以为自己的一孔之见即为高论，未免太轻率。学术是一代又一代积淀下来的，学术的发展也只能建立在已有的基础上，既不是炒冷饭，也不是推倒重来。创新必须建立在扎实研究的基础上，而不是随意地"标新立异"，不是无根据地做翻案文章，也不是用新词汇去重新包装一番。现在一些人所谓的创新，除了套用流行的新词汇外，从观点到内容都没有新东西，这不是创新，而是唬人。

学风浮躁的原因

主持人："随风潜入夜，润物细无声"本是学术研究的常态，那么，是什么原因促成我们的学术界"浮躁"成"风"呢？

李文海：近几年学风浮躁问题之所以愈演愈烈，决非偶然。它既与学者个人的学术素养、学术品格有关，也与社会的环境、氛围有关，还与我们当前的人文心态和管理体制有关。我先谈点社会因素。对于当前的人文社会科学评估办法，学术界早就有不同的声音，很多人认为当前的评估办法在一定程度上助长了学风浮躁。现在的评估体系、评价标准，很多是从工程建设或者是从工科那里简单搬过来的，没有考虑到人文社会科学的特点和人文社会科学建设的客观规律。因此，我认为，对于酿成学风浮躁的社会因素要高度重视。

张岂之：学风浮躁的原因确实很复杂，我以为主要有五个方面。第一，人文社会科学评估体系存在明显缺陷。其表现，一是注重数量而不重质量，这就导致一些学人特别是中青年学人追求速度，而很难保持一种厚积薄发的治学心境。二是还没有找到一种公正、合理、科学的评估机制。三是学术界的商业炒作也给学术的健康发展带来危害。因此，如何建立一种适合我国人文社会科学实际的评估体系已非常迫切，需要学界共同研究。

章开沅：说起学术界的商业炒作，我认为跟出版、报刊等方面的刻意运作有很大关系。它们大有反客为主之势，学术研究往往被他们牵着鼻子走，从而使学术研究背离学术发展的本来理路，由此带来愈演愈烈的学风问题。

张岂之：第二，对学术规范的检查还不得力。学术界提学术规范已经有好几年了，学术界同仁也很注意与国际接轨，如写论文要有关键词、内容提要、注释标准等，但实际上，学术规范的主要之点即持之有据、重第一手资料的严谨学风被忽视了。现在有人直接从网上抄资料，不再核查原文。这种方法很容易出现失误。第三，对已经出台的一些旨在推动人文社会科学发展的措施、办法是否真正达到了目的检查不够。对此，教育主管部门迫切需要进行一次检查，合理的就继续坚持，不合理的就应予改进。

龚书铎：我认为，以所谓核心期刊衡量论文质量的评估办法就需要改进。实际上，任何一种刊物所发表的文章都有好坏优劣之分，现在却统一以刊论奖，很不合理，也不科学。有些师院、师专的学报也刊发了不少好文章，而所谓核心期刊的文章并不见得篇篇都是佳作。核心期刊之说，原是北大图书馆为收藏图书资料定的，是否科学本身即成问题；从现在的情况看，问题大得很。

张岂之：第四，学术道德本是治学的起码要求，但就目前情形而言，学术道德还没有成为学人的普遍自觉行为，一些学人的学术道德自律做得很不够。近年来屡屡揭出抄袭、侵权行为，说明道德沦落也是导致学风浮躁的重要原因。

章开沅：现在的一些年轻学人，包括一些青年学科带头人，大都是新时期成长起来的，在学术传承上不无缺陷。但有些人胆子大得很，什么都敢谈。譬如谈文化，口气比梁漱溟还大，其实他们对中国文化精髓的把握，还远远不如20世纪二三十年代那些学者。有的人甚至拉帮结伙，把江湖手法用到治学上来，影响很坏。

张岂之：第五，我们当前还缺少一个让人潜心研究的学术环境。这个问题非三言两语所能说清楚，这里姑举两例。其一，我们每年都必须有若干论文发表，否则就填不好各种"表"，显示不出研究成绩，因此，谁还能坚持"十年磨一剑"？五年磨一剑都不行。其二，教育行政管理机构每年都设有各种各样的"申请"，申请成功还要接受各种检查、评审，研究者自然要为此耗心费力，哪里还能坚持独立的学术研究？

章开沅：上面的政策出现误导时，如果下面都抵制，促其改正，还好办。问题是下面也有基础，不敢顶，甚至迎合。尤其是某些急功近利的人更欢迎，对这种追求数量的管理模式有兴趣。结果就是上有误导，中有好者，下面遭殃。譬如，现在的研究生答辩，就很难说是严格的答辩。往往是互相包涵，流于形式，真正去抠论文的已经很少。因为学生论文不能通过，导师也有麻烦，下一届或许就不能再招。

学风浮躁治理的对策

主持人：我们探讨学风浮躁的原因、表现，最终目的是要净化学术环境，建设良好学风。请问几位对浮躁学风的治理有何高见？

章开沅：浮躁而成为一种风气，可见其严重。要扭转这种风气，纯粹依靠呼吁学人加强道德自律恐怕还不够，进行综合治理才是最根本的途径，改进量化管理应是当前的急务。过去，老一辈管理者还承认自己是外行，并表示要转化成内行。现在情况不同了，有些管理者自认为是上级领导，出国比你多，学位比你高，把资深专家视为土包子，颐指气使。这种管理方式只能助长不良学风的蔓延，而无益于学术发展。在国外，一些大基金会对研究者的具体选题并不过问，研究的过程也不过问，很少派人检查，更没有什么指标体系，不像国内这样，没完没了地填各种表格，一年到头忙申报、评审、验收。管理的目的应该是实实在在地推动学术研究，促进教育发展，而不在于管理本身出多少新花样。此外，新闻媒体、学术刊物如能多开展一些学术批评，也将有力地遏制不良学风，促进学风的健康发展。

张岂之：我很赞成改进人文基础学科的评估办法。现在人们都很重视"量化"管理，这种办法看起来很科学，但就目前的实际情形看，值得探讨。就目前人文社会科学的各种量化管理办法而言，从具体内容到执行程序直至结果认定，需要改进的地方很多，教育主管部门应力求改进，不断完善，避免重蹈过去管理中机械主义、教条主义的覆辙。

龚书铎：我讲两点。其一，政府教育主管部门应审慎看待量化管理的预期效果，不能太乐观。现在有一个不妙的趋势是管理者把量化问题看得越来越重，这就很值得忧虑。譬如，现在的博士生在进行论文答辩时，有两张表，一张是评语，一张是评分。评委说评语好写，分数却很难评，希望淡化或取消评分。然而，管理者不这么看，他们认为量化管理是科学管理。但事实上，量化只是一个导向，唯量是从肯定不利于学术发展。潜下心来做学问，本是治学的常理，但现在如果有谁潜心坐冷板凳，不要说十年八年，一两年不见成果，就要出麻烦。因为你不能老当助教、讲师，总得评副教授、教授，没有上级要求的"量化"成果，光讲业务如何精，怎么评得上职称？这就逼着学人搞泡沫学术，年轻人动辄著述等身。因此，我们必须正视唯"量"是从所带来的严重后果。其二，看家书不能不读。现在有些年轻人不重视看原始资料，往往辗转抄袭，断章取义，这是很成问题的。毛泽东曾说，搞调查研究，要详细地占有资料，加以具体的分析，然后得出理论性的结论来。现在有些人把别人的东西拿来重新罗列一番，用什么时髦方法一套，就以为是创新，这是不行的。年轻人有时听不进这些，他们称坐冷板凳是"手工式"，而现在流行的是"社会化大生产"。

李文海：要使学术研究的发展保持健康的方向，就必须根除浮躁的学风。现在很多有良心负责任的学者都在思考这一问题。我以为，首先是要大力提倡学界同仁讲学术道德，提高学术队伍的道德素质。这就要求学者不断提高个人的品格、道德、素质和修养。其次是要调整社会心理。如何看待人文社会科学对现实的作用？有些可能会有直接的影响，有些则可能是对社会的长期作用，如人文科学对民族素质的作用就是长期的、潜移默化的。就此而言，社会要求人文社会科学发挥短期效应，要求人文社会科学像自然科学那样对人类社会生活发生立竿见影的效果是不可取的。再次就是要探索一套既符合学术发展规律又有中国特点的学术评估办法。我们不能照搬国外的那一套，也不能按照搞工程的办法来管理学术。即使有再大的困难，我们也要下决心改进当前流行的一套量化办法，否则，会为浮躁学风的蔓延推波助澜。譬如对在读博士生要求三年内发表三五篇论文，是很不切实际的，一年级要学外语，还有其他课程；二年级要写论文，三年级要准备论文答辩、还得联系工作；这任务已经不轻，现在还要在三年内完成三至五篇论文，其结果可想而知，只能是粗制滥造，甚至损害博士论文的学术水平。第四就是要加强学术评论。对好的学术成果，要大力推荐；对假冒伪劣的所谓专著、论文则要进行严肃的批评。没有批评，就没有发展。

　　主持人：鲁迅曾说过，要扶花锄草。今天的话题也旨在于此。谢谢四位的支持。

　　　　　　　　　　　　（原载《光明日报》2002年3月19日）

悠悠五十载　深深师生情

—— 百年校庆缅怀恩师白寿彝

　　100年前，北京师范大学的前身——京师大学堂师范馆正式成立了。它不仅是中国高等教育史中的一件大事，而且也是师范教育规模有序发展的一个重要标志。从那时起，师大的各位先生、学长兢兢业业，努力工作，为国家培养出一批批栋梁之才。回首师大百年历程，使人感慨万千。

　　我是1952年毕业留师大的。转眼之间已经过去了半个世纪。其间岁月沧桑，物是人非，师大的面貌发生了很大变化。50年来，母校和我的老师们不但传授给我各种知识，还教会我为人、为师之道，使我从一个少不更事的青年学生变成"先生"。每想及此，不由从心底里升发出对母校深深地感激之情。自己对师大，对人生最深切的一点体会就是校训所说的"学为人师，行为世范"。这是每一个师大人都应该追求的理想。我个人体会，要想"学为人师"，就要勇于坐"冷板凳"，就要朝着一个目标坚忍不拔、不断追求；而要做到"行为世范"，就要严于律己，诚信为先。当然，校训看起来只有8个字，而真正做到并不容易。我的老师——白寿彝先生却实实在在达到了这一境界。

　　和白寿彝老师的师生情谊已经50多年了，回想先生的音容笑貌、先生的种种教诲无不历历在目。

　　话要从52年前入学的那一天说起。1950年初教育部批准我们一些从台湾回大陆的学生"对口插班复学"，于是，一些人上了师大，一些人去了北大。我因为在台湾读的是师范，所以顺理成章地在师大复学。尽管有教育部的批文，也还是要经过面试才能正式入学的。当时历史系系主任侯外庐先生去西边筹办西北大学，"考官"是代系主任白寿彝先生。白先生当时41岁，穿着棉布长袍，戴着眼镜，一副典型的中国知识分子的形象。他的样子在刚刚20岁出头的我眼里十分威严，自然有些紧张。没想到先生态度十分和蔼，只问了几个简单的问题就通过了，被分到二年级插班。从那一天起，白先生就给我留下深深的印象。也是从那一天起，我与先生结下长达半个世纪的不解之缘。

先生教我们班的明清史，经常给学生留作业。我记得先生批改每一份作业，对古文断句标点不对之处都用红笔一一改定。先生常常奖掖、鼓励学生写文章。那时候白先生和北大的邓广铭先生轮流负责主持《光明日报》的《史学遗产》专栏，轮到白先生那主持时他就找了王桧林学长和我写文章。先生给我定的题目是《李自成》，不但指导写作，而且亲笔修改。1951年，这篇稿子在《光明日报》发表了，虽很肤浅幼稚，却是我在报刊上正式发表的第一篇文章。这件事令我终身难忘，因为，正是在先生耳提面命、手把手的教诲中，我才迈上了史学研究的艰辛道路。

两年半的学习很快过去了。毕业时正好赶上1952年院系调整，辅仁大学与师大合并，刘家和、王桧林两位学长和我成了合并后第一批留系任教的学生。刚留校时十分茫然，不知道该搞哪一段历史。有一次问先生，我分在哪一段？先生说，不忙着分段，先搞"通史"，先打"通"的底子。于是，1952年暑假，系里组成了外来中国通史小组，由白先生挂帅，6位青年教师参加。先生带着我们一起拟大纲、反复讨论，然后组织我们写出讲义，成稿后先生又亲自动手修改，整整忙乎了一个假期。9月一开学，我们几个年轻教师就被分派到文科各系（那时候文科系都要开设中国通史）教中国通史。白先生抽空到各系去听我们的课，了解教学情况。

一年下来，自己的收获相当大，感觉有了中国历史的整体脉络，思想也比较开阔。这时候，白先生说该分工了，让我承担中国近代史的教学和研究。中国近代史教研室成立后，白先生兼任教研室主任的工作，他还承担了近代中国某一阶段历史的教学（如戊戌变法）。当时校系对教学很重视，教研室经常进行教学、教法研讨活动，先生不仅亲自示范教学，而且参加教案的讨论，经常提醒大家要多动脑子，想问题，历史上发生的事情很多，出现的人物很多，不能什么都讲，要分清主次轻重，不是光让学生知道一些零散的史实，而是让他们了解历史是怎样发展的。要给学生提出问题，启发他们思考。总之，白先生一而再、再而三地强调要有严谨的学风。

如果说，我们这一代史学工作者在研究中还有些成绩的话，是和白先生、与白先生一样在学术领域有建树的学术大家的谆谆教诲分不开的。由此我又想到民俗研究的泰斗钟敬文先生。记得一次去钟先生家探望，与先生随意闲聊。先生意味深长地说，自己一生"称得上学术研究的论文"只有二三篇。先生说此话时，脸上透着安详、谦逊，没有一丝丝敷衍。我为先生这种精神所打动，要知道钟老先生从事学术研究80年，约20岁开始发表文章，一生所写的文章、著作不计其数，可先生却说只有二三篇称得上是"学术论文"！可见先生对"学术"两字理解是何等严格！

高标准、严要求是这些老先生一以贯之的学术精神，也是我们民族知识分子最可宝贵的精神财富。他们的这些传统，一直是我学习的榜样。

白先生始终关心年轻教师的成长。以我个人来说，就不断得到先生的关怀。因为工作需要，我给系主任柴德赓先生做过秘书。秘书工作往往比较琐碎，时间一长容易放松业务学习。白先生就经常提醒，千万不能松懈，要抓紧时间，业务不能丢。这些教诲让我受益终身。

1961年是辛亥革命50周年，当时筹备在武汉召开全国性的学术研讨会。此前历史系与故宫档案馆（现第一历史档案馆）合作，整理清末10年民变档案，由中国近代史教研室陈桂英同志具体参与。当时已从档案中抄录了几十万字的民变史料，白先生提醒大家，史学研究要充分注意档案史料，要在整理档案的基础上写文章。按照白先生的建议，我和陈桂英同志合作写了《从清军机处档案看辛亥革命前群众的反抗斗争》的论文。白先生认真看了这篇文章并提出了修改意见，甚至连标点符号都一一指出。说明先生不仅在内容上把关，而且连细微之处也都注意到了。如此严谨的学风，使我感受颇深。

"文革"前的一段时间，政治氛围已经不怎么宽松了。一次在公共汽车上遇到白先生。先生半开玩笑地说，"我可是替你说了话，你可要小心呐"。原来，由于我对戏曲及其历史有兴趣，常写些这方面的文章。系里有同志提意见说"这是不务正业"。这样的话在今天看来没有什么，可在当时就有些麻烦。于是先生出面给"解了围"，说文章是相通的，也不一定非要拘泥于历史文章。这件事给我很深的印象，也使我更敬重先生。一句看似不经意的话，实际上起了不小的维护作用。

"文革"后期，白先生主持《中国通史纲要》的撰写，要我承担近代部分。这部近30万字的通史，浸透了白先生的心血。初稿完成后，打印出来，参与者人手一份，准备意见。然后，在他主持下集体统稿，从书稿的开头到结束，逐字逐句地推敲讨论，不仅观点要准确，而且文字也要精炼。先生说，要有长句子，每一句话都必须精练、准确，用词要得当。在先生"手把手"的训练中我受益无穷，以后一写文章，就想到每一句话、每一个字都要严谨，马虎不得。

《中国通史纲要》中的思想理论后来在多卷本《中国通史》中得到展现。"文革"后，白先生以70岁高龄，主持了多卷本《中国通史》的编纂。这部《中国通史》集中了全国500多位专家，用了20年的时间完成的，全书12卷22册。先生每一卷都亲自审阅，一部一部读，有的自己改，有的提出修改意见请作者改。到近代前编这一卷时，先生不仅眼睛不行了，身体也很衰弱。可是他还是坚持让助手给他读了相当一部分文稿，特别是他尤为重视的史料部分、研究现状和综述，指出了意见请作者修改。其情其景感人至深。

白先生在高龄时仍然时时关注学科前沿，对学术领域中出现的种种新思潮、新说法都有独到、深刻的思考。记得有一次我问他学界目前重视文化史，认为文化才是历史的中心，贬抑政治史，政治史和文化史的关系到底应该怎样处理？先生沉思片刻，缓缓地说，历史主要是写政治，政治是历史的脊梁，经济是基础，但需要政治的制约，文化更要受政治的制约，文化不能作为历史的中心。政治史什么时候都是史学的脊梁，搞清了政治史，历史的基本线索就把握了。说这些话的时候，他的眉宇之间显现出坚毅和自信。这是一种对科学精神的自信。

白先生虽然故去了，但是，白先生的治学精神和为人为师之道却完完整整地保留在我的心中。

在师大工作的50年，我最珍视的是遇到了一位学术大师、一位谆谆善诱的长者、一位率先垂范的先生、一位可亲可敬的老师。我从白先生和其他老先生那里所学到的为学、为师、为人的风范，让我受益终身。

谨以此文纪念母校百年校庆，纪念我的老师白寿彝先生。

（原载《北京师范大学学报〔社会科学版〕》2002年第10期）

外庐先生与北师大的情谊

侯外庐先生是我的老师。他于1949年7月，新中国还没建立之时，就到北京师范大学历史系担任系主任，1951年初离开北师大，到西安担任西北大学校长。今天我想着重谈谈侯先生在北师大历史系担任系主任时所做的贡献。

侯先生与北师大有不解之缘，对北师大感情非常深厚。20世纪的20年代，侯先生在北师大念书；30年代，自1932年起，在北师大历史系教书；40年代末50年代初，在北师大历史系任系主任。他担任历史系主任近两年，不算太长，但对北师大历史系的建设做出了很大贡献。彼时正是中国转型的时候，适应新中国的发展需要创建新的大学、新的历史系，历史方面的人才到底怎样培养，怎样培养出为新型社会服务的人才，等等，许多问题有待解决。

侯先生任系主任时，我在北师大读书，听了他的课，参加了他组织的一些教学活动，聆听了他的教诲，受益匪浅。我想就我的一些体会或感受，讲其中比较突出的几点，来反映侯先生任北师大历史系主任期间的贡献。

第一，改变教师队伍结构。

侯先生在这方面做了很多工作，大概有以下几种情况。首先是聘请专职教师，如白寿彝先生、马特先生（马特是研究逻辑学的，从香港过来）。其次是聘兼职教师，请了很多人，如请曾任戏曲改进局副局长的杨绍萱先生，给我们开了《中国法制史》；中宣部的张云非先生讲《先秦史》；王真、刘立凯、缪楚黄几位开设《中国近现代史》。刚解放时，开中国近现代史课的高校还不多，侯先生对这方面很关注。解放前开中国近代史课的高校很少，当时有一种观点是，中国近现代史是时事，不算学术。由于没有专门教师，就从中宣部聘请了三位先生来讲课。还聘请了任继愈先生讲《中国哲学史》，邵循正先生讲《元史》，复旦大学的陈守实先生讲《中国农民战争史》。他聘请教师着眼于课程建设，这是北师大历史系原来没有过的。再次是讲座，请的有楚图南、王亚南、翦伯赞、邓初民等几位先生。大概就是这三种情况。

这里我着重讲一下侯先生与白寿彝先生的情谊。白先生1949年来当时的北平参加新政协会议。会后，侯先生把他留下，让他在北师大教书。白先生一向对侯先生很敬重。从1949年7月到1987年侯先生去世，两人大概有38年的交往。白先生常说侯老对他帮助很大，学术思想也受其影响。1987年侯老去世时，白先生写了悼念文章，在文章中讲道："在差不多四十年的交往中，在理论学习和历史研究上，我不断得到他的启发和指引。同时，我也逐渐体会到他所倡导的学风特点。他的学风，可以概括地说，是学习、运用马克思主义原理，详细占有资料，通过对历史的具体分析，达到自得的科学结论。"在这篇悼念文章中他还指出："如果说，马克思主义在中国史学领域的传播和发展中，李大钊的《史学要论》是20年代的阶段性标志，郭老的《中国古代社会研究》是30年代的标志，那么，在40年代，外庐同志的著作在同时期的马克思主义史学著作中应有他独特的地位。"次年，白先生又发表了《外庐同志的学术成就》的文章。在这篇文章中，白先生对侯先生的学术成就做了充分的肯定，具体地阐明了40年代侯先生在马克思主义史学研究中的独特地位。白先生对侯先生一直很敬重。白先生的史学研究也受其影响，他常跟我们说他受侯先生帮助、启发很大。白先生写过关于明代手工业的论文，本来侯先生想搞一个关于中国古代史研究的大计划，后来没有搞下去就到"文化大革命"了，白先生写这篇文章是侯先生的中国古代史研究总体计划中的一部分。除此之外，白先生在《中国思想通史》中也写到了一些思想家，做了部分工作。所以，除去历史系共事的较短的两年，之后他们在学术上也有许多合作。

第二，推动历史系对于马克思主义的学习。

侯先生一直是坚持马克思主义的。在留法勤工俭学期间，他学习、翻译了《资本论》，大概花了十年工夫。解放后，历史系老师对这方面没有多少接触，他们在学术上虽有成就，但不能适应新中国教学的需要，学生对老师讲课不大满意。为了改变这种情况，侯先生觉得有必要组织历史系老师有计划地学习马克思主义。他在一次全系教师学习动员会上，讲到他在法国时埋头于《资本论》的学习和翻译的情况："那时，我一面学习德文，一面学习《资本论》，就像马克思亲自教我学会科学的、严密的思想方法和研究方法一样。这段时间的学习，对我后来研究史学十分有益，使我能够掌握唯物史观去探索中国历史的规律，使我研究历史没有迷失方向，也没有陷入考据治史的传统中去。我所走过的治学道路，使我确信掌握马克思主义——尤其是他的哲学和经济学理论——和它的科学方法，这对于驾驭浩瀚的中国史料是有极其重要意义的。我相信这条经验对于诸位是十分重要的。"（刘淑娟《侯外庐同志在北京师范大学历史系》）学习马克思主义的做法，一是侯先生自己讲课，如《历史唯物论的研究与使用》。早在1932年，侯先生在北师大任教时，就开设了唯物史观的课（在《韧的追求》中，侯先生说因为当时的环境，开始只好叫"历史哲学"），讲了社会存在决定社会意识、社会基本矛盾——生产力与生产关系、上层建筑与经济基础——及其辩证关系、阶级斗争、国家与革命等基本原理。过了十几年，50年代初，他又来北师大给教师讲马克思主义。二是教师自学一本经典著作。要从原著入手，学习过程中，侯先生组织教师讨论交流。白先生继承了这一做法。他任系主任时也说教师要读原著，不要光看辅导材料。对于原著要有一两本自己深入研究的著作。侯先生组织教师学习马克思主义，不是停留在从理论到理论上面，而是把理论学习和教学实践相结合，特别是在中国史教学方面。

第三，推进教学改革的进行。

上述两项都与教学改革有关，但就教学本身而言，侯先生主要做了以下几项。

一是在历史系成立中国通史教学小组，让白先生任组长（成员有五个人，有刚才提到的刘淑娟同志，最年轻的，毕业后任侯先生秘书），主要是讨论教学大纲和教学内容，互相听课。这在当时大学的教学，是一个很大的变革，在历史教学上也是一个很大的变化。以前大学历史教学，各教各的，课堂讲课没有什么计划，随意性很大，讲到哪里算哪里。教学小组的建立，改变了这种状况。一方面发挥了集体的力量，保证提高了教学质量，学生也学到了系统的中国通史；另一方面也加强了教师间的合作、交流，互相取长补短。

二是举行师生参加的教学总结座谈会。这是和通史小组教改相配合的活动。座谈会举行了两次，侯老很重视，订出会议程序，包括致开会辞、教学检查并提意见、问题解答与讨论、大会检讨和致闭会词。他亲自出面解答问题。在一次座谈会上作总结发言时，侯老说："检查总结会是试验的开始，意义重大，我们要继续试验下去。希望同学们继续努力学习马列主义，帮助我们，严格要求我们。欢迎你们对我们提意见，批评我们，它会使我们进步，把教学质量提高一步。"（刘淑娟《侯外庐同志在北京师范大学历史系》）两次座谈会给我留下了深刻的印象，师生共同交流，展开讨论，有批评，有自我批评，气氛很活跃，不仅有助于教师提高教学质量，对学生的学习也有很大的帮助。

在此基础上，侯老又提出建立辅导制度，这在过去也是没有的事情。在规定的时间里，教师要对学生进行辅导，指导学生的学习方法，包括如何阅读古文和分析史料等。侯先生非常重视学生的基本功训练。白先生对此也很重视。白先生当时给我们班讲明清史，除去讲课外，学生要做作业，其中有古文标点断句。我记得班上印发过努尔哈赤的《七大恨》，当时是刻蜡版油印的，不像现在这么清晰，都没有标点。白先生给我的卷子做了批改，打了个 A－。这份卷子保留了相当长的时间，可惜后来在"文化大革命"时丢失了。

侯老在北师大历史系的教学改革，受到教育部和新闻界的重视。教育部向全国高校推荐了北师大历史系的教改经验，并组织北京市兄弟院校的同志到历史系交流。《光明日报》在1950年一年中，连续发表了五篇报道，介绍北师大历史系教学改革的情况。它们是：《北京师范大学历史系教授集体教学受到欢迎》（3月31日）、《开展师生的批评与自我批评——介绍北师大中国通史教学小组召开的师生座谈会》（5月7日）、《改进中的北京师范大学历史系〈关于历史系教学小组的调查报告〉——中央人民政府教育部全国高等教育会议参考资料之一》（6月3日）、白寿彝先生的文章《对于大学历史课程和历史教学的一些实践》（6月7日）、《师大历史系的集体教学实习制》（6月10日）。可见当时从教育部到舆论界对侯先生所主持的教学改革非常重视，也说明侯先生教学改革所取得的成绩和做出的贡献如何之大。

侯先生在担任师大历史系主任期间，给刘淑娟同志写过一个条幅，内容是："锲而舍之，朽木不折；锲而不舍，金石可镂。"侯老的一生就是这样锲而不舍，就像他的回忆录《韧的追求》书名一样。这个条幅也反映了他对年轻教师的鼓励、鞭策和期望。侯先生任历史系主任，时间虽然不长，但处于新旧交替的转型时期，他在教学改革领域所做出的成绩是很突出的，所以得到教育部的重视和肯定。他对北师大历史系的建设，贡献很大。在短短的两个多月里，报纸上连续发表了五篇文章，这也是很少见的。可以说，他为北师大历史系以后的教学工作奠定了基础。侯先生对历史系花费的心血是很多的。作为北师大历史系现今的教师和他先前的学生，他令我终生难忘。

刚才任继愈先生讲到继承的问题，我想说点想法。我觉得任先生的意见很好，学术要发展，或者说要创新。学术不发展，不创新，当然就要停滞，最后可能就要导致衰亡。怎样创新，怎样发展？它是在继承前人的基础上，通过一代又一代人的研究和积累实现的，所以创新与继承分不开。这就有一个如何对待前人成果的问题。现在的学风浮躁，后人很轻率地就否定前辈的著作，包括侯先生主编的《中国思想通史》。我就在一次会上听见过，有人说侯外庐的《中国思想通史》不算什么，就是一个资料汇编，美国艾尔曼的关于清代常州今文学派的研究才算思想史。我不知道这位发言的同志读过五卷本的《中国思想通史》没有，全读了没有，读懂了没有，但我觉得他的发言非常轻率。侯先生的思想通史绝对不是资料汇编，其中有丰富的资料，那是毫无疑问的。《中国思想通史》是在侯先生主持下由名家参与编写的，如杜国庠先生、赵纪彬先生、邱汉生先生、白寿彝先生，现在一句话就否定了，很轻率。侯先生在解放前就写过包括近世的思想史方面的著作，我读了就深受启发。

侯先生的观点，不管你赞成不赞成，其中有许多有价值的见解和值得继承的东西，如果没有前人一代又一代的工作，学术不可能发展到现在这样。但每种书、每个人都有其局限，人没有完人，书也没有完书，要拣毛病，再大的大家那里也能拣出来。某些搞历史研究的人恰恰不尊重历史。如有人随意贬抑郭老，有人否定范老的《中国近代史》；如有人讲中国古代史，说郭老以后的人都不行。这种现象现在还颇为流行，对学术发展非常不利。当然，外国人的书也有它的成就、特点，应尊重，但他们说的也不全都是真理。如艾尔曼关于《经学、政治和宗教》这本书，是讲常州今文学派的，刘大年先生在去世前最后的长文《评近代经学》中就对此书作了评论，肯定了长处，也指出了它的弊病。另外，美国人喜欢用模式去套，所以要具体分析。我们不要故步自封，也不要认为外国人的东西就比中国人高明，尤其是搞中国史研究的，轻率地否定自己、去盲目颂扬人家，也没有必要。我们曾经批评在运用马克思主义研究史学过程中出现的教条主义，但也要避免搞新的洋教条。

这篇发言稿参考了刘淑娟同志的《侯外庐同志在北京师范大学历史系》一文，谨致谢意。

（原载张岂之主编：《中国思想史论集第二辑——纪念侯外庐先生百年诞辰专集》，广西师范大学出版社2003年）

著名历史学家谈中学历史课程改革

——龚书铎先生访谈录

■ 龚先生，您好。本刊从第10期开辟专栏，讨论历史课程改革和中学历史教材的编写问题，不知您注意了没有？

● 《历史教学》应该承担这个任务。"课程标准"写着"中华人民共和国教育部制订"，不仅国内重视，国外也是非常关注的。

■ 国外关注是把它看成是国家的意志？

● 对！大学历史教材他们不大关心。大学的教科书各说各的，政府没有统一行为。中学历史教材是国家统一的，很多国家都是这样。像德国，统一之前联邦德国是各州自己搞。多年前，我曾看过一本联邦德国的历史教科书（中译本），有关中国的内容很陈旧，道听途说的东西很多。里面说西藏不是中国的领土。我曾接触过一些欧洲人，他们对中国很友好，也没什么政治背景，可就是认为西藏不是中国领土，大概就是从中学接受了这个观点。中小学的历史教科书很多国家都很重视。日本教科书问题闹了多少年了？他们否认侵略，就是不让日本的青少年知道历史上犯下的罪行。而在台湾地区，当局为了搞"台独"，把中学历史教科书写成"台独史"。

■ 历史教科书的确很重要。现在新编的教科书都依据"课程标准"，您怎么看？

● 现在的"课标"比"大纲"多了一些东西，如教学活动建议啦，内容丰富了。但核心是"内容标准"。过去也不完全是"一纲一本"，20世纪80年代以来就形成了"一纲多本"。除人教社编的教材外，四川、广东、湖南、上海等地也都出版了教材。比如四川的教材，比较适合农村，浅显易懂。中国地方大，东西南北、城市乡村差别大，教师水平有差别，编几种版本，适合不同的地区，应该说过去做的有一定成绩，不能全部否定。

■ 现在进行课程改革，听说北师大就编了5个本子的初中历史教材？

● 我也听说了。有一套是搞"课标"的人编的，朱汉国主编。另外一些是北师大的人出面做主编。

■ 如果让您编写中学历史课本，您认为应注意哪些问题？

● 说实话，我没考虑这个问题，也不愿参与这件事。坦率地讲，因为"课标"的"内容标准"编得不好，要我看问题不少。可是编教材都得依据它。大的你必须遵守，小的可以调整。大的方面都限制死了，小地方发挥就没多大意思了。他们要打破原来的体系，但历史本身就是有体系的。不论怎样搞，还是有个体系问题，现在的"内容标准"也有它的体系，问题是合理不合理，科学不科学，这是个基础。中国几千年的文明史，历史悠久。中国人知道本国的历史，主要就在中学阶段。中学生应该接受比较系统的历史教育，否则形不成基础。中国文化有代表性的都应写进教材，学生要知道。如屈原、关汉卿，早已成为世界文化名人，"课标"都不做要求，怎么可以不知道呢？还有元曲、昆曲、京剧都应写进历史课本，元曲代表了一个时期的文学成就，昆剧受到联合国教科文组织的重视，京剧是国粹，现在"课标"里都没有要求。

■ 现在有一种说法，要减轻学生学习负担，所以课本要编得薄一点儿。您说的这些要都写进去，教科书怎么控制厚薄呢？

● 笼统说减轻负担并不准确，要减轻的是不必要的负担。其实教材有个"教本"和"学本"的问题。给学生看的，编的干巴巴的，谁愿意看？从应试教育转向素质教育，教材就应该编薄了？薄得只剩下骨头让学生啃，没有味道，学生就不啃了。适当厚一点，有血有肉，学生读了有滋味，有兴趣，反而轻松了，并不增加负担。这大概也是辩证法。历史教育对培养素质很重要，培养民族精神，增强民族凝聚力，都离不开历史教育。

■ 我们听说，以后高中历史讲专题也是为了适应高考考综合的趋势。

● 如果是这个出发点就更不对了。不能考虑去适应高考，而应立足于学习历史的需要。迁就高考，高考要变了怎么办？

■ 您刚才谈到"课标"的内容标准和系统性问题。您能不能谈谈对这次历史课程改革（实验稿）的总体印象？

● 内容标准涉及编教材，应该慎重考虑。我的感觉，过去的大纲和教材，不仅指人教版，都不能简单的否定。有没有可取之处？哪些可取？然后改革它的缺陷。现在好像改革就是另起炉灶，其实这不利于改革。学术的发展也是在前人的基础上进行的，不能全部推倒重来，只能在继承的基础上创新，在继承的基础上发展。我们有这样的教训，"大跃进"时期、"文革"时期，历史都推倒重来，只讲农民战争史、反帝斗争史，还有两条路线斗争史，都站不住脚，古代史要打破王朝体系，都要打破体系，结果呢？历史不讲体系不行。历史发展的脉络就是这样的顺序。讲近代不要太平天国，只讲太平军抗击洋枪队，把它归于反侵略斗争，太平天国是怎么回事？它主要跟谁打？主要跟清政府打嘛。你总要讲科学性吧？！洋枪队是清政府出钱雇佣的，里面也有中国人，不光是外国人。太平军也跟外国侵略军打过，那是英国、法国的。改革不讲科学性是不行的！还有，近代史不仅是个近代化问题。没有民族独立、人民解放怎么搞近代化？中国革命干什么？实现了国家独立和人民解放。近代化和革命不能割裂开来，更不能对立起来。太平天国不能不讲，这是件大事。古代农民战争可以少讲一些，但是，李自成起义也不讲，这怎么行？历史上有重大影响的还是要讲。关于"以阶级斗争的观点写教科书"的问题，把阶级斗争简单化，以"阶级斗争为纲"应该否定。但"阶级斗争为纲"不等于阶级斗争、阶级斗争观点，不等于历史不能用阶级斗争的观点解释。奴隶社会、封建社会就存在压迫与被压迫。杜甫诗中说："朱门酒肉臭，路有冻死骨"不就是一个真实写照吗？中国历史上确实存在着许多次农民起义，不能否定农民战争，更不能用现实去套历史。马克思主义讲具体问题具体分析。有些问题不能回避。不能不讲历史的科学性，要尊重历史。所以，我说这个课程标准，主要是内容标准，要讨论，恐怕还要很好的完善。太平天国回避不了，还是要尊重历史。义和团也不能不讲，回避这个问题，八国联军侵华战争怎么表述？历史课程改革关系到对下一代人的教育问题，不能草率行事。

■ 您的意见很有代表性。谢谢您接受本刊采访。

（原载《历史教学》2002年第12期）

学术创新和理论思考*

——龚书铎教授访谈录

一　强调"原创性"，加强学术道德建设

1. 关于目前人们关注的克服浮躁的学风，龚先生认为：

现在学术界学风的确存在许多问题，抄袭和小偷一样，小偷偷的是别人的物质性的东西，抄袭是在偷人家的文字成果，这当然是腐败现象。但目前出现了把学术腐败泛化的情况，这就不好了。似乎学术界一团糟，其实没那么严重，剽窃的还只是极少数。不久前教育部下发了关于加强学术道德建设的文件，社科院也有类似的文件下发，都没有用"学术腐败"这个词。纠正这种不正常的现象当然应该，但炒得太过就不应该了。讲学术道德是我国的优良传统，我们北师大陈垣老校长和白寿彝先生都是非常强调学术道德的。这个问题关系到一个国家、一个民族的学术是否能健康发展的问题，确实是应该引起我们史学界广泛重视的。

学风不好较多的表现是不下功夫，拼拼凑凑，急于求成。这除了学者个人的学术道德修养不够以外，也与一些社会因素有关。目前的市场经济还不够规范，急功近利、人心浮躁、见利忘义、唯利是图等，这些都是市场经济的负面影响造成的，社会氛围必然会影响到学术界。量化评估看似科学，实际上也有片面性，用数量来衡量一个人的成绩，突出了量，忽视

---

*此文系宗馥香、张剑平访谈录。

了质，就容易形成积凑数量的现象。评职称、分房子样样都要和科研数量挂钩，对学者来说，职称、房子这些东西都是实实在在的，人要生存，就需要有这些条件。但作为一个学者若过分考虑物质方面的东西，只有利益目标而没有学术目标，学问还真的就做不好。这就好像画家画画，如果一心想着画怎样画才能卖上大价钱，那这画肯定没啥价值。因为他的画不是追求如何达到更好的艺术效果，而是按照市场的要求和品位来作画。做学问也是这个道理，急功近利是做不了大学问的。

2．龚先生强调史学研究必须注重原创性，他认为目前重申这个问题，对端正学风，对推进中国史学健康发展都具有极其重要的意义。说到这里，龚先生回忆起他与不久前去世的我国民俗学家、民间文学泰斗钟敬文先生的一次谈话：

有一次，我与钟老闲聊，他对我说，我一生写了许多文章，只有二三篇能称得上是真正意义上的学术论文。钟老那么高的学术地位，一生写了那么多论著，却说只有两三篇够得上是学术论文，他的话一方面体现出他的谦虚，另一方面也说明了他把学术目标定得很高。他所说的那两三篇指的是他那个领域里的学术经典，是那个领域里的学者必须研读的东西。人的一生如果能写出这样的东西，二三篇足矣！治学的根本就是要拿出原创性的、真正有学术价值的成果来。

3．龚先生进一步分析了目前出现的把外国的研究模式及中国现有的研究成果者简单相加的治学方法有多大科学性的问题，他认为：

学术研究吸收外来的东西是必要的，但不能生搬硬套，而要充分地消化它，要真正在原始文献的基础上进行史学研究。王国维、陈寅恪、郭沫若等学术大师，他们的治学也并不是将外国的方法和中国传统的东西简单地相加。郭沫若对外国的东西比较熟悉，对马克思主义也有素养，但他是在甲骨文、金文等文字学的基础上从事中国古代社会研究的。郭老不仅是文学家、史学家，而且是文字学家，是甲骨文研究的"三堂"（王观堂、董彦堂、郭鼎堂）之一。今天来看，不管他的研究有什么不足，他的治学有原始文献的根基是确定无疑的。学习前人成果首先是看人家的长处，而不是挑毛病，这是根本的。我们要学习这些学术大师的道德、文章，学习他们的治学方法。

有人说老一辈史学家都是从私塾里读出来的，古文功夫强；新中国成立初的那一代史学家学过马克思主义，我们年青一代这两点都没法跟前辈比，我们要超过他们，就得在外国东西和二手材料上下功夫。改革开放就是要学习新东西，但我们主张的是学习外国有用的东西，是要把人家的东西吃透，变成你自己的东西，不能生搬硬套，不能像梁启超在20世纪20年代说的，像晚清时期那样"饥不择食"，应该平静地、心平气和地研究外国的东西。80年代那会儿，"三论"（系统论、控制论、信息论）很是时髦，有的学生要求我们老师用"三论"教历史，后来我从北京邮电大学请来搞哲学的老师讲"三论"，开始时有200多人跑来听讲，两个星期下来，就只剩下7个学生了，我问他们为什么要求讲"三论"，现在开了课又不听了，他们说"三论"并不像他们理解的那样，还有数学公式，根本听不懂。学术界也是一样，史学领域有人声称要用"三论"研究历史，最后还是拿不出成果来，热闹一阵也就不了了之了。现在"后现代主义"又很流行，有人根本没有弄懂"后现代"到底是个啥，就拿着到处乱套，这种风气很不好。做学问还是要做扎实的工作，在第一手材料上多下功夫。

二 坚持历史唯物主义的原则，把握住历史的本质和主流

1. 马克思主义自20世纪20年代传入我国，并逐步成为我国历史学研究的理论指导，推动了中国史学的进一步发展，但近一个时期以来，史学界有人对马克思主义的科学性提出了质疑，史学研究中出现了违背历史唯物主义原则的现象，片面的观点屡见不鲜，就这个问题龚先生认为：

我们研究历史，是要按照历史的本来面目去认识历史。就拿农民战争的研究来说吧，在20世纪五六十年代，我们的农民战争史研究有偏差，越拔越高，但也不全是这样，范老的《中国近代史》就讲到了太平天国农民

起义的局限性。纠正偏差不要矫枉过正，有人认为中国没有现代化是由于农民战争的破坏，这种观点不符合历史唯物主义的原则，不是从客观历史的实际出发去研究历史，而是高高在上、指手划脚地谈农民起义的历史。其实，中国农民最朴实，他们的生活要求并不高，只要有口饭吃，能生存就行了。造反是大逆不道，是死罪。如果能活下去，谁又愿意拿身家性命去冒险呢？起义都是到了吃草根儿、人食人的程度才会出现的，人祸天灾，官逼民反。作为史学工作者为什么不去分析起义发生的原因，不去抨击统治者的剥削和压迫，而偏偏去非难那些勤劳朴实的农民！农民当然不比红军和解放军，纪律没那么严明，打仗总会有破坏，但破坏很大程度上是镇压起义的官军所为。我们就以太平天国为例，谭嗣同曾到过南京，那时已是太平天国革命失败20年以后了，当时的南京仍然很残破。谭嗣同在致欧阳鹄的信中就说："顷来金陵，见满地荒凉气象。本地人言：发匪据城时并未焚杀，百姓安堵如故，终以为彼叛匪也，故日盼官军之至。不料湘军一破城，见人即杀，见屋即烧，子女玉帛扫数悉入于湘军，而金陵遂永穷矣！至今父老言之，犹深愤恨。"赵烈文是曾国荃的幕僚，他在日记中说南京的破坏，湘军所为占十之七八，连他自己都看不下去了。事实明明摆在那儿，我们有些史学工作者怎么能没有根据就下这么荒唐的结论呢？另外，太平天国起义的目标是对准当时地主豪绅和官府的，太平军从广西打到南京，所到之处，减轻农民负担，使农民得到一些可耕种的土地。太平天国统治区即使到后来也和清朝统治区不一样，那里的农民负担较轻。曾在太平军里生活过的外国人呤唎就曾说苏南的丝茶贸易出口，太平天国时比清政府统治期间大大增加，太平军失败后，出口量又大幅度地下降。从这些事实看，至少到1864年，太平军在很大程度上还是维护着农民的利益。太平天国虽然前后期有明显的变化，但直至1864年并没有完成政权的封建化过程，仍是农民的政权。现在新的历史教科书只留下了陈胜、吴广起义，把太平天国起义划到了反对帝国主义侵略的内容里，所谓抗击洋枪队，否定了它反封建这个主题，这种做法实际上也是否定了农民起义，这是不对的。翦老在论及农民战争时说到过"让步政策"的问题，西汉、唐代和明清每一个皇朝建立之初都实行轻徭薄赋政策,出现了"文景之治"、"贞观之治"和"康乾盛世"的局面,这都与农民战争的打击分不开。这能说农民起义一点作用也没有吗?

中国古代到底有没有奴隶制社会,有人说没有,港台有人认为西周叫做奴隶制社会是"文不对题",而是"封建"时代。还有人称中国社会为"郡县制社会",也有人称"农业社会"、"传统社会"、"帝政时代"、"后帝政时代",总之,认为中国没有封建社会,理由就是马克思所说的封建社会是指欧洲的庄园制社会。这种观点的毛病就出在了没能抓住社会中的主体关系,也就是社会的生产关系、阶级关系和所有制的关系。有人把"资本主义萌芽"叫做"新经济因素","新经济因素"到底指的是什么?其实这些词都没能抓住事物最本质的东西,所谓农业社会、工业社会也不是什么新鲜的东西,20世纪20年代就有这种说法;"郡县制"是一种地方的行政组织,这是个什么社会制度?

2. 目前有些史学观点随意性很大,原因就是违背了历史研究的基本原则,不能历史地分析和认识问题,而是片面地、孤立地、想当然地看问题。结合中国史学界在这方面存在的问题,龚先生阐述了坚持历史唯物主义原则和全面分析问题的重要性和必要性。他认为:

现在我们的研究随意性很大,有些人不是系统地搜集材料,在广泛研究的基础上得出结论,而是想当然地下结论,这显然是违背了历史研究的基本原则。

白寿彝先生就特别强调读书,反对单纯找材料的做法。有一次我去看他,他问我在干什么,我说在找材料,他马上纠正说你要先读书,不然光找几条材料怎么行呢?就拿人物研究来说吧,在魏源、谭嗣同的著作中唯心、唯物的东西都有,你想说他是个什么样的人,就能找到什么样的材料,如果不做整体、全面的研究,拿了几条材料就下结论肯定是不行的。有人只根据几条材料,就给袁世凯翻案,说他的所作所为顺应了社会的发展,正是在他的宽容政策下,才出现了陈独秀、蔡元培、鲁迅,也包括毛泽东、周恩来这样的人物。他们认为袁世凯对抵制"二十一条"有贡献。

"二十一条"有双方的谈判是事实，但袁世凯签字也是事实。袁世凯后来还为此掉过几滴眼泪，仅仅根据这些现象就说袁世凯反对"二十一条"，明显是说不通的。中华教育会把5月7日定为"国耻日"，就是最好的证明。如果按这个逻辑说，汪精卫也不是汉奸了。因为他说自己是"曲线救国"。有人为汪精卫翻案，说他不是为日本人办事，是为了保护沦陷区的百姓，这岂不是荒唐吗？！

历史人物，像曾国藩、袁世凯这些人，一生做了很多事情，不能说它件件是坏事，这些人一生写有许多文字，也不能说每一句都是错的。你想随便凑合几条材料，来证明他们的"功绩"，掩盖他们的本质，这样得出的看法如何能站得住脚呢？不能光看这些人说过什么，研究中应详细地占有材料，将本质和非本质、主流和非主流的东西分清楚，然后才能下结论。这需要做扎实的工作。

现在的历史研究，有人不讲阶级、阶级分析，抽象地讲农业社会，只讲安定团结。要知道，我们是在进行历史研究。过去我们在历史研究中强调立场、观点和方法，现在一些年青的史学工作者不大讲这些。其实，立场、观点和方法是一个统一体，站在什么样的立场上，就会有什么样的观点，也就会采取相应的研究和解释问题的方法。目前史学界有些人对农民战争一味指责，对它的历史作用持全盘否定的态度，就与不能用历史唯物主义观点全面地看问题有很大的关系。

三　近代史上的革命和近代化问题

1. 改革开放以来，"近代化"的研究很热，由此引发了对"反帝反封建"与"中国近代化"之间关系的讨论，这也是关系到中国近代史研究的大问题，对此，龚先生认为：

"反帝反封建"与"中国近代化"的关系是应该关注和处理好的大问题。近年来，中国近代史研究中出现了用"近代化史观"代替"革命史观"的倾向；有的学者认为把研究方向、角度归结为历史观不准确，应称它为"范式"。从"近代化"的角度弥补过去偏重中国近代历史上的"革命"所出现的偏向，扩展了视野，这很好。问题是有些人将"近代化"与"革命"对立起来，用一个代替另一个。"革命"与"近代化"在中国历史上是分不开的，国家的独立、民族的解放，是实现中国繁荣富强的前提，不解决国家的独立、人民解放的问题，近代化是"化"不起来的，这也是中国走上工业化、近代化的必由之路，"革命"是近代化中应有之义，"民主"本身就是近代化的重要内容。

中国受帝国主义、封建主义的双重压迫，近代化进程十分缓慢，建国以后工业才有了较大的发展。认为不反对帝国主义也能搞近代化的观点显然不合适，这种观点是用非历史唯物主义想当然地看问题。30年代，上海的《文汇月报》就有资本家曾发表文章，谈到民族工业如何走出困境的问题时，认为只有摆脱帝国主义，才能发展民族工业。因为当时的许多民族工商业被帝国主义势力给兼并了，根本无法生存。其实"民主"本身就是近代化。"反封建"的另一面就是近代化。从维新运动到辛亥革命，再到五四运动，中国一直在反对封建专制主义，反过来说也就是在追求民主。所以反帝反封建里面包含着近代化。把反封建同近代化对立起来，至少是一种误解，绝不能用一个代替另一个。

2. 文化史是新时期以来中国史学研究的一个热门，从文化视角研究历史，拓宽了研究领域，是好事情，但随之而来的便是有人却走向了另一个极端，提出了"文化决定论"的观点。对此，龚先生谈了他的看法：

文化决定论是当前文化史研究中存在的一个突出问题。有人说我们过去从革命、从政治、经济的角度研究是浅层次的，提出只有从文化思想入手，才能进入历史研究的核心，才能发掘出社会深层次的内涵。实际上，文化是一种社会现象，是社会经济基础的反映，它同时又受政治的影响。因此，就"文化"本身来谈"文化"是说不清楚的。应该把文化放在社会当中去研究，文化史研究必须同社会史研究相结合。

比如清代康熙统一之后，"理学"兴盛，之后"理学"被定为官方哲学，但康熙之后，却没有出现象李光地那样的大理学家，理学又逐渐消沉，王学衰微。但至晚清，除今文经学外，理学也在咸、同年间活跃起来，阳明"心学"又活跃起来，谭嗣同、梁启超、梁漱溟、熊十力、冯友兰都崇拜"心学"，早年的毛泽东以及蒋介石也很崇拜王阳明的"心学"，这并不是因为这种学说本身有什么建树，而是它的社会作用所造成的结果。这些文化现象的出现，仅靠文化本身的研究是难以说明的。而必须将这些文化现象与当时的社会密切联系起来才能予以符合历史实际的说明。明末清初"心学"问题，王阳明的心学盛行了一个时期后，为何又衰落了？清代康熙统一台湾以后，"理学"为何又被定为一尊？这些都与当时的社会有关。因此，这些文化现象仅靠文化本身是无法说清楚的，必须把思想同社会结合起来考虑。很长时期以来，我们的《思想史》研究仅注意写思想家和他的思想方面的著作，《文学史》也仅谈文学家和文学作品，而不是把思想史、文学史的研究与社会密切地结合起来，思想史写思想家和他的著作当然对，但如果不把他们与社会联系起来，就没有办法知道为什么这些东西能产生，它对社会又有哪些影响。

研究传统文化提倡"元典"，这不能说不对，问题是我们当前的传统文化研究和对社会的分析相脱离，就文化谈文化。其实，单在典籍上研究是很难说清文化问题的。比如忠孝仁义这些中国传统的儒家伦理道德，在理论上是一回事，但它们到底在社会上实行得怎么样，这些仍应引起文化研究者重视。如果不把这些儒家道德同中国社会的实际结合起来，那么，中国历史上那些为了争夺皇位，子弑父、兄弟之间的相互残杀这些违背忠孝仁义的行为就说不清楚。因为理论毕竟是死的，而社会和人是活的。真正聪明的人不可能将这些伦理道德从书本上搬过来加以运用，文化研究也需要认真地领会马克思主义的唯物辩证法的原则，坚持社会经济的决定作用的基本观点，用全面的相互联系的方法去思考和研究问题，只有把文化同社会实际联系起来考察，才能把握历史的脉搏和文化的真相。

（原载《吉林师范大学学报〔人文社会科学版〕》2003年第1期）

龚书铎先生和他的忧思*

一

七十四岁的龚书铎先生身着整洁的蓝色中山装端坐在一张很大的黑色沙发上，目光沉静地望向窗外。早春的风很大，摇动着探到四楼窗口的杨树树稍，上面的芽儿早已绿了。"日子过得快啊，教了大半辈子的书"，龚先生缓缓地对我说："生活当中有很多偶然性，我1950年春天到北京，没想到一转眼五十多年过去了，在师大就过了大半个世纪。"

龚先生沉思着给我讲起了他小时候从学的经历。他是福建泉州人，由于时代动荡、家境困窘，曾经失学。读高中的时候，为了解决家里的经济困难，只读了三个学期就到离家二十多公里的石狮镇上教书，"当时的石狮很小，只有一条街，小学是个私立的，只有两个教师，校长很刻薄，我的那个同事后来被气走了，我不敢走，工作难找，受气也得受"。熬到学期结束，他好不容易找到一个离家更远的农村小学去教书，而那时的他还不到十八岁。虽然不得不教书赚钱补贴家里，但他一直没有放弃读书的想法，在教书之余坚持学习，读了一些历史书，终于在1947年秋考入台湾师范学院史地系。两年后，也就是1949年，由于国民党政府的腐败，台湾掀起大规模的学潮运动，学校被宣布停课整顿，学生重新登记，校园一片冷

---

*本文系宋嫒女士的访谈文章。

冷清清。龚先生与同乡的一个同学悄悄商量着："书读得没意思，我们回家吧。"一艘家乡的木帆船载着他们登上返乡的路，在海上漂泊了四天，"那几天没风可是有浪，我晕得什么都吐出来，就那在船上躺着，四天没吃没喝"。至今讲起这段经历的时候，龚先生仍是印象深刻。

从台湾回家后不久，他继续干起了教书的行当，直到新中国建立后。"新政府成立了，还是念书去吧"，他想。于是，在1950年春节前，他怀揣着亲戚、同学帮忙凑的十几块银圆，带着大学前两年的成绩单和当地政府开的路条，与同学辗转江西、上海北上，几经周折终于来到了北京，住到和平门外北师大的一个同乡学生的宿舍里，等教育部批准复学的消息，在六七天的等候之后，他被分到北师大历史系插班，从此在我校安顿下来。"那时的人比较诚恳，服务态度好极了。我们大年除夕正在火车上，吃的还是免费饺子，很好吃的。"说到这儿，龚先生仿佛回到了过去，脸上露出孩子般灿烂的笑容。

龚先生毕业后就留在我校历史系，一直工作到现在。了解校史的人都知道，我校50年代曾有过一段十分辉煌的时期，很多系的负责人都是海内外的知名人士，历史系也是如此。龚先生毕业时，是白寿彝先生当中国史教研室主任。龚先生记得自己当时问白先生他应当搞哪一段历史，白先生一笑："刚毕业就搞哪一段，太窄了，先教两年通史再说。"于是，龚先生就先教了两年中国通史，然后才定为专攻中国近代史。当时白先生组织了一个"通史小组"帮这些年轻人备课，还领着他们讨论大纲，让大家分头写讲稿，集体讨论、修改，然后去各个系里教课。龚先生说，现在回想起来，这段时间下功夫把学术基础打宽点，实在是很有益处。

如今的龚书铎先生是我国著名的历史学专家，中国史学会副会长，在近代中国史的研究方面多有建树，桃李满天下，但他对别人的称誉总是摇摇头，"没什么，我比白先生等老师辈的差得远。我念书时兵荒马乱，日本的飞机整天地飞，狂轰乱炸，工作了又是一个运动接着一个运动，我能有多少时间念书，能念多少书，没什么可炫耀的，不要胡吹乱吹。"

二

60年代，三十出头的龚先生参加了由著名历史学家翦伯赞、郑天挺任总主编的《中国通史参考资料》的编选工作，担任《近代部分》（上、下册）的主编。1975年以后，他参加编写《中国近代史》一书，除完成自己承担的撰写工作外，还负责对全书的通阅统改。上述两书都是面向全国高校文科学生特别是历史系学生而撰写的，其中的《中国近代史》先后四版，共发行了120万册，获得了国家教委颁发的高校教材一等奖。1984—1992年担任历史系主任期间，他继续推动了白先生倡导的课程改革并将其引向深入，这项具有开创性的改革受到国家教委的高度重视和充分肯定，荣获国家优秀教学成果奖。他的学术思想主要体现在他的《中国近代文化探索》（增订本）、《近代中国与文化抉择》、《求是室漫笔》，以及由他主编的《中国近代文化概论》、"九五"重点课题《历史的回答》等著作中。

龚先生做事非常认真、谨慎，在他的著作《求是室漫笔》的前言里，他曾写道："一家出版社的一本书中收了我的一篇文章，要求附上一句自己治学的箴言，于是写了'学术研究当求是而戒趋时'，这算不上是箴言，却是我治学所遵循的。一个人的学术观点可能发生变化，今是而昨非，但切忌跟风，赶时髦。"龚先生从不会将自己认为不成熟、不满意的作品匆忙拿出，80年代他主编的《西学在近代中国的传播》一书在当时是个热点，市场前景很好，他和教研室诸多同志已经花了不少的心血，但是，龚先生始终并不满意，最终还是将书稿废掉。他主编的《中国近代文化概论》一书，虽然篇幅并不长，但前后居然花去了十多年的时间。

博士生入学头几天，龚先生就要给他们上一堂课，讲怎么做人、做学问，他常说的话是"读博三年时间是好机会，应当好好读书。既然读书，就得坐冷板凳，得耐得住寂寞"。他对学生们要求很严格，批改论文时甚至对文章的标点也要修改正确，但他又很宽容，充分理解学生的苦处，关心学生的学习和生活，为他们毕业的去留操心。对有些学生读书期间表现出来的浮躁，他体谅地说："这有个素养的问题，但也不能全怪他们，有些也出于无奈，现在浮躁的社会风气，什么都量化，他们能不浮躁吗?"对"创新"，他也有自己的看法，"怎么创新? 这不是随便就可以创的。第一，要在继承的基础之上再发展; 第二，要下苦功，要潜心研究。创新不容易，不认真研究、随心所欲地'创新'是经不起考验的。而且也不能天天创，一个人要是每天创新的话就活不成了。"话很幽默，但龚先生自己却没有笑，表情很严肃。

三

与龚先生谈天，感受着他的诚恳与慈祥，不自觉就放松了心情。望着他稀疏的银发，我不禁问了句:"我知道您说过，历史是不能假设的，但是，如果有来生，您还会重新选择历史吗?"龚先生沉思了一下，笑容浮现到脸上，他一字一顿地说:"如果有来生……尽管历史现在不受重视，也不能扭亏增盈、让庄稼增产，但历史有个最根本的、别的无法代替的特点，那就是民族凝聚力、爱国主义精神的体现，这是别的学科无法代替的。你看现在的伊拉克，美国明摆着是霸权主义，死了那么多的孩子、老人、妇女! 但伊拉克兵也战，民也战，他们是在维护自己的民族，在维护民族的历史。"他激愤地说:"你还记得法国都德的《最后一课》吗? 为什么日本总要在中学历史教科书上做文章? 龚自珍有句诗'灭人之国，必先去其史'，这是多么深刻的名言! 这就是历史文化的重要，它关系着民族和国家的存亡。"

龚先生担忧地说:"母语现在不大受重视了。外语是应该学，可现在的一些论文，不要说语言不通，连标点都不对，是不是有些过分? 有的大城市的中学，连语文课都要用双语教学，语文是你的母语啊! 语言文字不仅是交流的工具，也是民族的认同，是国家民族的尊严啊!"

"有个美国记者写的文章，说是杭州有个'主题公园'，全是仿白宫的建筑，旁边有个寄宿制学校，从小学到中学有一千多孩子，实行的是全英语教学和美国生活方式，连课间都放的是美国的萨克斯管音乐来代替打铃！学生说'我们在这儿学习，跟在国外一样'，这是中国人在克隆美国人啊！"

龚先生语气沉重地说："在全球化的冲击下，在文化霸权主义的冲击下，如果不重视维护中华文化的独特性，不重视弘扬和培育民族精神，这是危险的，它会失去自己的民族文化，会失掉民族的凝聚力！"他的神情无比凝重。

（原载《北京师范大学校报》2003年4月15日）

周年怀胜粦

日子过得快，转眼胜粦走了一年了！在我的感觉里，他并未离开我们。他的音容笑貌时时映现在眼前，他那带着客家音调的普通话还在耳边响着。然而，他毕竟是走了，到那每个人都要归宿的地方去了。

胜粦性格爽朗、乐观，意志坚毅。身患不治之症，多年遭病痛折磨，有几次病况不好，他都挺过来了。这除了医生的治疗，夫人朱老师的悉心照顾外，也跟胜粦自己的精神状态和毅力分不开。他的病情时好时坏，但不论是在家中，还是在医院病房，每次去看他时，他总是乐呵呵的，侃侃而谈，不像是有病的人。

胜粦待人热情、真诚。广州这地方，过往的人多，去香港等境外地区的，以此为中转。对于跟他联系接待的人，不论熟悉或不太熟悉，他都要照料，安排好食宿。胜粦患病期间，我去参加他的博士生答辩，他虽然不直接参与，但事前总要细致地叮嘱林家有教授等，担心接待不周。有一次到医院病房去看望他，聊天时，他说未能陪我到野生动物园去参观，表示歉意。我对他说，你不必考虑这些，安心治疗，养好身体要紧，下次如有机会再来，陪你一起逛去。他听了很兴奋，相约一定同行。谁知天不假年，胜粦竟遽然弃我而去，愿望未能实现，留下了一个永远无法弥补的遗憾！

胜粦的事业心很强，做事很认真，对中山大学历史系的建设，对近代中国研究中心的创建，可谓尽心尽力，功不可没。中山大学地处广州，商

贸甚盛。上世纪80年代下海经商之风流行，对学校不无冲击。在那商潮
涌动、风气浮躁的环境里，中山大学历史系的老师耐得住寂寞，甘坐冷板
凳，孜孜于教学和科研，取得了成绩，作出了贡献。这有老一辈学者形成
的良好学风的影响，有老师的敬业精神，也与当时担任系主任的胜粦的作
用分不开。一个单位的领头人，对其单位的发展很重要。作风正派、责任
心强可以使一个单位健康地发展，如果私心重又不负责，则可以使这个单
位下滑，歪风邪气上升。胜粦从1983年到1995年任系主任，前后12年，可
能是20世纪八九十年代全国高校历史系任系主任时间最长的一位。这说明
他必为人正派，为历史系的建设和发展尽了力，从而获得了老师们的认可
和支持。当然，人们也不会忘记，这期间在胜粦的努力下创办的近代中国
研究中心，以及争取到姚美良先生捐建的、矗立在校园里的那座研究中心
大楼。

在对学生的培养上，也可以看出胜粦执着的事业心和严谨的治学态
度。从1986年到去世前，胜粦培养了一批博士毕业生。他对学生既宽厚又
严格要求。要求他们要端正学习态度，对自己的博士论文选题必须弄清其
学术史，对前人的研究成果要尊重，虚心学习，不能轻率地随意贬损，要
从原文献入手，挖掘新史料，等等。学生们也都能按老师的要求去做，认
真学习、研究。因此，有不少博士学位论文很有创见，有学术价值，其中
一篇被评为"全国优秀博士论文"，获得教育部的奖励。胜粦在病中，仍
然坚持对博士生的指导，认真审阅他们撰写的学位论文，提出意见。这种
对事业负责、对学生负责的精神，令人赞佩！

胜粦行政工作、教学工作负担很重，社会活动也多，占去了大量的时
间。但他利用能够利用的时间，潜心研究，撰写论文。胜粦的研究领域相
对集中，主要着力于林则徐和鸦片战争方面。不过他并没有局限于此，而
是视野开阔。他从研究林则徐的民本主义思想，进而扩及于对中国历史上
民本主义的整体研究，撰写了《民本主义论纲》一文。这篇文章阐述了民
本主义思想的历史发展、民本主义的内涵及其在古代中国的历史作用、民
本主义对中国近代民主思潮发生和发展的影响、民本主义对近代中国思想

家和政治家的制约等问题，因其是"论纲"，未能充分展开，但已明晰地
体现出胜粦对民本主义思想的思路和观点，多有创获。文中有的论断不无
可推敲之处，但它无疑是系统探讨自中国古代至近代的民本主义思想的第
一篇文章。

　　胜粦的论文，既有属于宏观研究的，也有属于微观研究的。宏观研究
不流于泛泛而论，而是根据史实作具体的分析和概括，如上述《民本主义
论纲》。于微观研究则不囿于就事论事，而是把它置于更广阔的范围来考
察，以小见大。如《略论姚莹开眼看世界的思想主张》一文，所论只是关
于姚莹学习西方的思想主张，然而所涉及的却是鸦片战争前后社会思潮变
化的大问题。胜粦是将姚莹摆在这个大背景中来研究，又通过姚莹来阐明
当时社会思潮的变化和趋向。正如文中所指出的："如果说，龚自珍开'经
世致用'之端，林则徐是'开眼看世界'的第一人，魏源则首先提出'师
夷长技以制夷'的口号，他们三人共同'开风气'而各有特点的话，那么
在他们的影响带动下，姚莹则是随着潮流不断地前进的一个突出的代表。"
这个论断是很有见地的。

　　胜粦不为写文章而写文章，写则必有所发，有新意。他于中国近代史
研究的学术成就和贡献，应有专门的研讨，不是这篇短文所能担承的。

　　时值胜粦周年忌日，撰此短文以作为对朋友的缅怀。

（原载中山大学历史系、中山大学近代中国研究中心编：

《陈胜粦教授纪念集》，中山大学出版社2004年）

纪念严复诞辰150周年大会暨学术研讨会的发言

我代表中国史学会向纪念严复诞辰150周年暨学术研讨会的举行表示热烈祝贺。

严复是近代中国著名的启蒙思想家、翻译家。他的思想在近代中国影响深远，而《天演论》的影响尤为巨大，特别是在知识分子中。1906年，胡汉民在发表的文章中就指出："自严氏之书出，而物竞天择之理，厘然于人心，中国民气为之一变。"有的哲学家认为，《天演论》传播的进化思想，是中国哲学史上的一次革命。

严复是一位在近代中国影响深远的启蒙思想家，因而受到学术界的关注，自20世纪30年代开始即有研究专文发表。此后，研究论著不断增多，不但国人研究，海外也有学者研究。特别是上世纪80年代以来，严复研究成为中国近代史的一个"热点"，发表了大量论文，出版了不少著作，举办了多次学术研讨会，推进了研究的深入发展。研究的深化，表现在以下几方面。

一、提出新思路、新观点。原来颇为流行的观点，如认为严复早年主张全盘西化，晚年主张反本复古；或者说，早年"全盘肯定西学，完全否定中国传统文化"，晚年"全盘肯定国粹，尽弃西学"；也有用从离异到回归来概括的。近年来，有的研究者不同意上述的观点，认为所谓严复早年"背弃儒学"，晚年"背弃西学"的思想演变是不存在的，他对中西文化自始至终采取一种存菁去芜的态度。比较集中反映这种观点的，是刘桂生教授等编的《严复思想新论》一书。不仅是对严复,对于孙中山等人,也有认为是从离异传统到回归传统的。我不赞成这种意见,大约十年前,在杭州举行的关于孙中山的一次学术研讨会上,在谈到孙中山与传统文化的关系时,说明了他在辛亥革命前没有离异传统文化,在辛亥革命后也就谈不上他对传统文化的回归。孙中山思想体系的渊源,既继承了传统文化,又吸收了西方文化。正如他自己所说的:"余之谋中国革命,其所持主义,有因袭吾国固有之思想者,有规抚欧洲之学说事迹者,有吾所独见而创获者。"①对于严复来说,在对待中西文化问题上,也是如此。

国外学者对于严复的研究,如史华兹的《寻求富强:严复与西方》一书的影响较大。近年来,一些研究者对他的论点也提出了质疑。如史华兹认为,严复所宣传的自由思想,并没有吸收英国19世纪个人自由主义的思想传统,而是为达到集体主义目标而仅具工具意志的一套自由观,而不是以自由作为终极目标的西方自由观念的原型。有的研究者不赞成这一论点,提出严复肯定了自由的目的性,而不是史华兹所说的工具性,严复试图在个人权利与群体权利间采取平衡的观点,而非强调群体利益高于个人价值,虽与斯宾塞重视个人主义的趋向有异,但亦非背离西方自由主义的精神,晚年的严复仍然算得上是一位具有中国特色的自由主义者。②

有的研究者对史华兹《寻求富强:严复与西方》一书中所说的严复是一个"彻底否定"中国文化、"坚定不移"地主张"在近代西方寻找人类未来的形象"的观点提出质疑,指出严复在《社会通诠》中确实有不少批评孔子和儒学的言论,但这些批评不能说就是否定整个儒学传统,更不等于意味着彻底否定整个中国文化,研究和介绍甄克思有关人类社会发展的历史,也不意味着"在近代西方寻找人类未来的形象"。

学术发展需要创新,不同意见的提出和讨论是正常的,它有利于推进学术的发展和创新。

二、具体、深入的研究。研究严复的成果很多,但也存在着人云亦

---

① 孙中山:《中国革命史》,《孙中山全集》第7卷,中华书局,1985,第60页。
② 参见刘桂生、林启彦、王宪明编《严复思想新论》,清华大学出版社,1999。

云，或大而化之的问题。严复留下的著述，除他撰写的文章、书信等外，有大量的译著。要深入研究严复，阐明他的思想，离不开认真解读他的译著。严复翻译西书有其特点，他不是严格按原著翻译，而往往是加进了自己的东西，他的译文中的一些词条，也不都是英文的原意。不将他的译书与原著进行认真的比照研究，只读译书，是不能寻清楚他的思想的。这方面已受到研究者的注意，如关于《天演论》《群己权界论》的研究等。这两年读了三部博士论文：王宪明的《从甄克思的 A Short History of Politics 到严复复译〈社会通诠〉——严复译著与清末民初政治文化思潮》、戚学民的《严复〈政治讲义〉研究：文本渊源、言说对象和理论意义》、王天根的《严复社会学思想研究》。他们都在寻照严译本和原著上下了很大工夫，认真加以研究，有所创获。例如，王宪明的论文着重研究了《社会通诠》中的国家、民族、小己等关键词，指出严复用"民族"翻译原文中的"Tribe"、"Clan"等词，与当时一些人士和后来社会上流行的译法不同。严复所说的"民族"，实际上是一种宗法性的组织，与近代国家格格不入。不能把严复所说的"民族"等同于英文中的"nation"，将"民族主义"等同于英文中的"nationalism"，并等同于孙中山所倡导的三民主义中的"民族主义"，据此认定严复反对"民族主义"、反对革命。

三、新史料的不断发现，包括严复所写的文章、书信等。严复的研究要进一步深入，这就需要有甘坐冷板凳的精神，潜心下来认真读书，而不是寻章摘句式地找材料，不是用现成的模式来套。比如一般都认为严复在维新运动期间批判汉学和宋学，认为是无用无实。这是有根据的，是他的文章中写的。但是，如果以此认定严复完全否定汉学和宋学则值得斟酌。事实上，严复并不认为汉学和宋学无用无实，而是因为中国处于危亡之际，面临的问题是救弱救亡，靠汉学、宋学解决不了问题，"非今日救弱救贫之切用"，当时的要务只有通知外国事，学西学、西文、格致。

有些问题也还需要深入研究。例如前面说到的，严复不存在早年全盘西化、晚年反本复古的问题。但是，从他的文章看，维新运动时期，他一再强调"以西学为要图"，甚至说"此理不明，丧心而已。救亡之道在此，自强之道亦在此"。而在晚年则强调读经，鼓吹弘扬忠孝节义等"民族精神"，参与发起成立孔教会，等等。而这时正是袁世凯、清朝遗老等掀起尊孔读经的浪潮。这种现象是否存在？如果存在，又应当如何解释？这是需要研究的。

（2004年）

海峡两岸　血同缘　根同宗*
——访龚书铎教授

　　到过台湾的人都会有这种强烈感受，仿佛置身于闽南，讲的是闽南话·吃的是面线糊，听的是歌仔戏，对妈祖的敬仰溢于言表，与在闽南生活没有两样。的确，台湾文化源于闽南文化，而闽南文化的根子在中原。海峡两岸人民，血同缘，根同宗，同日同月，共同传承中华文化。

　　北京师范大学教授龚书铎先生祖籍闽南，曾先后三次去过台湾。他研究的领域涉及中国近代史，近年来专注于阐释中华传统文化。海峡两岸文化同根同源共血脉，龚书铎先生对此体会颇深。

　　龚书铎先生与笔者的交流，首先是从追溯历史开始的。台湾人口中原住民并不多，主要是从闽南漳州泉州一带移民过去的，还有一些移民来自广东与福建交界地区．移民有讲客家话的，但更多的是讲闽南话。1995年，龚书铎先生到台湾参加孙中山研讨会，参观农村时遇到一位七十多岁老人．遂用闽南话与其交谈，方知老人的祖上是随郑成功为驱赶荷兰占领军而来到台南的。这是大陆居民成规模移民台湾的开始。从此，大陆移民在台湾从北向南推进，屯兵垦荒，定居生活，将大陆文化深深植根于台湾这片热土。1945年台湾光复后，又有一大批福建人来到台湾，与上次移民不同的是，这次来的以生意人、读书人居多。蒋介石退守台湾后，大批国民党军政人员来到台湾，这是移民规模最大、人数最多的一次，人员也不

*本文系酌访谈录。

再以福建人为主，而是来自全国各省。

大陆人来到台湾，带去的不仅是生活习惯，还有语言文字和文化习俗。台湾原住民有语言没有文字，讲的是台湾话。蒋介石到台湾后，大力推行国语教育，如今台湾人普遍讲国语，闽南话取代台湾话成为当地的主要方言。随语言传播的还有戏曲戏剧，闽南漳州泉州地区的布袋戏、提线木偶戏、歌仔戏，今天依然可以在台湾的舞台上找到它们的踪影；外省人喜欢的京剧、豫剧、相声，至今仍然保持有演出队伍，并不时与大陆进行交流。

台湾人最崇拜的三个神都是来自大陆，一个是妈祖，一个是观音菩萨，一个是关帝。特别是妈祖被台湾人奉为神明。当年第一批大陆移民去台湾开荒时，船上就安放着妈祖神像，身上带着妈祖的护身符。移民平安到达台湾后的第一件事就是给妈祖建庙，感谢她一路护航。他们把大陆的妈祖信仰带到台湾，因而妈祖信仰一代一代传承下来。如今，每年4月，都会有大批台湾人专程前往莆田湄洲岛妈祖庙朝拜妈祖女神。

台湾人现在过年过节依然保留着大陆流传过去的习俗。龚书铎先生给笔者讲了一件印象深刻的事。1995年他去台湾访问，在姐姐家住了一星期。一天，姐姐家要庆祝"尾牙"（闽南语），敬奉土地公。龚先生已经忘记这是怎么一回事，经姐姐提醒，才想起是闽南特有的风俗。闽南地区在农历每月初二和十六都要敬奉土地公，但一年中有两个特别的"土地公"日：农历二月初二为"头个"，十二月十六为"尾个"（闽南语"尾牙"）。"头个"是农民敬奉土地公的特别日子，祈求来年好收成。"尾个"是商家、厂家为答谢土地公一年来的关照，并犒劳员工而设的酬谢酒宴，"一敬神二敬人"，在闽南已成惯例。

大陆台湾文字相同，语言相同，文化的根紧紧连接一起，难以割裂。龚书铎先生对他1947年在台湾求学做家教的那段经历记忆犹新。他做家教的那个家庭，夫妻二人均已五十多岁，可以熟练地用闽南话与龚先生交流。以夫妻二人的年龄看，他们正好是生活在日本侵占台湾的那五十年间，即从1895年清政府签订《马关条约》，将台湾割让给日本，到1945年台湾光复，中间整整五十年。在这五十年时间里，日本不让台湾人学中文、讲汉语，实行奴化教育，妄图割断中华文化的传承。然而，日本的企图没有达到，夫妻二人依然讲着属于中国人自己的一种方言——闽南语。中华文化绵延不断的生命力不是外力轻易就可以割断的。

一道浅浅的海峡，隔不断两岸历史文化共同的根基。台湾社会的发展，始终延续着中华文化的传统，即使在日本侵占台湾的五十年间，这一基本情况也没有改变。现在，台湾当局三番五次修改高中历史教科书，最近修订的教科书内容，更是刻意把台湾从中国区分开来：以"我国"、"本国"指称台湾，"中国"指称大陆；1911年武昌起义，改称起事；台湾的"日据时期"改为"日治时期"等等。龚自珍曾说："去其国者，必先去其史。"台湾当局屡次修改教科书的"去中国化"行动，其目的昭然若揭，实质上是"台独"思维操纵下的文化政策的具体反映。

李敖说过：台湾无处不中国。的确，除去了中国的语言、文字、人名、地名、书籍、文史、风俗等，台湾文化还剩下多少呢？如果去中国化，台湾文化的根基又将何在？

黑格尔说过：没有昨天，哪有今天明天。历史事实已然发生，任谁也不能改变！

（原载《前线》2007年第5期）

方国瑜先生的人品和学品

——"方国瑜先生故居开馆庆典暨方国瑜先生与民族文化研讨会"发言

中共丽江市委和市政府给了机会，参加"方国瑜先生故居开馆庆典暨方国瑜先生与民族文化研讨会"，表示衷心感谢！

方国瑜先生是我的老学长，也是我的老师辈。方先生1932年毕业于北京师范大学历史系，我毕业于1952年，是老学长。他跟我的老师白寿彝先生是同一辈人，是我的老师辈。白先生和方先生曾同在云南大学教书，多有交往。我曾多次听到白先生谈到方先生，钦佩他对云南民族史、地方史研究所做的贡献。

方国瑜先生一生主要从事教育和研究工作，尤专注于云南民族史、地方史的研究，著述宏丰，贡献巨大，有口皆碑，被誉为"南中泰斗，滇史巨擘"。他是云南的光荣，丽江的光荣，也是我们北京师范大学的光荣。我以有方先生这样一位老学长、老前辈深感荣耀。对于方国瑜先生的为人和治学，我没有能力作全面的论述，只就学习时的感受谈几点想法。

一、作为一位老教授、老学者，方国瑜先生在新中国成立后坚持马克思主义、毛泽东思想，并以之来指导历史研究，教育学生，这是十分可贵的。例如，在培养博士研究生的计划中，强调突出了马克思主义的指导地位，在培养目标中规定："掌握了马克思主义哲学、政治经济学、民族问题等基础理论，不断增强运用马克思主义的立场、观点和方法分析问题，解决问题的能力。"在培养计划中，又规定学生要"认真系统自学马克思主义哲学、政治经济学、民族问题等有关著作"，并在读书目录中具体开列了《马克思恩格斯选集》《列宁选集》《毛泽东选集》等7种马克思主义的著作。

方国瑜先生学习、运用马克思主义来指导历史研究,最明显地体现在他于1963年在庆祝云南大学40周年校庆学术报告会上所作的《论中国历史发展的整体性》的报告中。他在论文中提出:"中国历史应该是各族人民历史的总和,把汉族以外的各族人民的历史,只作为中国历史的附录,甚至划在中国历史之外,是不符合历史实际的。""应该把全国各民族的全部历史合起来成为中国的历史,正确反映各族人民共同缔造祖国的事业上的贡献和他们在中国历史上的地位。"他在这篇论文中,还提出一个重要的见解,即:"历代王朝与中国史应当有所区别。""王朝的疆域,并不等于中国的疆域;王朝的兴亡,并不等于中国的兴亡。""只知有王朝历史,不知有中国各族共同的历史,如何能写成完整的中国历史呢?""势必割裂整体历史。"方先生提出的中国历史发展整体性的观点,很有针对性,很有见地,对于建构整体的中国历史有重要的学术价值,对增强民族团结也有现实意义,是符合马克思主义、毛泽东思想的。

二、实事求是的治学精神。方国瑜先生研究历史、民族史,遵循实事求是的原则。例如关于彝族历史的社会经济形态问题,方先生以唯物史观来指导彝族史的研究,探讨了彝族由原始社会而奴隶制而封建制各社会形态。但由于彝族分布在四川、云南、贵州、广西诸省,不可避免地会存在不同的情况,因而不能简单地用同一模式去套,对不同地区的彝族社会要作具体分析。方先生正是这样处理的,他仔细分析了有些地区的彝族社会已进入封建后期的地主制,有些地区则是封建前期的领主制,而有些地区还停留在奴隶占有制阶段。方先生的论断,学界能否都赞同,那是另一回事,但它体现了方先生实事求是的治学态度。

又如方先生作为《中国历史地图集》西南部分绘制工作的主持人时,对如何绘制初唐和清代图幅西南部分的问题,与绘图组的一些人存在原则性的意见分歧。方先生为了对事业负责,本着实事求是的态度,多次将自己经过研究的成果打印成书面材料,寄送有关单位,申明自己的意见。

三、重视史料的搜集、积累和整理。研究历史，史料是基础。没有史料，历史研究就无法进行。方国瑜先生从从事研究开始，就非常重视对史料的搜集、积累。他在研究问题时，经常苦恼于史料的欠缺，难以说明问题。如他在整理《彝族史稿》时，认为"首先感到的是史料太少，要探寻出各种形态的内部联系，引出科学性的阐述，还不容易"。正因为他有这种亲身的感受，所以他非常重视史料的工作。他曾说，与其在费时间搞一些华而不实的工作，不如踏踏实实做点有益于研究云南地方史的工作。他曾编纂过《云南民族史史料目录题解》作为讲课之用，后来加以修改出版，即《云南史料目录概说》一百多万字。直到暮年，眼睛已看不见，他还和研究室的同志制订1978—1985年"八年规划"，其中第一项就是他主编的大型的《云南史料丛刊》。这是非常有益于研究云南地方史的。值得提到的是，方先生的史料工作，不仅限于文献的搜集，而且重视实地考察，进行社会调查。

四、专精与通博结合。方国瑜先生对云南民族史、地方史的研究很精深，成就卓著。之所以有这样卓著的成就，是与方先生具有广博的学识分不开的，是建立在广博学识的基础上的。方先生在北京师范大学和北京大学研究所国学门读书时，得诸多名师之教，于音韵、训诂、目录、校勘、金石、名物及经学、史地之学打下了深厚的功底。他在云南大学教书，除教云南民族史、彝族史等外，也教中国史以及东南亚史、东南亚国别史。正因为方先生考据学的功底很深，使他的《中国西南历史地理考释》成为西南历史地理的奠基之作。因为他的马克思主义理论素养和宏观的眼光，才写出了《论中国历史发展的整体性》这样一篇有很高学术价值和现实意义的论文。因为他具备的历史知识和文字学的基础，使之能够完成《纳西象形文字谱》这样一部科学的纳西象形文字研究专著，而被国际学术界誉为"纳西语言与历史学之父"。老一辈的学者，很多都是博古通今，学贯中西，所以能取得巨大成就，甚至成为大师。清代著名汉学家焦循曾说："学者或具其一面而外其余，余患其见之不广也。"方先生则与此而异，他是"具其一面"而不"外其余"，其见之广，非焦循所"患其见之不广"。

五、道德文章，堪为风范。方国瑜先生之所以取得卓著的学术成就，说到底是同他的人品密切相联系的。中国有个好的传统，讲道德文章，也就是人品和学品，没有好的人品就很难有好的学品，也难以有大的成就。方国瑜先生的为人，是令人钦敬的。他一生追求光明，追求进步，始终将个人的命运同民族的命运、国家的命运紧密地联系在一起，以维护祖国的统一、民族的团结为己任。他深深体会到"没有共产党就没有新中国"，到暮年他还向党组织提交了入党申请书，终于由中共云南省委批准追认为中国共产党党员，实现了他的愿望。

方国瑜先生不论是教书还是研究学术，都一丝不苟，认真对待，孜孜不倦，尽力而为。学校要他开设东南亚史、东南亚国别史，新课程没有什么基础。但方先生克服包括家里妻子生病和要照顾孩子等种种困难，在不长时间内编写了《马来西亚古代史》等多种讲稿。即使进入暮年，双目失明，他仍勤奋地为教学和研究事业尽力。正如他所说的："各人的能力有大小，只要活着，应当尽力而为，不然生命没有意义了。"

方国瑜先生治学，既注意创新，又尊重前人的成果，遵循学术规范。他不仅身体力行，而且以此来要求学生，告诫学生"做学问，要有正确态度，要老实"。学术研究是在前人的基础上进行的，是在继承的基础上创新。现在学风浮躁，或拼拼凑凑，不下功夫，甚而剽窃他人的成果。重温方先生的这句话，端正做学问的态度，是很有必要的。

从上述事例可以看出，正是由于方国瑜先生严格要求自己，有高尚的思想品德，才使他能够在学术上做出卓越的贡献。方国瑜先生的道德文章，堪为后人风范。

（原载《史学史研究》2007年第4期）

在第三届郭沫若中国历史学奖评审会上的发言

丑化、歪曲、否定郭沫若同志成为一种时髦，从个人生活到学术研究都加以否定、丑化，产生了很坏的影响。

郭老是革命文化的旗手，在文学、史学、文字学等诸多文化领域都做出了开拓性的贡献。他"开辟了新文学的途径"，为中国的马克思主义史学奠基，这是谁也不能抹杀的。

郭老一生"为文化与革命奋斗到底"（自语）。他不为蒋介石的高官厚禄所诱，也不惜牺牲自己。就在蒋介石发动"四一二"反革命政变，制造白色恐怖的情况下，他发表了著名的讨蒋檄文《请看今日之蒋介石》。郭老一生追求进步，例如他原先是崇奉纯文学的，但当他接触了中国的社会实际，接受了马克思主义之后，他的文艺思想也发生转变。他说："我从前是尊重个性、景仰自由的人，但在最近一两年间与水平线下的悲惨社会略略有所接触，觉得在大多数人完全不自主地失掉了自由，失掉了个性的时代，有少数人要来主张个性，主张自由，未免也于僭妄。……要发展个性，大家应得同样地发展个性，要生活自由，大家应得同样地享受自由。但在大众未得发展个性，未得生活于自由之时，少数先觉者倒应该牺牲自己的个性，牺牲自己的自由，以为大众人请命，以争回大众人的个性与自由！"[1]他从追求个性发展、表现自我，进而要求自己"先把民众的痛苦叫

---

[1]《郭沫若全集·文学编》第15卷，第146页。

喊了出来，先把革命的必要喊了出来"，这是思想境界的升华。这比起胡适等一些人当年所作的新诗所关注的自我情感的宣泄，要高明得多。在他们的作品中有孤独的蝴蝶和空灵的雨点，有个人主义的孤身奋斗，有离愁别绪的感伤，却唯独没有我们国家和民族的血泪故事，没有百姓的疾苦！但是，现在却有人给予颠倒，对于此类的作品和作家大加吹捧，面对郭老则予以丑化、否定。这是为什么？这绝不仅是郭老个人的事情，而是借着否定郭老，吹掉这位革命文化的旗手，进而否定马克思主义指导下、共产党领导的整个革命的文化。

否定郭老，并不是孤立的现象，不是偶然的现象。这些年来，翻案风、改写历史的说法颇为流行。他们贬低、否定鲁迅，贬低、否定茅盾，贬低五四以来的革命文艺，贬低、否定马克思主义文学，消解主流意识形态，将避崇高，告别革命。他们把五四运动的爱国主义精神和传统，歪曲为自由主义的精神和传统，鼓吹自由主义，实际上就是鼓吹自由化。对于否定郭老，应当把它放在这个大背景下来考察。

（2007年）

"教师要有做教师的良心"
——访北京师范大学历史学院龚书铎教授

时　间：2007年6月

地　点：北京师范大学乐育7楼

采访者：刘雪平、胡荣堃

受访者：北京师范大学历史学院龚书铎教授（文中简称龚）

风雨求学路

问：龚老师您好，非常荣幸您能接受我们的采访，请您从您的人生经历开始谈起吧。

龚：我在师大的时间比在老家的时间还长。我是1950年到北京来的，1950年转学转到北京，1952年毕业就留在系里，到现在快60年了，半个多世纪。我上学的时候师大在西单，是原老北京女子师范大学的房子，有历史、外语、中文三个系在那儿。校本部在和平门外。1955年师大搬到城外，就是现在这个地方。以前这个地方很荒凉，人也少，学校在这儿划了一片地，一边到北太平庄，一边到小西天。

问：您来师大之前在什么地方？

龚：来师大之前，我在台湾念了两年书。我是福建人，台湾的老百姓除去原住民——高山族，大部分的人是从福建漳州、泉州移民过去的，还有一部分是福建、广东交界的地方移民过去的。从漳州、泉州、厦门过去的就讲闽南话，现在陈水扁总讲要讲台语，而不是国语，要搞台独，其实他所谓的台语就是闽南话。

问：您是怎么到台湾的呢？

龚：我是考学考到台湾的。1945年抗战胜利，当时台湾光复了，那时候国民党政府要好多人去台湾任中小学老师，我姐姐是到台北的一所小学去的。1946年她考了台湾师范学院（现在的台湾师范大学）教育系。当时我在泉州乡下教小学，我高中还没读完，因为家里没有钱，供不起，于是就到乡下去教小学。后来我就给我姐姐写信说也想去考学，她回信说你来吧，吃住我管啦。我就和我的一个同学一起在1947年暑假去了台湾，我考了台湾师范学院史地系，和我一起去的那个同学考了中文系，两个人都考取了。

问：为什么选择这个专业？

龚：为什么念历史，我也说不清楚。小时候在老家，我喜欢看戏、听说书的。下午放学回家的路上，有一个佛庙经常演木偶戏，一演好几天，我就在那儿看。特别是在夏天，还有说书的。说的虽然不是真正的历史，但是和历史有关系，而且我们中学历史老师讲得很好、很生动。我想这些都对我有影响。从听说书、看戏到老师讲历史课就开始有点兴趣，当时我家里也有一些史书。我去台湾之前在乡下教小学时，白天上课，晚上没什么事就点着煤油灯看这些书。

问：后来您怎么又回到了大陆？

龚：这要从1949年春天的学生运动说起。1949年清明节的时候，学校放假，台湾本省学生不少都回家去了，国民党特务抓台大、师院学生，这个消息传得很快，学生都知道了就集合起来到警察局要求他们放人，结果没解决。后来学生就串联，有台大、师院，还有中学生游行，游行队伍到了台北警察局门口，要警察局长出来对话，要求释放被抓的学生，并且保证以后不再发生这种事。当时台湾省主席是蒋介石的心腹大将陈诚，他回南京，没在台湾。警察局局长做不了主，于是他就糊弄学生说你们的条件我们都答应，你们回去吧。学生一看他们答应了，就解散回学校了。

回到学校后，学生会传话说晚上睡觉的时候得有人值班，我们这一年级的男生住在校内的两层楼上，200人左右，其他学生住在校外。当时就说值班的人发现什么可疑的就敲脸盆，4月6号清晨天还没亮就听见敲脸盆的声音，大家赶快起来，有人通知到楼下饭厅集合。天还很黑，外面下着大雨。后来天慢慢亮了，就发现外边被包围了，有警察、有便衣，最外围是宪兵。天亮以后，我们的院长来了——院长是当时台湾省教育厅长兼任。他对大家说只要把名单上的人交出来，其他人都没事。结果没人理睬，院长就走了。

此后就有人通知说平地上危险，让大家都上楼去。大概是9、10点钟的时候，下面警察就往上冲。同学们把屋里面的凳子、饭碗都往下扔，警察没防备，头一回吃了点亏。后来他们从楼下房间里拿棉被蒙着头往上冲，这样就不怕学生砸。结果他们冲上来了，学生就一个一个给抓走了。

问：您也被抓走了？

龚：对，我也被抓了，一共抓了100多人。我们被关到台北的兵营里面，关了大概五六天。这事就闹大了。当时台湾的高等学校第一个是台大，第二个就是师院。这事发生以后，台湾的学生家长不干，台湾的地方绅士不干。国民党当局怕激起民愤，因为蒋介石准备逃往台湾以此为基地。所以后来，本省学生让家长领回去，外省学生让系主任或者亲人给领回去。我们回到学校后，听说有几个没放出来。

事后院长撤换了，学生重新登记，还要审查。当时，台湾籍学生害怕，都回家去了，学校没法恢复。我和我一起考学的同学就嘀咕，觉得大陆快解放了，再不回去可回不去了。而且在台湾很恐怖，书念着也没意思，就想着要回家。正好我们有个同学说他家有一条船到台南运货要返回福建，可以坐他家的船回去。于是，我们就坐了同学家的船回福建。这是一艘木帆船，海上没风，走得缓慢，坐了四五天的船，到4月下旬回到家。

问：您是怎么来到北师大的呢？

龚：我们老家7月中旬解放，我和那位同学就在城边的一个小学教书。

我们一边教一边想着书还没念完，解放了应该再念书去。年轻时还有那么一股劲头，就想找教育部，想着我们是在台湾受迫害跑出来的，应该让我们继续念书吧。

那位同学的哥哥当时是泉州一个布店的店员。他们的布都是上海的货，他的布店在上海有个货站，有人驻在那儿办货。他哥哥正好要从福州到上海去运货，他和他哥哥说我们想到北京找教育部要求复学，他哥哥答应将我们送到上海，然后我们从上海坐火车到北京。那时候公路坏了，八年抗战加上三年内战把路都破坏了。坐的长途汽车都是老爷车，摇摇晃晃的。后来到了北京，先到和平门找了在北师大读书的一位老乡，在学生宿舍住下，第二天去了教育部。

教育部接待我们的人非常和气。我们把情况介绍一下，证明的东西只有一张台湾师院一年半的成绩单，和我们老家政府开的证明信。教育部的人看了看就说："你们先找地方住，我们可以帮你们找。"我们说："不用，我们住北师大学生宿舍。"他告诉我们来要求复学的不只我们两个，从台湾跑回来不少学生要求复学，要等教育部开会一起讨论。过了五六天就有了消息，告诉我们说："你们两个上的是师范就到北师大吧。"我还是到历史系，那个同学到中文系。毕业后就留校了，就是这样一直到现在。

教书育人是学校的根本

问：您一直都在教书，对于教育，您是如何理解的？

龚：说起来也很简单。教育，我想就是培养人的事。老话常说教书育人，学校第一件事就是教书，培养学生。学校和研究所是不一样的，学校要教书，这对学校来说是最根本最重要的一点。学生来到学校读书，能不能把学生培养好是学校的责任。

问：您觉得大学应该培养什么样的人才？

龚：现在的本科生和解放前或者20世纪五六十年代的不一样。那时候没有多少研究生，所以过去大学就是培养专门人才。那时候学生也少，现在大学生普及了，还有硕士、博士，博士应当培养成专门人才。本科生培养"通"才也可以，但是"通"也应该有个限度，不能什么都通，什么都通这不可能。高中现在分文理科，到了大学文科还要补学理科课程这样还不如在高中的时候把文理课程都学了，何必都等到大学再补呢？

"教师要有做教师的良心"

问：要实现学校教书育人的目标就要靠教师，您在实际工作中是如何做的？

龚：我在实际工作中对自己要求比较严格，不严格要求自己就没办法要求别人，首先从自己这里做好。教书育人，身教比言教更有效。

我好多年不教本科了，现在主要带博士生，给博士生上课。我们中国近代史的博士生每周上一次课，我觉得不管本科也好，硕士、博士也好，既然招来了就要严格要求。硕士生当然有课程规定，博士生尽管没有严格要求，但还是要上课，不能放羊。给博士生上课，头几周我不讲专业课，光讲三年干什么事，怎么安排好，到底能有多少时间作论文；然后就讲讲学风，讲讲怎么做人。做人和做学问是分不开的——将来不管是当老师还是做研究，要做好学问都要先学好做人。比如一个平时就想取巧的人，遇事就想占点便宜，想不花工夫也能取得好处，这种人做学问肯定做不好，因为他也想取巧，不会认认真真、扎扎实实地做，不会做出什么成绩来。这些经常和学生说的事也没什么新鲜的，但说比不说好。

问：那么，学生的学风如何？

龚：从总体上看，应该说多数学生是好的。考上大学很不容易，到学校来就应该念好书，我知道有一些同学的家庭是非常清苦的，并没有很好的条件，所以大多数同学念书都是刻苦的。但是也难免有些学生不是很踏实，心思不在学习上。

问：您对学生严格要求会不会影响师生关系？

龚：我和学生的关系还不错。有时同学对我说，说老师你要求太严了。我说，在学校给你们放羊对你们有好处吗？要求严格是为你们好。家里人供你念书干什么，尤其是读到博士阶段了，将来不管干什么工作，现在不学好了，工作就难以胜任。本来考上就不容易，能来读就要好好学。三年的时间很宝贵，人的一生能有几个三年啊。

问：您还关注学生的什么问题？

龚：现在学生心理素质不是很好，近来又有学校学生跳楼的。学生有轻生的现象，虽然是极少数，但是加起来不少。学生心理承受能力比较差、压力大，包括工作问题、感情问题。现在博士毕业生多了，工作不大好找。教师并没有承担给学生找到工作的责任，也没有这种能力和条件。但是，学生读完三年，获得博士学位却找不到工作，教师心里总不是滋味，心头上总是牵挂着。

问：您一辈子兢兢业业地教书育人，其中的动力是什么？

龚：我想这是和中国传统有关的，作为一个教师应该有做教师的良心这句话没什么哲理，还有点俗，但却是大实话，把学生招来了，就应该对学生负责，不能误人子弟。对学生要求严格，有的同学上学的时候不理解，但是他们终究是会理解的。既然当教授我就要对学生负责任，这是最起码的要求。教师对待学生要尽心、尽力，讲"在其位，谋其政"，在教师的位子上就要做教师应该做的事。

问：家庭是不是也为您"谋其政"提供了支持呢？

龚：是的。在家庭和工作的关系上，我要感谢我的老伴儿。她在中学当老师，家务事都是她管。她现在退休了，以前她在中学当老师的时候，上午最后一节课回来晚了面条就我下，如果不是最后一节课回来得早就她来下，主要是我老伴管家，大总管。（笑）所以，我有比较多的时间用在教书、做研究上。

协调教学科研　　保持学科优势

问：就北京师范大学而言，您认为学校应该如何培养学生？

龚：师大过去培养教师，学生比较老实、规矩。师大的同学毕业后很多到中小学做老师，做得很好，因为他们在学校学教育学、心理学、教学法等课程，参加教育实践既有书本的，也有实践的。"文化大革命"以前，师大的学生在中学教师岗位的工作中和综合大学的学生相比，前几年有优势但是后劲儿差一点。因为综合大学有做论文、科研的要求，而师范大学没有这方面的要求。现在和过去不一样了，我们师范大学也要做论文、搞科研。

问：谈到科研，您认为它与教学是什么关系？

龚：教学和科研互相促进、提高、相辅相成，但是实际上往往会重研究、轻教学，尤其现在的评估体系不尽合理。现在评估体系的导向是使老师重科研、轻教学，比如说评职称，副教授评教授一年要1.5篇论文，还要发在核心期刊上。5年可以参评，那就需要8篇，教学也有要求，教基础课还是选修课，教学工作量够了就行了，至于教得好不好那就比较虚了，弹性比较大。科研的任务是硬的，教学是软的。

问：咱们学校"十五"期间提出要创建"综合性、研究型、有特色的世界知名大学"的战略转型，您对此如何看？

龚：过去有一段时间，学校曾经提出来要摘"师范帽子"，和清华、北大看齐。我认为这样反而把我们的优势给扔了。教师教育是我们的优势。尽管综合大学在研究能力方面有优势，但如果我们把这方面弥补了，师范大学就有了另一方面的优势。因此，师范教育的优势要保持发展，非师范类的教育根据社会的需要也可以办，比如咱们学校的天文系，"文化大革命"之前就有这个专业，毕业生并不是做老师，很多天文台的工作人员都是师大天文系毕业的。社会需要这样的人才，我们就可以办这样的专业。但是学校不是越大越好，国外很多著名大学也不大，比如麻省理工学院就不大，但却是很有名、非常好的学校。我们学校是师范类大学的排头兵，我们有这方面的优势，要保持。大学要有特色，需要有多专业和名师。一所大学不可能所有专业都是名专业，哈佛大学也做不到，但需要有若干专业是名专业，才能有特色。

"对本科生的培养不能一刀切"

问：大学的转型对教学的侧重也会有影响，对此您有什么看法？

龚：现在学校比较注意抓研究生的教育，抓本科生教育的力度有点不够，这是一个问题。因为研究生的基础也是在于本科生，本科生培养不好，研究生也不可能培养好，所以还是要重视对本科生的培养。过去对本科生的教学抓得比较严，老师要集体备课、讨论、互相听课，现在不再这样备课了。一个人的思想、智慧毕竟有限，非常聪明的人也有局限，大家互相听课、观摩、提意见，其实很有好处。创新是很好，但过去好的东西还是应该坚持。创新和继承是分不开的，要在继承的基础上创新。

问：您对本科生的培养有什么建议？

龚：本科生的培养，文理科是不大一样的。现在有很多东西都是一刀切，比如很多文科的评估指标都是从理工科引进来的，但是这些指标对文科不一定合适，因为文科的东西是不能都用量来计算的。

过去强调因材施教是非常有道理的，不同专业的学生应该有不同的要求。理科和工科也不完全一样，比如说数学、基础物理都是属于基础理论的内容。因此我觉得，对本科生的培养不能一刀切。学校层面应该提出总的原则，有基本的要求。然后，对不同专业应该有不同的要求，把对不同专业的要求下放到院系。教育专业对学生有什么要求由教育学院来定，历史专业有什么要求由历史学院来定。学校可以有原则要求，但不能在具体要求上一刀切，因为文、理、工各个专业的差距是很大的，各个院系要根据自己的学科特点来定具体要求。我觉得办好学就要避免一个模式、一刀切。

"母语不能忘"

问：除了上面的这些问题，当前大学教育中还有什么问题令您担忧？

龚：现在还有一个问题，学生的母语水平下降得很厉害，不知道你们感觉到了没有。我和我的博士生说："按规定你们的论文我不能改，只能给意见。过去我写了密密麻麻的意见，然后你们去改，改完我再看、再写意见；现在有些我就必须得改了，标点符号、文理不通、错别字，这些我不给改，你就不知道——你要知道就不会那么写了——我不改，专家看的时候就要摇头："博士怎么还犯这样的错误，这哪像博士论文！"个别的错误谁也避免不了，但是多了就成问题了。中央电视台曾经有一个节目，找了三个人，一个高中生、一个大学生、一个女博士，这个博士还是国学专业，让他们写两个字："尴尬"。三个人全写错了，这个真是够尴尬的，连国学专业的博士也写不对。国际上学汉语的国家越来越多，咱们不注意学习不行。现在好多人都用电脑，自己不太写字，一写字就写错。而且，现在"英语热"。英语学好了当然很好，可是英语学得再好母语也不能忘。语言不只是个交流工具，它还是文化载体，有文化内涵，有民族的根。你们中学时候读过《最后一课》那篇课文没有？

问：学过，都德的《最后一课》。

龚：我对这篇课文的印象很深：那是那所学校的法语的最后一课，因为法国将这个地区割给德国，下节课即由德语老师教德语，平时顽皮的学生也顿感失去母语的悲哀。可见，它不只是个语言的问题，更是文化的问题。现在从小学就开始拼英语，学好英语对将来出国、工作都有好处。但是，自己的语言文字学不好是不行的，就是搞翻译，自己的母语学不好、文化素养不好，也翻译不好。

问：这就涉及校园文化问题。

龚：我觉得对大学生来说，要说校园文化，应该适当地进行民族文化教育。当然，校园文化还有很多，比如说剧社啊、电影节等，但是也需要有传统文化内涵丰富的东西，比如唐诗宋词等，学一点对人的修养有好处，对提高人的全面素质有好处。

访谈手记

来到龚教授家，环顾四周，一个沙发、两个大大的书柜已让室内空间所剩无几。在狭窄却洋溢着温馨的斗室中，龚教授平静地讲述过去，和缓而温情。

龚教授在北京师范大学工作的时间已半个世纪有余，他将自己全部的精力都投入在历史的研究和教学中，年近八旬仍没有离开讲台且笔耕不辍。他理解学生、尊重学生、爱护每一个学生。虽然德高望重，但龚教授只认为这是他作为教师应尽的本分。

采访中龚教授颇为宏富的中外学识、不凡的个人修养，以及对于中国教育事业深切幽远的关注与关怀，都让我觉得这是我们这些浅学的小辈们永远学习的榜样。衷心地祝愿龚教授在日后的工作中做出更大的成就，我们以您为骄傲！

（原载周作宇主编：《人文的路线》，北京师范大学出版社2008年）

感　言
——贺李锦全教授八十华诞

李锦全教授治中国哲学史、思想史，长期从事这方面的教学和研究工作，著述丰富，多有贡献。道德文章，值得称道。

锦全教授治中国思想史，于儒家思想、现代新儒学尤多用力，深有造诣。他的思路开阔，不囿于一隅，从古代思想史，及于近代思想史，进而于近代史。如从中国走向近代化进程的角度来探讨林则徐、龚自珍、魏源思想的历史地位，从解读康有为的《孔子改制考》《大同书》进而论析中国近代化进程的历史特点等，都是将思想史与近代史结合起来研究，以近代化的视角来加以论析，很有见地。

锦全教授是着重研究古代思想的，也就是研究"历史"，是过去的事。但他没有停留在就史论史，就过去谈过去，而是重视理论联系实际，历史与现实相结合。在一些论文中，体现了他的这种学风。在强调弘扬优秀传统文化、继承传统美德时，也出现对传统道德不加分析，不论精华、糟粕，笼统加以弘扬的问题。"孝"就是其中的一例。锦全教授对此写了《中国古代"孝"文化的两重性》的论文，对传统道德中"孝"的积极性和消极性作了具体分析，说明了我们今天对于传统道德"孝、忠"是取批判继承的态度，取其积极性的精华，弃其封建性的糟粕。研究者对于研究的对象容易产生偏爱，难免拔高，甚而为其错误辩解。有的甚至好做翻案文章，以趋时好。锦全教授与此不同，他研究儒学思想，但没有偏向。如有一种意见认为"三纲"为后儒的思想，与孔、孟原典无涉，锦全教授撰文指出"三纲"与孔孟之道有关，并具体分析了其产生的社会根源。这些都体现了他实事求是的学风。锦全教授还发表了多篇关于中华民族精神和民族凝聚力、关于爱国主义问题的文章，这些文章既是历史的分析，又具有现实意义。

锦全教授在学术研究中，一直坚持以马克思主义为指导。他不仅自己这样做，而且撰文倡导。他对学术研究中出现的背离马克思主义的观点，十分关注，并撰文辩驳。给我印象深刻的是，他在《哲学研究》上发表的《中国近代史几个问题评价的再评价》那篇论文。归纳起来，论文着重谈了两个问题：一个是如何看待辛亥革命，亦即革命和改良的问题；一个是盲目崇拜殖民主义的问题。这两个问题，都是中国近代史的重要问题，如果是非颠倒，搞混乱了，那就将导致改写这段历史，因此，给予"再评价"是非常必要和重要的。关于否定辛亥革命，美化改良的道路，论文指出孙中山曾经要想由清政府"来将国家加以改革，那是绝对不可能的"，只能用革命手段推翻它。"'当时立宪派能否使清王朝走上现代化和救亡'的道路，这不是有没有可能的问题，因为历史已经作了结论。""今天还有人要保清朝而否定辛亥革命，既无事实根据，从道理上也说不通，只能是主观主义思想的大暴露。"批评对殖民主义的盲目崇拜，具体到"对外开放"问题上，论文指出："要说对外开放，就能够发展经济，实现民富国强的目标，在研究方法上，也要分清是什么时代、什么性质的开放。在半殖民地半封建社会和晚清时代，在不平等条约束缚下的开放，我看是难以救中国的。在新中国成立前提倡教育救国和实业救国的人是不少的，并且也曾经实践过，但效果并不理想。正如孙中山说的：'其在实业界，苟无民族主义，则列强之经济压迫，致自国生产永无发展之可能。'民族主义就是指维护民族独立的国家主权。"也就是说，不反对帝国主义，民族不独立，人们不解放，所谓的"对外开放"，要想发展经济，实现民富国强的目标是不可能的，这不能和我们今天的对外开放混为一谈。论文有理有据，很有说服力，为澄清中国近代史一些重要问题的是非起了很好的作用。论文的可贵之处，还在于不仅辨清历史本身的是非，而且上升到了历史观和方法论高度，使其具有理论意义。

时值锦全教授八十华诞，写了几点读他论著后的感想，以为之寿。

（原载黎红雷、李宗桂、杨海文主编：《春风讲席——李锦全八十寿辰纪念文集》，中山大学出版社2008年）

我印象中的老李

先说说有关《文史知识》的创刊吧。那时是在军事科学院（青龙桥那边）开什么会（会议什么内容我忘了，好多年了），我和李侃同志都去了，当中随便聊天，就在那儿聊出来的《文史知识》。当初是认为，《历史研究》是学术刊物，很专门的，其他如学报也都是学术刊物，一般读者想了解一下文史方面的知识，那些刊物对他们不适用，不是专门去研究，高深了不行，很专门的不行。比如说干部，还有社会上一些喜欢了解文史知识的人，甚至于包括一些大学生，他们需要什么样的刊物？老李就说要么办这么一个刊物吧，就叫《文史知识》吧，有文有史，知识性的，也不是什么学术性的高深的，带有普及性的。

很快，《文史知识》就创刊了。当时还有杨牧之、黄克。当时老李考虑有文学、有历史，能够更好地走向大众，让喜欢的人有点东西看，适应需要。

办出来后，雅俗共赏，效果不错。最多的时候，印数达到二三十万份。有这么个新刊物，适应更多人看。那时候刊物比较少，能有这么个新刊物，年轻人可以看，老年人也可以看，搞专门研究的人也想了解，没有专门研究的人想从里面得到些知识，适应面比较广。大概《文史知识》十周年，我在《人民日报》发过一篇短文，专门讲《文史知识》的影响。

到后来，刊物越来越多，人家一看这种刊物畅销，人家也跟着办了，多了，你订这个，他买那个，一分散，后来（印数）就下降些。现在刊物也多了，况且所谓"读图时代"，有些年轻人只读图，不看书，连大学生也受此影响。现代化，有人说是个双刃剑，电脑上网，很方便，但消极面也一起来了，浮躁，静不下心来。

关于《中国近代史》的策划，也是偶然的。我记得当时在哈尔滨开学术座谈会，是座谈苏联一个专家的《中国近代史》歪曲中国近代的历史。老李和我都去哈尔滨开会。在去大庆参观的路上，李时岳就建议编一本有针对性的中国近代史。《中国近代史》第一版是1977年正式出版，李侃先生参加了。出版后逐渐影响较大，参加高考的，大学历史系做近代史教学的，社会上有人想了解近代史的，也用这本书，已经印了140万册。经过时间的考验，经过了读者的考验，还有一定的生命力。

中华书局近代史编辑室，在历史学界特别是近代史学界影响很好。那时出版了好多书，笔记、文集、日记，我自己也还买了不少。后来因为赔钱不出了。那些笔记、文集、日记，史学界非常赞赏。因为有用啊，你出了，就有书看。在北京还好，能够跑图书馆，在外地，可就不容易了，那是功德无量的事情啊。

老李这个人很勤奋。出版过去他也没搞过，中国近代史他也没搞过。他原先参加革命，新中国成立后曾在中宣部工作，后来到中华书局。我是在20世纪60年代初编《中国近代史参考资料》时，才和老李认识的。那时近代史组张静庐当组长，老李是副组长。张静庐是老出版家，老李就边干边学，所以说他勤奋，不容易。这是好些人所不及的。老李完全是自学成才，勤奋好学。他本身也有才，光勤奋好学，没有才，也学不上去。他有个特点是才思敏捷。有一次开会，我们坐在一起。人家上边讲话，他在那里写啊写。我说人家在讲话你写什么呢，他说赶个东西，催着要。等会开完了，他也写好了。我说你够快的啊。上海古籍出版社出的一套孙宝瑄的《忘山庐日记》，书出来不久，他书评就写出来发表了，快。写东西快，有思想深度，可能跟他的经历有关。因为他搞过革命，接触过革命。搞历史，书呆子读书和不是书呆子读书不一样，看到的东西不一样。会读书的人是读书的背后，不会读书的人是读书的面上，尤其搞历史。现在学生啊，年纪小，从家门到校门，学历史的找工作不好找，但还真不好学。

出版过去他不接触，近代史过去他也不接触，结果都成为了专家，这就是老李。他行政工作负担很重，另外他不是大学毕业，不是大学历史系的，所以他不容易。

老李工作的时候，身体很好。那时中华书局在王府井，我几乎每周都去。当时老李和老赵（守俨）在一个办公室。

老李这个人爱才，对年轻人很注意培养。另外，他人比较豪爽，没什么城府。人的优点有时带着缺点，他有时比较急躁，发脾气。他对中华书局应该说尽职尽责，做了他能做的贡献。包括你们后来住的房子，那地（现在中华书局地址所在）也是他跑的。老李在东北参加革命后，还有些老关系，老朋友。搬到那儿（中华书局现址）路远了，我就很少去了。以前我经常去，在一起说说近代史、学术界的事，中午了，就去萃华楼吃饭，花个一块钱两块钱，三四个菜，有凉的有热的，他还爱喝二两，老白干。

他在北京比较好的朋友啊，观点都差不多，我一个，李文海一个，金冲及一个，还有王玉璞。

老李退休后不久就一直住院。后来他自己也糊涂了。他去世前最后一次去看他，是前两三年，几个老朋友一起去的。当时医院把他从监护室推到医生办公室，跟我们见了面。一见面有人问他我是谁，他记得很清楚，连我家的电话号码都记得很清楚。但过了两三年再看他就不行了。那是在1994还是1995年，他在办公室，笔掉在地上，弯腰下去捡笔，就倒在地上了。大约过了半小时，有个打扫卫生的工作人员进去，才发现的，然后送医院。他这人生命力很强，两次病危通知都扛过去了，很不容易。

（原载《文史知识》2010年第9期）

盛会感言

　　刚参加中山大学近代中国研究中心和孙中山研究所为庆祝70周年校庆召开的"孙中山与近代中国"学术研讨会不久，又有机会出席中山大学香港校友联合会举办的"孙中山思想研讨会"暨"中山大学校友首届国际校会"，甚感荣幸。借此，向盛情邀请的中山大学香港校友联合会深致谢意！

　　中山大学香港校友联合会庆贺母校70周年校庆而举办的这次会议，堪称盛会，也是一次盛举。有如众多的海内外校友在一起聚会，"群贤毕至，少长咸集"，济济一堂，互相恳谈联谊，实属难得。它对今后校友会工作的进一步开展，必将起到很好的推动作用。通过这次集会，表现了校友们对母校的关怀和爱护之情，它也将有助于促进中山大学的发展。

　　中山先生手创的中山大学，已经走过了70年的历程。"人生七十古来稀"，现在人的寿命长了，70岁不算稀罕。但是，就中国的大学而言，有70校龄的为数并不多。70年来，中山大学培养了一批又一批学生，人才济济，成绩显著。中山大学培养出来的人才，不论在国内或海外，都兢兢业业，有所建树。有的成就斐然，成为海内外知名人士。他们都为祖国的繁荣昌盛，为振兴中华，贡献出自己的力量。在这喜庆的日子里，是可以告慰于母校，可以无愧于中山先生当年创校的期望。

　　我和中山大学是有缘分的。在国内的大学中，我到过次数最多的是中山大学，自80年代以来，不少于十次。在这期间，参加了历史系、孙中山研究所、近代中国研究中心举办的学术讲座、学术研讨会，以及硕士、博士研究生毕业论文答辩等业务活动。同时，与这些单位的许多教师有着交往，其中与陈胜粦教授、林家有教授已经结下了深厚的友谊。尤其应提到陈锡祺教授，感谢他对晚辈的奖掖。今后，仍将尽绵薄之力，与这些单位并同仁们更好地合作。

祝"孙中山思想研讨会"暨"中山大学校友首届国际校会"圆满成功。祝中山大学香港校友联合会在曾宪梓会长等先生的领导下取得更大的成就。

（原载《求是室文集》，社会科学文献出版社2011年）

附录一：龚书铎先生学术年谱

1929年

3月21日，生于福建泉州通政巷一个自由职业者家庭，原名王国顺。兄弟五人，行四。家庭生活困难，一度休学。12岁时，父亲病故，与五弟一起过继给堂舅为子。龚家系书香门第，有"翰林龚"的美誉。

1946年

7月，泉州私立培元中学肄业。

9—12月，任晋江县石狮镇鼎新小学教员。

1947年

1—7月，任晋江县沙堤村萃英小学教员。

8月，入台湾省立师范学院史地系学习。

1949年

5月，因局势动荡，中止学业，返回泉州。

7月，任晋江县立东湖完全小学教员，曾参加中共外围组织活动。

1950年

1月，辞去晋江县立东湖完全小学教职。

3月，转入北京师范大学历史系二年级学习。

本年，加入中苏友好协会。

1951年

10月20日，《李自成》一文发表于《光明日报》。

11月，赴江西雩都县参加土地改革工作。次年3月返校。

1952年

8月，大学毕业，留校任教，任助教，从事中国通史和中国近代史的教学工作。

1953年

任北京师范大学历史系秘书，协助系主任柴德赓处理行政事务。

1956年

4月29日，《谈〈牡丹亭〉》发表于《光明日报》，笔名"温凌"（以笔名发表的文章不再注出）。

8月24日，《关于〈琵琶记〉的争论》发表于《北京日报》。

8月，《试谈〈琵琶记〉的主题思想》发表于《剧本》第8期。

1958年

5月27日，《从剧作看关汉卿的思想》发表于《戏剧论丛》第2辑。

6月，在北京参加"关汉卿学术研究座谈会"。

8月27日，《关于关汉卿研究的几个问题》发表于《戏剧论丛》第3辑。

11月27日，《评〈中国戏剧史讲座〉》发表于《戏剧论丛》第4辑。

1959年

1月，《看京剧〈安源大罢工〉》发表于《戏剧报》第2期。

3月，《〈赤壁之战〉的主脑》发表于《戏剧报》第4期。

5月，《评〈中国戏剧史讲座〉》发表于《读书》第10期。

6月，《五四时期关于戏曲的论争》发表于《戏剧研究》第2期。

7月，《〈蔡文姬〉的历史真实性》发表于《戏剧报》第13期。

10月，《帝国主义对中国的经济侵略：甲午战争前后至五四运动期间》发表于《北京师范大学学报（社会科学版）》第5期。时在历史系进修的高校教师张安民、许崇武、张凤仙参与写作。

11月，《夸张·想象和真实——评越剧〈则天皇帝〉》发表于《戏剧报》第22期。

1960年

3月，《人性·性格·阶级性——驳郭汉城同志的人性论观点》发表于《戏剧报》第5期。

6月，《谈淮北梆子〈捻军颂〉》发表于《戏剧报》第11期。

8月，《中国近代史参考资料》（第一编第一、二分册），北京师范大学历史系中国近代史教研组编写，由中华书局出版。

10月，《谈京剧〈满江红〉中的岳飞》发表于《戏剧报》第19、20期。

12月，《关于历史剧的"古为今用"》发表于《戏剧报》第23、24期。

1961年

5月11日，参加中国剧协在北京举办的河北省青年跃进剧团演出座谈会。

6月，《从清军机处档案看辛亥革命前群众的反抗斗争》（与陈桂英合撰）发表于《北京师范大学学报（社会科学版）》第3期。

7月，《别具一格的高甲戏〈许仙说谢〉》发表于《戏剧报》第13期。

10月12日，《从清军机处档案看辛亥革命前群众的反抗斗争》发表于《北京日报》。

10月16—21日，参加在武汉召开的纪念辛亥革命50周年学术讨论会，参会论文《从清军机处档案看辛亥革命前群众的反抗斗争》，收入湖北省哲学社会科学学会联合会编《辛亥革命五十周年纪念论文集》，中华书局1962年版。

1962年

1月，《心肝·面目·口角——读张岱〈彭天锡串戏〉》发表于《戏剧报》第2期。

4月13日，受聘《北京师范大学学报（社会科学版）》编辑委员会委员。

5月，《太平天国青年将领陈玉成——纪念陈玉成牺牲一百周年》（与方攸翰合撰）发表于《北京师范大学学报（社会科学版）》第2期。

1963年

8月，《辛亥革命时期的资产阶级改良派》发表于《北京师范大学学报（社会科学版）》第4期。

11月21日，《〈恶虎村〉的思想倾向》发表于《文汇报》。

1964年

3月，《二十世纪初年中国的资产阶级改良派》（与方攸翰合撰）发表于《北京师范大学学报（社会科学版）》第1期。

5月3日，《谈京剧〈芦荡火种〉》发表于《人民日报》。

7月17日，《草原牧民的赞歌——谈京剧〈草原两兄弟〉》发表于《人民日报》。

7月，《短小精悍 丰富多彩——看京剧现代戏观摩演出的短剧》发表于《戏剧报》第7期。

同月，《不能把阶级斗争丢在一边——京剧〈箭杆河边〉观后》发表于《北京文艺》第7期。

8月，《京剧现代戏对表演艺术的继承和革新（上）》发表于《新建设》第8号。

9月，《京剧现代戏对表演艺术的继承和革新（下）》发表于《新建设》第9号。

10月，到陕西省西乡县参加农村"四清"工作。次年5月，返回北京。

1965年

8月，主编《中国通史参考资料：近代部分》（上、下册），由中华书局出版。总主编为翦伯赞、郑天挺。

12月7日，《不断革命、永远前进——看湖南省话剧团演出的〈电闪雷鸣〉》发表于《人民日报》。

1969年

3月，下放北京师范大学临汾分校劳动锻炼。1971年7月，返回北京。

1974年

9月，参与协调苏联学者齐赫文斯基主编《中国近代史》的翻译工作，是书由生活·读书·新知三联书店出版。

1975年

上半年，与李时岳、李侃赴哈尔滨参加苏联学者齐赫文斯基主编的《中国近代史》研讨会。据中华书局陈铮所述，他们三人认为书中有些观点严重歪曲历史事实。会议期间赴大庆油田参观，李时岳向龚书铎、李侃提议，自编一本《中国近代史》教材。会后，他们联络北京师范大学、中央民族学院（今中央民族大学）、山东大学、山东师范学院（今山东师范大学）历史系等单位，合作编写。本年9月，各单位代表集中山东师范学院，讨论《中国近代史》编写大纲和分工，教材编写正式启动。

1976年

4月26日—5月20日，在中央民族学院召开合编教材《中国近代史》初稿讨论会。会议决定署名"中国近代史编写组"，由龚书铎负责修改定稿。

6月，《高鹗篡改〈红楼梦〉与封建末世两种思想的斗争》发表于《北京师范大学学报（社会科学版）》第3期。

10月，《沙俄侵占伊犁和不平等的〈中俄伊犁条约〉》（与李侃合撰）发表于《文物》第10期。

1977年

3月，《评反党野心家江青的"红学"》（与冯其庸合撰）发表于《北京师范大学学报（社会科学版）》第1期。

7月，合编教材《中国近代史》由中华书局出版。次年，被教育部推荐为"高等学校文科教材"。

10月，《中国近代史资料选编》（上、下册），北京师范大学历史系中国近代史组编，由中华书局出版。

1978年

7月6日，北京太平天国历史研究会成立，与戴逸、王庆成、郭毅生、李侃、刘耀、马汝珩等七人当选常务理事。

7月，《戊戌变法时期对〈校邠庐抗议〉的一次评论——介绍故宫博物院明清档案部所藏〈校邠庐抗议〉签注本》（与李侃合撰），发表于《文物》第7期。

11月，专著《关汉卿》，由上海古籍出版社出版。

本年，评为副教授，任中国近代史教研室主任。

1979年

5月25日—6月2日，参加北京太平天国历史研究会和南京市史学会在南京联合举办的太平天国史学术讨论会。

5月，合编教材《中国近代史》（第2版）由中华书局出版。

6月，《五四运动时期反对封建文化专制的斗争》发表于《北京师范大学学报（社会科学版）》第3期。

9月，开始招收硕士研究生。

1980年

6月，主编《中国通史参考资料：近代部分》（上、下册）由中华书局再版。该书被国家教委推荐为"高等学校文科教材"。

10月，参加中南地区辛亥革命研究会在长沙举办的辛亥革命研讨会。

11月14—20日，参加在济南举办的"义和团运动史学术讨论会"，发言参见《如何进一步开展义和团运动史研究——义和团运动史学术研讨会座谈纪要》，《东岳论丛》1981年第1期

11月，白寿彝主编《中国通史纲要》，编写者之一，由上海人民出版社出版。

1981年

1月，参编的《太平天国史论文选（1949—1978年）》，由生活·读书·新知三联书店出版。

3月，《〈白兔记〉漫笔》一文收入张忧石等编辑《学林漫录》二集，由中华书局出版。

5月，《曹振镛其人》发表于《文史知识》第3期。

10月9日，《一部研究辛亥革命历史的专著——介绍〈辛亥革命史〉》发表于《北京日报》。

10月12—15日，参加在武汉举行的纪念辛亥革命70周年学术讨论会，参会文章《辛亥革命与戏剧》，收入《纪念辛亥革命七十周年学术讨论会论文集》，中华书局1983年版。

同月，与白寿彝、刘家和应邀到武汉师范学院（今湖北大学）作学术报告。

同月，《辛亥革命与戏剧》发表于《北京师范大学学报（社会科学版）》第5期。

11月，《清嘉道年间的士习和经世派》一文，收入《中华学术论文集》，由中华书局出版。

本年，《文史知识》创刊，任编委，系主要发起人之一。

本年，受聘《中国大百科全书·中国历史·清史（下）》副主编。

1982年

3月，合编教材《中国近代史》作为"内部学习材料"由中华书局出版。

8月，《一部形象鲜明的历史人物传记——评杨国帧的〈林则徐传〉》（与史革新合撰）发表于《史学史研究》第4期。

10月，《姚莹交游述略》发表于《北京师范大学学报（社会科学版）》第5期。

本年，评为教授。

1983年

4月，合编教材《中国近代史》（第3次修订本）由中华书局出版，该版于1988年荣获首届国家教委高等学校优秀教材二等奖。

5月，参加在长沙举办的全国历史学科六五规划会议。会议决定编辑出版"中华近代文化史丛书"，委托龚书铎担任召集人。

6月，被学校任命为历史系主任。1991年5月卸任。

同月，合编教材《中国近代史》由解放军出版社加印30万册，作为军队院校政治理论教材。

8月24日，《戊戌新文化运动述略》发表于《光明日报》。

9月，参加在广州召开的"戊戌维新与康有为梁启超学术讨论会"。

1984年

1月9日，经北京师范大学校长办公会议批准，历史系设立中国近代文化史研究室，兼任研究室主任。该研究室系全国高校第一个中国近代文化史专门研究机构。

6月，《建国三十五年来鸦片战争史研究综述》（与谢维、孙燕京合撰）发表于《近代史研究》第3期。

9月，《程长庚》《王钟声》两文收入戴逸、林言椒主编《清代人物传稿》下编第1卷，辽宁人民出版社出版。

9月，《近代社会习俗变化漫话》发表于《文史知识》第9期。

10月，《近代史总论》一文（与房德邻合撰）收入《中国历史学年鉴1984》，人民出版社出版。

11月3—9日，参加在郑州召开的全国首届"中国近代文化史学术讨论会"。会议由河南省社会科学院历史研究所、河南省社会科学界联合会、河南省历史学会和《中华近代文化史丛书》编委会合办，龚书铎是主要组织者之一。

1985年

2月12日，参加《历史研究》杂志在北京举办的"如何实现马克思主义指导下的学术自由"座谈会。

2月，《近代中国文化结构的变化》发表于《历史研究》第1期。

3月20日，入选中国第一历史档案馆馆庆六十周年筹备委员会委员。

3月，《读〈中国文化研究集刊〉（第一辑）》（与吴杰合撰）发表于《史学史研究》第1期。

同月，参加孙中山研究学会在河北省涿县举办的"孙中山研究述评国际学术讨论会"，参会文章《孙中山文化思想研究述评》收入《孙中山研究述评国际学术讨论会论文集》。

5月5—10日，参加在天津师范大学举办的"中外封建社会劳动者生产生活状况比较研究讨论会"。

5月，《近代中国文化的历史地位》发表于《中州学刊》第2期。

6月27日，加入中国共产党。

7月，应广东省历史学会之邀，作题为《当前历史研究的若干问题》的学术报告。

9月20日，《〈太平天国的历史和思想〉评介》（与李侃合撰）发表于《人民日报》。

10月13—18日，参加中国史学会和福建省社会科学界联合会在福州联合召开的纪念林则徐诞辰200周年学术讨论会。

10月，《近代文化漫论》发表于《北京师范大学学报（社会科学版）》第5期。

同月，选注《近代爱国诗选》（与潘国琪选注），由北京师范大学出版社出版。

11月，与方攸翰主编《中国近代史纲》，由北京大学出版社出版。

同月，与方攸翰主编《中国近代史学习手册》，由北京大学出版社出版。

12月25日，《在学术价值中体现社会价值》发表于《光明日报》。

12月，《道光间文化述论》（与孙燕京合撰）发表于《福建论坛（文史哲版）》第6期。

1986年

1月6—10日，参加复旦大学在上海举办的"首届国际中国文化学术讨论会"，参会文章《近代中国文化三题》，收入复旦大学历史系编《中国传统文化的再估计——首届国际中国文化学术讨论会（1986）文集》上海人民出版社1987年版。

1月9日，《推荐一本爱国主义教育的好书——〈龙的传人〉》，发表于《光明日报》。

1月21日，《近代中西文化交流的启示》发表于《文汇报》，后收入于施宣圆主编《中华学林名家文萃》，文汇出版社2003年版。

3月，《和学员谈谈中国近代史的学习》（与史革新合撰）发表于《远程教育杂志》第2期。

4月，《鸦片战争史研究综述》（与谢维、孙燕京合撰）收入《近代史研究》编辑部编《中国近代史专题研究述评》，人民出版社1986年版。

7月25—29日，参加在大连召开的清史国际学术讨论会，参会文章《乾隆年间文化特点论纲》，收入白寿彝主编《清史国际学术讨论会论文集》，辽宁人民出版社1990年版。

9月1日，入选国务院学位委员会办公室批准的（第三批）博士生导师。

10月29日—11月4日，"西学在近代中国的传播"获批全国哲学社会科学"七五"规划重点项目。

11月6—9日，为纪念孙中山诞辰120周年，参加在中山大学、中山市翠亨村举行的"孙中山研究国际学术讨论会"，参会文章《论孙中山的文化观》，收入中国孙中山研究学会编《孙中山和他的时代：孙中山研究国际学术讨论会文集》，中华书局1989年版。

12月，《论孙中山的文化观》发表于《北京师范大学学报（社会科学版）》第6期。

同月，《乾隆年间文化断想》发表于《北京社会科学》第4期。

本年，参加国家教委中国高等教育代表团，赴朝鲜访问。

1987年

3月，《从"史学危机"想到的》发表于《福建论坛（文史哲版）》第1期。

4月，为《清代名人书札》一书撰写前言，是书由北京师范大学出版社出版。

5月，《谈中国近代文化史的研究》发表于《文史哲》第4期。

6月，《"全盘西化"论的历史考察》发表于《北京师范大学学报（社会科学版）》第3期。

7月，《谭鑫培》一文收入戴逸、林言椒主编《清代人物传稿》下编第3卷，辽宁人民出版社1987年版。

同月，《太平天国史研究随想》收入《太平天国学刊》第5辑，由中华书局出版。

10月，担任《中国大百科全书·中国历史·清史（下）》副主编，是书由中国大百科全书出版社出版。

同月，《谈近代中国文化的特点》一文收入钟敬文、何兹全主编《东西方文化研究》第3辑，由河南人民出版社出版。

11月4—8日，参加在杭州举办的近代中国社会变革国际学术讨论会，参会文章《中国革命和文化》，后收入中国社会科学院近代史研究所主编《社会变革比较研究——近代中国社会变革国际学术讨论会论文集》，社会科学文献出版社1992年版。

11月，参与校勘整理《红楼梦》（程甲本），由北京师范大学出版社出版。该书次年获第三届全国图书"金钥匙"奖二等奖。

12月18—23日，参加在长沙举办的"纪念魏源逝世130周年暨中国近代文化史学术讨论会"，会议由湖南省社会科学界联合会、湖南省社会科学院、《魏源全集》编委会、北京师范大学中国近代文化史研究室、湖南大学岳麓书院等单位共同发起。会议期间与李侃主办了近代文化史讲习班。

本年，参加国家教委中国高等教育代表团，访问美国。

1988年

3月，《如何学习中国近代文化史》收入中国史学会《中国历史年鉴》编辑部编《习史启示录——专家谈如何学习中国近代史》，由天津教育出版社出版。

7月21日，《政治思想史研究的新成果——评〈中国近代政治思想史〉》（与史革新合撰）发表于《光明日报》。

8月16日，为艾恺著、郑大华等译的《最后一个儒家——梁漱溟与现代中国的困境》一书撰写译序，是书于本年12月由湖南人民出版社出版。

8月，专著《中国近代文化探索》由北京师范大学出版社出版。

11月，参加国家教委为纪念党的十一届三中全会十周年而举行的全国高校理论讨论会。参会文章《近代中国文化抉择的几个问题》，收入国家教委社会科学发展研究中心编《回顾与思考》，北京大学出版社1989年版。

12月18—22日，参加中央宣传部、中央党校、中国社会科学院在北京联合召开的"纪念党的十一届三中全会十周年理论讨论会"，参会文章《近代中国文化抉择的几个问题》，获得会议颁发的入选论文奖。

12月21日，全国炎黄二帝巨型塑像筹建委员会在北京成立，当选常务理事。

同月，主编《近代中国与近代文化》，由湖南人民出版社出版。

1989年

1月，当选北京市历史学会副会长。

2月，《谈五四精神》发表于《史学月刊》第2期。

3月13日，出席为纪念五四运动70周年在北京大学召开的青年史学工作者座谈会，会议主题"爱国主义、民主、科学与现代化"。

3月，《近代中国的现实和近代中国的文化》发表于《高校社会科学》第1期。

同月，《白寿彝先生的史学思想和治学道路》（与瞿林东合撰）发表于《北京师范大学学报（社会科学版）》第1期。

5月4日，《谈五四时期的反传统》发表于《中国教育报》。

5月，被学校任命为史学研究所所长。2003年7月卸任。

6月，《五四时期的反传统》发表于《北京师范大学学报（社会科学版）》第3期。

9月9日上午，在教师节来临前夕，中共中央政治局常委、国务院总理李鹏赴北京师范大学表示节日的祝贺和亲切的慰问，并同部分师生员工进行了座谈，龚书铎参加座谈会并发言。

9月11日，受邀参加中国社会科学院《历史研究》、《史学理论》、《中国史研究》、《近代史研究》和《世界历史》等五家杂志编辑部在北京举行的《河殇》专题批判会。

9月，《中国近代史》（与郑师渠合撰）一文，收入肖黎主编《中国历史学四十年1949—1989》，由书目文献出版社出版。

10月，《辛亥革命与文化》发表于《历史研究》第5期，收入武昌辛亥革命研究中心编《辛亥革命与近代中国1980—1989年论文选》，湖北人民出版社1991年版。

同月，《〈河殇〉要把中国引向何处?》发表于《中共党史研究》第5期。

11月，教学改革成果"课程体系与教学管理改革"（与白寿彝、唐赞功合作），获国家教委全国普通高等学校优秀教学成果奖。

12月，《近代中西文化交流的历史反思》发表于《北京师范大学学报（社会科学版）》第6期。

本年，被评为北京市劳动模范。

本年，担任《传统文化与现代生活》丛书主编。

本年，选编论文集《中国近代文化问题》，由中华书局出版。

1990年

1月，《爱国主义精神不容诋毁——兼驳"殖民化"谬论》收入中共北京市委宣传部编《坚持四项基本原则 反对资产阶级自由化干部读本》，由北京出版社出版。

2月，《还中国近代史以本来面貌》发表于《历史研究》第1期。

同月，《正确对待传统文化和西方文化》，收入中共中央宣传部教育局编《青年思想教育讲座》，由人民出版社出版。

3月，《迎接九十年代》发表于《史学史研究》第1期。

4月27日，参加中华全国总工会在人民大会堂召开的"五一"国际劳动节大会，被授予"全国优秀教育工作者"称号和五一劳动奖章。

同月，出席全国宣传干部培训中心举办的"马克思主义与现代西方思潮"研讨班，所作报告《社会主义精神文明与西方中心论》，收入全国宣传干部培训中心等编《马克思主义与现代西方思潮》，由新华出版社出版。

6月3日，出席由中共北京市委宣传部、共青团北京市委员会、北京市社会科学界联合会在人民大会堂举办的纪念鸦片战争150周年报告会，在会上作题为《鸦片战争以来帝国主义对中国的侵略》的报告。该文发表于1990年6月11日的《北京日报》。

6月8日，为郑师渠、史革新《近代中西文化论争的反思》一书作序，是书1991年由高等教育出版社出版。

6月，《〈中西500年比较〉读后》（与马克锋合撰）发表于《近代史研究》第3期。

7月，担任全国高等院校古籍整理研究工作委员会重点规划项目《中国近现代国情丛书》编委会副主编。该丛书由国家教委组织各高等院校专家学者编写，高等教育出版社出版，30余种。

同月，《鸦片战争与世界历史进程》（与杨玉圣合撰）发表于《世界历史》第4期。

8月31日—9月3日，出席中国社会科学院近代史研究所在北京举办的"近代中国与世界"国际学术讨论会，参会文章《晚清西学约议》，后收入《"近代中国与世界"国际学术讨论会论文集》。

9月，《民族文化虚无主义评析》（与刘桂生、王俊义共同主编），由中国人民大学出版社出版。

10月15—17日，出席在福州市福清县举办的纪念鸦片战争150周年学术讨论会。

10月，为S.A.M阿谢德著、任菁译、郑大华校注的《中国在世界历史之中（公元前200年—公元1976年）》撰写译序，是书由河北教育出版社1993年出版。

11月22日，出席国家教委社会科学发展研究中心与"民族文化与社会主义现代化建设"研究课题组在北京合办的"如何正确对待中国传统文化"学术座谈会。

11月26日，《现代新儒学研究的重要进展——读郑家栋〈现代新儒学概论〉》（与郑大华合撰），发表于《光明日报》。

12月，《鸦片战争与中国半殖民地化》发表于《北京师范大学学报（社会科学版）》第6期。

同月，《侵略"有功"还是有罪》（与郭双林合撰）发表于《学习与研究》第12期。

同月，《谈八十年代的文化研究》，收入中国史学会《中国历史学年鉴》编辑部编《中国历史学年鉴1990》，由生活·读书·新知三联书店出版。

本年，主编"爱国主义教育丛书"，由北京师范大学出版社出版。

1991年

1月28日，出席在北京举办的纪念太平天国140周年暨罗尔纲90华诞学术座谈会。

2月，《孙中山与李大钊》（与黄兴涛合撰）发表于《史学月刊》第2期。

5月，《何物"文化整体转移"论》发表于《真理的追求》第5期。

同月，《晚清西学约议》发表于《近代史研究》第2期。

同月，词条"龚书铎"收入中外名人研究中心编《中国当代名人录》，由上海人民出版社出版。

6月30日，《著名历史学家龚书铎》（史革新撰）发表于《北京师范大学学报（社会科学版）》第3期。

7月3日，主持《史学史研究》创刊30周年座谈会。

8月，《读〈奕䜣慈禧政争记〉》（与黄兴涛合撰），发表于《历史研究》第4期。

9月6日，北京师范大学校长办公会议通过《北京师范大学教务委员会暂行工作条例》，担任新一届校务委员会副主任。

9月，出席在福州举办的"甲午海战中之方伯谦问题学术研讨会"，发言稿《在中日甲午海战中方伯谦问题学术研讨会上的发言》，收入林伟功、黄国盛主编《中日甲午海战中方伯谦问题研讨集》，知识出版社1993年版。

10月8日，《纪念辛亥革命 发扬爱国主义精神》发表于《北京日报》。

10月15—19日，出席在武汉举办的纪念辛亥革命80周年国际学术讨论会。参会文章《辛亥文化革新与五四新文化运动》，收入中华书局编辑部编《辛亥革命与近代中国——纪念辛亥革命八十周年国际学术讨论会文集》（下册）中华书局1994年版。

10月28日，《〈近代经学与政治〉读后》发表于《人民日报》。

10月，《辛亥文化革新与五四新文化运动》发表于《北京师范大学学报（社会科学版）》第5期。后收入华中师范大学中国近代史研究所编《辛亥革命与20世纪中国：1990—1999年辛亥革命论文选》，湖北人民出版社2001年版；金冲及选编《辛亥革命研究论文集》（下），生活·读书·新知三联书店2011年版。

同月，《太平天国革命、辛亥革命、社会主义革命纵横谈》发表于《求是》第19期。

11月6日，参加北京师范大学古籍整理研究所召开的"《全元文》编纂工作动员会"。

12月17日，入选国务院学位委员会第三届学科评议组成员。

12月，《中国近代文化史研究四十年》（与李侃合撰）发表于《历史教学》第12期。

同月，为郑大华《梁漱溟与胡适——文化保守主义与西化思潮的比较》一书作序，是书由中华书局1994年出版。

本年，赴日本东京参加联合国教科文组织举办的学术研讨会。

本年，赴韩国参加学术交流。

1992年

2月25日—3月8日，以审定委员身份，参加国家教委中小学教材审定委员会历史学科审查委员会在北京举办的会议，审查人民教育出版社历史编辑室编著的义务教育初中一年级历史教科书《中国历史》第1—3册。

2月，《课程体系与教学管理改革的做法和体会》（与白寿彝、唐赞功合撰），收入北京市高等教育局大学处编《1989年北京普通高等学校优秀教学成果奖成果介绍》，由北京师范学院出版社出版。

4月，《晚清儒学论略》收入中华书局编《中华文化的过去现在和未来——中华书局成立八十周年纪念论文集》，由中华书局出版。

同月，当选北京市历史学会会长，连任两届。2002年4月到届。

5月16日，入选国家教委第一届全国高等学校出版社社会科学优秀学术专著评选委员会委员。

6月7日，出席为纪念民族英雄郑成功逝世330周年在泉州举办的"郑成功学术报告会"，并在大会上作题为《郑成功与辛亥革命》的学术报告。

6月，《对外开放与维护主权——孙中山关于中国近代化构想的一个方面》发表于台湾《国事评论》创刊号。

7月，《中国近代史研究随想》发表于《史学理论研究》第2期。

8月10日，为史革新《晚清理学研究》一书作序，是书由台北文津出版社1994年出版。

8月，词条"龚书铎"，收入张勉、刘欣尚编《学府新貌——北京师范大学文科教学与科研》，北京师范大学出版社1992年版。

9月，当选第二届全国高等学校优秀教材评审会议委员。

同月，《郑成功与辛亥革命》发表于《泉州学刊》第3期。

10月9日，为郑师渠《晚清国粹派——文化思想研究》一书作序，由北京师范大学出版社出版。

10月，《晚清的儒学》发表于《北京师范大学学报（社会科学版）》第5期。

11月，《孙中山的对外开放与维护主权》发表于《真理的追求》第11期。

12月，《柴德赓先生的治学道路和方法》（与李秋沅合撰），收入张承宗、何荣昌主编《青峰学记》，江苏文史资料编辑部1992年版。

12月7日，《中国文化发展的历程与出路——评〈文化批判与文化重构〉》（与郑大华合撰），发表于《光明日报》。

12月，词条"龚书铎"，收入赵忠文主编《中国史史学大辞典》，延边大学出版社1992年版。

本年，主编"二十世纪中国文化研究文库"，由贵州人民出版社出版。

本年，当选国务院学位委员会历史学科评议组召集人，任期到2002年。

1993年

1月4—7日，出席在北京举办的第二届近百年中日关系史国际研讨会。

2月，《话剧〈甲申纪事〉的启示》发表于《真理的追求》第2期。

3月15日，当选北京师范大学第三届学位评定委员会委员。

3月，《史学、文化纵横谈——访龚书铎教授》（许殿才访谈），发表于《史学史研究》第1期。

6月，《〈梁漱溟与胡适——文化保守主义与西化思潮的比较〉序》发表于《近代史研究》第3期。

9月7日，当选全国博士后管理委员会第三届专家组文学和历史学组成员。

9月17日，应北京师范大学历史系春秋学社之邀，作"近代中国文化与世界"的学术讲座。

10月5—7日，出席中国人民大学清史所与香港大学历史系在中国人民大学联合举办的京港清史学术讨论会，参会文章为《近代儒学及其演变》。

10月，应邀参加在北京师范大学举行的《史学概论教学大纲》审稿会。

11月13—15日，出席在北京举行的中国史学界第五次代表大会，被推举为大会主席团成员，并当选为第五届理事会理事。

12月24日，《孙中山与传统文化——孙中山从未离异过中国传统文化，何来回归传统?》发表于台湾《"中央"日报》。

12月，《黄金台的〈木鸡书屋诗选〉》发表于《中国典籍与文化》第4期。

同月，《儒学在近代中国的变化》发表于《传统文化与现代化》第6期。

同月，词条"龚书铎"，收入中外名人研究中心编著《中华文化名人录》，中国青年出版社1993年版。

本年，专著《近代中国与文化抉择》，由北京师范大学出版社出版。

本年，与方攸翰主编《中国近代史纲》第2版，由北京大学出版社出版。

本年，合编教材《中国近代史》第4版，由中华书局出版。该书于1996年获第三届国家教委优秀教材一等奖；1998年被指定为"面前21世纪课程教材"。

本年，履历表显示，兼任北京市社会科学界联合会常委、中华人民共和国史学会理事、中国抗日战争研究会理事、中华炎黄文化研究会理事、中国现代文化学会理事等。

1994年

1月30日，《龚书铎谈儒学在近代中国的变化》（泉人访谈）发表于《文汇报》。

3月6日，为黄兴涛《文化怪杰辜鸿铭》一书作序，是书由中华书局1995年出版。

4月26日，在五四运动75周年前夕，出席由中国社会主义文艺学会和中国人口文化促进会在北京联合召开的"继承与发扬五四革命文化传统"座谈会。

4月，《要用历史教育青年》发表于《高校理论战线》第2期。

5月25—27日，为纪念中日甲午战争100周年暨翁同龢逝世90周年，参加中国史学会及常熟市人民政府在常熟联合召开的"甲午战争与翁同龢学术研讨会"。参会文章《翁同龢与甲午战争》，收入常熟市人民政府、中国史学会编《甲午战争与翁同龢》中国人民大学出版社1995年版。

5月31日，《留取丹心照汗青——略论见义勇为、舍生取义的传统美德》，发表于《北京日报》。

6月20日，《传统文化·现代化·教育》，发表于《光明日报》。

7月13日，出席北京市委宣传部、北京市社会科学界联合会、中国社会科学出版社、中国人民大学清史研究所、北京市历史学会在中国人民大学共同举办的"中日甲午战争100周年学术研讨会"。

7月，《传统文化与现代文化漫思》发表于《炎黄春秋增刊·炎黄文化研究》第1期。

同月，《〈文化怪杰辜鸿铭〉序》发表于《近代史研究》第4期。

同月，《传统文化·现代化·教育》发表于《北京师范大学学报》（社会科学版）第4期。

同月，《发扬五四爱国主义精神》发表于《文艺理论与批评》第4期。

8月9—11日，参加在北京体育师范学院召开的硕士点初审工作会议。

8月，《评〈中国近代政治思想史〉》发表于《山东社会科学》第4期。

同月，《对史学社会功能的一点思考》，收入北京师范大学史学研究所编《历史科学与历史前途——祝贺白寿彝教授八十五华诞》，是书由河南人民出版社出版。

同月，《勤奋著述的历史学者龚书铎》（林国强撰），收入中国人民政治协商会议福建省泉州市委员会文史资料委员会编《泉州文史资料》新12辑。

9月7—11日，出席在山东威海举办的甲午战争100周年国际学术讨论会。参会文章《甲午战争期间的社会舆论》发表于《北京师范大学学报（社会科学版）》第5期，后收入戚其章、王如绘主编《甲午战争与近代中国和世界——甲午战争一百周年国际学术讨论会文集》，人民出版社1995年版。

9月，《近代开风气之先驱魏源》，收入中山大学近代中国研究中心编《从林则徐到孙中山——近代中国十八先贤传》，由中山大学出版社出版。

10月6日，参加北京师范大学史学研究所为祝贺著名历史学家白寿彝教授治学65周年暨85华诞举行的"白寿彝教授史学思想讨论会"。

10月14—17日，参加中国辛亥革命研究会在广州主办的纪念兴中会成立100周年学术研讨会。参会文章《孙中山与传统文化》，收入中国辛亥革命研究会编《百年风雨话沧桑：纪念兴中会成立一百周年学术论文集》。

10月18—21日，参加中山大学近代中国研究中心、中山大学孙中山研究所在中山大学永芳堂举办的"孙中山与近代中国"第二次国际学术研讨会。

10月，《百年之后祭甲午》发表于《真理的追求》第10期。

11月10日，参加为庆祝中山大学建校70周年大庆，中山大学孙中山研究所与中山大学香港校友联合会在香港会议中心举行的孙中山思想研讨会。发言《盛会感言》，先后收入《中山大学校友首届国际叙会纪念特刊暨孙中山思想研讨会文集》，中山大学校友会1994年版；中山大学校长办公室编《山高水长——中山大学七十周年校庆荟萃》，中山大学出版社1995年版。

11月，《传统文化在近代中国演变的历史启示》发表于《史学集刊》第4期。

同月，《翁同龢与甲午战争》发表于《清史研究》第4期。

1995年

1月11—19日，参加在台湾举办的"第三届近百年中日关系学术研讨会"，参会文章《中日甲午战争的和战问题》，收入1996年台北"中研院"近代史研究所主编《第三届近百年中日关系研讨会论文集》。

1月，赴台湾参加"海峡两岸中山先生思想研讨会"。

3月，《并非孤立的现象》发表于《中国党政干部论坛》第3期。

4月1日，参加北京师范大学文科科研工作会议。

4月18—20日，出席在镇海举办的"中法战争镇海之役110周年暨近代海防问题学术研讨会"。

5月18日，为张志建《严复学术思想研究》一书作序，是书由商务印书馆国际有限公司出版。

6月6日，参加北京市历史学会与国家教委社会科学中心在北京举办的"中国近现代史研究的历史观和方法论学术研讨会"。

6月14日，出席广西人民出版社在北京召开的"太平天国史丛书"出版座谈会。

6月23日，出席《中国社会科学》杂志、《中国文化报》和广西师范大学出版社在北京召开的"抗日战争史丛书"座谈会。

6月，《文化：维系海峡两岸同胞的精神纽带》，发表于《炎黄春秋增刊·炎黄文化研究》第2期。

7月5日，出席中国史学会在北京召开的纪念抗日战争暨世界反法西斯战争胜利50周年学术研讨会。

7月20日，为陶绪《晚清民族主义思潮》一书作序，是书由人民出版社出版。

7月25日，参加中国社会科学院近代史研究所与中国史学会在北京举办的祝贺刘大年同志80华诞学术座谈会。

8月，《要重视近现代史研究的历史观和方法论问题》发表于《高校理论战线》第8期。

9月20—21日，参加国家教委社科中心"建设有中国特色社会主义文化"课题组和《高校理论战线》编辑部联合举办的"建设有中国特色社会主义文化理论研讨会"。

9月，《略谈中国传统教育现代化的演进》发表于《北京师范大学学报（社会科学版）》第5期。

10月，《请看如此历史"新论"》发表于《真理的追求》第10期。

同月，《孙中山与传统文化》发表于《中山大学学报论丛》第5期。

11月，《袁世凯之案翻不得》发表于《中流》第11期。同题又见《中华读书报》1999年9月22日、《北京日报》2003年1月20日，文字有改动。

12月5日，出席北京师范大学历史系首届"白寿彝史学论著奖"颁奖仪式。

12月21日，参加国家教委在北京钓鱼台国宾馆举办的《中国传统道德》出版座谈会。

1996年

1月，《胡适与李大钊关系论》（与黄兴涛合撰）发表于《史学月刊》第1期。

2月27日，《清除殖民文化心理 挺起中华民族脊梁》（访谈，马宝珠主持，与李文海、张海鹏笔谈）发表于《光明日报》。

2月，词条"著名历史学家龚书铎"，收入黄夏莹等主编《当代闽南名人》（第3辑），中央文献出版社1996年版。

3月，《革命是褒词还是贬词？——从对辛亥革命的评价谈起》（与吴效马合撰），发表于《求是》第6期。

同月，《五四新文化运动的评价问题》发表于《河北大学学报（哲学社会科学版）》第1期。

4月，出席在北京举办的"五四运动与20世纪中国历史发展道路"学术研讨会。

6月，《五四新文化运动再认识》发表于《高校理论战线》第6期。

7月，《〈台湾历史纲要〉读后》发表于《求是》第14期。

8月27日，《坚持以马克思主义指导史学研究》发表于《人民日报》。

8月，为黄兴涛译《辜鸿铭文集》一书作序，是书由海南出版社出版。

9月，赴中南海讲授"中国近代史"，题目为《中国近代社会的变革》。

同月，与刘大年、沙健孙等在北京举办"中国近代（1840—1949）重大历史是非问题"系列讲座。

同月，《中国近代史研究中的几个问题》发表于《北京师范大学学报（社会科学版）》第5期。

10月，《中国近代史学习与爱国主义教育》发表于《中国高等教育》第10期。

同月，《〈中国近代史治要〉评介》（与任灵兰合撰），发表于《山东社会科学》第5期。

11月，参加在广东中山市翠亨村举办的纪念孙中山诞辰130周年学术研讨会。

12月，为人民出版社地图室编《近代中国百年国耻地图》一书撰写前言，是书由人民出版社1997年出版。

本年，《中国社会通史》（8卷）由山西教育出版社出版，龚书铎任总主编，曹文柱、朱汉国任副总主编。

本年，主持的"中国文化通史"（结项成果出版时书名改为《中国文化发展史》），入选北京市社会科学基金九五重点课题。

1997年

1月，应邀出席《求是》杂志社在北京举办的学习十四届六中全会决议、加强社会主义精神文明建设座谈会。发言文章《社会主义精神文明建设要坚持马克思主义的指导》发表于《求是》第1期。

2月，为罗检秋《近代诸子学与文化思潮》一书作序，是书由中国社会科学出版社1998年出版。

3月7日，为通州上千名领导干部作题为《从鸦片战争到五四运动》的学术报告。

3月，受邀参加《北京师范大学学报》组织的关于学习《中共中央关于加强社会主义精神文明建设若干重要问题的决议》的笔会，所撰《以正确的历史教育人民》发表于《北京师范大学学报（社会科学版）》第2期。

4月28日，参加在北京举办的钟敬文教授95寿辰及学术思想座谈会。

4月，入选国务院学位委员会第四届学科评议组成员。

同月，出席在北京举行的社会史研究与《中国社会通史》出版研讨会。

5月6—8日，出席由河北省炎黄文化文化研究会和河北省社会科学院在石家庄联合举办的张之洞与中国近代化学术讨论会，参会文章《略谈张之洞的儒学》，收入苑书义、秦进才主编《张之洞与中国近代化》，中华书局1999年版。

5月12日，主持召开"20世纪中国史学发展与马克思主义史学的历史地位"学术讨论会。

6月，《迎香港回归 雪百年国耻》，发表于《中国高等教育》第6期。

同月，《文化与社会》一文收入萧黎主编《我的史学观》，由广东人民出版社出版。

7月25—27日，出席在长春召开的中国历史教学研究会1997年学术年会，作题为《关于中国近代社会变革的思考》的学术报告。

7月，《略谈张之洞的儒学》发表于《河北师范学院学报（社会科学版）》第3期。

9月8日，出席北京师范大学历史系和中国社会科学院世界历史研究所联合召开的"团结协作、共育人才"大会。

9月，主编《中国近代文化概论》，由中华书局出版。该书系国家教委博士点基金"七五"规划项目"中国近代文化史（1840—1919）"的结项成果，入选2000—2001年度全国研究生教学用书。

10月30日，《为何不让学生正确认识台湾》发表于《人民日报》海外版。

10月，专著《中国近代文化探索》（增订本），由北京师范大学出版社出版。

同月，国家社会科学基金委托项目"中国近现代革命史研究思潮评析"立项。

11月，《近代中国社会变革的思考》发表于《历史教学》第11期。

12月，《龚书铎"自述"》，收入国务院学位委员会办公室编《中国社会科学家自述》，由上海教育出版社出版。

本年，主编《走什么的路：关于中国近现代历史上的若干重大是非问题》（与沙健孙合编），由山东人民出版社出版。

本年，为李雪梅《中国近代藏书文化》一书作序，是书由现代出版社1999年出版。

本年，出席国家教委社会科学中心和山东人民出版社在北京联合召开

《走什么路》出版座谈会。

本年，出席在北京举办的喜庆香港回归暨《近代史研究》创刊百期座谈会。

1998年

1月，教育部课题"编写《中国革命道德·名言卷》"立项。

2月27日，《文史知识要普及于民》发表于《人民日报》。

2月，《十年辛苦不寻常》发表于《高校理论战线》第2期。

3月18日，为落实李岚清同志关于"加强对中国古代灿烂文化的研究和宣传"的指示精神，教育部高校社会科学发展研究中心组织召开专家会议，决定由部分高校承担该研究课题，龚书铎被聘为课题组顾问。

3月，《堪称文化精品》发表于《文史知识》第3期。

同月，《文化、社会与时代》发表于《中学历史教学》第3期。

5月25日，主持召开北京师范大学历史系和史学研究所举办的纪念戊戌维新运动100周年座谈会。

5月，《夏炯和〈夏仲子集〉》收入《燕京学报》新4期。

8月13日，全国博士后管理委员会第四届专家组成员公布，担任历史学科组召集人。

8月14日，北京市社会科学界联合会、北京市史学会在北京社会科学院联合主办"纪念戊戌维新运动一百周年学术讨论会"，主持会议。

8月2—23日，出席中国史学会与北京大学主办的"戊戌维新一百周年国际学术讨论会"。

8月，《弥补了一个薄弱环节——谈〈中国近代藏书文化研究〉》发表于《书摘》第8期。

9月14日，参加中国史学界第六次代表大会召开前的预备会议，作为华北大区的代表当选为大会主席团成员。

9月15—18日，出席在扬州召开的中国史学界第六次代表大会，并作大会发言。17日，中国史学会第六届理事会第一次会议，当选为中国史学会副会长。2002年4月到届。

9月，参与校勘整理的《红楼梦》（程甲本，启功主持），作为"古典小说四大名著（聚珍）丛书"一种，由中华书局再版。

12月，《晚清中西文化交流述略》发表于《炎黄春秋增刊·炎黄文化研究》第5期，后收入方克立、郭少棠、王俊义主编《中华文化与二十一世纪》（上卷）中国社会科学出版社2000年版。

本年，主编《中国近代史干部读本（1840—1949）》，由中共中央党校出版社出版。

本年，出席在呼和浩特召开的教育部历史学科教学指导委员会年会暨历史系主任联席会议。

本年，为梁景和《近代中国陋俗文化嬗变研究》一书作序，是书由首都师范大学出版社出版。

1999年

1月6日，访谈《世纪之交看中西文化——访近代中国文化史专家龚书铎》（阎平采访），发表于《中国文化报》。

1月，《历史的经验值得注意》发表于《高校理论战线》第1期。

3月，主编《中国通史·近代前编（1840—1919）》（白寿彝总主编），由上海人民出版社出版。《中国通史》得到党和国家领导人的嘉奖，曾获得第六届北京市哲学社会科学优秀成果奖特等奖、第三届中国高校人文社会科学研究优秀成果奖特等奖、第四届吴玉章人文社会科学特等奖。

4月8日，参加为纪念五四运动80周年在北京举办的"五四精神与20世纪中国历史道路"学术研讨会。

4月9日，《〈近代中国的思想历程〉评介》发表于《光明日报》。

4月26日，参加在北京师范大学举办的"祝贺白寿彝教授九十华诞暨多卷本《中国通史》全部出版"大会。

4月，《五四运动与马克思主义》发表于《求是》第8期。

同月，《政治是历史的脊梁》，收入北京师范大学史学研究所编《历史科学与理论建设——祝贺白寿彝教授九十华诞》，由北京师范大学出版社出版。

5月6日，《正确评价五四新文化运动》发表于《人民日报》。本年9月，荣获第七届中共中央宣传部精神文明建设"五个一工程"奖。

5月12日，参加由中央宣传部、教育部、共青团中央在北京联合召开的纪念五四运动80周年座谈会。

5月18日，《正确认识五四运动的历史意义》发表于《人民日报》。

同月，《怎样评价胡适？》（与宋小庆合撰）发表于《中流》第5期。

同月，随笔集《求是室漫笔》，由广西人民出版社出版。

同月，《人治与法治的历史观察》发表于《高校理论战线》第6期。

同月，《世纪之交谈中西文化》发表于《炎黄春秋增刊·炎黄文化研究》第6期。

同月，《关于传统文化的几点思考》发表于《福建论坛（文史哲版）》第3期。

7月2日，出席中国史学会第六届理事会第四次会长会议。为庆祝建国50周年，会议决定由其组织召开中国史学会成立50周年座谈会。

7月9日，在北京师范大学组织召开中国史学会成立50周年座谈会。

8月16—19日，出席在北京京都苑宾馆举行的档案与北京史国际学术讨论会。

8月18日，《"假设"的历史》发表于《中华读书报》。

8月30日，参加为纪念中华人民共和国成立50周年，由中国史学会、北京市历史学会和教育部高等学校社会科学发展研究中心在北京联合召开的"社会主义与新中国50年"学术研讨会。

9月，《"儒臣"的应变与儒学困境——张之洞与晚清儒学》（与黄兴涛合撰），发表于《清史研究》第3期。

10月29日，参加在北京举办的"纪念李大钊诞辰110周年全国学术讨论会"，参会文章《孙中山与李大钊》（与黄兴涛合撰），收入《李大钊研究论文集》，由人民出版社出版。

10月，担任戴逸、李文海主编《清通鉴》一书的总审，由山西人民出版社出版。

同月，《50年来的中国近代思想史研究》（与董贵成合撰），发表于《近代史研究》第5期。

同月，词条"龚书铎"，收入黄浪华、夏善彬主编《中国教育专家与教育人才》，中国文联出版社1999年版。

同月，主编《中国通史：少年彩图版》（与戴逸合编），由海燕出版社出版。

11月，主持的"中国文化通史"被列为北京市哲学社会科学研究重大项目，北京师范大学文科由此实现省部级重大科研项目零的突破。

同月，主编《中国革命道德·名言卷》，由中央党校出版社出版。

同月，《认真地读一点中国历史》发表于《史学史研究》第4期。

12月5—13日，参加北京市社会科学界联合会和北京晚报社联合主办的"学术百年论坛——新世纪大讲堂"大型系列研讨会。

12月26日，为郭双林《西潮激荡下的晚清地理学》一书作序，是书由北京大学出版社2000年出版。

同月，《杂谈中国近代文化史》发表于《文史知识》第12期。

同月，《我与中国文化史》一文，收入张世林编《学林春秋》（二编下），由朝华出版社出版。

1999年12月30日—2000年1月3日，出席由中国史学会和中国社会科学院近代史研究所在北京举办的"1949年的中国"国际学术讨论会。

本年，与黄楠森、陈先达共同主编《有中国特色社会主义文化研究》，由山东人民出版社出版。该书系国家社会科学规划"九五"重点项目，先后获北京市第六届哲学社会科学优秀成果一等奖和第四届吴玉章人文社会科学优秀成果奖一等奖。

本年，为尚小明《学人游幕与清代学术》一书作序，是书由社会科学文献出版社出版。

2000年

1月11日，出席中国人民大学清史研究所和山西人民出版社在北京联合举办的《清通鉴》出版座谈会。

1月27日，《〈二十世纪中国的崛起〉读后》发表于《人民日报》。

1月，与戴逸共同主编《中国通史·彩图版》，由海燕出版社出版。该书后荣获第十二届中国图书奖。

同月，北京师范大学史学理论与史学史研究中心成立。本年11月，被教育部批准为全国普通高等学校人文社会科学重点研究基地，任学术委员会主任。

2月，《五四以来的中国革命道德名言研究》（与耿向东合撰）发表于《高校理论战线》第2期。

同月，《世纪之交历史研究感言》发表于《史学史研究》第1期。

4月，《思想史》（与董贵成合撰）一文，收入曾业英主编《五十年来的中国近代史研究》，由上海书店出版社出版。

同月，《民族的自由和个性的解放——纪念五四运动兼评改写近代史之风》（与宋小庆合撰），发表于《真理的追求》第4期。

同月，《形成"通史"，十分必要》发表于《文史知识》第4期。

同月，国家社会科学基金"十五"规划委托项目"中国史研究调查报告"立项。

5月9日，出席在北京大学举办的沙健孙主编《中国共产党通史》出版座谈会。

5月，《百年来中国近代史研究回顾》（与董贵成合撰）发表于《东南学术》第3期。

6月16日，出席由中国郭沫若研究会和郭沫若纪念馆共同举办的"郭沫若研究与文化反思学术座谈会"。

6月，《关于民族精神的"病灶"与其他》（与宋小庆合撰）发表于《高校理论战线》第6期。

同月，词条"龚书铎"收入周家珍编著《20世纪中华人物名字号辞典》，由法律出版社出版。

同月，出席"面向新世纪，马克思主义史学研究如何深入"座谈会，发言《既要"自下而上"，也要"自上而下"》发表于《求是》第11期。

同月，《历史的耻辱与民族的光荣——纪念义和团反帝爱国运动100周年》（与宋小庆合撰）发表于《中流》第6期。

7月，《怀念白寿彝先生》发表于《求是》第13期。

8月，出席在北京举办的第三届张謇国际学术研讨会。

9月7—9日，出席中国史学会与中国社会科学院近代史研究所在北京共同举办的第二届近代中国与世界国际学术讨论会，并代表中国史学会在闭幕式上致辞。

10月9—13日，出席由中国史学会、中国义和团研究会、山东大学等在济南联合举办的"义和团运动100周年国际学术讨论会"。

10月26日，受邀参加人民教育出版社举办的中学历史教科书编写座谈会。

11月2—6日，出席中国史学会在西南师范大学举办的"第三届全国青年史学工作者学术研讨会"。

11月12日，出席由北京师范大学、中国社会科学院历史研究所在北京师范大学举办的"纪念陈垣诞辰120周年学术研讨会"。

11月17日，出席在中国科技会堂举行的"《文史知识》20周年纪念"座谈会。

11月，《关于经济全球化的思考》发表于《中流》第11期，后收入俞可平主编《全球化：西方化还是中国化》，社会科学文献出版社2002年版。

同月，《坚持唯物史观　创新但不媚俗》（笔谈"皇皇巨著　史学丰碑——《中国通史》五人谈"之一），发表于《求是》第22期。

同月，《坚持真理　追求真理——纪念马克思主义史学家刘大军先生逝世一周年》发表于《近代史研究》第6期。

同月，主编《励耘学术承习录：纪念陈垣先生诞辰120周年》，由北京师范大学出版社出版。

同月，《抗日战争后期两种中国之命运的斗争》发表于《理论与实践》第11期。

12月25日，《"假设"的历史》发表于《北京日报》，次日又发表于《人民日报》。

本年，出席在北京召开的"建设有中国特色社会主义文化"理论研讨会。

本年，担任《史学月刊》顾问。

2001年

1月15日，出席在北京市档案馆举行的"杨度日记"原件捐赠仪式暨《北京档案史料》特辑《杨度日记》出版座谈会。

2月，专访《确立中国近代文化史的学术地位——访龚书铎教授》（江湄采访），发表于《历史教学问题》第1期。

同月，《贺〈求索〉创刊20周年》发表于《求索》第1期。

同月，《必须强化马克思主义的阵地意识》（笔谈"总结前世纪　创造新世纪"之一）发表于《当代思潮》第1期。

3月21日，为张昭军《儒学近代之境——章太炎儒学思想研究》一书作序，是书由社会科学文献出版社2002年出版。

3月27日，参加光明日报理论部与湖北教育出版社联合举办的"《中国社会史论》出版座谈会"。

3月28日，主持由北京师范大学史学研究所、历史系、史学理论与史学史研究中心共同主办的"纪念白寿彝先生逝世一周年学术座谈会"。

4月5日，参加在中国人民大学举办的"清史编纂座谈会"，发言稿后发表于《清史研究》第3期。

4月6日，与季羡林、任继愈、戴逸等13位著名学者联名给国务院副总理李岚清写信，建议重修《清史》。

5月1—3日，参加在荆州召开的中国荆州国际龙舟节龙舟文化研讨会。

5月，《怀念白寿彝先生》发表于《回族研究》第2期。

同月，《求是而戒趋时——龚书铎学术思想简论》（宋小庆撰），发表于《高校理论战线》第5期。

同月，《中国历史上王朝兴衰的几点启示》（与杨共乐合撰）发表于《党建研究》第5期。

6月1—4日，参加在中央民族大学召开的"中国民族关系史学术讨论会"。

同月，《一部有特色的新志书——〈鲤城区志〉读后》，发表于《福建史志》第3期。

7月，参加纪念辛亥革命90周年国际学术讨论会论文评审。

本年，主编《中国近代文化概论》一书，入选全国研究生教学用书。

8月2日，《牢记史学工作者的责任》发表于《光明日报》。

8月7日，应党中央、国务院邀请，作为哲学社会科学专家代表，赴北戴河度假，并受到江泽民等党和国家领导人接见。

8月，《刘开述略》发表于《清史研究》第3期。

同月，与金冲及、宋小庆合著《历史的回答：中国近代史研究中的几个原则争论》，由北京师范大学出版社出版。此书系国家哲学社会科学"九五"规划委托项目结项成果。

同月，为芮玛丽著、房德邻等译《同治中兴：中国保守主义的最后抵抗（1862—1874）》一书撰写前言，是书由中国社会科学出版社2002年出版。

9月13—16日，出席天津师范大学历史文化学院和中国社会科学院世界历史编辑部在天津联合举办的经济社会史学术讨论会。

9月22日，出席北京师范大学召开的"学习讲话精神，繁荣人文社会科学"座谈会，在会上介绍了参加北戴河座谈会的具体情况。

9月28日，出席武汉市武昌区委、区政府在人民大会堂召开的"首义精神理论与实践研讨会"。

9月，《历史的重任》发表于《高校理论战线》第9期。

同月，《〈章太炎儒学思想研究〉序》发表于《社会科学战线》第5期。

同月，与沙健孙共同主编的《社会主义与新中国五十年》，由中国统计出版社出版。

10月16—19日，出席在武汉举办的"纪念辛亥革命90周年国际学术讨论会"，参会文章《辛亥革命时期文化四题》（与宋小庆合撰），收入《辛亥革命与20世纪的中国——纪念辛亥革命九十周年国际学术讨论会论文集》，中央文献出版社出版2002年版。

同月，出席北京市社会科学界联合会召开常委扩大会，学习江泽民同志"七一"重要讲话和8月7日在北戴河会见部分国防科技和社会科学专家时的讲话精神。

11月25—27日，出席在北京师范大学召开的"唯物史观与二十一世纪中国史学研讨会"。

11月，《量化管理不利于优秀人才脱颖而出》（笔谈"重视社会科学提倡创新思维"）发表于《群言》第11期。

同月，专访《历史普及与历史题材影视片——访龚书铎教授》发表于《史学史研究》第4期。

同月，《辛亥革命时期文化四题》发表于《北京师范大学学报（社会科学版）》第6期。

12月，与沙健孙主编的《五四运动与20世纪中国的历史道路》，由人民出版社出版。

本年，出席《群言》杂志主办"社会科学与创新思维"座谈会。

本年，主持的教育部重点研究基地中国人民大学清史所重大项目"清代理学研究"立项。

本年，为《龚书绵诗文集》一书作序，题为《亲情·乡情·家国情》，由中国致公出版社出版。

本年，任国家哲学社会科学规划中国历史组副组长。

2002年

1月6日，出席在北京师范大学举办的刘占锋《中华语汇通检》出版座谈会。

1月16日，受泉州政协文史委员会和泉州历史研究会之邀，在金山老干部中心作题为《历史普及与历史题材影视片》的学术讲座。

1月29日，《唯物史观　文化史观随想》发表于《光明日报》。

3月1日，出席教育部为贯彻落实《关于加强学术道德建设的若干意见》精神举办的"加强学术道德建设座谈会"。

3月19日，访谈《浮躁：学术创新的大敌——四教授畅谈学风问题》（危兆盖主持，与李文海、张岂之、章开沅等谈）发表于《光明日报》。

3月29日，《不是教科书的"教科书"》发表于《中国文化报》。

同日，参加中国人民大学历史系和清史所召开的"尚钺同志诞辰一百周年纪念大会"。

3月，与陈理主编《民族史研究》第3辑，由民族出版社出版。

同月，与戴逸主编《上下五千年》彩图版，由海燕出版社出版。

4月18日，出席并主持教育部社会科学研究中心与中国史学会、北京市历史学会共同举办的"唯物史观与社会科学研究研讨会"。

4月19日，为曹世铉《清末民初无政府派的文化思想》一书作序，是书由社会科学文献出版社2003年出版。

4月28日，为孙燕京《晚清社会风尚研究》一书作序，是书由中国人民大学出版社出版。

4月29日，主持北京师范大学史学理论与史学史研究中心召开的"中国近代史研究的回顾与前瞻"研讨会。

4月，《关于五四运动"打倒孔家店"小议》发表于《群言》第4期。

5月26—30日，参加中国史学会与云南大学在昆明联合举办的"21世纪中国历史学展望"学术讨论会，参会文章《中国近代史研究的几点思考》，收入中国史学会、云南大学编《21世纪中国历史学展望》，中国社会科学出版社2003年版。

5月，《创新与严谨治学》发表于《北京师范大学学报（人文社会科学版）》第3期。

6月，《中国近代史研究的几点思考》发表于《云南大学学报（社会科学版）》第3期。

同月，与好友李文海、金冲及、戴逸等庆祝李侃八十华诞。

7月，为李帆《刘师培与中西学术：以其中西交融之学和学术史研究为核心》一书作序，是书由北京师范大学出版社2003年出版。

8月24—27日，出席安徽大学历史系在合肥市外商活动中心举行的"新世纪历史文献前沿论坛"。

8月，《悠悠五十载　深深师生情——百年校庆之际缅怀恩师白寿彝》，收入刘锡庆主编《我与北师大——北师大百年校庆征文》，由北京师范大学出版社出版。

同月，《"相伴两不厌"——我与北京师范大学图书馆》，收入北京师范大学图书馆编《百年情结——〈我与北师大图书馆〉征文文集》，由北京师范大学出版社出版。

9月23日，《怪杰辜鸿铭》发表于《北京日报》。

10月12—15日，出席在西安召开的纪念侯外庐先生百年诞辰学术研讨会，发言《外庐先生与北师大的情谊》，收入张岂之主编《中国思想史论集》（第2辑：纪念侯外庐先生百年诞辰专集），广西师范大学出版社2003年版。

10月17日，应邀赴西北师范大学做学术访问。

10月20日，《鉴往知来，以史致用——读〈史论十三篇〉》，发表于《人民日报》。

10月27—28日，出席北京师范大学史学理论与史学史研究中心及史学研究所主办的"新中国史学的成就与未来研讨会"，致开幕词。

10月，《一切为了人民的利益——"官本位"、"钱本位"批判》（与杨共乐合撰），发表于《中国特色社会主义研究》第5期。

11月，《全球化与中国文化》，收入山西大学百年校庆学术组编《山西大学百年校庆学术讲演集》，由中国大百科出版社出版。

12月12日，国家清史编纂委员会正式成立，担任编纂委员会委员。

12月，《著名历史学家谈中学历史课程改革——龚书铎先生访谈录》发表于《历史教学》第12期。

本年，新闻出版总署重点音像出版物《思想解放史录》（VCD）由新华社音像中心出版发行，与石仲泉、李君如、朱佳木、曹绍平、彭明等担任总顾问。

2003年

1月7日，《文化的力量》发表于《人民日报》。

2月，《学术创新和理论思考——龚书铎教授访谈录》（宋馥香、张剑平访谈），发表于《吉林师范大学学报（人文社会科学版）》第1期。

4月15日，访谈《龚书铎先生和他的忧思》发表于《北京师范大学校报》。

4月18—19日，出席在扬州大学举行的"纪念张謇诞辰150周年高级论坛"。

5月9日，《要尊重历史》发表于《中国艺术报》。

5月，参加教育部社科中心组织召开的关于电视剧《走向共和》的学术座谈会。

7月，《〈走向共和〉严重歪曲历史》发表于《文艺理论与批评》第4期。

8月12日，《中国是怎样走向共和的?》（同金冲及、李文海合撰），发表于《光明日报》。

8月25—27日，参加在北京举办的"两岸学者清史纂修研讨会"。

8月，由其题笺，朱健华、陈奇主编的《吴雁南纪念文集》由贵州教育出版社出版。

同月，为李帆《章太炎、刘师培、梁启超清学史著述之研究》一书作序，是书由商务印书馆2006年出版。

9月，《龚书铎学术成就简介》发表于《江汉论坛》第9期。

10月18—19日，出席北京师范大学史学理论与史学史研究中心举办的

"二十世纪中国史学与中外史学交流"国际研讨会。

10月23日，北京师范大学历史系举办"中国近代文化研究的回顾与前瞻座谈会"。

10月27日—11月3日，赴台湾参加清史编纂学术座谈会，论文《清嘉道间汉宋关系小议》，收入陈捷先、成崇德、李纪祥主编《清史论集》（上），人民出版社2006年版。

10月，与李文海、梁柱主编的《近代中国是怎样走向共和的？——大型电视连续剧〈走向共和〉引发的思考》，由华龄出版社出版。

同月，《台湾当局修改中国历史、废普通话将动摇中华民族根基》发表于中国新闻网。

11月18—19日，出席在晋江博物馆召开的"施琅与海峡两岸"学术研讨会。

11月29日，为国家图书馆"文津讲坛"作学术讲座（第195讲），题目为"关于历史题材影视剧的一些思考"。

12月29日，出席中国社会科学院在北京举办的纪念范文澜诞辰110周年学术研讨会。

12月，为方敏《"五四"后三十年民主思想研究》一书作序，是书由商务印书馆2004年出版。

本年，与费孝通、季羡林、戴逸等被聘为《梁启超全集》顾问。

本年，受聘为国家广电总局重大革命和历史题材影视剧领导小组成员。

2004年

1月28日，为王林《西学与变法——〈万国公报〉研究》一书作序，是书由齐鲁书社出版。

1月，中国近代文化史研究团队入选北京师范大学首批重点资助的人文社会科学研究创新群体，以此为基础，成立北京师范大学中国近代文化研究中心。

同月，参加在北京召开的"赵氏孤儿"与"藏山文化"研讨会。

2月，出席在福州举办的"纪念严复诞辰150周年大会暨学术研讨会"，参会文章《严复研究的新思路新探索》，发表于《炎黄纵横》2004年第3期。

3月2日，为马克锋《文化思潮与近代中国》一书作序，是书由光明日报出版社出版。

3月8日，参加中国社会科学院历史研究所、郭沫若纪念馆、中国郭沫若研究会在郭沫若纪念馆联合举行的纪念《甲申三百年祭》发表60周年学术座谈会。

4月，《甲申三百六十年：引以为鉴的历史教训》发表于《中华魂》第4期。

6月，为宋小庆、梁丽萍著《关于中国本位文化问题的讨论》一书作跋，是书由百花洲文艺出版社出版。

7月16—20日，参加为纪念中山大学、黄埔军校建校80周年，由中山大学与广州市文化局主办、中山大学孙中山研究所与广州近代史博物馆在广州承办的"孙中山与世界"国际学术研讨会。

7月29—30日，参加中国国家博物馆在北京举办的"中国近代史陈列"内容大纲研讨会。

7月，《从李叔同到弘一法师》一文，收入黄清源主编《弘一大师圆寂六十二周年纪念文集》，由中华闽南文化研究会印行。

8月18—20日，出席中国社会科学院近代史研究所、湖南吉首大学等在吉首举办的第一届中国近代思想史国际学术研讨会。

10月3日，为张登德《寻求近代富国之道的思想先驱——陈炽研究》一书作序，是书由齐鲁书社2005年出版。

10月14日，出席中国社会科学院"历史所建所50周年庆祝大会暨中国社会科学院历史学论坛"。

12月7日，《坚持以马克思主义唯物史观为指导》发表于《人民日报》。

同月，为李衡眉《中国圣贤》一书作序，是书由山东人民出版社2005

年出版。

本年，《周年怀胜粦》，收入中山大学历史学系、中山大学近代中国研究中心编《陈胜粦教授纪念集》。

同月，与李文海主编《二十世纪中国学术论辩书系·历史卷》，由百花洲文艺出版社出版。

本年，教学改革成果"中国近代文化史：课程建设与人材培养"，荣获北京市优秀教学成果奖一等奖。

本年，受聘为马克思主义理论研究和建设工程重点教材《史学概论》编写组成员。

2005年

1月6日，参加教育部社会科学研究中心召开的"近现代中国历史研究与历史虚无主义思潮"座谈会。

1月29日，参加在北京召开的《经济—社会史评论》首发座谈会，发言《可喜可贺的〈经济—社会史评论〉》，发表于《史学理论研究》第2期。

同月，《读〈中国近代海关史〉感言》，收入戴一峰主编《中国海关与中国近代社会：陈诗启教授九秩华诞祝寿文集》，由厦门大学出版社出版。

同月，专著《社会变革与文化趋向：中国近代文化研究》（当代中国史学家文库），由北京师范大学出版社出版。

3月15日，访谈《警惕历史虚无主义思潮》（受访者沙健孙、李文海、龚书铎、梁柱，采访者危兆盖），发表于《光明日报》。

3月19日，参加教育部社会科学中心、中国史学会在北京举办的"中国近现代历史研究与历史虚无主义思潮"学术研讨会，参会论文为《历史虚无主义二题》。

3月24日，为当代中国研究所举办的第21次国史讲座作专题报告，后以《龚书铎教授谈中国近代史研究中的几个问题》为题，发表于《当代中国史研究》2005年第4期。

3月27—28日，参加清史编纂委员会史表组召开的学术研讨会。会议就《史表编纂细则》（草案）征求意见，同时就《报刊表》、《中外约章表》、《教案表》等三个"事表"的阶段性成果进行研讨。

3月，《史学课题组专家讨论教材编写问题》（与于沛、陈祖武、徐兆仁等），收入中共中央宣传部理论局编《马克思主义理论研究和建设工程参考资料选编》，由学习出版社出版。

4月17日，为郑大华《晚清思想史》一书作序，是书由湖南师范大学出版社出版。

4月30日，北京师范大学召开校史编纂委员会成立暨第一次会议，当选校史编纂委员会委员。

5月，《历史虚无主义二题》发表于《高校理论战线》第5期。

6月23日，参加在北京化工大学科学会堂举办的北京高校纪念中国共产党成立八十四周年暨表彰大会，荣获"北京高校优秀共产党员"称号。

6月，专著《龚书铎自选集》入选中宣部"学习理论文库"，由学习出版社出版。

同月，参加笔谈《美国的'民主化'战略值得警惕》，发言提纲《警惕美国文化"西化"、"分化"中国》发表于《国外理论动态》第6期。

7月1日，参加北京师范大学纪念建党八十四周年暨表彰大会，作《共产党员教师的责任》的发言。

7月15日，出席中国社会科学院史学理论研究中心成立大会。

7月25日，为张海鹏《东厂论史录——中国近代史研究的评论与思考》一书作序，是书由广东人民出版社出版。

7月28日，出席中国社会科学院近代史研究所中国近代思想研究中心成立大会，被聘为顾问。

7月，《警惕美国以文化"软实力"西化、分化中国》发表于《高校理论战线》第7期。

同月，教学改革成果"中国近代文化史：课程建设和人材培养"（龚书铎、郑师渠、史革新、孙燕京、张昭军），荣获国家级教学成果奖二等奖。

8月10日，出席中央文献研究室当代文献研究中心和《党的文献》杂志社在北京联合举办的"纪念中国人民抗日战争暨世界反法西斯战争胜利60周年"学术座谈会，发言《加强青少年抗日战争史教育》，整理后发表于《党的文献》2005年第5期。

8月26日，出席由故宫博物院和国家清史编纂委员会在人民大会堂共同召开的"故宫博物院80华诞暨国际清史学术研讨会"。

8月，出席在北京举办的《中国共产党与抗日战争》出版座谈会。

同月，参加在北京香山别墅举办的"纪念林则徐诞辰220周年座谈会暨学术讨论会"。

同月，《清代理学的特点》发表于《史学集刊》第3期。

9月，《百年同盟会》发表于《文史知识》第9期。

10月27日，出席北京师范大学史学所举办的吴怀祺教授主编10卷本《中国史学思想通史》出版学术座谈会。

10月29日，出席由中华爱国工程联合会与中国民（私）营经济研究会在人民大会堂联合主办的中华爱国工程2005高级论坛，参会文章《近代中国民族工商业者的爱国情怀》一文，收入中华爱国工程联合会编《中华爱国工程2005高级论坛文集——张謇的爱国实践和当代民营企业发展取向》经济日报出版社2006年版。

10月，参加中宣部文艺局和国家广电总局电视剧管理司在北京联合召开的重大革命历史题材电视剧座谈会。

11月，中国社会科学院近代史研究所成立中国近代社会史研究中心，受聘为学术顾问。

12月26日，中国社会科学院马克思主义研究院成立，受聘特聘研究员。

12月，为罗检秋《嘉庆以来汉学传统衍变与传承》一书作序，是书由中国人民大学出版社2006年出版。

本年，被中宣部、教育部任命为全国大学生思想政治理论课重点教材《中国近现代史纲要》课题组召集人。

2006年

2月28日，为朱浒《地方性流动及其超越——晚清义赈与近代中国的新陈代谢》一书作序，是书由中国人民大学出版社出版。

2月，《评当前思想文化领域中的历史虚无主义》发表于《学习与研究》第2期。

3月24日，参加教育部社科中心在北京召开的"社会主义文化方向与当前文艺"研讨会。

3月30日，国家清史编纂委员会编审组在中国人民大学逸夫会议中心召开成立会议，与王思治等受聘为编审组专家。

3月，《评〈现代化与历史教科书〉》发表于《中华魂》第3期。

4月，《历史不能任意涂抹》发表于《高校理论战线》第4期。

6月，《是什么搅乱了人们的历史观》（侯肖林访谈）发表于《上海支部生活·党课专刊》第6期。

7月，《全球化与中华文化》一文，收入许在全主编《泉州文史研究》（第2集），由中国社会科学出版社出版。

8月24—26日，出席由国家清史编纂委员会和中国人民大学清史研究所在北京举办的"西学与清代文化"国际学术研讨会。

9月，为《龚书辉诗文集》作序，由北方文艺出版社出版。

10月19—22日，出席中国史学会、华中师范大学中国近代史研究所在武汉联合举办的"第四届全国青年史学工作者学术研讨会"。

10月26—29日，参加中宣部、教育部在北京召开的《中国近现代史纲要》教材征求意见座谈会。

10月30日—11月3日，参加中宣部、教育部在北京召开的《马克思主义基本原理概论》教材征求意见座谈会。

10月，《近代中国的革命和改良》发表于《思想理论教育导刊》第10期。

同月，与梁柱主编《警惕历史虚无主义思潮》，由人民教育出版社出版。

11月21日，参加由中国史学会与教育部社科中心联合召开的唯物史观与历史研究历史教育学术研讨会。

11月，为周其厚《中华书局与近代文化》一书作序，是书中华书局2007年出版。

12月11日，《清代理学的衰退》发表于《光明日报》。

12月，长沙召开"近代湖南与中国暨纪念林增平先生学术研讨会"，致贺电。

同月，《儒家的宽容与不宽容》发表于《高校理论战线》第12期。

本年，为张卫波《民国初期尊孔思潮研究》一书作序，由人民出版社出版。

本年，为王天根《〈天演论〉传播与清末民初的社会动员》一书作序，由合肥工业大学出版社出版。

2007年

1月10—16日，出席中宣部、教育部联合在北京举办的"中国近现代史纲要"课教师培训班，作为首席专家讲解《纲要》教材的总体思路和教材上、中、下编的基本内容和基本精神。

1月，主编《清代理学史》3卷（史革新、李帆、张昭军撰写），由广东教育出版社出版。该书系教育部清史研究基地重大项目"清代理学研究"结项成果，入选国家新闻出版总署十一规划重点图书，先后荣获北京市第十届哲学社会科学优秀成果奖二等奖、第二届中国出版政府奖图书奖、第六届吴玉章人文社会科学优秀成果奖、国家新闻出版总署第二届"三个一百"原创出版工程图书。

2月，马克思主义理论研究和建设工程重点教材《中国近现代史纲要》，担任首席专家，由高等教育出版社出版。

同月，为张昭军《晚清民初的理学与经学》一书作序，由商务印书馆出版。

3月8日，出席北京师范大学历史学院召开的45岁以下青年骨干教师培训座谈会。

3月13日，出席中国史学会和中国社会科学院近代史研究所在北京主办的《刘大年来往书信选》出版座谈会。

3月，《历史题材电视剧随想》一文发表于《中国人民大学学报》第2期。

4月21日，中国人民大学清史研究所在圆明园遗址公园殿堂会议室召开《清代理学史》出版研讨会。

5月13—15日，参加在丽江召开的方国瑜先生故居开馆庆典暨方国瑜先生与民族文化学术研讨会，发言《方国瑜先生的人品和学品》，发表于《史学史研究》2007年第4期。

5月，与沙健孙、李捷主编《〈中国近现代史纲要〉教师参考书》，由高等教育出版社出版。

同月，与沙健孙主编《〈中国近现代史纲要〉课疑难问题解析》，由高等教育出版社出版。

同月，《海峡两岸 血同缘 根同宗——访龚书铎教授》（酉弋访谈）发表于《前线》第5期。

6月15日，《地方革命史研究的新成果——〈湖北近代革命史〉简评》发表于《光明日报》。

6月22日，《中国近代思想史研究的几个问题》发表于《人民日报》。

同月，《清代理学的分期、特点及历史地位》，收入郑师渠、史革新主编《近代文化研究》第1辑，由商务印书馆出版。

7月1—2日，出席北京师范大学中国近代文化研究中心主办、北京文化发展研究基地协办的"近代中国与近代文化"学术研讨会。

7月18日，出席在北京举办的中国社会科学院科研成果发布暨《中国近代通史》出版座谈会。

7月，《中国共产党是抗日战争的中流砥柱——纪念卢沟桥事变70周年》发表于《中华魂》第7期。

同月，《关于传统文化的继承问题》发表于《高校理论战线》第7期。

同月，《学风与育人》（笔谈"刘大年与史学——从《刘大年来往书信选》谈起"之一），发表于《史学史研究》第2期。

8月，《为汉语危机担忧》发表于《中华魂》第8期。

9月9日，出席北京师范大学新生开学典礼。

9月16日，应邀出席中国社会科学院和中国史学会在北京主办的"中国历史学的现状与未来"国际学术讨论会。

9月，《断代通史著作的成功尝试——中国近代通史笔谈》（与张昭军合撰）发表于《近代史研究》第5期。

10月11—12日，参加由中国社会科学院历史研究所主办的中国社会科学院2007年中国古代史论坛暨"'封建'社会名实问题与马列主义封建观"学术研讨会。

10月，为何荣昌、张承宗、柴邦衡主编《百年青峰》一书作序，由苏州大学出版社出版。

11月2日，《再现奋斗历史 续写民族辉煌——大型电视政论片〈复兴之路〉观后感》发表于《光明日报》。

11月10日，出席国家清史编纂委员会、中国人民大学出版社联合举办的《康有为全集》出版座谈会。

12月24日，出席第三届郭沫若中国历史学奖颁奖仪式。

12月，与瞿林东共同主编《中华大典·历史卷·史学理论与史学史分典》，由上海古籍出版社出版。

本年，为叶瑞昕《危机中的文化抉择——辛亥革命时期国人的中西文化观》一书作序，由商务印书馆出版。

本年，电视剧《船政风云》播出，与金冲及担任历史总顾问。

2008年

2月，《儒学答客问》发表于《中共福建省委党校学报》第2期。

4月，《孙中山文化思想的时代价值》，收入林家有主编《孙中山研究》第1辑，由中山大学出版社出版。

6月，《"教师要有做教师的良心"——访北京师范大学历史学院龚书铎教授》，收入周作宇主编《人文的路线》，由北京师范大学出版社出版。

9月20日，出席中国人民大学清史研究所成立三十周年庆祝大会。

同月，为王天根《晚清报刊与维新舆论建构》一书作序，由合肥工业大学出版社出版。

9月，《感言——贺李锦全教授八十华诞》，收入黎红雷、李宗桂、杨海文主编《春风讲席——李锦全八十寿辰纪念文集》，由中山大学出版社出版。

11月22日，弟子40余人在北京师范大学英东学术会堂举办"近代文化研究的继承与创新"学术座谈会，庆祝先生八十华诞。

12月，主编《白寿彝文集》（7册），由河南大学出版社出版。

2009年

3月，《中国近代以来的社会变革》，收入《中南海历史文化讲座——著名学者与中央高层讨论的历史文化问题09版》（内部资料），后收入《中外历史问题八人谈》，中共中央党校出版社2011年。

5月8日，参加北京师范大学主办的"白寿彝先生学术思想研讨会暨白寿彝诞辰一百周年纪念大会"。

5月20日，为王天根《群学探索与严复对近代社会理念的建构》一书作序，由黄山书社出版。

5月，《五四先贤为何批评尊孔读经》发表于《中华魂》第5期。

同月，《发扬五四精神 不断解放思想》发表于《求是》第9期。

6月8日，为张登德《求富与近代经济学中国解读的最初视角——〈富国策〉的译刊与传播》一书作序，由黄山书社出版。

6月15日，《龚书铎的书房》一文，发表于《人民日报》（海外版）。

7月17日，中国史学会在首都师范大学举办中国史学会成立60周年座谈会，受聘为名誉理事。

7月27日，访谈《告别了革命就能实现现代化吗？——龚书铎教授谈为什么中国通过革命走上社会主义道路》，发表于《人民日报》。

7月，马克思主义理论研究和建设工程重点教材《中国近现代史纲要》第3版由高等教育出版社出版，任首席专家。

9月30日，《龚书铎：我的60年师大岁月》发表于《北京师范大学校报》。

9月，中共中央马克思主义理论研究与建设工程重点教材《史学概论》由高等教育出版社出版，编写组成员之一。

11月，为陈秋雄主编的《我们的家园》一书作序，是书福建人民出版社2010年出版。

12月，为邱涛《咸本年间清廷与湘淮集团权力格局之变迁》一书作序，是书北京师范大学出版社2010年出版。

2010年

2月，《关于"中国人从此站立起来了"》发表于《中华魂》第2期。

3月，主编《中国近代史（1919—1949）》（方敏、马克锋、耿向东编著），由中华书局出版。

5月22—23日，参加在北京举办的第三届"近代中国与世界"国际学术研讨会。

6月22日，《清代外交礼仪研究领域的拓荒之作——读〈清代外交礼仪的交涉与论争〉》，发表于《光明日报》。

6月，马克思主义理论研究和建设工程重点教材《中国近现代史纲要》第4版，由高等教育出版社出版。

7月，《近代文化研究的继承与创新——龚书铎教授八秩初度纪念》，由中华书局出版。

9月，《我印象中的老李》发表于《文史知识》第9期。

10月，《鸦片战争与近代中国》（与邱涛合撰）发表于《思想理论教育导刊》第10期。

11月，《"身名俱泰"的曹振镛》发表于《学习博览》第11期。

同月，《当前思想文化领域中存在的历史虚无主义现象的主要表现、原因和危害》一文，收入于沛主编《马克思主义史学理论论丛》第1辑，由中国社会科学出版社出版。

2011年

1月，主编《白话精编二十四史》（全4卷），由吉林出版集团有限责任公司出版。

2月22日，为曹志敏《学术探求与春秋大义：魏源〈诗古微〉研究》一书作序，由社会科学文献出版社出版。

3月，《中国近代文化探索》第2版，由北京师范大学出版社出版。

4月17日，国家清史编纂委员会、南方出版传媒公司在北京举办"《清代理学史》获奖及其学术价值座谈会"。

6月，《求是室文集》（上下卷），由社会科学文献出版社出版。

10月，《尚钺同志的人品和学品》，收入中国人民大学历史学院编《尚钺先生》一书，由中国人民大学出版社出版。

11月9日，因病医治无效，在北京逝世，享年83岁。

2012年

11月，《传统的继承问题——从"将汉服定为国服"想起》发表于侯建新主编《经济—社会史评论》第6辑。

11月10日，在京部分弟子举行追思会，议定出版纪念文集及举办大型追思会等事宜。

2013年

6月，总主编《中国文化发展史》（8卷），由山东教育出版社出版。该书先后荣获第五届中华优秀出版物奖图书奖、第七届教育部高等学校科学研究优秀成果奖一等奖和第四届中国出版政府奖图书奖。

10月12日上午，家属和来自全国各地的弟子30余人在北京八达岭陵园举行先生骨灰入葬仪式；下午，在北京师范大学举行追思会。

10月，《龚书铎先生纪念集》，由北京师范大学出版社出版。

2014年

8月，专题文集《清代学术史论》（孙燕京、张昭军选编），由故宫出版社出版。内收遗稿《姚莹研究·交游篇》约8万字。

2015年

4月，《〈走向世界〉与中国近代文化》一文，收入张中行、朱正等《众说钟叔河》，由华夏出版社出版。

2016年

师母张萍子将先生的15万元奖金，委托历史学院捐赠给北京师范大学教育基金会。

2019年

2月，纪念文集《近代文化研究的拓展与深化——龚书铎教授诞辰90周年纪念》，由中华书局出版。

3月16—17日，弟子40余人在北京师范大学京师学堂举办"近代文化研究的拓展与深化——龚书铎教授诞辰90周年纪念"学术座谈会，师母张萍子与会。

2021年

2月17日，在乐育楼先生家中举行龚书铎教授藏书捐赠仪式，师母张萍子抱病将先生藏书无偿捐赠给北京师范大学历史学院。

（张昭军、刘帅伟等整理）

附录二：龚书铎先生指导的研究生学位论文存目

硕士研究生学位论文

1979级　史革新《论薛福成的思想发展》

　　　　习五一《论宋教仁》

　　　　王立业《略论郭嵩焘》

　　　　李友仁《戊戌变法时期湖南的南学会》

1981级　谢　维《论甲午战后的政局与张之洞的洋务运动》

　　　　孙燕京《地方督抚与晚清政局》

1984级　梁景和《二十世纪初年中国社会习俗的变化》

　　　　李占领《论林纾的文化观》

　　　　黄春生《论辛亥革命时期国粹派的文化观》

　　　　周　岩《论康有为的〈大同书〉》

　　　　陈凤姑《试论〈新民丛报〉的历史作用》

1985级　王开玺《清统治集团君主立宪论析评》

1986级　罗检秋《论近代墨学复兴》

　　　　谢　郁《从晚清小说看近代知识分子的特点》

　　　　黄兴涛《试论五四后期的"东方文化派"》

　　　　宋小庆《投狱中以施救，舍我外更期谁——平民教育研究》

　　　　徐　跃《论李叔同》

　　　　陈东玫《文化因素与中国人的反教》

1989级　宋卫忠《皮锡瑞的变法思想和中西文化观》

1997级　［韩］安钉《清政府对朝鲜政策（1866—1885年）》

2001级　范文明《近代社会发展与戏剧变化》

　　　　［越］吴雪兰《19世纪末20世纪初越南进步士大夫思想转变之探索》

2002级　张　娜《清末新政时期的中小学堂教习》

博士研究生学位论文

1987级　房德邻《康有为与近代儒学》

　　　　郑师渠《晚清国粹派文化思想研究》

　　　　郑大华《梁漱溟与胡适比较研究》

1988级　史革新《晚清理学研究》

　　　　马克锋《西学中源说与近代文化》

1989级　陈勇勤《晚清清流派的清议思想研究》

　　　　黄兴涛《辜鸿铭的文化活动与思想研究》

1990级　焦润明《梁启超与福泽喻吉启蒙思想比较研究》

　　　　郭双林《晚清地理学研究》

　　　　陶　绪《晚清民族主义思潮研究》

1992级　罗检秋《晚清诸子学研究》

1993级　王　林《万国公报研究》

1994级　李雪梅《中国近代藏书文化研究》

　　　　宋小庆《晚清时期心学研究》

　　　　宋卫忠《中国近代建筑文化研究》

　　　　［韩］尹美英《中国近代的妇女解放思想》

　　　　［韩］金庆惠《早期维新派思想研究》

1995级　［韩］曹世铉《清末民初无政府派的文化思想》

　　　　任灵兰《嘉道间士大夫的学术风尚》

　　　　方　敏《五四后民主思想研究》

　　　　吴效马《五四时期妇女儿童文学研究》

1996级　孙燕京《晚清社会风尚研究》

魏永生《乾嘉以来汉学宋学关系研究》

张昭军《章太炎儒学思想研究》

1997级　叶瑞昕《辛亥革命时期的中西文化观》

1998级　董贵成《近代科学与戊戌维新》

1999级　张卫波《民国初年尊孔思潮研究》

2000级　曾光光《桐城派与晚清文化》

王天根《严复社会学思想研究》

张登德《寻求近代富国之道的思想先驱——陈炽研究》

2001级　周其厚《中华书局与近代文化》

何　玲《清末经济特科研究》

2002级　钟玉发《阮元学术思想研究》

宋淑玉《孔教会研究》

[韩] 金银洙《历史与历史影视剧》

2003级　刘克辉《南京国民政府时期乡村学校教育问题研究（1927—1937）》

辛红光《严复与传统文化》

曹志敏《魏源〈诗古微〉研究》

2004级　王海鹏《传教士与近代中国风俗嬗变研究（1860—1920）》

范文明《〈大公报〉教育评述研究（1912—1922）》

胡琴娥《黄遵宪思想研究》

程二奇《晚清汉学研究》

2005级　孟　化《国家图书馆与近代文化（1909—1949年）》

王建伟《从五卅到北伐的政治口号研究（1925—1928年）》

2006级　周福振《〈新民丛报〉的自由思想研究——兼与〈民报〉自由思想之比较》

刘冬梅《民国中学中国史教科书研究》

2007级　张立胜《多维视角下的劳乃宣研究》

王海珠《金石流韵：清代中晚期文人交游与紫砂艺事考》

博士后研究人员工作报告

1999级　李　帆《章太炎、刘师培、梁启超清学史著述之研究》

2002级　范继忠《京津报刊中科学观念传播考略（1896—1916）》

　　　　朱　浒《晚清义赈的起源过程再研究》

2005级　邱　涛《同光年间清廷与湘淮集团的权力斗争》

2006级　邱志红《现代英语教育的兴起：以北大英文门为中心的研究》

2009级　喻春梅《民国前期湖南土匪问题研究：以长沙〈大公报〉（1915—
　　　　1927）为视角》